Degen · Deister

# IT- und Datenschutz-Compliance für Unternehmen

# IT- und Datenschutz-Compliance für Unternehmen

## Leitlinien und Anwendungsfälle

## Cloud, Social Media, Scrum, IoT, KI, Mobilitätsdaten

Herausgeber

Dr. Thomas A. Degen und Prof. Dr. Jochen Deister

Bearbeiter

Dr. Thomas A. Degen

Prof. Dr. Jochen Deister

Ulrich Emmert

Mathias Lang, LL.M.

Dr. Thomas Lapp

mit einem Geleitwort von Arne Schönbohm, Präsident des Bundesamtes für Sicherheit in der Informationstechnik, Bonn

und einem Grußwort von Harald Klingelhöller, Vorstandsvorsitzender des Verbandes für Organisations- und Informationssysteme, Bonn

2. Auflage, 2022

BOORBERG

Unter *www.boorberg-plus.de/alias/IT-undDatenschutz-Compliance* wird das vorliegende Handbuch aktuell gehalten. Hier finden sich insbesondere alle einschlägigen europäischen und deutschen Rechtsvorschriften.

Bibliografische Information der Deutschen Nationalbibliothek |
Die Deutsche Nationalbibliothek verzeichnet diese Publikation in der Deutschen Nationalbibliografie; detaillierte bibliografische Daten sind im Internet über www.dnb.de abrufbar.

2. Auflage, 2022
ISBN 978-3-415-05184-3



Titelfoto: © ryhzi – stock.adobe.com | Satz: abavo GmbH, Nebelhornstraße 8, 86807 Buchloe | Druck und Bindung: Laupp & Göbel GmbH, Robert-Bosch-Straße 42, 72810 Gomaringen
Richard Boorberg Verlag GmbH & Co KG | Scharrstraße 2 | 70563 Stuttgart
Stuttgart | München | Hannover | Berlin | Weimar | Dresden
www.boorberg.de

# Inhaltsverzeichnis

# Vorwort der Herausgeber

Seit Erscheinen der 1. Auflage im Jahr 2008 haben sich weitreichende Veränderungen in Wirtschaft und Gesellschaft ergeben. Von der weiter steigenden Weltbevölkerung von gegenwärtig 7,8 Milliarden Menschen ist deutlich über die Hälfte online; nach Schätzungen der World Wide Web Foundation sollen 2020 ca. 54 % der Weltbevölkerung Zugang zum Internet haben. Gegenüber der 2008 angenommenen Schätzung der European Information Technology Observatory von 1,23 Milliarden Internetnutzern zeigt dies, dass nicht nur in den Industrienationen immer mehr ältere Menschen über 70 einerseits und Jugendliche und Kinder andererseits auf das Internet zugreifen, und zusammenfassend, dass der Siegeszug des Internets weitergeht.

Wer es sich 2008 leisten konnte, im gewerblichen Bereich als Händler, Hersteller oder Dienstleister ohne Internet und ohne Computer auszukommen, war schon damals eine Ausnahmeerscheinung. Heute ist operativer Vertrieb ohne Onlinemedien kaum mehr vorstellbar. Der stationäre Handel ist mit klassischen Filialgeschäften, soweit diese nicht zumindest einen Website- und Webshop-Anker als veritables Sicherheitskonzept haben, „weggespült“ und fast gänzlich aus den Großstädten verschwunden. Megaumsätze werden nur noch mit durchdachten Online-Vertriebssystemen und Handelsplattformen wie Amazon oder Alibaba gemacht.

Wir sind überzeugt, dass der sinnvolle Einsatz digitaler Vertriebssysteme und die digitale Transformation in Produkt- und Dienstleistungsbereichen Unternehmen zukunftssicher machen, sofern der Fokus gleichzeitig auf die zukunftssicheren Absatzbringer gerichtet bleibt. Feststellbar erscheint auch, dass nicht nur das Informations- und Kaufverhalten von Kunden, sondern auch globale Umwelt-/Klima- sowie Gesundheitsschutzumbrüche (wie z. B. die Coronapandemie) Unternehmen ohne „digitale Agenda“ ins Hintertreffen geraten lassen.

Die gesellschaftlichen und weltwirtschaftlichen Veränderungen führen dazu, dass alle operativ tätigen Unternehmen bei der nachhaltigen Planung von Online-Strategien hinreichenden personellen, sachlichen und finanziellen Background sicherstellen sollten. Denn nicht nur die Anbindung von Warenwirtschaftssystemen und ERP-Schnittstellen und Webdesign-Innovationen kostet Aufwand, sondern auch die Prüfung, welches Rechteregime einschlägig ist und wie die zu dokumentierende Regeltreue im Unternehmen gewährleistet wird. So gut wie alle Unternehmen sind den Regelungen des Datenschutzes unterworfen, die dem Schutz der informationellen Selbstbestimmung der Kunden und potentiellen Geschäftspartner und Mitarbeiter zu dienen bestimmt sind und bei Rechtsverletzungen kartellartige Sanktionen nachsichziehen können von bis zu 4 % des weltweiten Jahresumsatzes oder 20 Mio. EUR. Hinzu kommen Anforderungen aus der Informationstechnologie und IT-Security, d. h. spezifische Compliance-Herausforderungen, die vor die Klammer einer IT-Projektrealisierung zu ziehen sind. Informationssicherheitsmanagementsysteme, Datenschutzfolgeabschätzungen und Privacy by design und Privacy by default sollten insofern zum geschäftlichen Rüstzeug gehören.

Man muss sich immer wieder verdeutlichen, dass die zentralen Gegenstände, die mittels Internet weltüberspannend hin und her transferiert werden, Daten sind. Es handelt sich nicht nur um „durchlaufende Nullen und Einsen" oder um bloße Sachdaten, sondern um personenbezogene Daten, weil diese überwiegend, Rückschlüsse auf eine identifizierbare Person erlauben. Deswegen sind Forderungen nach Online-Durchsuchungen, Vorratsdatenspeicherung, Geheimdienst-, Industriespionage- und Cybercrime-Aktivitäten ebenso „en vogue" wie erklärlich und gefährlich. Die Forschungstrends mit KI, Robotern und Vernetzung von Mensch und Maschine stehen nicht mehr nur in den Sternen. Der Tech-Visionär Elon Musk entwickelt die Implementierung von Chips in das Gehirn für Menschen mit Rückenmarkverletzungen, damit diese wieder laufen können. Viele Projekte, die sich nach Captain Future-Szenarien anhören mögen und ggf. ethisch und rechtlich noch ungeklärt sind, stehen als Alphaversionen in den Startlöchern.

Bei jedem Technologieprojekt wird die Frage aufgeworfen, welche Schutzbereiche tangiert sind und wem die Daten gehören.

Europaweit ist meist der Anwendungsbereich – wegen des Marktortprinzips auch supranational – der Datenschutzgrundverordnung eröffnet. Im digitalen Koordinatensystem kommen weitere Gesetze und Compliance-Anforderungen hinzu.

Mit dem vorliegenden Handbuch zur IT- und Datenschutz-Compliance für Unternehmen wollen wir IT-Projekte und Leitlinien nach DSGVO an Hand von praxisrelevanten Use Cases vorstellen, wie etwa zu Digitalisierung, Cloud, Social Media, agiler Softwareentwicklung, Open Source, Mobilitätsdaten, KI.

Wir nehmen bewusst in Kauf, dass man von der 1. Auflage kaum noch etwas wiedererkennt. Es geht uns dabei nicht um das Überbordwerfen rechtsdogmatischer Erkenntnisse, sondern um die Anerkennung der immensen Dynamik und die Auseinandersetzung mit heute regelungsbedürftigen IT-

Projektgegenständen wie Cloud, Srum, KI, IoT, neuronale Netze, Mobilitätsdaten u. v. m.

Unser Autorenteam setzt sich aus erfahrenen Praktikern aus der IT- und Datenschutzberatung zusammen.

Wir wenden uns an Entscheider in der Wirtschaft, vom Start-up und KMU bis zum Industrieunternehmen und Technologieführer. Wir plädieren für einen offenen und sachorientierten Umgang mit IT-Projekten, da diese wegen ihrer rechtstechnischen Komplexität stets in einer Risikomatrix zu sehen sein sollten. Dazu gehört ein vitaler Dialog des Managements mit den Fachabteilungen wie IT, IT-Security, Datenschutz, Produktion, F&E, HR, Finanzwesen, Revision, Vertrieb, Marketing, Mitarbeitervertretung/Betriebsrat und externen Beratern. Denn Dialogbereitschaft fördert Innovationskraft. Das ist bei dem branchentypischen PDCA-Zyklus im Datenschutzmanagement essentiell, aber in der Praxis alles andere als selbstverständlich.

Wie bei jedem Buch über komplexe Materien können auch hier nur exemplarische Teilbereiche angesprochen und abgebildet werden. Aufgrund der Schnittstellen zwischen Recht, Technologie und Management favorisieren wir in Abgrenzung zu traditionellen Rechtshandbüchern einen weniger juristischen Aufbau und Sprachstil als vielmehr die Perspektive der operativen Gestalter. Daher sind wir auch für jedwede Rückmeldung, Kritik und Anregung dankbar und bieten eine Dialogplattform an unter **www.edv-navigator.de**.

Unser Dank gilt insbesondere Rechtsanwältin *Stefanie Assmann* vom Richard Boorberg Verlag für Ihre Geduld und Ihre Unterstützung sowie unseren Ehefrauen *Ortrud Deister* und *Daniela Degen-Rosenberg* und unseren Kindern, die uns bei Trends und Apps schon längst voraus sind.

Stuttgart, im September 2021

Thomas A. Degen

Jochen Deister

# Vorwort zur 1. Auflage

Unternehmen und Verbraucher dringen bei der Nutzung von Computer und Internet täglich in ein »digitales Netzwerk« ein. Das globale Internet ist für viele Menschen mittlerweile sogar zu dem zentralen Netzwerk geworden, weil es wesentliche Abläufe des Geschäfts- wie des Privatlebens bestimmt. Nach Angaben der Bitkom nutzen 2008 bereits über 1,23 Milliarden Menschen das Internet. Das Internet hat in den vergangenen Jahren nicht nur tausende neue Arbeitsplätze geschaffen, wie der weltweite elektronische Handel im »neuen Markt« (E-Commerce) zeigt. Die virtuelle Einkaufsmöglichkeit mittels Datenfernübertragung innerhalb der Distributionspolitik des Online-Marketings ist für die meisten Unternehmen zum wichtigsten Absatzmarkt und für die Verbraucher zur bequemen, schnellen und leicht zugänglichen Quelle beliebiger Wünsche geworden.

Wenn der Kauf von Hardware und Software vollzogen und der PC mitsamt Internetzugang erfolgreich konfiguriert und installiert wurde, beginnt für viele Unternehmen und Verbraucher ein Abenteuer, von dem viele nicht zu träumen gewagt haben, das aber für andere auch schnell zum Albtraum ausarten kann. Dabei sind nicht nur die inzwischen immer mannigfaltigeren Anwendungsmöglichkeiten des Multimedia-Laptops gemeint, die vom einfachen Textverarbeitungssystem mit Drucker über das private Fotostudio, den TV-Empfang, die Telefonie, das Infotainmentsystem bis hin zur Security- und Kraftwerksteuerungseinheit reichen, sondern die globalen Netzwerke aus verbundenen Rechnern, Servern, Backbones und Datenströmen, die das Internet immer mehr zum digitalen Superhighway ausgestalten.

Der anhaltende Erfolg des E-Commerce gründet sich gerade aus der Faszination der Digitalisierung und der Nutzbarmachung und Vernetzung von privaten und geschäftlichen Lebens- und Arbeitsbereichen. So ist es für Schulkinder heute selbstverständlich, zu »chatten«, zu »googeln« und ihre Spiele und Freundschaften in Onlineportalen auszuleben. Wenn ein Unternehmen nicht im Netz über eine Suchmaschine gefunden wird, existiert es für diese jungen Nutzer häufig ebenso wenig wie ein Schulkamerad, der keine E-Mail-Adresse oder Mobilfunknummer hat. Abgesehen von der jungen »Generation Internet« sind auch immer mehr Menschen über 60 online und daher auch als Zielgruppe der (Dienstleistungs-)Unternehmen auszumachen.

Der gewaltige Erfolg des Internets hat auch eine »Verrechtlichung« der Computer- und Internetwelt nach sich gezogen. Diese sieht man z. B. bei jedem Online-Bestellvorgang mit der Einbeziehung von AGB und bei Abmahnungen im Zusammenhang mit der Internetnutzung. Dabei zielt das globale Internet darauf, mithilfe elektronischer Datenverarbeitung privates und geschäftliches Leben zu vereinfachen. Zur Gewährleistung einer funktionierenden und rechtssicheren Computer- und Internetnutzung sind indessen – neben der freiwilligen Selbstkontrolle der Internet-Institutionen – rechtliche Rahmenbedingungen notwendig. Diese werden als »Information and Communication Technology Law« (ICT Law) bezeichnet.

Mit dem vorliegenden Band soll dem Leser ein Überblick über die wesentlichen Rahmenbedingungen des ICT Law, technische Herausforderungen und »gesetzliche Baustellen« in der Computer- und Internetwelt vermittelt werden. Im Hinblick auf die Schnittstellen des ICT Law werden insbesondere für den anwaltlichen Praktiker und für den juristisch und technisch Interessierten Aspekte des Vertragsrechts der Informationstechnologien behandelt einschließlich der Gestaltung individueller Verträge und AGB, das Recht des E-Commerce einschließlich der Gestaltung von Provider-Verträgen des Online-/Mobile-Business, des Urheberrechts, des Marken-, Domain- und Wettbewerbsrechts, des Datenschutzes und der IT-Sicherheitsfragen, des Rechts der Kommunikationsnetze und -dienste, internationaler Rechtsbezüge sowie des IT-Strafrechts.

Stuttgart, im November 2008

Thomas A. Degen
Jochen Deister

# Geleitwort

## Ohne Cyber-Sicherheit keine erfolgreiche Digitalisierung

Es ist mir eine besondere Freude, der in wesentlich überarbeiteter 2. Auflage vorliegenden Publikation „IT- und Datenschutz-Compliance für Unternehmen“ einige einführende Worte mit auf den Weg zu geben. Und da sich das Buch mit seinen zahlreichen Anwendungsbeispielen zur Digitalisierung und damit folgerichtig auch zur Cyber-Sicherheit durch hohe Praxisrelevanz auszeichnet, will auch ich in diesen einführenden Zeilen nicht zu theoretisch werden.

Cyber-Sicherheit ist für staatliche Institutionen, für Unternehmen jeder Größenordnung und für jeden Einzelnen ein entscheidender Baustein der Digitalisierung. Sie schafft Vertrauen, erhöht die Akzeptanz von Digitalisierungsprojekten wir damit zur Grundvoraussetzung unseres digitalen Alltags. Ohne Cyber-Sicherheit wird es keine erfolgreiche Digitalisierung geben!

Gleichzeitig hat aber die Corona-Pandemie noch einmal verdeutlicht, dass es keine Alternative zur Digitalisierung gibt – im Gegenteil. Und dass wir mit fortschreitender Digitalisierung und weiteren digitalisierten Lebensbereichen wie zum Beispiel dem Gesundheitswesen auch mit neuen und professionelleren Angriffsformen rechnen müssen. Cyber-Sicherheit wird also immer wichtiger. Im BSI sind Digitalisierung und Informationssicherheit vereint.

## Vielfältige Aufgaben des BSI

Das BSI ist die Cyber-Sicherheitsbehörde des Bundes. Es ist für den Schutz der Regierungsnetze verantwortlich. Als Regierungsnetze werden dabei die Netze des Bundes (NdB) und das gemeinsame Bund-Länder-Netz bezeichnet. Hierbei geht es um die Abwehr von Cyber-Angriffen und anderen technischen Bedrohungen gegen diese IT-Systeme und Netze. Das BSI entwickelt daher mit all seiner Expertise und in enger Abstimmung mit der Bundesanstalt für den Digitalfunk der Behörden und Organisationen mit Sicherheitsaufgaben (BDBOS) das IT-Sicherheitskonzept der Regierungsnetze.

Aber das BSI ist auch das zentrale Kompetenzzentrum der Informationssicherheit für viele weitere Akteure in Deutschland. Als solches gestaltet es Informationssicherheit in der Digitalisierung durch Prävention, Detektion und Reaktion nicht nur für den Staat, sondern auch für Wirtschaft und Gesellschaft, um den sicheren Einsatz von Informations- und Kommunikationstechnik zu ermöglichen und voranzutreiben.

Dieser umfassende Ansatz, den das BSI seit Jahrzehnten – es feiert im Jahr 2021 sein 30-jähriges Bestehen – mit vielen Akteuren gerade auch in der Wirtschaft umsetzt, hat zu zahlreichen praxisorientierten Mindeststandards und zielgruppengerechten Handlungsempfehlungen zur IT- und Internet-

Sicherheit geführt. Sie unterstützen Anwender dabei, Risiken zu vermeiden. Sowohl Standards als auch Empfehlungen sind so strukturiert, dass sie möglichst viele, also auch kleine und mittlere Unternehmen adaptieren und umsetzen können – im eigenen Interesse und im Sinne des Gemeinwohls.

Die Informationstechnologie ist in Zeiten der Digitalisierung zum unverzichtbaren Werkzeug für viele geschäftsrelevante Prozesse geworden: Das Internet ist für die Kommunikation mit Kunden und Lieferanten, aber auch zur Datenübermittlung von entscheidender Bedeutung. Produktionsanlagen werden von Computern gesteuert, Hersteller und Wartungsfirmen haben weitreichenden Zugriff auf die interne IT-Infrastruktur. Doch mit der immer stärkeren Vernetzung von Kommunikationssystemen entstehen auch immer auch neue Abhängigkeiten. Gerade die rasanten Entwicklungen beim Internet der Dinge, aber auch die Vernetzung von Systemen und Prozessen in der industriellen Produktion, machen ein störungsfreies Funktionieren dieser Systeme unabdingbar.

**Kritische Gefährdungslage**

Denn jedes Mehr an Digitalisierung ist auch ein Mehr an Verletzbarkeit. Die IT-Sicherheitslage in Deutschland ist weiterhin auf hohem Niveau angespannt. Anlass zur Sorge gibt dabei nicht nur die Anzahl von Sicherheitsvorfällen, sondern auch die Vielzahl schwerwiegender Schwachstellen in Software- und Hardware-Produkten. Sie machen viele erfolgreiche Cyber-Angriffe erst möglich.

Die Gefährdungslage wird allerdings nicht nur durch nachlässige IT-Sicherheitsmaßnahmen bestimmt. So konnte das BSI beobachten, dass nicht nur die Anzahl der Schadprogramm-Varianten zeitweise rasant anstieg, auch die Qualität der Angriffe nahm weiterhin beträchtlich zu. Cyber-Kriminelle nutzen moderne Methoden und Technologien für ihre Attacken und entwickeln diese regelmäßig weiter.

Ein Beispiel dafür ist die Ausweitung von Lösegelderpressungen bei Ransomware-Vorfällen hin zu ergänzenden Schweigegelderpressungen (sogenannte Double Extortion) und Schutzgelderpressungen. Immer häufiger werden dabei Daten von Unternehmen und Institutionen in ausgefeilten mehrstufigen Angriffen zunächst ausgeleitet und erst dann im Unternehmensnetz verschlüsselt. Die Folgen sind oftmals fatal und können tage- oder wochenlange Netzwerkausfälle bedeuten, in denen Produktion oder Dienstleistungsangebote nur eingeschränkt oder gar nicht mehr zur Verfügung stehen.

**Schwachstellen bei Microsoft Exchange**

Wie unmittelbar diese Gefährdung ist, macht ein aktueller Vorfall besonders deutlich. Im März 2021 wurden aufgrund einer Sicherheitslücke zehntausende Microsoft-Exchange-Server in Deutschland über das Internet angreifbar.

In Teilen waren sie sogar bereits mit hoher Wahrscheinlichkeit mit Schadsoftware infiziert.

Exchange wird von vielen Unternehmen, Behörden und Institutionen als E-Mail- und Kollaborationsplattform genutzt. Bei einer erfolgreichen Attacke über die Schwachstellen ist es möglich, Daten aus dem E-Mail-System abzugreifen. Der Angriff erfolgte in der Regel automatisiert. Die Angreifer konnten auf den Servern eine eigene Kontrollsoftware installieren und sich weiter durch die kompromittierten Netzwerke arbeiten, da Exchange-Server standardmäßig in vielen Infrastrukturen hohe Rechte im Active Directory besitzen. So können weitergehende Angriffe mit den Rechten eines übernommenen Exchange-Servers potenziell mit geringem Aufwand auch die gesamte Domäne kompromittieren.

Erst zum dritten Mal in seiner Geschichte hat das BSI eine Sicherheitswarnung der Stufe Rot ausgesprochen, um auf die besondere Bedrohungslage hinzuweisen. Potentiell Betroffene wurden öffentlich und sofern möglich, auch direkt informiert. Als die Sicherheitslücke bekannt wurde, waren nach Schätzung des BSI bis zu 60.000 Systeme in Deutschland betroffen. Bei rund 9.000 Unternehmen und anderen Institutionen, deren Exchange-Server nach Kenntnis des BSI betroffen waren, schätzte das BSI die Bedrohung durch die Cyber-Angreifer so hoch ein, dass die Information mit Empfehlungen für Gegenmaßnahmen per Brief an die jeweilige Geschäftsführung erfolgte.

Das BSI empfahl allen Betreibern von betroffenen Exchange-Servern, sofort die im März kurzfristig von Microsoft bereitgestellten Patches einzuspielen. Anfällige Exchange-Systeme sollten aufgrund des sehr hohen Angriffsrisikos dringend auf entsprechende Auffälligkeiten geprüft werden. Erschwerend kam nämlich hinzu, dass tausende Systeme noch Schwachstellen aufwiesen, die seit über einem Jahr bekannt sind und noch nicht gepatched wurden. Die Exchange-Server-Versionen 2013, 2016 und 2019 waren alle von der Sicherheitslücke betroffen - und wurden nun erst mit Verzögerung durch das Update gesichert. Insbesondere kleine und mittelständische Unternehmen (KMU) waren wahrscheinlich davon betroffen. Bei Systemen, die nicht auf dem aktuellsten Stand gepatched waren, musste daher in jedem Fall von einer Kompromittierung ausgegangen werden. In Cloud-Versionen von Microsofts E-Mail-Dienst gab es die Schwachstellen nicht.

Viele Unternehmen haben auf die Warnungen des BSI reagiert, aber nicht alle gleich schnell. Und trotz des hohen Sicherheitsrisikos erfolgte die Absicherung der anfälligen Exchange-Server in Deutschland bei einigen Unternehmen gar nicht. Nach Kenntnis des BSI waren auch Wochen nach der Sicherheitswarnung noch immer einige Tausend verwundbare Systeme über das Internet erreichbar.

### Hilfen des BSI und Aufgaben der Unternehmen

Hier muss daher weiter intensiv an der Sensibilisierung der Unternehmen gearbeitet werden, die Bedrohungen ernst zu nehmen und mehr für Cyber-

Sicherheit zu tun. Sie ist Chefsache und sollte eine zentrale Rolle in der Risikoabschätzung auch jedes mittelständischen Unternehmens spielen. Das BSI trägt mit seinen Produkten und Informationen unterstützend dazu bei. Ich nenne hier nur neben dem weiter unten ausführlich vorgestellten IT-Grundschutz einmal den Warn- und Informationsdienst (WID) von CERT-Bund, über den Informationen zu neuen Schwachstellen und Sicherheitslücken sowie aktuellen Bedrohungen für IT-Systeme publiziert werden. Und ich nenne zum anderen das für den deutschen Markt überarbeitete Handbuch „Management von Cyber-Risiken" der US-amerikanischen Internet Security Alliance. Darin werden fünf grundlegende Prinzipien formuliert, die Vorstände und Aufsichtsräte bei der Betrachtung von Cyber-Risiken unterstützen, ergänzt durch mehrere Anhänge unter anderem mit Unterstützungsangeboten des BSI für die Wirtschaft. Die Inhalte sind dabei nicht allein für börsennotierte Unternehmen relevant. Auch mittelständische Unternehmen können die dargestellten Grundprinzipien als Leitfaden für die Bewertung von Cyber-Risiken und den verantwortlichen Umgang mit diesen nutzen.

Die Unternehmen können so ihre Aufgaben, nämlich die Mitarbeiter-Sensibilisierung, die Implementierung einer IT-Strategie und einen umsetzbaren Maßnahmenplan, gezielt und systematisch angehen. Dies sind zentrale Bausteine und Erfolgsfaktoren einer zukunftsstabilen IT-Sicherheit.

Um diese Aufgaben praktisch umzusetzen, gibt es unterschiedliche, auch kombinierbare Möglichkeiten. Die Unternehmen können

- Compliance-Pflichten definieren und in die unternehmenseigene Compliance-Organisation delegieren,
- eine IT-Sicherheitsrichtlinie mit Vorgaben für die Verschlüsselung von Informationsflüssen gemäß IT-Grundschutz des BSI implementieren,
- einen IT-Sicherheitsbeauftragten bestellen,
- gängige Frameworks (NIST-Rahmenwerk, ISO 27001/27002, COBIT etc.) anwenden,
- einen externen Datenschutzbeauftragten beauftragen, um die datenschutzspezifischen Vorschriften zu überwachen und
- ein Informationssicherheits-Managementsystem (ISMS) einführen.

**Der IT-Grundschutz**

Ein etabliertes und anerkanntes ISMS ist der vom BSI entwickelte IT-Grundschutz. Er enthält eine Schritt-für-Schritt-Anleitung, um ein Informationssicherheitsmanagement in der Praxis zu entwickeln und nennt sehr konkrete Maßnahmen für alle Aspekte der Informationssicherheit. Der IT-Grundschutz wurde in den letzten Jahren grundlegend modernisiert. Er ermöglicht durch seinen modularen Aufbau einen Einstieg für alle, die erstmalig ein ISMS in einer Institution aufsetzen möchten. Die BSI-Standards liefern hierzu drei bewährte Vorgehensweisen, das IT-Grundschutz-Kompendium benennt konkrete Anforderungen und die IT-Grundschutz-Profile bieten wichtige Angebote für spezifische Anwendergruppen.

- Die BSI-Standards 200-1 bis 200-4 sind die Grundpfeiler des IT-Grundschutz. Der BSI-Standard 200-1 definiert die allgemeinen Anforderungen, die ein ISMS erfüllen sollte. Der BSI-Standard 200-2 erläutert, wie ein ISMS solide aufgebaut werden kann. Je nach Sicherheitsanforderungen kann mit einer der drei dort beschriebenen unterschiedlichen Vorgehensweisen (Basis-, Standard-Absicherung und Kern-Absicherung) begonnen werden. Der BSI-Standard 200-3 beinhaltet alle risikobezogenen Arbeitsschritte. Er bietet sich an, wenn Unternehmen bereits erfolgreich mit der IT-Grundschutz-Methodik arbeiten und eine Risikoanalyse durchführen möchten. Der BSI-Standard 200-4 zeigt abschließend einen systematischen Weg auf, ein Notfallmanagement in einem Unternehmen aufzubauen, um die Kontinuität des Geschäftsbetriebs sicherzustellen.
- Im IT-Grundschutz-Kompendium können Interessierte in den IT-Grundschutz-Bausteinen Sicherheitsempfehlungen zu den unterschiedlichsten Themen nachlesen und erfahren, mit welchen Stellschrauben sie das Sicherheitsniveau gezielt anheben können. Detaillierte Hinweise und Maßnahmen in den Umsetzungshinweisen zu den IT-Grundschutz-Bausteinen erleichtern Informationssicherheitsbeauftragten im Arbeitsalltag, Informationssicherheit in der Praxis anzuwenden.
- IT-Grundschutz-Profile können von einzelnen Branchen-Vertretern auf Wunsch mit Unterstützung durch das BSI zu einem bestimmten Thema erstellt und im Nachgang veröffentlicht werden. Interessierte Personen, die sich mit einem IT-Grundschutz-Profil auseinandersetzen wollen, können so auf das bereits Veröffentlichte aufsetzen und sparen Zeit und Ressourcen. Der Austausch innerhalb der Branchen fördert zudem den Austausch von Know-how und das Networking.

Wie ein geeignetes Managementsystem für Informationssicherheit aussieht, hängt natürlich von der Größe des Unternehmens ab. Auch welche Maßnahmen konkret zu ergreifen sind, hängt von der individuellen Situation und Gefährdungslage des Unternehmens ab. So kann in einem Fall wichtig sein, das betriebliche Know-how vor Entwendung durch Mitarbeiter oder Dritte zu schützen. In einem anderen Fall wird im Vordergrund stehen, die Produktionsanlagen und/oder IT-Systeme jederzeit verfügbar zu halten. In einem dritten kann es darum gehen, die personenbezogenen Daten den Anforderungen des Bundesdatenschutzgesetzes gemäß zu verwahren und zu sichern.

Um die erfolgreiche Umsetzung des IT-Grundschutzes nach außen transparent zu machen, können sich Unternehmen nach ISO 27001 auf der Basis des IT-Grundschutzes zertifizieren lassen. Mit diesem Zertifikat wird bestätigt, dass das IT-Sicherheitskonzept die Anforderungen nach ISO 27001 erfüllt. Das BSI hat hierzu ein Zertifizierungsschema für Informationssicherheit entwickelt, das die Anforderungen an ein Informationssicherheit-

Managementsystem (ISMS) aus ISO/IEC 27001 berücksichtigt und als Prüfkataloge das IT-Grundschutz-Kompendium sowie die BSI-Standards 200-1 bis 200-4 zugrunde legt. Dies wird deshalb als ISO 27001-Zertifizierung auf Basis IT-Grundschutz bezeichnet.

Eine solche Zertifizierung ist nur für die IT-Grundschutz-Vorgehensweisen Standard- und Kern-Absicherung durchführbar. Bei der Basis-Absicherung reichen die umgesetzten Sicherheitsmaßnahmen nicht für eine Zertifizierung aus, können aber als Einstieg für eine der anderen beiden Vorgehensweisen dienen. Für den Nachweis einer erfolgreichen Umsetzung der Basis-Absicherung bietet das BSI ein Testat an.

Grundlage für die Vergabe eines ISO 27001-Zertifikats auf der Basis von IT-Grundschutz ist die Durchführung eines Audits durch einen externen, beim BSI zertifizierten Auditor. Das Ergebnis des Audits ist ein Auditbericht, welcher der Zertifizierungsstelle vorgelegt wird. Diese entscheidet über die Vergabe des ISO 27001-Zertifikats auf der Basis von IT-Grundschutz. Das ISO 27001-Zertifikat auf der Basis von IT-Grundschutz bietet Unternehmen und Behörden somit die Möglichkeit, ihr Engagement zur Informationssicherheit transparent zu machen. Das Zertifikat dient damit sowohl gegenüber Kunden als auch Geschäftspartnern als Qualitätsmerkmal und Wettbewerbsvorteil.

Das BSI kann aber nicht nur IT-Sicherheitssysteme, sondern auch informationstechnische Produkte oder Komponenten zertifizieren. Dafür betreibt es Zertifizierungsprogramme, in denen jeweils die Regeln (Geltungsbereiche, bedarfsgerechte Prüfkriterien, Anforderungen und Nachweise), das Verfahren sowie das Management zur Durchführung der Zertifizierung festgelegt und beschrieben sind. Die Zertifizierung eines Produktes wird auf Antrag durchgeführt. Die Produktzertifizierung bestätigt im Rahmen einer Typprüfung, dass eine Produktversion bestimmte funktionale und Sicherheitseigenschaften erfüllt, die in Schutzprofilen, Sicherheitsvorgaben oder Technischen Richtlinien spezifiziert sind.

### Transparenz und Mitarbeit der Unternehmen

Auf diese Weise kann jedes Unternehmen seinen individuellen Beitrag dazu leisten, die IT-Sicherheit insgesamt zu erhöhen und zu dokumentieren, welche Bedeutung es der Cyber-Sicherheit beimisst. Denn das ist für mich der entscheidende Punkt: Staat, Wirtschaft und Gesellschaft müssen gemeinsam an einem hohen Sensibilisierungsniveau arbeiten, um Cyber-Sicherheit nicht zu einem Appendix, sondern zur einer Voraussetzung jeglicher Entwicklung in der Digitalisierung zu machen. Dazu muss Cyber-Sicherheit öffentlicher, sichtbarer und selbstverständlicher werden – als Kriterium für Qualität wie beispielsweise Nachhaltigkeit oder Umweltverträglichkeit.

Das IT-Sicherheitsgesetz schreibt Betreibern Kritischer Infrastrukturen vor, erhebliche IT-Sicherheitsvorfälle an das BSI zu melden. Mit der Umsetzung der Richtlinie zur Netz- und Informationssicherheit (NIS) unterliegen auch

Anbieter von digitalen Diensten wie Online-Marktplätze, Suchmaschinen und Anbieter von Cloud-Computing-Diensten diesen Meldepflichten. Daneben aber muss die freiwillige Meldung von entdeckten Schwachstellen in Produkten, von erfolgreichen oder abgewehrten Angriffen auf die IT-Sicherheit ebenso wie die umgehende Schließung von Sicherheitslücken zur Selbstverständlichkeit werden.

Dabei wird deutlich: Die Bereitschaft zur Freiwilligkeit wächst nur über Vertrauen. Und Vertrauen entsteht durch den Austausch von Know-how und Networking in Kreisen von Gleichgesinnten und Gleichbetroffenen. Darum werbe ich, wo immer ich kann, für die Mitwirkung in der Allianz für Cyber-Sicherheit, der mittlerweile größten europäischen Cyber-Sicherheitsinitiative. Kleine und mittlere Unternehmen können sich dort in Erfahrungskreisen (ERFA-Kreise) zwanglos und vertrauensvoll fachlich austauschen, offen diskutieren und vom Erfahrungsschatz der anderen Teilnehmer profitieren. Über die Mitgliedschaft in der Allianz können die Unternehmen auch auf den vom BSI und dem ISACA Germany Chapter e.V. gemeinsam entwickelten Leitfaden Cyber-Sicherheits-Check zugreifen, um damit den Status der Cyber-Sicherheit auf Basis der Cyber-Sicherheits-Exposition zu bestimmen und aktuellen Bedrohungen aus dem Cyber-Raum wirksam zu begegnen. Darüber hinaus erhalten sie Zugriff auf die Cyber-Sicherheits-Warnungen des BSI.

Information, Kooperation und vorausschauendes Handeln – alles drei zahlt auf mehr IT-Sicherheit ein. Eine Sicherheit, von der jedes einzelne Unternehmen, aber auch wir alle profitieren. Mein Fazit – wie auch das Fazit aller Autoren in diesem lesenswerten Buch – ist daher: Kein Industrieunternehmen, kein Handwerksbetrieb, kein Dienstleister, kein Logistiker, keine Arztpraxis und kein Selbständiger kommt heute in einem digitalisierten Umfeld ohne Informationssicherheit aus. Sie ist die Voraussetzung für eine erfolgreiche Digitalisierung. Diese Erkenntnis setzt sich immer mehr durch. Sie impliziert, dass es kein Produkt, keine Software, keine IT-Anwendung mehr geben sollte, in der nicht IT-Sicherheit von Anfang an mitgedacht und mitberücksichtigt wird.

Das BSI stellt für beides die notwendigen Hilfsmittel und Prozesse bereit. Auf diese vielfältige Weise gestaltet es als zentrales Kompetenzzentrum der Informationssicherheit die sichere Digitalisierung in Deutschland.

Arne Schönbohm
Präsident des Bundesamtes für Sicherheit in der Informationstechnik (BSI), Bonn

## Grußwort

Dieses Vorwort entsteht während der zweiten Welle einer Pandemie, die eine digitale Evolution hervorgebracht hat. Die biologische Evolution vollzog sich allmählich und in kleinen Schritten über einen langen Zeitraum. Für die digitale Evolution hatten wir aber nur wenige Monate Zeit. Kanzleien und Unternehmen, die das operative Geschäft bereits auf Basis digitaler Prozesse abwickelten, hatten keinen großen Anpassungsbedarf, die anderen schon. Selten trennt sich derart augenfällig die Spreu vom Weizen. Häufig mangelt es hier bereits bei der Infrastruktur. Dies betrifft nicht nur die Hardware oder die Bandbreite der verfügbaren Netze, sondern vor allem vorausschauende Konzepte, die häufig nicht vorhanden sind. Wie kann es sein, dass der Betreiber eines großen deutschen Flughafens sieben Monate benötigt, um eine interne Kommunikationsplattform für seine Mitarbeiter bereitzustellen? Dies ist der Offenbarungseid einer fehlenden Digitalisierungsstrategie.

Digitalisierungsstrategie? Sehr häufig wurde mir in den letzten Monaten die Frage gestellt: „Was muss ich tun?" Die Antwort lautete: „Wo stehen Sie denn aktuell mit Ihrem Digitalisierungsprojekt?" Hier hilft ein Digitalisierungs-Check. Zu finden beispielsweise unter: https://www.voi.de/digitalisierungs-check. Und sehr schnell wird klar, dass grundlegende Voraussetzungen erst mal vorhanden sein müssen. Liegen Ihre Daten und Dokumente in digitaler Form vor? Sind diese Informationen für jeden Mitarbeiter, zu jeder Zeit von überall zugreifbar? In kürzester Zeit wird klar, hier bedarf es eines ganzheitlichen Digitalisierungsprojektes. Initiiert als Top-down Vorgehensweise. Unter Einbindung aller im Unternehmen verfügbaren Informationscluster. Unabhängig von Bereichen, unabhängig von den vielen kleinen „Königreichen" im Unternehmen.

Wissen Sie denn, wo sich Ihre geschäftsrelevanten Informationen befinden? Und schon stecken Sie mitten in der nächsten Aufgabe, Informationen abfragbar zur Verfügung zu stellen. Abfragbar? Daten und Dokumente strukturiert oder mithilfe semantischer Unterstützung abzufragen ist zu wenig. Für wiederkehrende Anfragen ist eine lernfähige Suchfunktion unter Verwendung von Künstlicher Intelligenz hilfreich, und somit kümmern wir uns jetzt um Suchen, welche in der Lage sind, quellenübergreifend Informationen zusammenzusammeln. Erst wenn die über den elektronischen Rechtsverkehr versendeten und empfangenen Informationen vollständig und korrekt zugeordnet ihren Weg in die elektronische Akte gefunden haben, ist das Ziel der Digitalisierung erreicht. Arbeitsabläufe sollten dabei nicht der analogen Welt nachempfunden werden, sondern unter Verwendung aller neuen Kommunikationsmittel wie beA, DE-Mail oder elektronisch abgehaltenen Gesellschafterversammlungen oder Gerichtsverhandlungen nach § 128 ZPO neu gestaltet werden.

Wenn die zur Verfügungstellung der digitalen Daten und Dokumente gelungen ist, haben Sie bereits einen respektablen Weg hin zur Digitalisierung zurückgelegt. Aber schon kommen die nächsten Herausforderungen um die Ecke: Medienbrüche. Sie verhindern die Durchgängigkeit digitaler Prozesse. Informationen gar nicht erst in analoger Form entstehen lassen – heißt jetzt die Devise.

Digitale Vorlagen mit Content aus digitalen Quellen anreichern und anschließend in elektronische Prozesse übergeben. Idealerweise in einem einheitlichen (international als ISO 19005 standardisierten) PDF/A-Format und selbstverständlich im nächsten Schritt das Ganze unveränderbar in Stein meißeln. Heute benutzt man dazu die qualifizierte elektronische Signatur, in gesetzlichen Ausnahmefällen wie dem beA die schwächer gesicherte fortgeschrittene elektronische Signatur. Hierfür braucht es vor allem eines: Vertrauen. Dieses Vertrauen wird immer noch am besten mit einer neutralen Zertifizierungsstelle erzeugt. Old School, höre ich die Kritiker skandieren. Nein, der neutrale, digitale Dritte ist Garant für eine rechtsverbindliche Übermittlung, die sowohl für den Absender wie auch für den Empfänger, Integrität, Authentizität und Vertrauenswürdigkeit garantiert. Zur Revisionssicherheit hat der Verband VOI bereits vor 20 Jahren Merksätze entwickelt, die heute noch bei Verwaltung und Finanzverwaltung zur Beurteilung von Revisionssicherheit herangezogen werden.

Ob Otto Normalbürger dann zum Versand sich der DE-Mail bedient oder die Rechtsanwälte Uli und Thomas die Dokumente in ihren beA Postfächern hin und her schieben, ist letztendlich alles: elektronischer Rechtsverkehr.

Harald Klingelhöller

Vorstandsvorsitzender des VOI e. V., Bonn

Geschäftsführender Gesellschafter der DM Dokumentenmanagement GmbH, Puchheim

## Autorenverzeichnis

**Dr. Thomas A. Degen**
Rechtsanwalt
Fachanwalt für Informationstechnologierecht (IT-Recht)
Zertifizierter Datenschutzbeauftragter TÜV Süd (DSB-TÜV)
Co-Founder ValueAbler GmbH, Stuttgart
Partner der Jordan & Wagner Rechtsanwaltsgesellschaft mbH, Stuttgart
Lehrbeauftragter an der Dualen Hochschule Baden-Württemberg Stuttgart (DHBW)

**Prof. Dr. Jochen Deister**
Rechtsanwalt
Partner bei DMZ Legal
Deister Meyer-Spasche ZimmermannPartmbB, Frankfurt a.M.
Geschäftsführer der Privacy Solutions GmbH, Hannover

**Ulrich Emmert**
Rechtsanwalt
Senior Partner der esb Rechtsanwälte Emmert Bücking Speichert Matuszak-Lesny PartmbB, Stuttgart
Lehrbeauftragter an der Hochschule für Wirtschaft und Umwelt, Nürtingen
Vorstand der Reviscan AG, Stuttgart
Stv. Vorstandsvorsitzender des VOI e. V., Bonn
Mitglied des Zertifizierungsausschusses und Auditor für TR-Resiscan bei der VOI Service GmbH, Bonn

**Mathias Lang, LL.M.**
Rechtsanwalt
Fachanwalt für Informationstechnologierecht (IT-Recht)
Master of Laws (Informationsrecht)
Partner der Jordan & Wagner Rechtsanwaltsgesellschaft mbH, Stuttgart
Inhaber der Kanzlei Lang, Mannheim

**Dr. Thomas Lapp**
Rechtsanwalt
zertifizierter Mediator
Fachanwalt für Informationstechnologierecht (IT-Recht)
Partner der IT-Kanzlei dr-lapp.de GbR, Frankfurt a.M.
Lehrbeauftragter Joh.-Gutenberg-Universität Mainz, Goethe-Universität Frankfurt a. M., FOM Hochschule, Deutsche AnwaltAkademie, Deutsches Anwaltinstitut
Präsident Deutsches Forum für Mediation
Vorsitzender AG Mediation im DAV,
Vorstandsmitglied EDV-Gerichtstag, Mitgl. im geschäftsführenden Ausschuss davit.

# Abkürzungsverzeichnis

| | |
|---|---|
| A2A | Administration-To-Administration |
| A2B | Administration-To-Business |
| A2C | Administration-To-Consumer |
| ABGB | Allgemeines Bürgerliches Gesetzbuch |
| ABl. | Amtsblatt |
| AEMR | Allgemeine Erklärung der Menschenrechte |
| AFA | Association des fournisseurs d'access |
| AfP | Archiv für Presserecht |
| AG | Aktiengesellschaft, Amtsgericht |
| AGB | Allgemeine Geschäftsbedingungen |
| ALM | Arbeitsgemeinschaften der Landesmedienanstalten |
| AöR | Archiv des öffentlichen Rechts |
| apf | Ausbildung Prüfung Fortbildung |
| ARP | Address Resolution Protocol |
| ASN.1 | Abstract Syntax Notation One |
| ASP | Application Service Provider / Providing |
| AT&T | American Telephone & Telegraph Company |
| AVS | Altersverifikationssystem |
| BB | Der Betriebs-Berater |
| BDSG | Bundesdatenschutzgesetz |
| BDZV | Bundesverband Deutscher Zeitungsverleger e. V. |
| BfV | Bundesamt für Verfassungsschutz |
| BGB | Bürgerliches Gesetzbuch |
| BGBl. | Bundesgesetzblatt |
| BGH | Bundesgerichtshof |
| BGHZ | Bundesgerichtshof Entscheidungen in Zivilsachen |
| BGP | Border Gateway Protocol |
| BImSchG | Bundes-Immissionsschutzgesetz |
| BKA | Bundeskriminalamt |
| BMI | Bundesministerium des Innern |
| BMJ | Bundesministerium der Justiz |
| BMW | Bayerische Motorenwerke |
| BMWi | Bundesministerium für Wirtschaft und Technologie |
| BSG | BTX – Selbstkontrollgremium |
| BSI | Bundesamt für Sicherheit in der Informationstechnik |
| BT-Drs. | Bundestags-Drucksache |
| BtMG | Betäubungsmittelgesetz |

| | |
|---|---|
| Btx | Bildschirmtext |
| Bull. crim. | Bulletin des arrets de la Cour des cassation (Chambre criminelle) |
| BVerfG | Bundesverfassungsgericht |
| BVerfGE | Amtliche Sammlung der Entscheidungen des Bundesverfassungsgerichts |
| BVerfGG | Bundesverfassungsgerichtsgesetz |
| C2A | Consumer-To-Administration |
| C2B | Consumer-To-Business |
| C2C | Consumer-to-Consumer |
| Cass. Crim. | Cour de cassation (Chambre criminelle) |
| CD-ROM | Compact Disc Read only memory |
| CDT | Center for Democracy and Technology |
| CERN | Conseil Européen pour la Recherche Nucléaire |
| CR | Computer und Recht |
| CRi | Computer und Recht International |
| DARPA | Defence Advanced Research Projects Agency |
| D.C. Cir. | District Court Decisions / Circuit Court |
| DENIC | Deutsches Network Informations Center |
| DFN | Deutsches Forschungsnetzwerk |
| DFÜ | Daten-Fern-Übertragung |
| DGB | Deutscher Gewerkschaftsbund |
| DIGI | Deutsche Interessengemeinschaft Internet |
| DIN | Deutsche Industrie Norm |
| DJV | Deutscher Journalistenverband e. V. |
| DLM | Direktorenkonferenz der Landesmedienanstalten |
| DMMV | Deutscher Multimedia Verband |
| DMS | Dokumenten-Management-System(e) |
| DNS | Domain Name System / Domain-Name-Server |
| DÖV | Die Öffentliche Verwaltung |
| DRPR | Deutscher Rat für Public Relations |
| DSL | Digital Subscriber Line |
| DuD | Datenschutz und Datensicherung |
| DVBl | Deutsche Verwaltungsblätter |
| DVD | Digital Versatile Disc |
| EA | Einheitlicher Ansprechpartner |
| E-Commerce | electronic commerce (Elektronischer Handel) |
| E-Government | Regieren und Verwalten mit Unterstützung von Informations- und Kommunikationstechniken |

| | |
|---|---|
| E-Justice | Elektronischer Rechtsverkehr |
| ECG | E-Commerce-Gesetz |
| ECRL | E-Commerce-Richtlinie |
| eco | Electronic Commerce Forum e. V. |
| EDV | Elektronische Datenverarbeitung |
| EG | Europäische Gemeinschaft |
| EGBGB | Einführungsgesetz zum Bürgerlichen Gesetzbuch |
| EGG | Elektronischer Geschäftsverkehr-Gesetz |
| EGMR | Europäischer Gerichtshof für Menschenrechte |
| EGV | Vertrag zur Gründung der Europäischen Gemeinschaft |
| EGVG | Einführungsgesetz zu den Verwaltungsverfahrensgesetzen |
| EHUG | Elektronische Handels- und Genossenschaftsregister |
| ELSTER | Elektronische Steuererklärung |
| ERMK | Europäische Menschenrechtskonvention |
| ERV | Elektronischer Rechtsverkehr |
| EU | Europäische Union |
| EuGH | Gerichtshof der Europäische Gemeinschaften |
| EUV | Vertrag über die Europäische Union |
| e. V. | eingetragener Verein |
| EVÜ | Übereinkommen von Rom über das auf vertragliche Schuldverhältnisse anzuwendende Recht vom 19. Juni 1980, Europäisches Schuldvertragsübereinkommen |
| FAZ | Frankfurter Allgemeine Zeitung |
| FBI | Federal Bureau of Investigation |
| FernAbsG | Fernabsatzgesetz |
| FSF | Freiwillige Selbstkontrolle Fernsehen e. V. |
| FSK | Freiwillige Selbstkontrolle der Filmwirtschaft |
| FSKnet | Freiwillige Selbstkontrolle Werbetreibender im Internet |
| FSM | Freiwillige Selbstkontrolle Multimedia-Diensteanbieter e. V. |
| FTAM | File Transfer Access and Management Protocol |
| FTP | File Transfer Protocol |
| G8 | Gruppe der Acht |
| GG | Grundgesetz |
| GIF | Graphics Interchange Format |
| GjS | Gesetz über die Verbreitung jugendgefährdender Schriften und Medieninhalte |
| GMK | Gesellschaft für Medienpädagogik und Kommunikationskultur in der Bundesrepublik Deutschland e. V. |
| GPRA | Gesellschaft Public Relations Agenturen e. V. |
| GWB | Gesetz gegen Wettbewerbsbeschränkungen |

| | |
|---|---|
| HGB | Handelsgesetzbuch |
| h.M. | herrschende Meinung |
| HRLJ | Human Rights Law Journal |
| Hrsg. | Herausgeber |
| HS | Halbsatz |
| html | Hypertext Mark-up Language |
| http | Hypertext Transport Protocol |
| IAB | Internet Architecture Board |
| IANA | Internet Assigned Numbers Authority |
| ICANN | Internet Corporation for Assigned Numbers and Names |
| ICCP | Committee on Information, Computer and Communications Convention Policy |
| ICMP | Internet Control Message Protocol |
| ICT | information and communications technology |
| ID | Identification |
| IESG | Internet Engineering Steering Group |
| IETF | Internet Engineering Task Force |
| IFPI | International Federation of the Phonographic Industry |
| IMAP | Internet Message Access Protocol |
| INACH | International Network Against Cyber Hate |
| INHOPE | International Association of Internet Hotlines |
| INCB | Internationaler Suchtstoffkontrollrat |
| INCORE | Internet Content Rating for Europe |
| INRIA | Institut National de Recherche en Informatique et Automatique |
| InterNIC | Internet (International) Network Information Center |
| IP | Internet Protocol |
| IPbpR | Internationaler Pakt über bürgerliche und politische Rechte |
| IPv4 | Internet Protocol Version 4 |
| IPv6 | Internet Protocol Version 6 |
| IR | Internet Registry |
| IRC | Internet Relay Chat |
| IRSG | Internet Research Steering Group |
| IRTF | Internet Research Task Force |
| ISDN | Integrated Services Digital Network |
| ISO/OSI | Open Systems Interconnection Reference Model |
| ISO | International Standardisation Organisation |
| ISOC | Internet Society |
| ISP | Internet-Service-Provider |
| ISPA | Internet Service Providers Austria |

| | |
|---|---|
| IT | Information Technology |
| ITU | International Telecommunications Union |
| IWF | Internationaler Währungsfonds |
| JCP | Juris-Classeur Périodique |
| JMStV | Jugendmedienschutz-Staatsvertrag |
| JPEG | Joint Photographic Experts Group |
| JurPC | Internet-Zeitschrift für Rechtsinformatik |
| JZ | Juristenzeitung |
| Kap. | Kapitel |
| KonTrag | Gesetz zur Kontrolle und Transparenz im Unternehmensbereich |
| K&R | Kommunikation und Recht |
| KUG | Kunsturhebergesetz |
| LAN | Local Area Network |
| LG | Landgericht |
| LINX | London Internet Exchange |
| LIR | Local Internet Registry |
| LJA WL | Landesjugendamt / Landesverband Westfalen-Lippe |
| LPresseG | Landespressegesetz |
| MAN | Metropolitan Area Network |
| MIME | Multipurpose Internet Mail Extensions |
| MIT | Massachusetts Institut of Technology |
| Mio. | Millionen |
| MDStV | Mediendienste-Staatsvertrag |
| MMR | Multimedia und Recht |
| Modem | Modulator – Demodulator |
| MPEG | Motion Picture Experts Group |
| MTU | Maximum Transmission Unit |
| MTV | Music Televison |
| NATO | North Atlantic Treaty Organisation |
| NCIS | Police National Criminal Intelligence Service |
| Netiquette | Network Etiquette |
| NFS | Network File System |
| NGO | non-governmental organisation |
| NIC | Network Information Center |
| NJW | Neue Juristische Wochenschrift |
| NJW-CoR | Neue Juristische Wochenschrift Computerreport |
| NJW-RR | Neue Juristische Wochenschrift Rechtsprechungs-Report |

| | |
|---|---|
| NNTP | Network News Transfer Protocol |
| NRW | Nordrhein-Westfalen |
| NSDAP | Nationalsozialistische Deutsche Arbeiterpartei |
| NSI | Network Solutions Inc. |
| NStZ | Neue Zeitschrift für Strafrecht |
| NVwZ | Neue Zeitschrift für Verwaltungsrecht |
| NVwZ-RR | Neue Zeitschrift für Verwaltungsrecht Rechtsprechungs-Report |
| NWG | Network working Group |
| NZV | Netzzugangsverordnung |
| NZZ | Neue Zürcher Zeitung |
| OECD | Organisation for Economic Cooperation and Development |
| ÖJZ | Österreichische Juristenzeitung |
| OLG | Oberlandesgericht |
| OPA | Obscene Publications Act |
| OSS | Open-Source Software |
| OSZE | Organisation für Sicherheit und Zusammenarbeit in Europa |
| OVG | Oberverwaltungsgericht |
| OWiG | Gesetz über Ordnungswidrigkeiten (Ordnungswidrigkeitengesetz) |
| PC | Personal Computer |
| PCA | Protection of Children Act |
| PGP | Pretty Good Privacy |
| PICS | Platform for Internet Contenet Selection |
| PKI | Public-Key-Infrastruktur |
| POP | Post Office Protocol |
| RDF | Resource Description Framework |
| Rec. | Recueil |
| Rev. Sc. Crim. | Revue de science criminelle et de droit pénal comparé |
| RIPE NCC | Network Coordination Centre des Réseaux IP Européens |
| RFC | Request for Comment |
| RoHS | Restriction of the use of certain Hazardous Substances |
| RSACi | Recreational Software Advisory Counsel |
| S/MIME | Secure / Multipurpose Internet Mail Extensions |
| SAP | Systeme, Anwendungen, Programme in der Datenverarbeitung |
| SGB | Sozialgesetzbuch |
| SID | Safer Internet Day |
| SigG | Signaturgesetz |

| | |
|---|---|
| SLD | Second Level Domain |
| Slg. | Sammlung der Rechtsprechung des Gerichtshofes der EU |
| SLIP | Serial Line Interface Protocol |
| SMTP | Simple Mail Transfer Protocol |
| SOX | Sarbanes-Oxley Act of 2002 |
| SPIO | Spitzenorganisation der Filmwirtschaft |
| SSL | Secure Socket Layer |
| StGB | Strafgesetzbuch |
| StPO | Strafprozessordnung |
| TCP | Transmission Control Protocol |
| TDDSG | Teledienstedatenschutzgesetz |
| TDG | Gesetz über die Nutzung von Telediensten (Teledienstegesetz) |
| Telnet | Terminal Emulation Protocol in TCP/IP-Networks |
| TK | Telekommunikation |
| TKG | Telekommunikationsgesetz |
| TKMR | Telekommunikation Medien Report |
| TLD | Top Level Domain |
| TMG | Telemediengesetz |
| UDRP | Uniform Domain Name Dispute Resolution Policy |
| ULR | Unabhängige Landesanstalt für Rundfunk und neue Medien |
| UNCITRAL | United Nations Commission on International Trade Law |
| UNCTAD | United Nations Conference on Trade and Development |
| UNO | United Nations |
| UrhG | Urheberrechtsgesetz |
| URL | Universal Resource Locator |
| Urt. | Urteil |
| US/U.S./USA | United States/Unites States of America |
| U.S.C. | United States Code Annotated |
| USK | Unterhaltungssoftware Selbstkontrolle |
| VBlBW | Verwaltungsblätter für Baden-Württemberg |
| VC | Virtual Circuit |
| VfSlg. | Erkenntnisse und Beschlüsse des Verfassungsgerichtshofs |
| VG | Verwaltungsgericht |
| VGH | Verwaltungsgerichtshof |
| VOF | Verdingungsordnung für freiberufliche Leistungen |
| VOL/A | Verdingungsordnung für Leistungen / Allgemeine Bestimmungen für die Vergabe von Leistungen |
| VwVfG | Verwaltungsverfahrensgesetz |

| | |
|---|---|
| VwGO | Verwaltungsgerichtsordnung |
| W3C | World Wide Web Consortium |
| W3O | World Wide Web Organisation |
| WAIS | Wide Area Information System |
| WAN | Wide Area Network |
| WEEE | Waste Electrical and Electronic Equipmen |
| WIPO | World Intellectual Property Organisation |
| WTO | World Trade Organisation |
| WWW | World Wide Web |
| XML | eXtensible Markup Language |
| XSS | Cross-Site Scripting |
| ZAW | Zentralverband der deutschen Werbewirtschaft |
| ZPO | Zivilprozessordnung |
| ZRP | Zeitschrift für Rechtspolitik |
| ZSR | Zentrales Schutzschriftenregister |
| ZUM | Zeitschrift für Urheber- und Medienrecht |

# Literaturverzeichnis

*Auer-Reinsdorff, Astrid/Conrad, Isabell*: Handbuch IT – und Datenschutzrecht, 2016

*Balzert, Helmut*: Lehrbuch der Softwaretechnik. Softwaremanagement, 2. Aufl. 2008

*Beck´sches Rechtsanwaltshandbuch*, 11. Aufl., 2016

*Bensinger, Viola/Kozok, Volker:* Kampf gegen Cyber Crime und Hacker-Angriffe, CB 2015, S. 376 ff.

*Bergmann, Lutz/Möhrle, Roland/Herb, Armin*: Kommentar zum Datenschutzrecht – Europäische Datenschutz-Grundverordnung (DSGVO), Bundesdatenschutzgesetz (BDSG), Datenschutzgesetze der Länder, Bereichsspezifischer Datenschutz, Loseblattwerk, Nachlieferung 2021

*Bleek, Wolf-Gideon/Wolf, Henning:* Agile Softwareentwicklung, 2008

*Borges, Georg/Meents, Geert*: Cloud Computing, 2016

*Degen, Thomas A.*: Freiwillige Selbstkontrolle der Access-Provider

*Degen, Thomas A./Emmert, Ulrich*: Elektronischer Rechtsverkehr, 2. Aufl., 2021

*Degen, Thomas A./Ledig, Isabel:* PIA „Innovation à la française“: Vorstellung einer Open Source-Software für Datenschutz-Folgenabschätzungen der französischen Aufsichtsbehörde CNIL, apf 2021, S. 156 ff.

*Deister, Jochen/Meyer-Spasche, Georg*: Anwaltsstrategien im Software-Recht, 2010

*Forgó, Nicolaus/Helfrich, Marcus/Schneider, Jochen*: Betrieblicher Datenschutz, 2. Aufl., 2017

*Fuchs, Anke/Meierhöfer, Christine/Morsbach, Jochen/Pahlow, Louis:* Agile Programmierung - Neue Herausforderungen für das Softwarevertragsrecht?, MMR 2012, S. 427 ff.

*Grzesiek, Mathias,* Abwehrschirm gegen digitale Einbrüche, NJW-aktuell 2020, S. 19 ff.

*Härting, Niko*: Datenschutz-Grundverordnung, 2016

*Herberger, Maximilian/Martinek, Michael/Rüßmann, Helmut* u.a.: jurisPK-BGB, 8. Aufl. 2017

*Hoeren, Thomas/Sieber, Ulrich/Holznagel, Bernd*: Handbuch Multimedia-Recht, 45. Aufl., 2017

*Hruschka, Peter/Rupp, Chris/Starke, Gernot:* Agility kompakt, 2. Aufl. 2009

*Kilian, Wolfgang/Heussen, Benno:* Computerrechts-Handbuch, 33. EL Februar 2017

*Korch, Stefan:* Schadensersatz für Datenschutzverstöße, NJW 2021, S. 978 ff.

*Kranig, Thomas/Sachs, Andreas/Gierschmann, Markus*: Datenschutz-Compliance nach der DS-GVO, 2017

*Kühn, Philipp M./Weaver, Neil C.:* DSGVO vs. AGILE? – Prozess- und Produktgestaltung in agilen Projekten unter datenschutzrechtlichen Aspekten, 2019

*Marly, Jochen:* Praxishandbuch Softwarerecht, 7. Aufl. 2018

*Mehrbrey, Kim Lars/Schreibauer, Marcus:* Haftungsverhältnisse bei Cyber-Angriffen – Ansprüche und Haftungsrisiken von Unternehmen und Organen, MMR 2016, S. 75 ff.

*Müller-Hengstenberg, Claus D./Kirn, Stefan:* Öffentliches Vergaberecht und moderne IT-Softwareentwicklung – Anwendung öffentlicher Vergabearten auf Softwareentwicklungsprozesse, MMR 2012, S. 3 ff.

*Redeker, Helmut*: IT-Recht, 7. Aufl., 2020

*Roos, Philipp:* Das IT-Sicherheitsgesetz – Wegbereiter oder Tropfen auf den heißen Stein?, MMR 2015, S. 636 ff.

*Schläger, Uwe/Thode, Jan-Christoph*: Handbuch Datenschutz und IT-Sicherheit, 2018

*Schneider, Jochen*: Handbuch EDV-Recht, 5. Aufl., 2017

*Sorge, Christoph:* E-Mail-Server unter Beschuss, NJW 2021, S. 19 ff.

*Stahlknecht, Peter/Hasenkamp, Ulrich:* Einführung in die Wirtschaftsinformatik, 11. Aufl. 2004

*Wybitul, Tim*: EU-Datenschutz-Grundverordnung im Unternehmen, 2016

# 1. Einführung in den gesamtgesellschaftlichen und regulatorischen Rahmen mit IT-Sicherheits- und Datenschutz-Management-Glossar

*Thomas A. Degen*

**Key-Words:** Risikomatrix, Cyberkriminalität, Marketing-Buzzwords, Datenschutzregulierung, Beweisrecht, elektronische Signaturen, Zahlungsverkehr, Aufbewahrung, Beweisrecht, Verantwortung der Geschäftsleitung, Verantwortung der IT-Leitung, Verantwortung des Datenschutzbeauftragten, Verantwortung der Personalabteilung, Verantwortung der Vertriebsleitung, Verantwortung der Marketingabteilung, Verantwortung des Betriebsrats

## 1.1 Ausgangs-/Praxisfall

Ein mittelständisches Handelsunternehmen, das Design- und Einrichtungsgegenstände sowie Accessoires, bislang ausschließlich über den stationären Handel und ein Filialnetz in Deutschland und Österreich, vertreibt, entschließt sich zur „Digitaloffensive". Die Divise lautet, neben dem Einzelhandel den Vertrieb für den Fernabsatz zu öffnen und eine „digitale Transformation" im Rahmen des Möglichen umzusetzen, insbesondere in Zeiten einer weltweiten Corona-Pandemie.

Die Geschäftsführung des Familienunternehmens überlegt, mit internen Mitteln, aber auch unter Einbeziehung der Fachabteilungen und externer Berater, einen möglichst kreativen, agilen und rechtssicheren Businessplan zu entwickeln.

Der Seniorchefin des Unternehmens sind grundlegende Gesetzesregelungen und Parameter der DSGVO u. a. geläufig. Sie fragt danach, wie sie ihr über Jahre gelebtes „analoges betriebswirtschaftliches Koordinatensystem" mit aktuellen IT- und datenschutzrechtlichen Aspekten anreichern kann, ohne es zu überfrachten und sich in Details zu verlieren. Sie stellt fest, dass die von ihr recherchierten und ihr vorgelegten Veröffentlichungen voller Technikbegriffe sind und „Buzzwords" beinhalten, die ihr eher suspekt sind.

Nachdem der Leiter ihrer IT-Abteilung ihr vorschlägt, die komplette IT durch neue Anschaffungen, v. a. in Software-, SaaS- und Cloud-basierte Anwendungen aufzurüsten, weil heutzutage Cyberangriffe auch gegen den Mittelstand an der Tagesordnung seien, möchte sie mehr wissen. Dies erst recht, nachdem sie mit der Rückfrage konfrontiert wird, welches Budget die Firma in die eigene digitale vertriebliche Zukunftsstrategie investieren möchte. Es sei aus Sicht der IT selbstverständlich, dass ein neues ERP mit Schnittstelle zu der Warenwirtschaft zu einem neu zu etablierenden Online-Shop realisiert wird, außerdem müsse man endlich bei den sozialen Medien aktiv werden, weil das Fernbleiben nicht mehr sozialadäquat und der Tod eines Unternehmens im heutigen Informationszeitalter sei.

Nachdem ihr Hausanwalt für Arbeitsrecht und ihre Versicherung ihr auch noch umfängliche Aktualisierungen ihrer Datenschutzerklärung, ihrer AGB und den Abschluss neuer Betriebshaftpflicht- und Cyberschutzversicherungen nahelegen, möchte sie erfahren, ob das alles wirklich sinnvoll ist, zumal sie sich bislang auch ein „IT- und Datenschutzkonzept" und einen Datenschutzbeauftragten eingespart hat.

Die Annäherung an technische Themen der IT, IT-Sicherheit und des Datenschutzes kann für sehr viele Unternehmer, Selbständige, Behördenvertreter, Politiker, aber auch Verbraucher verhältnismäßig schnell und mit überschaubarem Aufwand erfolgen. Denn in aller Regel bestehen technische, betriebswirtschaftliche und rechtliche Grundkenntnisse und Erfahrungswerte, auf welchen regelmäßig auch gut aufgebaut werden kann.

Für die Führungsebenen, für Entscheidungsträger in Wirtschaft und Behördenlandschaft besteht jedoch die **Herausforderung, einen angemessenen Zeit-, Material- und Kosteneinsatz abzuwägen**.

Im Ausgangs- und Praxisfall kommt die Seniorchefin sehr schnell zu dem Schluss, auch abgesichert durch Rückmeldungen ihrer Berater, dass es unerlässlich sein wird, sinnvoll, d. h. nachhaltig zu planen und zu investieren.

Ihr kommt das Gleichnis der klugen und der dummen Baumeister in den Sinn: Baue ich auf Stein (sehr viel anstrengender) oder auf Sand (sehr viel einfacher)?

Die Seniorchefin erklärt ihrem Stab: *„Wer sagt denn, dass wir uns – bei aller Ernsthaftigkeit – der Thematik IT- und Datenschutz-Compliance nicht auch spielerisch nähern können?"*

Es ist Fakt, dass Cyberangriffe stetig zunehmen und eine echte Gefahr darstellen. Für die Unternehmensentscheidung, **auf Nachhaltigkeit und Technik- und Rechtskonformität zu setzen und auf Stein zu bauen**, braucht es diese Erkenntnis nicht. Denn es ist gesetzliche Verpflichtung, einen angemessenen Schutz der personenbezogenen Daten, vor allem von Kindern und Gesundheitsdaten, sicherzustellen. Die Erkenntnis ist aber im Rahmen einer **Risikomatrix** zu berücksichtigen.

## 1.2 Risikomatrix

Es empfiehlt sich, bei digitalen Strategien, Vertriebsumsetzungen und Transformationen die personellen und pekuniären Ressourcen in Energie, Kreativität, Konzentration und betriebswirtschaftliche und vertriebstechnische Erfolgstauglichkeit zu setzen, dabei aber auch die Wahrscheinlichkeit des Auftretens eines unerwünschten Ereignisses (Risiko) gegenüber dessen Auswirkung intellektuell bzw. tabellarisch ins Verhältnis zu setzen.

Im Folgenden stellen die Autoren daher bewusst in Abgrenzung zu typischer juristischer Literatur die Praxisbezogenheit und den Korridor für pragmatische Umsetzungen an Hand von Fallgestaltungen in den Vordergrund. Ganz ohne Artikel und Paragraphen kommen wir dabei nicht aus. Das schadet aber auch nicht. Zunächst seien einige kurze Hinweis zur Cyberkriminalität gegeben.

## 1.3 Cyberkriminalität und Verhaltensbotschaften für die Praxis

Insofern ist zu empfehlen, die **gesamtgesellschaftlichen Realitäten und Zusammenhänge** kritisch zu verfolgen und z. B. bei unabhängigen fach- und sachkundigen Institutionen, wie insbesondere dem BSI, Branchenverbänden und spezialisierten Beratungsgesellschaften, regelmäßig Informationen zur Kenntnis zu nehmen. Instruktiv hat z. B. auch das Bundeskriminalamt die Bedrohungslage durch Cyberkriminalität zusammengefasst:

> „Ob Fitnesstracker, smartes Auto oder vollautomatisierte Produktion: Die Digitalisierung schreitet mit großer Dynamik voran und erfasst alle Lebens- und Arbeitsbereiche. Doch der Fortschritt hat auch Schattenseiten: Die steigende Anzahl digitaler Geräte bietet Cyberkriminellen immer neue potenzielle Ziele. Dementsprechend stieg die Anzahl der Cyberangriffe in Deutschland auch im Jahr 2018 weiter an. Rund 87.000 Fälle von Cybercrime wurden von der Polizei erfasst, ein Prozent mehr als im Jahr zuvor. Ein Anstieg von rund fünf Prozent (271.864 Fälle) war auch bei der Zahl der Straftaten zu verzeichnen, bei denen 2018 das Internet als Tatmittel genutzt wurde. Das geht aus dem heute veröffentlichten Lagebild „Cybercrime" des Bundeskriminalamts (BKA) hervor. Die Vielfalt der digitalen Angriffsziele sorgt dafür, dass auch das Gesamtaufkommen der festgestellten Schadsoftware immer weiter steigt. Cyberkriminelle müssen diese Schadsoftware nicht zwangsläufig selbst erstellen. Auf Marktplätzen im Clearnet, Deepweb und im Darknet werden gegen Bezahlung eine Vielzahl illegaler Angebote gemacht, um beispielsweise Angriffe auf Firmennetzwerke und Webseiten durchzuführen oder Viren programmieren zu lassen. „Crime-as-a-Service" nennt sich dieses Geschäftsmodell, bei dem neben Schadsoftware auch gestohlene Daten oder Anonymisierungsdienste verkauft werden. Einer dieser Marktplätze war „Webstresser", eine Plattform, die sich darauf spezialisiert hatte, im Auftrag ihrer Kunden so genannte DDoS-Attacken (Distribu-

ted Denial of Service) auf Webseiten durchzuführen. DDoS-Attacken zielen darauf ab, Webpräsenzen, Server und Netzwerke so zu überlasten, das sie nicht mehr erreichbar sind. Mithilfe von „Webstresser" konnten auch Laien diese Angriffe ausführen. Im April 2018 wurde die Seite, die unter anderem in Frankfurt am Main gehostet worden war, im Rahmen einer international koordinierten Maßnahme mehrerer Strafverfolgungsbehörden, an der auch das BKA beteiligt war, vom Netz genommen. Bis zu diesem Zeitpunkt war „Webstresser" für über vier Millionen DDoS-Attacken weltweit eingesetzt worden. Der Administrator der Seite wurde festgenommen und Ermittlungen gegen 250 Nutzer der Plattform aufgenommen. Cybercrime verursachte 2018 einen Schaden in Höhe von über 60 Millionen Euro, ein Rückgang um rund 18 Prozent im Vergleich zum Vorjahr (2017: 71,4 Millionen Euro). Die Zahl bildet jedoch nur ab, was der Polizei bekannt geworden ist. Tatsächlich dürfte sich der Schaden für Unternehmen auf über 100 Milliarden Euro belaufen, wie Schätzungen aus der Wirtschaft im Betrachtungszeitraum 2018/2019 zeigen. Die enorme Differenz erklärt sich auch durch das hohe Dunkelfeld in diesem Phänomenbereich. Insbesondere Unternehmen[1] zeigen Fälle von Cybercrime und damit verbundene materielle Schäden nach wie vor vergleichsweise selten an. Die Furcht vor einem Vertrauensverlust bei Partnern und Kunden steht dabei dem Interesse, die Tat strafrechtlich verfolgen zu lassen, entgegen. Dabei sind Firmen ein bevorzugtes Angriffsziel für Hacker, wobei Kriminelle nicht nur daran interessiert sind, an das Geld der Unternehmen zu gelangen. Auch das Ausspähen technologischen Wissens ist für sie von Bedeutung. Das BKA rät sowohl Firmen als auch Privatpersonen, jeden Fall von Cybercrime zur Anzeige zu bringen. Zudem sollten präventive Sicherheitsmaßnahmen für Geräte und Prozesse ergriffen werden. Dass dies einen positiven Effekt hat, zeigt sich am Beispiel des Phishings im Online-Banking: 2018 wurden 723 Fälle zum Phänomen Phishing gemeldet, was einem Rückgang von nahezu 50 Prozent gegenüber dem Vorjahr entspricht. Die rückläufigen Zahlen sind darauf zurückzuführen, dass die Banken ihre TAN-Verfahren weiterentwickelt und Sicherheitslücken geschlossen haben. Insgesamt geht das BKA jedoch auch für die kommenden Jahre von weiter steigenden Fallzahlen im Bereich Cybercrime aus. Um dieser Herausforderung adäquat zu begegnen, arbeitet das BKA derzeit am Aufbau einer Abteilung „Cybercrime". Damit sollen komplexe Ermittlungen und die Bearbeitung herausragender Cybervorfälle gestärkt werden."

Wie wichtig eine sorgfältige Planung und Absicherung der **Schnittstelle von Recht, Technik und Management** ist, zeigt sich, wenn man an die tägliche elektronische Kommunikation über E-Mails in der Unternehmens- und Behördenwelt denkt. Letztlich kann konstatiert werden, dass der Schutzbedarf permanent kontrolliert werden muss. Im März 2021 hat z. B. das BSI über kritische Schwachstellen von Exchange-Servern berichtet und dringend entsprechende Sicherheitsprüfungen und Updates empfohlen.[2]

---

1 *BKA*, Cybercrime – Bundeslagebild 2018, 11. 11. 2019, Cybercrime in Zahlen 2018, https://www.bka.de/DE/Presse/Listenseite_Pressemitteilungen/2019/Presse2019/191111_PMBLB Cybercrime.html.

2 BSI, https://www.bsi.bund.de/DE/Themen/Unternehmen-und-Organisationen/Informationen-und-Empfehlungen/Empfehlungen-nach-Angriffszielen/Server/Microsoft-Exchange_Schwachstelle/schwachstelle_exchange_server.html.

> Die Seniorchefin erklärt, sie möchte mit ihren Businessplänen auch in Zukunft erfolgreich sein, einen „Abwehrschirm gegen digitale Einbrüche“[3] haben und immer gut durch den „TÜV“ kommen.

Im *Beispielsfall der Exchange-Schwachstellen* hat das Bayerische Landesamt für Datenschutzaufsicht (BayLDA) folgende – richtige und zu beachtende – **IT-Sicherheits- und Umsetzungsdevise** ausgegeben: **„Patchen – Prüfen – Melden“**:[4]

1) Es sind unverzüglich die vom Hersteller bereitgestellten Sicherheitsupdates einzuspielen.
2) Sodann sind unmittelbar die eigenen Systeme auf Spuren eines Cyberangriffs zu überprüfen (der Hersteller stellt hierfür in der Regel Tools bereit).
3) Sollte ein Sicherheitsupdate nicht umgehend erfolgt sein, muss unter Beachtung der 72-Stunden-Frist (nach Kenntnis) eine Meldung bei der Datenschutzaufsichtsbehörde vorgenommen werden.
4) Ist nicht nur das Sicherheitsupdate zu spät aufgespielt worden, sondern treten auch Spuren eines Cyberangriffs auf, muss unter Umständen auch eine Meldung an die Betroffenen (Mandanten/Kunden/Geschäftspartner) gemäß Art. 34 DSGVO erfolgen.

Derartige Exempel zeigen plakativ, dass es in der Praxis mit einer guten **Planung** allein nicht getan ist. Es bedarf der laufenden **Kontrolle**.

Bei der **Auswahl und Implementierung neuer IT-Systeme**, wie einem ERP und z. B. SaaS- und Cloud-Systemen in dem Ausgangs-/Praxisfall, stellt sich zudem die Frage, ob **Spezialsoftware sicherer ist als der Standard**. Man könnte hier getreu einer nahe liegenden Vertrauenslogik annehmen, dass dem so ist. So finden sich auch immer Softwarehersteller und Institutionen, wie z. B. die Bundesrechtsanwaltskammer, die für sich in Anspruch nehmen, nach dem Stand der Technik die beste respektive sichere Software einzusetzen.[5] Es wäre jedoch ein Trugschluss anzunehmen, dass diese gegen Sicherheitslücken gefeit wäre, wie man im Falle der „E-Justiz-Anwendung“ namens „beA“ erst recht nach den desaströsen Feststellungen von IT-Sachverständigen und Penetrationstests erfahren musste. Die Sicherheit von Spezialsoftware wie z. B. beA und EGVP kann ebenso kritisch zu sehen

3 Vgl. *Grzesiek*, Abwehrschirm gegen digitale Einbrüche, NJW-aktuell 2020, 19.
4 BayLDA, https://www.lda.bayern.de/media/pm/pm2021_01.pdf.
5 Hierzu ausführlich *Degen/Emmert*, Elektronischer Rechtsverkehr, 2. Aufl. 2021, § 1 Rn. 15 ff.

sein wie die des Exchange Servers.[6] Denn Hacker richten ihr Augenmerk nicht selten und zufällig auf institutionelle Einrichtungen. Der Behörden-, Staats- und Gerichtsapparat dürfte vor Angriffen nicht sicherer sein als die Industrie und der Mittelstand.

Die IT-Sicherheit gewinnt demzufolge in der Unternehmens- und Behördenpraxis immer größere Bedeutung. Cyberattacken nehmen zu.

**Abbildung 1**

Es gibt **zahlreiche** weitere **Praxisbeispiele**, deren Besprechung hier den Rahmen sprengen würde. Einige Fälle sind aber in der Öffentlichkeit besonders kontrovers diskutiert worden.

Zu erinnern wäre beispielsweise an einen Cyberangriff im April 2011, bei dem das Sony Playstation Network und Playstation-Besitzer betroffen waren. Diese konnten ihre Playstation knapp vier Wochen nicht nutzen. Daten (Kreditkarteninformationen und persönliche Daten) von rund 77 Mio. PSN-Abonnenten wurden gestohlen.

In einem anderen Fall ging es um einen Hackerangriff auf Telekom-Router. Ein 29-jähriger Brite hatte im November 2016 bei 1,25 Millionen Telekom-Kunden einen Netzausfall verursacht. Er wurde von den Strafverfolgungs-

6 So auch *Sorge*, E-Mail-Server unter Beschuss, NJW 2021, 19.

behörden ermittelt. Ihm wurde der Prozess gemacht. Während des Gerichtsverfahrens hatte er ein umfassendes Geständnis abgelegt. Auf freien Fuß kommt der Hacker ab nicht: Großbritannien hat bereits seine Auslieferung beantragt. In seinem Heimatland wird wegen weiterer Hacker-Angriffe und Banken-Erpressung gegen ihn ermittelt.[7]

Bei einem anderen spektakulären Hackerfall war u. a. der Provider Yahoo betroffen. Auch wenn ansonsten die Dunkelziffer extrem hoch und die Täter viel zu selten dingfest gemacht werden können, wurde in diesem Fall auch ein Täter gestellt. Ein junger Kanadier muss für fünf Jahre ins Gefängnis, weil er nach einem groß angelegten Hackerangriff auf Yahoo im Jahr 2014 russischen Geheimagenten illegal Zugang zu mindestens 80 Webmail-Konten verschafft haben soll.[8] Ein US-Bezirksrichter in San Francisco verurteilte ihn zudem zu einer Geldstrafe von 250.000 US-Dollar (rund 216.000 Euro), wie das Justizministerium am 29.05.2018 mitteilte. Laut US-Ermittlern gelang es russischen Hackern 2014, in die Systeme des Internetkonzerns Yahoo einzudringen und Informationen zu mindestens 500 Millionen Yahoo-Konten zu stehlen. Daraufhin sollen russische Geheimagenten den nun verurteilten Kanadier dafür angeheuert haben, ihnen mittels der erbeuteten Yahoo-Daten gezielt Zugang zu mindestens 80 Webmail-Konten unter anderem von Journalisten und Regierungsbeamten zu verschaffen. Der 23-Jährige wurde im März 2017 in Kanada festgenommen und später in die USA ausgeliefert. Im November bekannte sich der Mann schuldig. Er gab zudem zu, von 2010 bis 2017 in mehr als 11.000 Webmail-Konten eingedrungen zu sein. Er ist bislang der einzige Hacker, der sich im Zusammenhang mit dem Cyberangriff auf Yahoo vor Gericht verantworten musste. Drei weitere Angeklagte mit russischer Staatsangehörigkeit sind den US-Behörden zufolge bislang nicht gefasst worden.

Vielfach geht es Kriminellen darum, Server zu hacken und Schadsoftware einzuschleusen bzw. Kommunikation mitzulesen und Daten abzuziehen. Sofern ein Computersystem, erst recht einer Kanzlei, eines Notariats oder eines sonstigen Berufsgeheimnisträgers, durch Hacker kompromittiert wurde, muss eine Meldung gemacht werden bei der Aufsichtsbehörde i. S. d. Art. 33 DSGVO. Diese Meldung muss unverzüglich und möglichst binnen 72 Stunden nach Kenntnisnahme eingehen.

Ferner ist zu empfehlen, Strafanzeige zu stellen, auch wenn dies gegen unbekannt wäre. Gleichfalls muss geprüft werden, ob eine weitergehende

7 Redaktion beck-aktuell, Verlag C.H. BECK, 28.07.2017.

8 www.spiegel.de/netzwelt/web/yahoo-hack-kanadier-zu-fuenf-jahren-gefaengnis-verurteilt-a-1210244.html.

Informationspflicht besteht (*Data Breach*) hinsichtlich betroffener Kunden, Geschäftspartner oder Mitarbeiter. Das wäre nach Artikel 34 DSGVO anzunehmen, sofern durch die Datenschutzverletzung ein hohes Risiko für die betroffenen Personen bestünde. Hier wären ggf. Geschäftspartner und Beschäftigte wegen einer etwaigen Duldung der Medien-/E-Mail-Nutzung zu berücksichtigen.

Es ist demzufolge zu begrüßen, dass Deutschland mit seinem föderalen System der Bundes- und Länderzuständigkeiten (wie Bundeskriminalamt, Landeskriminalamt etc.) die übergeordneten Vorhaben der EU zur Cybersicherheit unterstützt. Bereits im November 2017 hat sich der Bundesrat mit **EU-Plänen zur Cybersicherheit** und zum Schutz vor Hacker-Angriffen auseinandergesetzt.[9] Der Bundesrat wünscht eine stärkere Sensibilisierung der Nutzer und eine Regelung der Gewährleistungsrechte bei Sicherheitslücken von IT-Produkten. Die EU-Kommission hat Anliegen geäußert, Bürger besser vor Cyberattacken zu schützen, denn die Anzahl ist rasant gestiegen; wirtschaftliche Schäden durch Cyberkriminalität haben sich in letzten fünf Jahren verfünffacht. Zur Verbesserung der Cyberabwehrfähigkeit hat die Kommission die **EU-Agentur für Netz- und Informationssicherheit (ENISA)**[10] gestärkt und zur EU-Agentur für Cybersicherheit ausgebaut. Zu den Projekten gehören Rahmen für Cyber-Sicherheitszertifizierung, der Aufbau eines Notfallmanagements und die Errichtung eines Europäischen Forschungs- und Kompetenzzentrums für Cybersicherheit.[11] In ihrer Stellungnahme bezeichnen die Länder die Sicherheit informationstechnischer Systeme als eine der aktuellen Herausforderungen. Dem ist – neben dem Gesundheits- und Umweltschutz – zuzustimmen.

Der weltweit steigende Ressourcenbedarf an IT hat die Schattenseiten des zunehmenden Energiebedarfs und der ansteigenden Cyberkriminalität. Daher sind Initiativen zum nachhaltigen, umweltfreundlichen Umgang mit IT

---

9 Zum Schrifttum und Rechtsprechung sei exemplarisch verwiesen auf EuGH, (Zweite Kammer), Berichtigungsbeschluss vom 06.12.2016 – C-582/14 Urteilsberichtigung im Schutz über Cyberattacke, BeckRS 2016, 82984; *Mehrbrey/Schreibauer*, Haftungsverhältnisse bei Cyber-Angriffen – Ansprüche und Haftungsrisiken von Unternehmen und Organen, MMR 2016, 75; EZB, Meldestelle für Cyber-Angriffe auf Banken, Meldung der Redaktion MMR-Aktuell vom 30.05.2016, MMR-Aktuell 2016, 378239; *Roos*, Das IT-Sicherheitsgesetz – Wegbereiter oder Tropfen auf den heißen Stein?, MMR 2015, 636; *Bensinger/Kozok*, Kampf gegen Cyber Crime und Hacker-Angriffe, CB 2015, 376; Neues Gesetz gegen Cyberangriffe, Meldung der beck-aktuell-Redaktion vom 28.04.2017, becklink 2006499; EuGH: Speicherung dynamischer IP-Adressen durch Website-Betreiber kann zur Abwehr von Cyberattacken zulässig sein, Meldung der beck-aktuell-Redaktion vom 19.10.2016, becklink 2004687.

10 Siehe https://europa.eu/european-union/about-eu/agencies/enisa_de.

11 https://rsw.beck.de/aktuell/daily/meldung/detail/bundesrat-unterstuetzt-europaeische-vorhaben-zur-cybersicherheit.

(Green ICT) ebenso zu begrüßen wie der sachdienliche Kampf gegen Cyberkriminalität.

## 1.4 Informatik-/IT-Security-Fachbegriffe und Marketing-Buzzwords

In der IT- und Datenschutzmanagement-Praxis gibt es ein Sammelsurium aus Fachbegriffen und Abkürzungen. Einige sind beinahe selbsterklärend, andere reine Kunstworte. Zu den nicht überraschenden Anglizismen kommen immer mehr Buzzwords aus dem IT-Security- und Marketing-Slang.

Praktiker schlagen mit diesen und anderen Begriffen vielfach um sich. Wir halten es für hilfreich, einige dieser etablierten Begriffe hier vor die Klammer zu ziehen, um nicht in jedem Inhaltskapitel etwaige Fußnoten oder vorsorgliche Neudefinitionen vornehmen zu müssen. Daher fassen wir nachfolgend (S. 53) einige der **Fachbegriffe in tabellarischer Darstellung** von A bis Z zusammen. Wie man im Weiteren beim Durchblättern auch sehen wird, halten wir uns als IT- und Datenschutz-Praktiker mit Technik- und Ingenieur-Orientierung an das Credo der Grafik-Designer „*Bild schlägt Text*".

**Abbildung 2**

## 1.5 Kurzübersicht der Rechtsquellen und der regulatorischen Anforderungen

Gleichwohl muss auch an die echten Techniker und die reinen Naturwissenschaftler mit *Goethe* gesagt werden: „*Ein Blick ins Gesetz erleichtert die Rechtsfindung.*" Es darf nur nicht der Nachsatz wie bei den langen Liebesgedichten kommen: „*Ich hatte keine Zeit, mich kurz zu fassen, daher sind die rechtlichen Ausführungen so lang wie die AGB von Oracle.*"

Für erfolgreiche rechtstechnische Projektumsetzungen in der Unternehmenspraxis ist es demzufolge hilfreich, wenn im Beraterteam zumindest ein Überblickswissen vorhanden ist, auch über rechtsgeschichtliche Entwicklungen und rechtsdogmatische Grundprinzipien (wie z. B. bezüglich der „Grundsätze für die Verarbeitung personenbezogener Daten" gemäß Art. 5 Abs. 1 DSGVO), zumal allein die DSGVO 99 Artikel und 173 Erwägungsgründe aufweist.

An dieser Stelle sollen nur einführende Ausführungen erfolgen. Eine systematische Darstellung der IT-sicherheitsrechtlichen Rechtsquellen folgt gesondert im folgenden Kapitel 2.

Noch vor Geltung der DSGVO am 25.05.2018 traten zahlreiche umfassende Gesetzesänderungen in Kraft, die eine umfassende Vorbereitung der Unternehmen bedingen und neue Möglichkeiten für Unternehmen wie z. B. durch die eIDAS-Verordnung im Bereich der Digitalisierung oder der PSD2-Richtlinie der EU im Bereich des Zahlungsverkehrs bieten. Unternehmen sollten sich daher mit der umfassenden Neuregelung im Bereich des Datenschutzes und der IT-Compliance für ihr Unternehmen vertraut machen, Haftungsrisiken vermeiden und das eigene Unternehmen für neue elektronische Geschäftsprozesse, vor allem im Rahmen der Digitalisierung, fit machen.

**Abbildung 3**

Die **Regulierung von IT- und Datenschutz-Compliance** ist auf **zahlreiche Gesetze** verteilt, u. a. DSGVO und neues BDSG, neue Datenschutzgesetze der Länder und öffentlich-rechtlichen Religionsgemeinschaften, TKG, TMG, Medienstaatsvertrag der Länder, BSI-Gesetz, eIDAS-Verordnung und Vertrauensdienstegesetz, über 1.000 Gesetze mit Regeln zu Aufbewahrungsfristen von Dokumenten (v. a. HGB und Abgabenordnung). Weiter fällt darunter der ganze Bereich des gewerblichen Rechtsschutzes und des Urheberrechts sowie Rechtsfragen zur Lizenzierung solcher Rechte. Dazu kommen noch zahlreiche Regelungen durch Rechtsverordnung oder Verwaltungsvorschriften, so z. B. die Grundsätze zur ordnungsgemäßen Buchführung und zum Datenzugriff (GoBD).

**Beispiele** für eine umfassende Neugestaltung der gesetzlichen Anforderungen in jüngster Zeit sind insbesondere:

### 1.5.1 Datenschutzregulierung

Ziel der DSGVO war es, ein harmonisiertes, einheitliches Datenschutzrecht in Europa zu schaffen. Bei über 4.000 Änderungsanträgen hat man in der Verordnung jedoch zahlreiche Möglichkeiten für nationale Ausnahmeregelungen für Mitgliedstaaten vorgesehen. Lediglich Deutschland und Österreich haben bisher nationale Regelungen eingeführt, in den anderen Mitgliedsstaaten verbleibt es bei den Regelungen der Verordnung. Das deutsche Recht bringt zwar einige Vereinfachungen für Unternehmen und die Beibehaltung des betrieblichen Datenschutzbeauftragten ab 20 mit personenbezogenen Daten befassten Mitarbeitern mit sich, erschwert aber die Einhaltung der Regeln für in mehreren Mitgliedsstaaten tätigen Unternehmen.

Die **Sanktionen bei Datenschutzverstößen** werden durch die DSGVO um mindestens Faktor 70 nach oben gesetzt, von 50.000,00 € für formelle Verstöße auf 10 Mio. € bzw. 2 % des weltweiten Jahresumsatzes (höherer Betrag), für materielle Datenschutzverletzungen von bisher 300.000,00 € auf 20 Mio. € bzw. 4 % des weltweiten Jahresumsatzes, je nachdem, welcher Betrag höher ist.

Es mangelt in der EU noch an einem einheitlichen, fairen, transparenten und angemessenen Bußgeldrahmenkatalog, so dass es nicht verwundert, wenn in einem Land für einen Datenschutzverstoß eine letzte belehrende Warnung, in einem anderen eine saftige Geldbuße fällig wird. Besonders heftig fallen Sanktionen freilich aus, wenn die **Aufsichtsbehörde** grob pflichtwidriges, mutwilliges und absichtliches Falschverhalten aufarbeiten muss. So hat im Fall der Überwachung von mehreren hundert Mitarbeiterinnen und Mitarbeitern des H&M Servicecenters in Nürnberg durch die Center-Leitung der Hamburgische Beauftragte für Datenschutz und Informationsfreiheit (HmbBfDI) einen **Bußgeldbescheid** in Höhe von **35.258.707,95 Euro** gegen die H&M Hennes & Mauritz Online Shop A.B. & Co. KG erlassen. In der Presseerklärung hierzu heißt es u. a.:

> „Die Gesellschaft mit Sitz in Hamburg betreibt ein Servicecenter in Nürnberg. Mindestens seit dem Jahr 2014 kam es bei einem Teil der Beschäftigten zu umfangreichen Erfassungen privater Lebensumstände. Entsprechende Notizen wurden auf einem Netzlaufwerk dauerhaft gespeichert. Nach Urlaubs- und Krankheitsabwesenheiten – auch kurzer Art – führten die vorgesetzten Teamleader einen sogenannten Welcome Back Talk durch. Nach diesen Gesprächen wurden in etlichen Fällen nicht nur konkrete Urlaubserlebnisse der Beschäftigten festgehalten, sondern auch Krankheitssymptome und Diagnosen. Zusätzlich eigneten sich einige Vorgesetzte über Einzel- und Flurgespräche ein breites Wissen über das Privatleben ihrer Mitarbeitenden an, das von eher harmlosen Details bis zu familiären Problemen sowie religiösen Bekenntnissen reichte. Die Erkenntnisse wurden teilweise aufgezeichnet, digital gespeichert und waren mitunter für bis zu 50 weitere Führungskräfte im ganzen Haus lesbar. Die Aufzeichnungen wurden bisweilen mit einem hohen Detailgrad vorgenommen und im zeitlichen Verlauf fortgeschrieben. Die so erhobenen Daten wurden neben einer akribischen Auswertung der individuellen Arbeitsleistung u. a. genutzt, um ein Profil der Beschäftigten für Maßnahmen und Entscheidungen im Arbeitsverhältnis zu erhalten. Die Kombination aus der Ausforschung des Privatlebens und der laufenden Erfassung, welcher Tätigkeit sie jeweils nachgingen, führte zu einem besonders intensiven Eingriff in die Rechte der Betroffenen. Bekannt wurde die Datenerhebung dadurch, dass die Notizen infolge eines Konfigurationsfehlers im Oktober 2019 für einige Stunden unternehmensweit zugreifbar waren. Nachdem der Hamburgische Beauftragte für Datenschutz und Informationsfreiheit über die Datensammlung durch Presseberichte informiert wurde, ordnete er zunächst an, den Inhalt des Netzlaufwerks vollständig „einzufrieren“ und verlangte dann die Herausgabe. Das Unternehmen kam dem nach und legte einen Datensatz von rund 60 Gigabyte zur Auswertung vor. Vernehmungen zahlreicher Zeuginnen und Zeugen bestätigten nach Analyse der Daten die dokumentierten Praktiken. Die Aufdeckung der erheblichen Verstöße hat die Verantwortlichen zur Ergreifung verschiedener Abhilfemaßnahmen veranlasst.“[12]

Aus dem Nachbarland Frankreich macht auch die französische Aufsichtsbehörde CNIL vielfach auf sich aufmerksam, nicht nur mit einer Unterstützung der Normadressaten und Bereitstellung einer Software-Innovation zur Datenschutzfolgeabschätzung,[13] sondern durch extrem hohe Bußgeldfestsetzungen. Die Aufsichtsbehörde hat z. B. gegenüber Amazon ein Bußgeld

12 https://datenschutz-hamburg.de/pressemitteilungen/2020/10/2020-10-01-h-m-verfahren.

13 Hierzu *Degen/Ledig*, PIA „Innovation à la française“: Vorstellung einer Open Source-Software für Datenschutz-Folgenabschätzungen der französischen Aufsichtsbehörde CNIL, apf 2021, 156.

verhängt von 35 Mio. Euro[14] und über 100 Mio. Euro gegen Google.[15] In der Datenschutzpraxis kommt den Aufsichtsbehörden europaweit nicht nur das Aufsichts- und Sanktionswesen zu, sondern auch eine Informationsfunktion gegenüber Bürgern und Unterstützungsfunktion gegenüber Datenschutzanwendern. Aufsichtsbehörden tragen zum Dialog und zur besseren Informiertheit bei.

Abgesehen von Bußgeldern ist auch an **Schadensersatzverpflichtungen** zu denken bei Datenschutzverstößen: Denn Betroffene können gemäß Art. 82 DSGVO Schadensersatz verlangen, wenn sich der Verarbeiter nicht entschuldigen („exkulpieren") kann und ein adäquat-kausaler und zurechenbarer Schaden entstanden ist. Ersatzfähig sind insofern nicht nur **materielle,** sondern auch **immaterielle Schäden**. Aus dem Erwägungsgrund 146 S. 3 der DSGVO ergibt sich, dass der Begriff des Schadens weit zu verstehen ist. Ferner findet sich dort ein Verweis auf die Rechtsprechung des EuGH und die Ziele der DSGVO. Dies wird so verstanden, dass der Schadensersatzanspruch nicht ausschließlich der **Kompensation**, sondern gerade auch der **Prävention** dienen soll. Das bedeutet, dass dem Schadensersatzanspruch eine „abschreckende Wirkung" zukommt.[16]

> In unserem Ausgangs-/Praxisfall hat die Seniorchefin des Handelsunternehmens „grünes Licht" gegeben und eine Datenschutzrichtlinie für das Unternehmen erstellen lassen sowie klargestellt, dass alle erforderlichen technischen und organisatorischen Maßnahmen (gemeinhin abgekürzt mit TOMs) ergriffen werden, um eine Datenschutzkonformität herzustellen.

Die Anforderungen ergeben sich insbesondere aus Art. 5 Abs. 1, Abs. 2 sowie Art. 6, 12 ff., 25, 28, 30 ff. DSGVO mit den **Umsetzungspflichten** und **Dokumentations-** und **Rechenschaftspflichten.** Zu den **technischen und organisatorischen Maßnahmen** gehört, insbesondere Verfahrensverzeichnisse und Vereinbarungen über Auftragsdatenverarbeitung vorzuhalten und Auskunftsverpflichtungen sowie Lösch- und Sperrpflichten sehr ernst zu nehmen und so schnell wie möglich im Rahmen eines eigenen Projektes zur DSGVO zu etablieren. Zudem müssen völlig neue Anforderungen wie z. B. das Recht zur Datenübertragung in die Prozesse des Unternehmens integriert werden.

---

14 Vgl. https://www.cnil.fr/en/cookies-financial-penalty-35-million-euros-imposed-company-amazon-europe-core.

15 Vgl. https://www.cnil.fr/en/cookies-financial-penalties-60-million-euros-against-company-google-llc-and-40-million-euros-google-ireland.

16 Vgl. auch *Korch*, Schadensersatz für Datenschutzverstöße, NJW 2021, 978.

### 1.5.2 Beweisrecht und elektronische Signaturen

Die Regeln zu elektronischen Signaturen werden durch die **eIDAS-Verordnung** erheblich vereinfacht und bieten die Möglichkeit, sichere Signaturen für Kunden in Rechenzentren zu erzeugen, ohne dass der Kunde des Rechenzentrums selbst sich um Kartenleser und Zertifikate kümmern muss. Damit wird es auch für Unternehmen praktikabel und bezahlbar, beweissichere elektronische Signaturen flächendeckend einzusetzen. Die gegenseitige Anerkennung der elektronischen ID-Verfahren der Mitgliedsstaaten der EU ist am 18.09.2018 in Kraft getreten, die neuen Rechtsregeln für Vertrauensdienste (u. a. elektronische Signaturen) gelten seit 01.07.2016.

### 1.5.3 Zahlungsverkehr

Durch die 2. Zahlungsdiensterichtlinie (nach der englischen Bezeichnung Payment Services Directive 2 in der Praxis üblicherweise **PSD2** genannt) und das zur Umsetzung in Deutschland erlassene „Gesetz über Maßnahmen zur Gewährleistung eines hohen gemeinsamen Sicherheitsniveaus von Netz- und Informationssystemen in der Union“ werden neue Möglichkeiten für Zahlungsdiensteanbieter geschaffen und die Sicherheit für Internetzahlungen erheblich verbessert.

### 1.5.4 Digitalisierung, Aufbewahrung und Beweisrecht

Durch die eIDAS-Verordung werden neben der einfacheren Erfüllung der gesetzlichen Schriftform auch neue Dienste wie z. B. elektronische Siegeldienste für elektronische Unterschriften eines Unternehmens und Bewahrungsdienste zur Langzeitarchivierung aufbewahrungspflichtiger Dokumente etabliert.

Gegenüber dem Finanzamt müssen Unternehmen wegen der am 01.01.2015 in Kraft getretenen „Grundsätze zur ordnungsmäßigen Führung und Aufbewahrung von Büchern, Aufzeichnungen und Unterlagen in elektronischer Form sowie zum Datenzugriff (GoBD)“ nach Ablauf der Übergangsfrist seit 2017 durch Verfahrensdokumentationen sicherstellen, dass Datenverarbeitung zu Buchhaltung und steuerrelevanten Dokumenten korrekt arbeitet.

In unserem Ausgangs-/Praxisfall fragt die Seniorchefin, welche Haftungsszenarien der regulatorische Rahmen mit sich bringt, und ob man in unternehmerisch-organisatorischer und funktionell-personeller Hinsicht differenzieren kann?

Welche Verantwortungsebenen und Rechtsfolgen für die typischen Organe und Funktionsträger in Unternehmen sind zu beachten?

Kann man als Vorstand, Geschäftsführung und Leitungsebene die Haftung auf die Mitarbeiter und Erfüllungsgehilfen delegieren und abwälzen?

## 1.6 Verantwortung der Geschäftsleitung

In Deutschland ist im Vergleich zu anderen Ländern, wie z. B. der Schweiz, Verantwortung im Bereich Datenschutz- und IT-Compliance nicht delegierbar. Das bedeutet, dass lediglich die zugehörigen Aufgaben hier weitergegeben werden können. Die **Geschäftsleitung einer GmbH** ist nach § 43 Abs. 2 GmbHG ebenso wie der **Vorstand einer AG** nach § 91 AktG zu einem **aktiven Risikomanagement** verpflichtet.

Bei einer Verletzung der Pflicht zum Risikomanagement kann nach § 43 Abs. 2 GmbHG oder § 93 AktG sogar eine **Haftung der Geschäftsleitung** mit dem Privatvermögen entstehen. Zum Risikomanagement gehört natürlich auch die rechtzeitige und umfassende Vorbereitung des Unternehmens auf die DSGVO wegen der **exorbitant gestiegenen Bußgeldbeträge**.[17]

Die Geschäftsleitung sollte dafür sorgen, dass die Pflicht zur regelmäßigen Prüfung uns Evaluierung der Sicherheitsmaßnahmen nach Art. 32 DSGVO organisatorisch umgesetzt wird, was nur durch den Aufbau und die Pflege eines unternehmensweiten IT- und Datenschutz- und Datensicherheitskonzeptes gelingen kann.

In einzelnen Branchen gibt es zusätzliche Verpflichtungen, wie z. B. das Kreditwesengesetz und die darauf basierenden MaRisk, die besonderen Anforderungen für Telekommunikationsanbieter in § 109 und § 109a TKG, Anforderungen im Wertpapierhandelsgesetz, z. B. zur IT-Sicherheit und zur Vermeidung von Insiderhandel u. v. m.

17 *Degen,* EU-Datenschutz-Grundverordnung (DSGVO) bringt kartellrechtsartige Verschärfungen (Teil 1), apf 6/2018, 186 ff.

## 1.7 Verantwortung der IT-Leitung und IT-Sicherheitsabteilung

Die **IT-Leitung** steht gegenüber dem Unternehmen in der Pflicht, die notwendigen Maßnahmen im Bereich der IT zur Umsetzung der gesetzlichen Vorschriften zu treffen. Soweit es sich nicht um vorsätzliches oder grob fahrlässiges Fehlverhalten handelt, ist die IT-Leitung dem Unternehmen nicht zum Schadensersatz verpflichtet.

Dabei ist jedoch zu beachten, dass auch ein Unterlassen von offensichtlich gesetzlich notwendigen IT-Sicherheits- und Datenschutzmaßnahmen zu einer Haftung wegen grober Fahrlässigkeit führen kann.

## 1.8 Verantwortung des Datenschutzbeauftragten

Ab 20 Mitarbeitern, die mit personenbezogenen Daten arbeiten, braucht ein Unternehmen einen **betrieblichen Datenschutzbeauftragten (DSB)**, außer es sind Besonderheiten zu beachten. So ist unabhängig von der Anzahl der mit der Verarbeitung beschäftigten Personen ein DSB zu benennen, wenn der Verantwortliche oder der Auftragsverarbeiter Verarbeitungen vornimmt, die einer Datenschutzfolgenabschätzung (DSFA) gem. Art. 35 DSGVO unterliegen, oder wenn personenbezogene Daten geschäftsmäßig verarbeitet werden.

Es besteht unabhängig von dieser Kopfzahl eine Verpflichtung und Notwendigkeit, etwa wegen besonderer Schutzgüter. Ein Datenschutzbeauftragter ist zwingend zu benennen, soweit in der Regel mindestens 20 Personen ständig mit der automatisierten Verarbeitung personenbezogener Daten beschäftigt sind.

Art. 37 Abs. 1 DSGVO regelt die Bestellung eines DSB. Für diesen tritt neben der Unterrichtungs- und Beratungsverantwortlichkeit eine Überwachungszuständigkeit.

> Losgelöst von der gesetzlichen Pflicht, ist die Bestellung eines DSB aber auch aus Gründen der Haftungsvermeidung im Innenverhältnis interessant.

Da bereits E-Mail- und IP-Adressen als personenbezogene Daten gelten, wird hier fast ausnahmslos jeder Mitarbeiter gezählt. Als Datenschutzbeauftragter kann ein eigener Mitarbeiter oder ein externer Datenschutzbeauftragter eingesetzt werden. Letzteres wird in vielen Fällen zu empfehlen sein, weil es auch um Neutralität, Unabhängigkeit, Fachkompetenz und die Vermeidung von innerbetrieblichen Interessenkollisionen geht, und der

DSB autoritär genug sein sollte, seine fachkundige Meinung auch einer anspruchsvollen Geschäftsleitung offen und ehrlich sagen zu können. Das hört sich selbstverständlicher an als es bei objektiver Betrachtung und bei kritischer Audit-Würdigung in vielen Organisationseinheiten tatsächlich der Fall ist.

Denn es menschelt natürlich überall – beim Startup genauso wie bei Traditions-, Großindustrie- und Hightech-Unternehmen. Wenn man einen internen DSB etabliert, muss man sich im Klaren sein, dass dieser eine Art Sonderstellung einnehmen kann, ein Hybrid zwischen „fünftes Rad am Wagen bis zum weiteren Betriebsrat im Cockpit". Denn der Datenschutzbeauftragte hat auf die Einhaltung der gesetzlichen Vorschriften hinzuwirken und der Geschäftsleitung direkt zu berichten. Er ist in seiner Tätigkeit weisungsfrei und kann auch ohne Rücksprache mit der Geschäftsleitung die Aufsichtsbehörde konsultieren. Die **Haftung** eines externen Datenschutzbeauftragten richtet sich dabei nach den mit diesen getroffenen Vereinbarungen.

## 1.9 Verantwortung der Personalabteilungsleitung

Die Personalabteilungsleitung (HR) ist für die Einhaltung des **Beschäftigungsdatenschutzes**, insbesondere des Bewerbermanagements mit kurzen Löschungsfristen von Daten, innerhalb des Unternehmens verantwortlich. Beschäftigtendaten dürfen nur im Rahmen von Art. 88 DSGVO und dem neuen § 26 BDSG verarbeitet werden, Ermittlungen gegen Arbeitnehmer dürfen nur bei einem Verdacht auf Straftaten darüber hinaus geführt werden.

## 1.10 Verantwortung der Finanz-/Buchhaltungsabteilungsleitung

Die Finanz- und Buchhaltungsleitung ist für die richtige und zeitnahe Erfassung und Auswertung von **Buchungsvorgängen** und deren **revisionssichere Speicherung** verantwortlich. Dabei muss bei elektronischer Ablage eine spätere Änderung durch Abgleich von Belegen, Vorlage von Verfahrensdokumentationen und nach Möglichkeit auch unveränderbarer und indizierter Speicherung verhindert werden.

## 1.11 Verantwortung der Revisionsabteilungsleitung

Die Revisionsabteilung ist dafür verantwortlich, die Geschäftsleitung auf Risiken des Unternehmens hinzuweisen, insbesondere durch Prüfung von **Buchhaltungsunterlagen** oder Prüfung der korrekten Nutzung von **gewerblichen Schutzrechten** und urhebergeschützten Werken. Dazu ist ein ordentliches Risiko- und Lizenzmanagement im Unternehmen erforderlich.

## 1.12 Verantwortung der Vertriebsabteilungsleitung

Die Vertriebsleitung ist unter anderem für die Einhaltung von Impressumspflichten sowie Gesetzeskonformität von Allgemeinen Geschäftsbedingungen (AGB) oder Widerrufsbelehrungen im Fernabsatz verantwortlich, ebenso wie für die Einhaltung wettbewerbsrechtlicher Vorschriften gegen unlautere Werbemaßnahmen wie z. B. Mondpreise, Diskriminierung oder Irreführung von Kunden.

## 1.13 Verantwortung der Marketingabteilungsleitung

Die Marketingabteilung sollte die Vorschriften zur Datennutzung für Werbemaßnahmen nach dem Datenschutz- und Wettbewerbsrecht einhalten, die ab Mai 2018 durch die DSGVO und in naher Zukunft durch die neue E-Privacy-Verordnung der EU geändert werden. Ebenso wie die Vertriebsabteilung muss das ganze Wettbewerbsrecht beachtet werden.

## 1.14 Verantwortung des Betriebsrats

Der Betriebsrat hat die Rechte der Mitarbeiter und seine Beteiligungsrechte an **Personal-, Organisations- und Kontrollmaßnahmen** zu wahren. Dazu gehört auch die Mitwirkung am Einsatz neuer Geschäftsprozesse sowie Hard- und Softwarebeschaffung und die Wahrung des Datenschutzes.

Der Betriebsrat hat sich fortzubilden, um anhand der zahlreichen neuen Regelungen die Rechte der Mitarbeiter wahrnehmen zu können.

Dem Betriebsrat obliegt es nicht, so tief in der Materie IT beheimatet zu sein wie die Fachkollegen der IT-Abteilung. Es schadet aber nicht, zumindest den ein oder anderen der gängigen IT- und Datenschutz-Fachbegriffe zu kennen, um auf Augenhöhe mitdiskutieren zu können.

## 1.15 IT-Sicherheits- und Datenschutz-Management-Glossar

Die nachfolgende Tabelle kann nur einen Ausschnitt abbilden und schon gar keinen Anspruch auf Vollständigkeit begründen in einem dynamischen rechtstechnischen Informatik-Kontext.[18]

| IT-Begriff | Bedeutung |
|---|---|
| Adware | Einerseits handelt es sich um Software, die sich durch Werbung finanziert. Andererseits werden darunter auch Schadprogramme verstanden, die Werbung für den Autor des Schadprogramms erzeugen. |
| Algorithmus | Bestimmte Handlungsvorschrift zur Lösung eines Problems; in der Informatik handelt es sich um eine Verarbeitungsvorschrift, die so konkret formuliert ist, dass sie mittels eines maschinell ausführbaren Programms wiedergegeben werden kann. |
| Angemessenheit | Von einer Angemessenheit wird in der IT gesprochen bei organisatorischen und technischen Vorkehrungen, soweit der dafür erforderliche Aufwand nicht außer Verhältnis zu den Folgen eines Ausfalls oder einer Beeinträchtigung der betroffenen Kritischen Infrastruktur steht (gemäß § 8a Abs. 1 BSIG). |
| Anonymisierung | Das Verändern personenbezogener Daten dergestalt, dass diese Daten nicht mehr oder nur mit einem unverhältnismäßig großen Aufwand an Zeit, Kosten und Arbeitskraft einer bestimmten oder bestimmbaren natürlichen Person zugeordnet werden können; praktisch ist eine vollständige Anonymisierung äußerst schwer zu erlangen. |
| APP | Anwendungen |
| ASP | Abkürzung für *Application Service Providing*. Damit stellt ein Softwareanbieter sein Programm, etwa ein ERP-System, zur Nutzung über das Internet oder ein privates Datennetz bereit. |
| Asset | Aktiva, Werte, Objekte, Ressourcen, Fähigkeit eines Unternehmens, Geschäftsprozesse, Wissen, Informationen, Anwendungen, Infrastruktur, Management, finanzielles Kapital, verarbeitete Datenarten, IT-Anwendungen, IT-Systeme, um den Schutzbedarf im Rahmen des ISMS zu bestimmen[19] |
| Asymmetrische Verschlüsselung | Gleichbedeutend mit *Public-Key-Verschlüsselung*: Verschlüsselung, bei der Informationen mit dem öffentlichen Schlüssel in ein nicht lesbares *Chiffrat* überführt werden und nur mit dem geheimen (privaten) Schlüssel wieder in ihre ursprüngliche Form zurückgeführt werden können. |

18 Ein hervorragendes deutschsprachiges Glossar – an dem wir uns orientiert haben – wird vom BSI bereitgestellt unter https://www.bsi.bund.de/DE/Service-Navi/Cyber-Glossar/Functions/glossar.html?nn=520190&cms_lv2=132780.

19 Vgl. *Maseberg* in Schläger/Thode, Handbuch Datenschutz und IT-Sicherheit, Teil H, 1, Rn. 4. https://de.wikipedia.org/wiki/Man-in-the-Middle-Angriff.

| IT-Begriff | Bedeutung |
|---|---|
| Audit | Untersuchungsverfahren, mit dem geprüft wird, ob Prozesse, Anforderungen und Richtlinien die geforderten Standards erfüllen; erfolgt im Rahmen eines Qualitäts- und Datenschutzmanagements. Grundlegende Aussagen macht DIN EN ISO 19011 „Leitfaden zur Auditierung von Managementsystemen". |
| Auftragsverarbeiter | Dies ist nach Art. 4 DSGVO eine natürliche oder juristische Person, Behörde, Einrichtung oder andere Stelle, die personenbezogene Daten im Auftrag des *Verantwortlichen* verarbeitet. |
| Authentifikation | Eigenschaften der Echtheit, Überprüfbarkeit, Vertrauenswürdigkeit; welche als IT-Sicherheitsvorgang nachzuweisen sind, dass die Daten eines Datenursprungs einem angegebenen Sender zugewiesen werden können, was durch digitale Signaturen ermöglicht werden kann. |
| Avatar | Virtueller Stellvertreter, i. d. R. Animation oder Grafik; wird im Internet, bei Games oder in Chatrooms zur Darstellung einer Person verwendet. |
| Awareness | Mentales Konstrukt: Aktuelles, situationsbezogenes Bewusstsein, „Gewahrsein" einer Person über ihre Umgebung und die sich daraus ergebenden Handlungsimplikationen; durch Handlungsimplikationen berührt das Konstrukt nicht nur wahrnehmungspsychologische Phänomene (Aufmerksamkeit), sondern auch sozialpsychologische Prozesse (Entscheidungsverhalten von Individuen). Beispiele: Herstellung notwendig im Zuge komplexer Einführungen wie des ERV oder der DSGVO. |
| Backbone | Hauptstrang eines Netzwerks; zentrale wichtigste Verbindungen der Internet-Provider. |
| Backdoor | Programm, das Dritten einen unbefugten Zugang durch Viren, Würmer oder Trojanische Pferde zum Computer ermöglicht, versteckt, unter Umgehung der Sicherheitseinrichtungen; wird für Denial-of-Service-Angriffe verwendet. |
| Backup | Sicherung der Daten zum Schutz vor Datenverlust durch Erstellung von Kopien von bestehenden Datenbeständen. |
| Basis-Sicherheitscheck im IT-Grundschutz | Überprüfung, ob die gemäß IT-Grundschutz empfohlenen Maßnahmen in einer Organisation bereits umgesetzt sind und welche elementaren Sicherheitsmaßnahmen noch offen sind. |
| BCM | Verfahrensbegriff für *Business Continuity Management,* mit dem alle organisatorischen, technischen und personellen Maßnahmen gemeint sind, die zur Fortführung des Kerngeschäfts eines Unternehmens oder einer Behörde nach Eintritt eines Sicherheitsvorfalls oder Notfalls dienlich sind. Mittels BCM wird die sukzessive Fortführung der Geschäftsprozesse bei länger anhaltenden Ausfällen sichergestellt. |
| beA | besonderes elektronisches Anwaltspostfach; ein elektronisches Postfach für Rechtsanwälte, basierend auf der EGVP-Infrastruktur; letztere steht für Elektronisches Gerichts- und Verwaltungspostfach, unter der eine Kommunikationsinfrastruktur verstanden wird, mit der seit 2004 von authentifizierten Teilnehmern an die teilnehmenden Gerichte und Behörden elektronische Dokumente und Akten übermittelt werden können. |

| **IT-Begriff** | **Bedeutung** |
|---|---|
| Beauftragter für IT-Sicherheit | Person, die in größeren Organisationseinheiten das Informationssicherheitsmanagement und Sicherheitsziele betreut im Hinblick auf die technische Umsetzung; i. d. R. erfolgt eine Zusammenarbeit mit dem ISB, welcher auf Leitungsebene tätig ist. |
| Bedrohung | Ereignis, durch welches ein Schaden eintreten kann (eng. *„threat"*), hinsichtlich der Beeinträchtigung der Verfügbarkeit, Integrität oder Vertraulichkeit von Informationen. |
| Betreiber Kritischer Infrastrukturen | Gemäß Rechtsverordnung nach § 10 Abs. 1 BSIG (BSI-KritisV) „eine natürliche oder juristische Person, die unter Berücksichtigung der rechtlichen, wirtschaftlichen und tatsächlichen Umstände bestimmenden Einfluss auf die Beschaffenheit und den Betrieb einer Anlage oder Teile davon ausübt." |
| Blue Team | Darunter wird die interne IT-Sicherheit eines Unternehmens verstanden. Das Sicherheitsteam verteidigt das Unternehmen gegen Angreifer bzw. sog. *Red Teams*. |
| Bot | Abgeleiteter Begriff von „robot"; bezeichnet Programme, die nach Aktivierung ohne menschliche Mitwirkung automatisiert im Internet agieren. Unter *Botnetz* wird ein Zusammenschluss von Bots zu einem Kommunikationsverbund verstanden. |
| BSI | Bundesamt für Sicherheit in der Informationstechnik; dieses hat die Aufgabe, den Schutz und die Sicherheit der IT-Infrastruktur im Gemeinwohlinteresse zu gewährleisten. |
| Browser | *Software zur Darstellung von Websites im WWW (World Wide Web)* oder von Daten und Dokumenten; Beispiele: Firefox; Google Chrome; Microsoft Edge; Apple Safari; Brave; Opera. |
| Bruteforce Attack | Cyberangriff, mit dem bezweckt wird, Zugang zu einem durch Passwörter geschützten Bereich zu erlangen. Sofern die Zugangscodes nicht auf anderem Weg, wie durch Social Engineering, erlangt werden, werden diese mittels „Bruteforce Attack" erraten; entweder manuell oder durch spezielle Tools, mit denen auch längere Passwörter geknackt werden können. |
| Buffer-Overflow | Cyberangriff, bei dem Schwachstellen in der Implementierung einer Software ausgenutzt werden. Soweit in der Software nicht verifiziert wird, ob die übergebenen Daten in den vorgesehenen Bereich („Buffer") passen, erfolgt bei zu großen Datenmengen ein Überlauf („Overflow"). Infolgedessen können Speicherbereiche überschrieben werden, die der Ausführungslogik der Software dienen, wodurch der Angreifer in die Lage versetzt werden kann, einen von ihm eingeschleusten Code auszuführen und sich Zugang auf das System zu verschaffen. |
| BVT | best available techniques (beste verfügbare Technik), siehe Stand der Technik |
| BYOD | Kurzform für *Bring your own divice*, eine Strategie von Organisationseinheiten, Mitarbeiter zur dienstlichen Nutzung ihrer privaten Geräte zu ermutigen oder ggf. finanzielle Anreize hierfür zu schaffen. |

| IT-Begriff | Bedeutung |
|---|---|
| Byte | Informationseinheit bestehend aus 8 Bit. Ein Byte speichert einen Buchstaben (26 kleine, große; Umlaute, 10 Ziffern, Sonderzeichen usw.). Ein Computerwort umfasst je nach Maschine 8, 16, 32 oder 64 Bit. Die Größe einer Datei oder eines Programms wird angegeben mit Kilobyte (1024 Bytes), Megabyte (1024 Kilobytes), Gigabyte (1024 Megabytes). Bytes werden mit einem großen „B"; Bits mit einem kleinen „b" abgekürzt. |
| © | Der *Copyrightvermerk* „©" in Bildschirmmaske oder Dokumentation/Handbuch führt gemäß § 10 UrhG zu einer Urheberrechtsvermutung. |
| Cache | Pufferspeicher, welcher Daten schneller zur Bearbeitung bereitstellt, wie typischerweise ein lokales Verzeichnis hinsichtlich beim Surfen besuchter Webseiten, die so nicht erneut geladen werden müssen. |
| Cache Poisoning | Einschleusen von manipulierten Daten in einen Zwischenspeicher, welcher von anderen Anwendungen genutzt wird. Der Angreifer intendiert damit, die Routen von Datenpaketen zu ändern oder Anfragen für Webseiten eines Kreditinstituts auf eine gefälschte Webseite umzuleiten. |
| CERT | Computer-Notfallteam (*„Computer Emergency Response Team")*, bestehend aus IT-Experten, die sich mit der Abwehr von Cyber-Angriffen, der Reaktion auf IT-Sicherheitsvorfälle und der Umsetzung präventiver Maßnahmen befassen. |
| Chat Bots | Bezeichnung für Mini-Roboter, die in Chatsystemen eingesetzt werden, um nach der Kontaktaufnahme, vergleichbar einem menschlichen Chat, über unterschiedliche Themen, z. B. aktuelle News, zu kommunizieren. |
| Chipkarte | Karte, die i. d. R. aus Kunststoff besteht und ein oder mehrere Halbleiterchips enthält. Es gibt *Speicherkarten*, auf denen nur Daten abgelegt werden können, und *Mikroprozessorkarten („Smart Card")*, in welche ein Prozessor integriert ist, der zusätzlich Daten verarbeiten kann. |
| Chosen-Ciphertext-Attacke | Kryptographischer Angriff, bei dem der Angreifer Zugriff auf Klartexte zu von ihm gewählten Chiffraten erhalten kann. Der Angreifer bezweckt, ein Chiffrat zu dechiffrieren, das zu keinem dieser Klar-Geheim-Kompromisse gehört. |
| Chosen-Plaintext-Attacke | Kryptographischer Angriff, bei dem der Angreifer Zugriff auf Chiffrate zu von ihm ausgesuchten Klartexten erhalten kann. |
| Clickjacking | Ein vordergründig harmloser Link oder Werbebanner leitet zu einer Webseite, welche Schadprogramme oder weiterführende Links zu nicht gesuchten Inhalten enthalten kann. |
| Client | Software-Anwendung, die im Gegensatz zu einer serverbasierten Anwendung nicht auf einem Server, sondern auf einem (Arbeitsplatz-)PC des Users abläuft; ein Client kann auch ein Arbeitsplatz-PC sein, welcher mit einem Netzwerk verbunden ist. |
| Cloud | Cloud Computing: IT-Infrastruktur, die über das Internet verfügbar gemacht wird; enthält i. d. R. Speicherplatz, Rechenleistung oder Anwendungssoftware. |

| **IT-Begriff** | **Bedeutung** |
|---|---|
| C&C Server | Bezeichnung für *Command & Control Server* (auch *C2 Server, Kontrollserver*): Viele Schadprogramme nehmen nach der Infektion eines Systems Kontakt zu einem C&C Server der Angreifer im Internet auf, um von dort Instruktionen und weiteren Schadcode nachzuladen sowie auf dem infizierten System ausgespähte Informationen an diesen Server zu übermitteln. C&C Server verteilen bei Botnetzen die Kommandos an die einzelnen Bots, außer die Kommandos werden über Peer-to-Peer-Kommunikation weitergegeben, so dass auf einen zentralen Server verzichtet werden kann. |
| Compliance | Gesamtheit an rechtlichen, regulatorischen, organisatorischen Maßnahmen zur Erreichung eines ordnungsgemäßen Geschäftsbetriebes |
| CON | Konzepte und Vorgehensweisen |
| Cookies | Alphanumerische Identifizierungszeichen, die bei Aufruf einer Webseite auf die Festplatte des Endgeräts des Webseiten-Besuchers übermittelt und bei einer neuerlichen Anfrage an den Server mitgesendet werden und bezwecken, Besucher wiederzuerkennen, so dass es nicht notwendig ist, Nutzerdaten neu einzugeben. Der Besuch einer Webseite soll angenehmer und individueller zu gestalten sein, z. B. durch Erkennung der verwendeten Sprache und um die Webseite vor Hackerangriffen zu schützen, wie es vielfach bei Cookie-Bannern und Datenschutzerklärungen heißt. Es werden im Wesentlichen technisch erforderliche Cookies für den funktionierenden Webseiten-Betrieb und Cookies zu Statistik- und Analyse-Zwecken sowie für Marketingzwecke unterschieden. |
| CP | Abkürzung für *Certificate Policy,* ein Bündel aus Regeln, welche bei der Ausstellung des Zertifikates berücksichtigt wurden. Damit kann geprüft werden, ob ein Zertifikat für einen spezifischen Einsatzzweck ausreichende Sicherheit gewährleistet. |
| CRM | Abkürzung für *Customer-Relationship-Management,* (Kundenbeziehungsmanagement). Unter CRM-System wird die branchenbezogene komplexe Komponenten-Software verstanden, die die entsprechenden Bausteine für die bedarfsgerechte Kundenpflege einschließlich Dokumentation abbildet (z. B. analytisch, operativ, kommunikativ, kollaborativ). |
| Cross-Site Scripting (XSS) | Eine solche Attacke zielt auf die Ausnutzung von Sicherheitslücken in Internet-Anwendung, um an Daten eines Benutzers zu kommen. Angreifer fokussieren sich dafür z. B. auf Session-Cookies, die zur Identifizierung einzelner Nutzersitzungen im Browser angelegt werden. Der Begriff ist dem Cross-Site entlehnt, der Kommunikation zwischen einzelnen Stellen einer Webseite, und dem Scripting, da die meisten Angriffe durch Scripting Sprachen, wie Javascript, ausgeführt werden. |
| Cybermobbing | Oberbegriff für verschiedene Formen der Belästigung, Diffamierung und Nötigung anderer Menschen oder Unternehmen über das Internet. Typischerweise wird das Opfer mittels beleidigender, ehrverletzender, aggressiver Texte, kompromittierender Fotos oder Videos attackiert. |

| IT-Begriff | Bedeutung |
|---|---|
| Cybersquatting | Registrieren von Domainnamen bekannter Kennzeichen/Marken, um diese gegen die Rechteinhaber zu verwenden oder mit Gewinn an diese weiterzuverkaufen. |
| Cyber-Security | Kunstwort aus „Cyberspace" (virtueller Raum, Synonym für Internet) und „Security" (Sicherheit); meint die Absicherung gegen Gefahren aus dem Internet. |
| Cyber-Stalking | Nachstellen, Verfolgen und Überwachen einer Person mittels digitaler Medien und Mitteln. |
| Data Leakage Prevention | Um den Abfluss vertraulicher Informationen besser steuern zu können, werden softwarebasierte Werkzeuge (Tools) eingesetzt, die den Datenfluss im Internet oder auf Endgeräten kontrollieren. Diese sollen alarmieren, sobald vertrauliche Informationen über unsichere Wege übertragen werden. |
| Data Miner | Software zum Sammeln, Ausfiltern, Übermitteln von Daten aus internen Datenbanken und externen Informationsquellen. Aus der gewonnenen Datensammlung können wichtige Informationen, Analyseaussagen und Zusammenhänge extrahiert werden. |
| Datenschutz | Schutz personenbezogener Daten natürlicher Personen vor Verletzung der Persönlichkeitsrechte; insbesondere in der DSGVO und dem BDSG geregelt. |
| Datenschutz-Management | Darunter werden diejenigen Prozesse zusammengefasst, welche erforderlich sind, um die Umsetzung der gesetzlichen Anforderungen des Datenschutzes bei der Planung, Einrichtung, dem Betrieb und nach Außerbetriebnahme von Verfahren zur Informationsverarbeitung zu gewährleisten. |
| data protection by design | Datenschutz durch Technik; Beispiele: Nutzung der Pseudonymisierung (Ersatz personenbezogener Informationen durch künstliche Kennungen) und Verschlüsselung (Kodierung von Nachrichten, damit nur Befugte sie lesen können). |
| data protection by default | Datenschutzfreundliche Voreinstellungen; Beispiele: Soziale Medien-Plattformen sollten ermutigt werden, die Voreinstellung der Nutzerprofile auf bestmögliche datenschutzfreundliche Weise vorzunehmen, indem von Beginn an die Zugänglichkeit zum Nutzerprofil eingeschränkt wird, sodass es nicht durch Voreinstellung einer unbestimmten Zahl von Personen zugänglich ist.[20] |
| Datensicherung | Schutz von Daten, Hard-, Software , und Organisation vor Verlust, Zerstörung, Missbrauch durch Unbefugte; gleichbedeutend mit Datensicherheit. |

20 Vgl. Europäische Kommission, Was bedeutet „Datenschutz durch Technikgestaltung" und „durch datenschutzfreundliche Voreinstellungen"?, https://ec.europa.eu/info/law/law-topic/data-protection/reform/rules-business-and-organisations/obligations/what-does-data-protection-design-and-default-mean_de.

| IT-Begriff | Bedeutung |
|---|---|
| DER | *Detektion & Reaktion*[21] |
| DevOps | IT-Kunstbegriff aus Development (Entwicklung) und Operations (IT-Betrieb), der eine Methodik beschreibt, wie die Zusammenarbeit zwischen Softwareentwicklung und IT-Betrieb optimiert werden kann. DevOps beschreibt einen Ansatz, wie die Zusammenarbeit zwischen Softwareentwicklung und IT-Betrieb verbessert werden kann. DevOps ist ein Kofferwort aus den Begriffen Development (englisch für Entwicklung) und IT Operations (englisch für IT-Betrieb). |
| DKE | Deutsche Kommission Elektrotechnik Elektronik Informationstechnik in DIN und VDE; in Deutschland zuständige Organisation für die Erarbeitung von Standards, Normen und Sicherheitsbestimmungen für Elektrotechnik, Elektronik, Informationstechnik. |
| DNS | Domain Name System |
| DNS-Hijacking | Angriffsmethode, die eingesetzt wird, um die Kommunikation zwischen Advertising DNS-Servern und Resolvern über das System eines Angreifers zu leiten. Die Kommunikation wird nicht direkt zwischen den beiden Kommunikationspartnern geführt, sondern über einen Dritten, was bedeutet, dass es sich um eine *Man-in-the-Middle-Attacke* handelt. |
| DNS-Spoofing | Angriff, bei dem der Angreifer die Zuordnung zwischen einem Rechnernamen und der zugehörigen IP-Adresse fälscht, indem ein Name in eine falsche IP-Adresse oder die IP-Adresse in einen falschen Namen umgewandelt wird. Nicht der Client-PC wird durch Schadsoftware manipuliert, vielmehr werden Schwachstellen in der DNS-Kommunikation ausgenutzt. |
| Domain | Zusammenhängender Teilbereich des DNS; eindeutiger Name für einen logisch abgegrenzten Teilbereich des Internets , z. B. eine Website wie www.edv-navigator.de; dabei ist edv-navigator die Second-Level-Domain (SLD) und „de" die Top-Level-Domain (TLD). |
| Doxing | Bezeichnung, wenn Täter personenbezogene Daten sammeln, welche sie bündeln und öffentlich verfügbar machen. |
| Dropzones | Speicher im Internet, an die von Schadprogrammen aufgezeichnete Daten automatisch übermittelt werden. Von dort werden die Daten von dem Angreifer entnommen, ohne dass ein unmittelbarer Zugriff des Angreifers auf das System des Opfers erforderlich wird. |
| DSB | Abkürzung für *Datenschutzbeauftragter.* |
| DSFA | Abkürzung für *Datenschutzfolgenabschätzung.* |
| E-Procurement | *Elektronische Beschaffung:* Beschaffung von Waren und Dienstleistungen unter Nutzung des Internets und anderer Informations- und Kommunikationssysteme (wie EDI- und/oder ERP-Systeme). |

21 Vgl. https://www.bsi.bund.de/DE/Themen/ITGrundschutz/ITGrundschutzKompendium/bausteine/DER/DER_Uebersicht_node.html.

| IT-Begriff | Bedeutung |
|---|---|
| EDSA | *Europäischer Datenschutzausschuss*; eine unabhängige europäische Einrichtung, die zur einheitlichen Anwendung der Datenschutzvorschriften in der EU beiträgt und die Zusammenarbeit zwischen den EU-Datenschutzbehörden fördert; besteht aus Vertretern der nationalen Datenschutzbehörden und dem *Europäischen Datenschutzbeauftragten (EDSB)*. Die Aufsichtsbehörden der *EWR-/EFTA-Staaten* sind im Hinblick auf Angelegenheiten in Verbindung mit der DSGVO ebenfalls Mitglied, allerdings ohne Stimmrecht und ohne das Recht, zum Vorsitzenden oder zu stellvertretenden Vorsitzenden gewählt zu werden.[22] Nachfolgegremium der *Artikel-29-Datenschutzgruppe*. |
| EITO | *European Information Technology Observatory*, eine Europäische Initiative, die seit 1993 Marktdaten zur Informations- und Kommunikationstechnologie und Unterhaltungselektronik in Europa veröffentlicht. |
| ELSTER | *Elektronische Steuererklärung*; der für die Kommunikation mit den Finanzbehörden (und diesen untereinander) definierte Standard. |
| Ende-zu-Ende-Verschlüsselung | Durchgängige Verschlüsselung zwischen Absender und Empfänger, v. a. bei der E-Mail-Kommunikation. Voraussetzung dieses Verfahrens ist, dass Absender und Empfänger entsprechende Verschlüsselungssoftware einsetzen und den jeweils öffentlichen Schlüssel des Kommunikationspartners besitzen. Gängige Verfahren sind PGP und S/MIME. |
| ERP | Abkürzung für *Enterprise-Resource-Planning*: Unter *ERP-System* wird eine komplexe Anwendung verstanden bzw. ein Softwaresystem, das der Unterstützung der Ressourcenplanung des gesamten Unternehmens im Sinne effizienter betrieblicher Wertschöpfungsprozesse und optimierter Steuerung dient (etwa Kapital, Personal, Betriebsmittel, Material, Informations- und Kommunikationstechnik). |
| ERV | Abkürzung für *Elektronischer Rechtsverkehr.* |
| EULA | Abkürzung für Endbenutzer-Lizenzvertrag/Endbenutzer-Lizenzvereinbarung (*End User License Agreement*), eine besondere Lizenzvereinbarung zur Regelung der Benutzung von Software, meist zu Beginn der Installation der Software angezeigt. |
| Exploit | Zur Ausnutzung einer entdeckten Sicherheitslücke wird ein spezielles Programm entwickelt („*Exploit*"). Damit wird dem Angreifer Zugang zum Computersystem des Programms oder Zugriff auf Dateien gegeben, für die er sonst keine Berechtigungen hätte. |
| Fail-Over | Als „Übernahme im Fehlerfall" bezeichnete Betriebsart in fehlertoleranten Systemen, bei welchem die Funktion einer Komponente bei einem Fehler von einer redundanten Komponente übernommen wird. |
| Fake News | Falschmeldungen, i. d. R. objektiv falsche Tatsachenbehauptungen, die irrtümlich oder bewusst im Internet verbreitet werden, v. a. in den sozialen Medien. |

22 https://edpb.europa.eu/about-edpb/about-edpb_de#:~:text=Der%20Europ%C3%A4ische%20Datenschutzausschuss%20%28EDSA%29%20ist%20eine%20unabh%C3%A4ngige%20europ%C3%A4ische,beitr%C3%A4gt%20und%20die%20Zusammenarbeit%20zwischen%20den%20EU-Datenschutzbeh%C3%B6rden%20f%C3%B6rdert.

| IT-Begriff | Bedeutung |
|---|---|
| Fault-Attacke | Angriff auf ein kryptographisches System, in welchem der Angreifer eine fehlerhafte Ausführung einer kryptographischen Operation ausnutzt oder aktiv „zündet". |
| Firewall | Einerseits wird darunter ein System, auch „Sicherheitsgateway" genannt, verstanden, aus software- und hardwaretechnischen Komponenten, um IP-Netze sicher zu koppeln. Andererseits handelt es sich um eine IT-Konfiguration aus Hardware und Software, welche den Datenfluss zwischen dem internen Netzwerk und dem externen Netzwerk kontrolliert. Daten, die das Netz verlassen, können überprüft werden, wie auch solche, die hinein wollen. |
| Framing | Framing / Embedding, abgeleitet als Prozess einer Einbettung von Ereignissen und Themen in Deutungsraster. Nach dem BGH (Urteil v. 09.07.2015 – I ZR 46/12 – Die Realität II) stellt die Verknüpfung eines auf einer fremden Internetseite bereitgehaltenen Werkes mit der eigenen Internetseite im Wege des „Framing" kein öffentliches Zugänglichmachen dar i. S. d. § 19a UrhG. |
| Freeware | Freie Software, die ohne Lizenzgebühren bzw. Nutzungsentgelt verwendet werden darf; i. d. R. auch beliebig teil- und kopierbar. |
| FTP | Abkürzung für *File Transfer Protocol*, ein Protokoll zur Dateiübertragung von und zu entfernten Rechnern. |
| Fuzzing | Automatisierte Testmethode für Software, bei der ein Programm eine Fülle automatisch generierter Eingabedaten verarbeiten muss, ohne eine Fehlfunktion zu zeigen. Sofern ein Hacker mittels *Fuzzing* ein Eingabemuster erkennt, das eine Fehlfunktion erzeugt, muss geprüft werden, ob der gefundene Fehler als Sicherheitslücke ausgenutzt werden kann.[23] |
| Green ICT | Oberbegriff (auch *Green IT* genannt) für Strategien, die Nutzung von Informations- und Kommunikationstechnik über deren gesamten Lebenszyklus umwelt- und ressourcenschonend zu gestalten. |
| Hashfunktion | Ein *kryptographischer Algorithmus*, bei dem Nachrichten beliebiger Länge auf einen Hashwert fester Länge abgebildet werden. |
| Hashwert | Mathematische Prüfsumme, die mittels Anwendung einer Hashfunktion aus einer elektronischen Nachricht gebildet wird. Der *Hashwert* hat praktisch die Bedeutung eines *digitalen Fingerabdrucks*, weil es bei einer kryptographisch geeigneten Hashfunktion nahezu unmöglich ist, zwei Nachrichten zu finden, deren Hashwert identisch ist. |

23 https://www.bsi.bund.de/DE/Service-Navi/Cyber-Glossar/Functions/glossar.html?nn=520190&cms_lv2=132802.

| IT-Begriff | Bedeutung |
|---|---|
| Hats | Von der Redensart „den Hut aufhaben“. Es gibt drei Kategorien:<br>*White Hats* setzen ihr Wissen und ihre Fähigkeiten nach den gesetzlichen Vorgaben ein. Als Praxisbeispiele seien Sicherheitsforscher und Penetration Tester genannt.<br>*Black Hats* sind i. d. R. „Hacker“, die kriminelle Handlungen begehen, die IT-Infrastruktur beschädigen und personenbezogenen Daten stehlen.<br>*Grey Hats* verwenden ihre Fähigkeiten nicht unmittelbar zur mutwilligen Zerstörung, sie agieren jedoch auch nicht gesetzeskonform, indem sie z. B. Gesetze missachten, um Missstände aufzudecken. |
| Header | Abgeleitet von „Kopf“ (wie Kopfzeilen einer E-Mail), am Anfang einer Dateneinheit stehend und aus Metadaten bestehend, d. h. aus Daten, die Informationen über andere Daten beinhalten (über Absender, Empfänger, Betreff, Datum, Verbreitungsweg der Nachrichten). |
| Hoax | Falschmeldung, welche über E-Mail, Messenger-Dienste, SMS/MMS verbreitet wird. |
| Homepage | Begriff für die *Startseite* einer Internetpräsenz, nicht für alle Webseiten einer solchen und nicht für ein ganzes Internetportal.<br>Alternative Bezeichnung für Server. |
| Host | Synonym für *Server*. |
| Hotzone | Access-/Zugangsmöglichkeit zu Funknetzwerken (WLAN), welche über eine weitere Reichweite als Hotspots (Access-Points) verfügt und unter Umständen ganze Ortschaften umfassen kann. |
| HSM | Abkürzung für *Hardware Security Module*, eine spezialisierte Hardware, welche kryptographische Schlüssel in besonders sicherer Form aufbewahren und performant anwenden kann. |
| HTML | Abkürzung für *Hyper Text Markup Language,* d. h. für eine Beschreibungssprache für WWW-Seiten, welche mittels eines Browsers dargestellt werden können. |
| HTTPS | Abkürzung für *Hypertext Transfer Protocol over SSL,* d. h. für ein Protokoll zur verschlüsselten Übertragung von Webseiten. |
| Hub | Netzkoppelelement, das an verschiedene Netzkabel angeschlossen ist; hat die Funktion, alle Signale, die von einem dieser Kabel empfangen werden, wieder auszusenden. |
| Hyperlink | Auf Basis der Computersprache HTML (Hypertext Markup Language) wird im WWW eine Verbindung einzelner Webseiten mit anderen im Internet verfügbaren Dokumenten hergestellt, indem ein Textelement oder eine Grafik angeklickt wird und somit eine Weiterleitung auf eine andere Webseite, ein Dokument oder eine Datei erfolgt. |
| IaaS | *Infrastructure as a Service* bezeichnet ein Cloud-Computing-Angebot, bei dem ein Provider den Nutzern Zugang zu IT-Ressourcen wie Servern, Speicher und Netzwerkkomponenten offeriert; Unternehmen können ihre eigenen Anwendungen in der Infrastruktur des Providers verwenden. |

| IT-Begriff | Bedeutung |
|---|---|
| ICANN | *Internet Corporation for Assigned Names and Numbers*, 1998 gegründete Organisation in Kalifornien untersteht der Kontrolle des US-Handelsministeriums; führt die globale Koordination aller eindeutigen Namen im Internet durch, wozu die Top-Level-Domainnamen wie .de oder .com. gehören. |
| Icon | Bezeichnung für ein kleines Bildelement, das bei graphischer Benutzeroberfläche verwendet wird und mit dem durch Anklicken z. B. Programme gestartet werden können. |
| ICS | Abkürzung für *Industrial Control System*, ein „geflügeltes Wort" für Automatisierungslösungen zur Steuerung technischer Prozesse. |
| IDS / IPS | Abkürzungen für *Intrusion Detection* (IDS) und *Intrusion Prevention Systeme.* Damit können Angriffsversuche in einer frühen Phase erfasst werden und der Administrator rechtzeitig alarmiert (IDS) bzw. eine automatisierte Reaktion auf den Angriff ausgelöst werden (IPS). |
| IETF | Abkürzung für *Internet Engineering Task Force*, eine internationale Gemeinschaft, die Standards und Empfehlungen (Request for Comments, kurz: RFC) entwickelt im Sinne einer fortlaufenden Optimierung der Internet-Architektur. |
| IKT | Abkürzung für *Informations- und Kommunikationstechnik*. |
| IND | Abkürzung für *Industrielle IT*. |
| Identitätsdiebstahl | Ein solcher wird angenommen, wenn ein unberechtigter Dritter Zugang zu Identifikations- und Authentisierungsdaten eines Benutzers erlangt, wie z. B. Benutzername, Passwort, Bank-/Kreditkarteninformationen. |
| Implementierung | Integration spezifischer Algorithmen oder Funktionalitäten in ein Produkt. |
| Importieren | Laden von Daten in eine Datei. |
| INF | Abkürzung für *Infrastruktur.* |
| Information Leakage Prevention | Bezeichnung für eine (softwarebasierte) Lösung, um den Abfluss vertraulicher Informationen besser steuern zu können, indem der Datenfluss im Netz und/oder auf Endgeräten mittels *Tools* kontrolliert wird. Geläufig sind Tool-Bezeichnungen wie *„Data Loss Prevention" (DLP), „Extrusion Prevention", „Information Leakage Prevention" (ILP).* |
| Informationsschutz | Schutz der IT-Systeme und der dort gespeicherten Daten, Informationen. |
| Informationssicherheit | Sicherheit und Schutz wirtschaftlich sensibler sowie vorteilhafter Daten und Informationen (Asset, Informationswert); hierzu gehören der Teilbereich IT-Sicherheit; der Begriff der Informationssicherheit wird vielfach irrtümlich auch als Datensicherheit und Informationsschutz deklariert. |
| Informationswerte | Gemäß ISO 27000-Normenfamilie ist der Informationswert weitergehender als lediglich eine Festlegung in Wort, Schrift und Bild, weil „immaterielle Informationsformen" (Wissen, Ideen, Marken) in Verbindung mit Geschäftsprozessen, Systemen, Personal in einer digital vernetzten Welt organisationseigene Werte darstellen, welche zu schützen sind. |

| IT-Begriff | Bedeutung |
|---|---|
| Infrastruktur-Sicherheit | Hierzu gehören technische Schutzaspekte für die Verfügbarkeit der IT wie bezüglich der Energieversorgung, Kühlung, Brandvermeidung, Zugangsbeschränkung, mithin technisch-organisatorische Maßnahmen neben der typischen IT-Sicherheit, wie der Datensicherung, Verschlüsselung, Zugriffsregelungen. |
| Injection-Angriffe | Oberbegriff für Angriffe, die z. B. via *SQL-Injection-Schwachstelle* Datenbankabfragen über eine Applikation manipulieren, indem etwa Änderungen an Datenbank-Inhalten ermöglicht oder ggf. Programmcode ausgeführt werden kann. |
| Inkrementell | Bezeichnung für eine bestimmte Art der Datensicherung, indem lediglich die Daten gesichert werden, die sich nach der letzten Sicherung geändert haben. |
| Instant-Messaging | Service für Online Chats mit „sofortiger Nachrichtenübermittlung"; bekannte *Messenger* sind z. B. WhatsApp, Telegram, Threema. |
| Integrität | Bezweckt, dass Daten, Informationen nicht unautorisiert modifiziert werden, dass Daten und Systeme unversehrt bleiben; neben Verfügbarkeit und Vertraulichkeit eines der drei Ziele der Informationssicherheit. |
| Interface | Bindeglied zwischen zwei verschiedenen Ebenen, wie etwa der Anschluss zwischen Computer und Drucker oder die grafische Benutzeroberfläche eines Computers als Schnittstelle zwischen der Software und dem Menschen.[24] |
| Internet | Abkürzung für *„Interconnected Network"*, worunter das *globale Datennetz* verstanden wird, das sich aus vielen kleineren lokalen Netzen zusammensetzt und verschiedene Dienste beinhaltet. Als Metapher für das *Internet* ist *„Information Superhighway"* geläufig. |
| Internet-System-Vertrag | *Internet-System-Verträge* sind i. d. R. vertragstypologisch als Werkverträge zu qualifizieren, wie der Bundesgerichtshof in einer elementar wichtigen Grundlagenentscheidung festgestellt hat (BGH, Urteil vom 04.03.2010 – III ZR 79/09). |
| Internetprotokoll-familie | Eine Familie von rund 500 Netzwerkprotokollen, welche die Basis für die Netzkommunikation im Internet bilden; vielfach wird auch die Bezeichnung *TCP/IP-Protokollfamilie* verwendet. Letzte Bezeichnung steht für *Transmission Control Protocol/Internet Protocol,* mithin eine Gruppe von Netzwerkprotokollen, wobei es sich im Kern um das *Internet Protocol (IP),* das *Transmission Control Protocol (TCP)*, das *User Datagram Protocol (UDP)* und das *Internet Control Message Protocol (ICMP)* handelt. |
| IoT | Internet of Things: Sammelbegriff für Technologien einer globalen Infrastruktur der Informationsgesellschaften, die sicherstellt, physische und virtuelle Gegenstände miteinander zu vernetzen und sie durch Informations- und Kommunikationstechniken zusammenarbeiten zu lassen |

24 https://www.bsi.bund.de/DE/Service-Navi/Cyber-Glossar/Functions/glossar.html?nn=520190&cms_lv2=132764.

| **IT-Begriff** | **Bedeutung** |
|---|---|
| IP-Adresse | Die Adresse, unter der ein Rechner innerhalb eines Netzwerks nach dem Internetprotokoll erreichbar ist. Diese besteht aus vier Byte, die durch Punkte getrennt sind. Nach IPv4 gibt es das neue Internetprotokoll IPv6 mit mehr Adressen zugunsten des wachsenden Internets. |
| IP-Spoofing | Täuschung des Internetnutzers mittels Einfügens einer falschen IP-Absenderadresse, so dass dieser glaubt, auf einer anderen Webseite zu sein als dies den Tatsachen entspricht. |
| IS-Management | Abkürzung für *Informationssicherheitsmanagement*, womit die Planungs-, Lenkungs- und Kontrollaufgaben gemeint sind, welche geboten sind, um einen sachgerechten und funktionierenden Prozess zur Herstellung von Informationssicherheit auf- und kontinuierlich umzusetzen. |
| ISB | Abkürzung für *Informationssicherheitsbeauftragter*. Dieser ist für die operative Erfüllung der Informationssicherheit zuständig; eine hinreichende Fachkompetenz in diesem Segment wird vorausgesetzt. Synonym wird dieser *Informationssicherheitsmanager (ISM) oder Chief Information Security Officer (CISO)* genannt. |
| ISMS | Implementierte Anforderungen; Informationssicherheits-Managementsystem, welches ein prozessorientiertes Konzept verfolgt als Basis für die Ausrichtung zur Informationssicherheit im Unternehmen; ein ISMS kann nach ISO/IEC 27001 zertifiziert werden.[25] |
| ISO | Die internationale Vereinigung der Standardisierungsgremien von 151 Ländern (*International Organization for Standardization*, www.iso.org), welche internationale Standards in allen technischen Bereichen verabschiedet. Die Vertretung Deutschlands bei der ISO erfolgt durch das *Deutsche Institut für Normung (DIN).* |
| ISO/IEC 27001 | Internationale Norm (Information technology – Security techniques – Information security management systems – Requirements), spezifiziert die Anforderungen für Einrichtung, Umsetzung, Aufrechterhaltung und fortlaufende Verbesserung eines dokumentierten ISMS unter Berücksichtigung des Kontexts einer Organisation; ferner beinhaltet die Norm Anforderungen für die Beurteilung und Behandlung von Informationssicherheitsrisiken entsprechend den individuellen Bedürfnissen der Organisation. |
| ISO 27701 | Security techniques – Extension to ISO/IEC 27001 and ISO/IEC 27002 for privacy information management – Requirements and guidelines; Erweiterung der ISO 27001 und 27002 um Datenschutzaspekte auf Basis des ISMS. |
| ISO/OSI-Schichtenmodell | Das ISO (*International Standard Organization*)/OSI (*Open System Interconnection*)-Schichtenmodell ist ein Referenzmodell für Kommunikationsprotokolle und Rechnernetze als Schichtenarchitektur: Die Kommunikation zwischen zwei Systemen ist in verschiedene Schichten unterteilt, mit dem Zweck, die Kommunikation über unterschiedlichste technische Systeme sicherzustellen. Jede Schicht hat eine bestimmte Aufgabe und ist abgeschottet. Es bestehen lediglich Schnittstellen zu den benachbarten Schichten, um Daten zu übertragen. |

25 Vgl. *Maseberg* in Schläger/Thode, Handbuch Datenschutz und IT-Sicherheit, Teil H, 2 Rn. 12 ff.

| IT-Begriff | Bedeutung |
|---|---|
| IT-Grundschutz | Der vom BSI entwickelte IT-Grundschutz bezweckt, mittels systematischer Vorgehensweise notwendige Sicherheitsmaßnahmen zu identifizieren und umzusetzen. Die BSI-Standards liefern bewährte Vorgehensweisen, das IT-Grundschutz-Kompendium konkrete Anforderungen.[26] |
| IT-Sicherheit | Technische Sicherheit von IT-Infrastruktur und -Systemen zur Sicherstellung der Vertraulichkeit, Verfügbarkeit und Integrität; Bereiche der IT-Sicherheit sind z. B. eine Firewall oder ein Schadsoftwareschutz (vielfach als „Virenschutz" bezeichnet). |
| IT-System | Abkürzung für *Informationstechnisches System*. Darunter wird eine technische Anlage, die eine abgeschlossene Funktionseinheit bildet, verstanden zum Zwecke der Informationsverarbeitung, wie z. B. Computer, Clients, Mobiltelefone, Router, Server, Sicherheitsgateway, Switches. |
| ITU | Abkürzung für *International Telecommunication Union*, eine globale Organisation, die technische Normen der Telekommunikation entwickelt. |
| Jailbreak | Vorgang („Gefängnisausbruch"), bei dem durch Spezialprogramme Schwachstellen ausgenutzt und Sicherheitsmechanismen des mobilen Betriebssystems *iOS* von *Apple* außer Kraft gesetzt werden, so dass Nutzer und Apps vollen Zugriff auf das Betriebssystem erhalten. |
| Java | Programmiersprache, von dem US-Unternehmen Sun entwickelt, mit der über einen Browsers kleine („vorkompilierte") Programme geladen und ausgeführt werden können. |
| KANBAN | Eine japanische Vorgehensmethode („Karte") der Produktionsprozesssteuerung, die nur am tatsächlichen Verbrauch von Materialien am Bereitstell- und Verbrauchsort ausrichtet und eine Reduktion der lokalen Bestände von Vorprodukten in und nahe der Produktion ermöglicht, die in Produkten der nächsten Integrationsstufe verbaut werden, um die Wertschöpfungskette auf jeder Fertigungs-/Produktionsstufe einer mehrstufigen Integrationskette kostenoptimal zu lenken. Die Entnahmen erfolgen aus den jeweiligen Pufferlagern und das Nachliefern in dieselben Pufferlager asynchron. Durch das Verteilen der Pufferlager in der Produktion entlang der Integrationskette wird mit einfachen Mitteln der Information und mit kurzen Wegen des Transports eine einfache Lösung erreicht. Bei der Softwareentwicklung wird mittels *Kanban* die Anzahl paralleler Arbeiten, der *Work in Progress,* begrenzt und kürzere Durchlaufzeiten erreicht und Engpässe schnell sichtbar gemacht.[27] |
| Keylogger | Illegale Hardware oder Software zum Aufzeichnen und Mitschneiden von Tastatureingaben. |
| Keyword Spamming | Vielfaches Verstecken von Keywords auf Webseiten mit dem Ziel, in Suchmaschinen-Rankings vordere Positionen zu erreichen und sich unlautere Wettbewerbsvorteile zu verschaffen. |

26 https://www.bsi.bund.de/DE/Themen/ITGrundschutz/itgrundschutz_node.html.

27 Vgl. https://de.wikipedia.org/wiki/Kanban_%28Softwareentwicklung%29.

| IT-Begriff | Bedeutung |
|---|---|
| Kollaboration | Kooperative Zusammenarbeit von Projektgruppen, Unternehmen, Geschäftspartnern zur Optimierung der Wertschöpfungskette; Beispiel: Verteilung von Informationen und gemeinsame Nutzung von Ressourcen, (administrative, entwicklungstechnische, prozessbasierte, produktions-, serviceorientierte, informationstechnische). |
| Krisenmanagement | Systematischer Umgang mit Krisensituationen durch Etablierung planerischer, organisatorischen, prozessmäßiger Vorkehrungen, um eine schnellstmögliche Zurückführung der eingetretenen außergewöhnlichen Lage in den Normalzustand zu erreichen. |
| KRITIS | Abkürzung für *Kritische Infrastrukturen.* Zu diesen zählen Organisationen und Einrichtungen mit grundlegender Bedeutung für das staatliche Gemeinwesen, bei deren Ausfall oder Beeinträchtigung nachhaltig wirkende Versorgungsengpässe, erhebliche Störungen der öffentlichen Sicherheit oder andere dramatische Folgen einträten, wie die Sektoren und Branchen Transport und Verkehr, Energie, Informationstechnik und Telekommunikation, Finanz- und Versicherungswesen, Staat und Verwaltung, Ernährung, Wasser, Gesundheit, Medien und Kultur, Presse. |
| Kryptographie | Wissenschaft der Verschlüsselung von Informationen. |
| LAN | *Local Area Network*. Bezeichnung für das hausinterne Netz einer Organisationseinheit. |
| Legal Tech | *Legal Technology*: IT-gestützte Technik (wie insbesondere Online-Dienste, Software, IT-gestützte Dienstleistungen), die rechtstechnische Arbeitsprozesse unterstützt oder automatisiert zur Effizienzsteigerung. |
| Login | Vorgang, sich in einem Computersystem anzumelden (einzuloggen); dient dazu, dem System mitzuteilen, dass eine Sitzung beginnt und dass der User mit einem Benutzerkonto, das ihm bestimmte Zugriffsrechte ermöglicht, verknüpft werden möchte; stellt sicher, den User zu identifizieren und zu authentifizieren. |
| M-Commerce | Oberbegriff für Einkaufen via Handy/Smartphone; abgeleitet von E-Commerce (Einkaufen via Internet). |
| MAC-Adresse | Abkürzung für eine physikalische Adresse *(Media Access Control)*, eine vom Hersteller erteilte, grundsätzlich unveränderbare Identifizierungsnummer einer Netzwerkkarte. |
| Makro-Virus | Bezeichnung für einen *Computervirus*, der in Dateien enthalten ist, welche nicht die Anwendungsprogramme infizieren, sondern die damit hergestellten Dateien. Besonders bei Anwendungsprogrammen, bei denen Programme (Makros) und andere Objekte eingebettet werden können, wie bei Office-Produkten, sind Makro-Viren verbreitet. |
| Malware | Bezeichnung für *Schadsoftware* („*Malicious software*“), d. h. für Computer-Viren, Würmer, Trojanische Pferde. |
| Mandantenfähigkeit | Bezeichnung für IT-Systeme und Software, welche die Daten und Prozesse eines Mandanten sauber von denen anderer Kunden separieren, d. h. Zugriffe oder Beeinträchtigungen von dem einen in den anderen Bereich unterbinden, so dass die Vertraulichkeit, Integrität und Verfügbarkeit nicht missachtet wird. |

| **IT-Begriff** | **Bedeutung** |
|---|---|
| Maximum-Prinzip im IT-Grundschutz | Danach definiert der Schaden oder die Summe der Schäden mit den gravierendsten Auswirkungen den Schutzbedarf eines Geschäftsprozesses oder eines IT-Systems. |
| MDM | Abkürzung für *Mobile-Device-Management*. Dieses bezeichnet ein System zur zentralisierten Verwaltung von mobilen Endgeräten einer Organisation einschließlich Rollout, Systemmanagement, Endgeräteüberwachung, (Fern-)Konfiguration, Inventarisierung, Support. |
| Meta-Tag | Im Kopf von Webseiten hinterlegte zusätzliche Daten, wie z. B. Keywords, um eine schnellere und leichtere Auffindbarkeit über Suchmaschinen zu erreichen. |
| MITM-Angriff | *Man-in-the-Middle-Angriff*, Angriffsform, die in Rechnernetzen vorkommt, indem der Angreifer dabei entweder physisch bzw. logisch zwischen den beiden Kommunikationspartnern steht und mit seinem System die Kontrolle über den Datenverkehr zwischen zwei oder mehreren Netzwerkteilnehmern erlangt; die „Janusköpfigkeit des Angreifers besteht darin, dass er den Kommunikationspartnern vortäuscht, das jeweilige Gegenüber zu sein."[28] |
| MMS | Abkürzung für *Multimedia Messaging Service,* eine Übertragungstechnik für Multimedia-Daten zwischen Handys (Smartphones) und anderen elektronischen Geräten. |
| Modellierung | Darunter wird nach der Methodik gemäß IT-Grundschutz der erfasste Informationsverbund einer Organisationseinheit (Unternehmen, Behörde) mittels der Bausteine der IT-Grundschutz-Kataloge nachgebildet. So verweist Kapitel 2.2 der IT-Grundschutz-Kataloge für jeden Baustein darauf, welche Zielobjekte anzuwenden und Vorgaben zu berücksichtigen sind. |
| Modem | IT-Begriff (*Modulator/Demodulator*), mit dem ein Gerät zur Datenfernübertragung (DFÜ) bezeichnet wird, etwa ein solches, das einen Rechner über analoge Telefonleitungen mit einem Provider verbindet, welcher den Internetanschluss offeriert. Die digitalen Signale werden insofern in diverse hohe Pfeiftöne umgewandelt (moduliert) und umgekehrt (demoduliert). Es gibt auch DSL- und Kabel-Modems. |
| Motherboard | IT-Begriff, mit dem die *„Hauptplatine eines Computers"* gemeint ist. Auf diesem „Brett" liegen der *Hauptprozessor (CPU)*, der *Hauptspeicher (RAM)*, Speicherbausteine, Steckplätze für den Prozessor und Erweiterungskarten (Netzwerk-, Grafik-, Soundkarten). |
| MTA MTP | Abkürzung für *„Maximal tolerierbare Ausfallzeit" („Maximum Tolerable Period of Disruption"),* d. h. maximal tolerierbare Ausfallzeit, bei deren Überschreitung die Lebensfähigkeit des Prozesses oder der Organisationseinheit ernsthaft gefährdet ist. |

28 https://de.wikipedia.org/wiki/Man-in-the-Middle-Angriff.

| IT-Begriff | Bedeutung |
|---|---|
| Multimedia | Begriffsbezeichnung für Inhalte und Werke, welche aus mehreren, i. d. R. digitalen Medien bestehen können, wie Text, Grafik, Fotografie, Animation, Audio, Video, so dass verschiedene Sinne gleichzeitig angesprochen werden. |
| Navigation | Steuerung zu und durch IT-/Web-Anwendungen. |
| NET | Abkürzung für *Netze und Kommunikation*. |
| Nettiquette | Kunstbegriff, abgeleitet aus Netz („net") und Etikette/Höflichkeit („etiquette"). Der Bedeutungsgehalt steht für die unverbindlichen Regeln, welche die Nutzung des Internets für alle Menschen angenehm machen sollen, wie gute Umgangsformen, freie Zugänglichmachung von Inhalten, Respektierung des Persönlichkeits- und Urheberrechts, Einhaltung von Sicherheitsstandards bei der Übertragung vertraulicher Daten etc. |
| Netzwerk | Bezeichnung für einen Rechner-Verbund, bei dem die Netzwerk-Rechner untereinander Daten austauschen. Diese können als Host oder Server Daten bereitstellen oder als Client auf diese zugreifen oder u. U. beides gleichzeitig erledigen. |
| Netzwerkknoten | Punkte, an denen verschiedene Netze oder Teile eines Netzes verknüpft sind, mit der Funktion des Kommunikationsablaufs zwischen den angeschlossenen Teilen. |
| NFC | Abkürzung für *Near Field Communication. NFC* hat als Funktionsbedeutung das kontaktlose Zahlen, indem auf sehr kurze Distanz kleine Datenmengen übertragen werden können. |
| Nicknapping | Cyber-Attacke, die dadurch gekennzeichnet ist, dass der Angreifer unter einem bekannten Namen oder Pseudonym in Erscheinung tritt. |
| non repudiation | Bezeichnung für „Nichtabstreitbarkeit", worunter im Wesentlichen die Nachweisbarkeit gegenüber Dritten verstanden wird, um sicherzustellen, dass der Versand und Empfang von Daten nicht negiert werden kann. Bei der *„Nichtabstreitbarkeit der Herkunft"* geht es darum, dass es einem Absender einer Nachricht unmöglich sein soll, das Absenden einer konkreten Nachricht nachträglich zu bestreiten; bei der *„Nichtabstreitbarkeit des Erhalts"* soll es dem Empfänger einer Nachricht unmöglich sein, den Erhalt einer gesendeten Nachricht nachträglich zu bestreiten.[29] |
| Nonce | IT-Begriff „number used only once", der in der Kryptografie für eine Einmalzahl steht, welche in einem Kontext nur einmal verwendet wird. |
| Notfallkonzept | Dieses beinhaltet das *Notfallvorsorgekonzept* sowie das *Notfallhandbuch*. |
| OCR | *Optical character recognition*: Automatisierte Texterkennung oder optische Zeichenerkennung innerhalb von Bildern. |
| ö.b.u.v. | Abkürzung für öffentlich bestellt und vereidigt. Relevant z. B. bei (außer-)gerichtlichen IT-Sachverständigen-Bestellungen und beweisrechtlichen Klärungen. |

29 https://www.bsi.bund.de/DE/Service-Navi/Cyber-Glossar/Functions/glossar.html?nn=520190&cms_lv2=132806.

| IT-Begriff | Bedeutung |
|---|---|
| Öffentlicher Schlüssel | Der Teil eines kryptographischen Schlüsselpaares, der frei zugänglich und öffentlich bekannt ist. |
| Operationelle Risiken | Grundlegende Gefahren, die aus dem Prozessablauf erwachsen wie fehlerhaftes Verhalten, Betrug, Unkenntnis, IT-Risiken, Naturkatastrophen. |
| OSS, Open Source (Software) | Quelloffene Software, deren Quelltext öffentlich und von Dritten eingesehen, geändert und genutzt werden kann; i. d. R. kostenlos nutzbar. Nach der *Open Source Initiative (OSI)* geht es um Software, deren Lizenzverträge drei charakteristischen Merkmalen entsprechen und die zehn Punkte der *Open Source Definition* erfüllen: (1) Der Quelltext liegt in einer lesbaren und verständlichen Form vor: Vor dem Programmablauf wird der Text durch einen *Compiler* in eine binäre Form transformiert, damit das Computerprogramm vom Rechner ausgeführt werden kann. Binärprogramme sind für den Menschen im semantischen Sinne nicht lesbar. (2) Die Software darf beliebig kopiert, verbreitet, genutzt werden (keine Nutzungsbeschränkungen, keine Zahlungsverpflichtungen gegen einen Lizenzgeber). Es wird typischerweise nur die Weitergabe des Quelltextes verlangt. (3) Die Software darf verändert und in der veränderten Form weitergegeben werden: Durch den offengelegten Quelltext ist Verändern ohne Aufwand für jeden möglich. Die Weitergabe soll ohne Lizenzgebühren möglich sein. OSS ist auf die aktive Beteiligung der Anwender an der Entwicklung angewiesen. OSS ist prädestiniert zum Lernen, Mitmachen, Optimieren. |
| OWASP | Kurzform für *Open Web Application Security Project*; eine globale Non-Profit-Organisation zur Verbesserung der Sicherheit von Software (vgl. https://www.owasp.org mit Wiki zur Softwaresicherheit). |
| PaaS | *Platform as a Service*, bezeichnet eine Cloudumgebung, die eine Plattform für die Entwicklung von Anwendungen im Internet zur Verfügung stellt; eng mit anderen Services, wie SaaS oder IaaS verwandt. |
| Pairing | IT-Bezeichnung für die spezielle „Vertrauensbeziehung" zwischen zwei, z. B. Bluetooth-fähigen, Geräten, die einen gemeinsamen Verbindungsschlüssel einsetzen, um miteinander kommunizieren zu können. |
| Paketfilter | IT-Systeme mit spezifischer Software, die den ein- und ausgehenden Datenverkehr in einem Netz anhand besonderer Regeln filtern. |
| Partition | *Teil einer Festplatte*, welche in verschiedene *Partitionen* aufgeteilt sein kann, die jeweils ein eigenes Dateisystem beinhalten. |
| Passwort | *Nachweis der Zugangsberechtigung* des Benutzers zu einem geschlossenen System. |
| Patch | Kleines Programm zur Fehlerbehebung („Flicken") in Anwendungsprogrammen oder Betriebssystemen. |
| PDCA-Zyklus | Kleines Programm, das Fehler in Anwendungsprogrammen oder Betriebssystemen behebt.<br>Bezeichnet einen iterativen vierphasigen Prozess für Lernen und Verbesserung des Physikers *Walter Andrew Shewhart*, wobei PDCA für *Plan – Do – Check – Act* steht. Die Hintergründe des Prozesses liegen in der Qualitätssicherung. |

| IT-Begriff | Bedeutung |
|---|---|
| PDF | Universelles, plattformunabhängiges Dateiformat („*Portable Document Format"*) |
| P2P-Netzwerk | Abkürzung für *Peer-to-Peer-Netzwerk:* Dort können die Nutzer beliebige Dateien auf Ihrem Rechner für andere freigeben. |
| Penetration Testing | Hierbei wird das Angriffsverhalten auf eine IT-Infrastruktur simuliert, um Schwachstellen aufzudecken und etwaige Schäden abschätzen zu können. Es gibt zwei Verfahren. Mittels *Black Box Penetration Test* wird das Angriffsverhalten eines externen Angreifers simuliert, der kaum oder keine Kenntnis über die Infrastruktur hat und sein Wissens überwiegend aus öffentlich zugänglichen Daten hat. In Abgrenzung zur Black Box wird bei der *White Box* das Angriffsverhalten eines internen Angreifers simuliert, welcher detaillierte Informationen über Ziel, Infrastruktur und interne Parameter hat. |
| PGP | Pretty Good Privacy: Von *Phil Zimmermann* entwickeltes Programm zur Verschlüsselung und zum Unterschreiben von Daten. |
| Pharming | Cyberangriff, bei dem i. d. R. Zugangsdaten geklaut werden. In Abgrenzung zum *Phishing* wird beim *Pharming* die Infrastruktur dergestalt verfälscht, dass das Opfer selbst dann auf einer gefälschten Webseite landet, wenn er die richtige Adresse des Dienstes eingeben hat, was durch Manipulation der DNS-Einträge in der lokalen Hosts-Datei, an einem Zwischenspeicher oder der zentralen DNS-Infrastruktur erfolgt. |
| Phishing | Kunstbegriff aus „Password" und „Fishing", der einen Cyberangriff beschreibt, bei dem typischerweise mit gefälschten E-Mails oder Webseiten Zugangsdaten für einen Dienst erlagt werden. Es gibt Unterkategorien wie Smishing (SMS-Phishing) und Vishing (VoIP-Fishing). |
| Phone Board | Technisches Gerät, mit dem eine Verbindung zwischen Telefonen und Computern aufgebaut werden kann. |
| PHP | Eine serverseitig interpretierte Skript-/Programmiersprache zum Erzeugen dynamischer Webseiten, mit einer an C und Perl angelehnten Syntax. Die Abkürzung ist ein rekursives Akronym und Backronym: „*Hypertext Preprocessor*", ursprünglich „*Personal Home Page Tools*". |
| PIN | Abkürzung für *Personal Identification Number*: Üblicherweise eine vier- bis achtstellige persönliche Geheimzahl, mit der eine Signaturerstellungseinheit vor unberechtigtem Zugriff geschützt werden kann. |
| Ping | Software (*Diagnose-Werkzeug*) zur Überprüfung, ob ein bestimmter Host in einem IP-Netzwerk ansprechbar ist, d. h. ob ein bestimmter Rechner im Netzwerk erreichbar ist. |
| Pivoting | Darunter wird bei Penetration Testing ein Verfahren verstanden, bei dem eine bereits kompromittierte Maschine verwendet wird, tiefer in das Netzwerk vorzudringen; i. d. R., um Firewall-Einstellungen zu umgehen oder Netzwerke oder Maschinen zu erreichen, welche von außen nicht zugänglich sind. |
| PlugIn | Softwaremodul, das in ein Computerprogramm implementiert werden kann, um dessen Funktionalität zu erweitern. |

| IT-Begriff | Bedeutung |
|---|---|
| Poisoning | Bezeichnung für das Einschleusen von manipulierten Daten in einen Zwischenspeicher (Cache), welcher von anderen Anwendungen oder Diensten verwendet wird. |
| Pop-up-Fenster | Ein automatisch öffnendes Fenster bei einer graphischen Benutzeroberfläche, z. B. eine Werbung bei einer Webseite. |
| Port-Scan | Vorbereitende Cyberattacke, bei der ein Angreifer klärt, welche Dienste ein Rechner nach außen anbietet, in dem er sämtliche Dienste nacheinander anspricht. |
| Privacy by design | Datenschutz durch Technik. Gehört zu den intensiv diskutierten Datenschutzthemen; wurde auch in der Datenschutzrichtlinie RL 95/46/EG erwähnt. Laut Erwägungsgrund 46 dieser Richtlinie müssen bereits zum Zeitpunkt der Planung eines Verarbeitungssystems *technische und organisatorische Maßnahmen (TOMs)* getroffen werden, um insbesondere die Sicherheit der Daten zu gewährleisten. In Art. 25 DSGVO und Erwägungsgrund 78 der DSGVO verankert. |
| Privacy by default | Datenschutzfreundliche Voreinstellungen der Werkeinstellungen |
| Privacy Shield | Informelle Datenschutzrechtsabsprache, die von 2015 bis 2016 zwischen der EU und den USA ausgehandelt wurde; 2020 für nichtig erklärt von EuGH, siehe *Safe Harbor.* |
| Privater Schlüssel | Dieser ist der Teil eines kryptographischen Schlüsselpaares, auf welchen lediglich der Inhaber des Schlüsselpaares Zugriff hat. |
| Privilege Escalation | Kunstwort aus *Benutzerrechte („Privilege")* und *Steigerung („Escalation").* Soweit ein Angreifer mittels Exploit Zugang zu einem IT-System erhält, erfolgt dies i. d. R. nicht durch Administrationsberechtigungen, weil Software vielfach mit eingeschränkten Nutzerrechten gestartet wird. Um gleichwohl Zugriff auf das komplette System zu erhalten, wird nach Schwachstellen gesucht, mit denen die Berechtigungen verändert werden können. |
| Profiling | Nach der DSGVO „jede Art der automatisierten Verarbeitung personenbezogener Daten, die darin besteht, dass diese personenbezogenen Daten verwendet werden, um bestimmte persönliche Aspekte, die sich auf eine natürliche Person beziehen, zu bewerten." |
| Proprietäre Software | Bezeichnung für Software, die nur in abgegrenzter Umgebung lauffähig ist und damit das Recht und die Möglichkeiten der Wieder- und Weiterverwendung und Anpassung durch Nutzer und Dritte einschränkt und „proprietär" hält, wie etwa durch das Urheberrecht, Lizenzvereinbarungen (EULA), Softwarepatente, die Implementierung der Software auf herstellerspezifischen, nicht veröffentlichten Standards sowie die Behandlung des Quelltextes als Betriebsgeheimnis (closed source).[30] |
| Protokoll | Oberbegriff für die Spezifikation des Datenformats zur Kommunikation zwischen elektronischen Geräten. |

30 https://de.wikipedia.org/wiki/Proprietäre_Software.

| IT-Begriff | Bedeutung |
|---|---|
| Provider | Oberbegriff für alle *Dienste vermittelnden Akteure im Internet.*[31] Es gibt Net(work)-Provider, Access-Provider, Host-Serviceprovider, Internet-Service-Provider. Content-Provider. |
| Proxy | IT-Begriff für „*Stellvertreter*" (lateinisch „proximus", „der Nächste", englisch „proxy representative") in Form eines physischen Computers mit der Bedeutung einer Kommunikationsschnittstelle in einem Netzwerk zur Vermittlung, zur Weiterleitung, zum Filtern von Daten. |
| Prüfplan | Dokument, in dem vor Prüfungsbeginn die Rahmenbedingungen für die Prüfung vom Prüfer zusammengefasst werden, insbesondere das Prüfverfahren, die Prüfmethoden und die festgelegte Stichprobe. |
| PSE | Abkürzung für *Personal Security Environment*, ein Aufbewahrungsmedium für private Schlüssel und vertrauenswürdige Zertifikate. |
| Pseudonymisierung | Gemäß Art. 4 DSGVO bedeutet dies, dass die Verarbeitung von personenbezogenen Daten so gestaltet wird, dass ein Bezug zu einer natürlichen Person nur unter Zuhilfenahme zusätzlicher Informationen möglich ist, welche gesondert aufbewahrt werden und durch *technische und organisatorische Maßnahmen (TOMs)* vor dem Zugriff Unbefugter zu schützen sind. |
| QES | *Qualifizierte elektronische Signatur*; gem. des früheren SigG und gem. des Vertrauensdienstegesetztes (VDG) auf Basis der eIDAS-VO eine fortgeschrittene elektronische Signatur, die von einer qualifizierten elektronischen sicheren Signaturerstellungseinheit (SSEE) erstellt wurde und auf einem (zum Zeitpunkt ihrer Erzeugung gültigen) qualifizierten Zertifikat für elektronischen Signaturen beruht.[32] |
| Quellcode | In der Informatik der für Menschen lesbare, in einer Programmiersprache geschriebene Text eines Computerprogrammes, mitunter auch Programmcode genannt. |
| RAM | *Random Access Memory:* Arbeitsspeicher eines Computers, in dem alle Daten, die für bestimmte Arbeitsvorgänge verwendet werden, temporär gespeichert werden und von wo sie unverändert wieder aufgerufen und verändert werden. |
| Ransomware | Oberbegriff für Schadprogramme, mit denen Cyberkriminelle „digitale Erpressungen" vornehmen, indem sie mittels dieser illegalen Software die Verfügbarkeit und den Zugriff auf Daten und IT-Systeme einschränken oder verhindern und die Systeme nur gegen Zahlung eines Lösegeldes („ransom") wieder freigeben. |
| Red Teams | Bezeichnung für externe Sicherheitsexperten. Diese werden engagiert, um die Sicherheit und die Effektivität der Sicherheitsmaßnahmen eines Unternehmens zu testen, indem ein möglichst realer Angriff auf die IT-Infrastruktur simuliert wird. Im Idealfall arbeitet ein *Red Team* stets gut abgestimmt mit dem *Blue Team* des Unternehmens, um Schwachstellen im System aufzudecken. |

31 Ausführlich *Degen,* Freiwillige Selbstkontrolle der Access-Provider, Kap. 2.3.2., S. 62 ff.
32 Art. 3 Nr. 12, Art. 28 f. eIDAS-VO i. V. m. Anh. I und II eIDAS-VO.

| IT-Begriff | Bedeutung |
|---|---|
| Related-Key-Attacke | Bezeichnung für einen speziellen *Cyberangriff auf ein kryptographisches Verfahren*. |
| Replay-Angriffe | Cyberangriffe, bei denen ein Daten-/Informationsaustausch erst aufgezeichnet wird und die erlangten Daten sodann missbräuchlich wiederverwendet werden. |
| Resilienz | Bezeichnung für *Widerstandsfähigkeit gegen Störungen* und für die Fähigkeit eines Systems, mit Veränderungen umgehen zu können. |
| Restrisiko | Risiko, das verbleibt, selbst wenn Schutzmaßnahmen im Rahmen der IT umgesetzt worden sind. |
| Reverse Engineering (RE) | IT-Begriff für den Vorgang der *Nachkonstruktion*, um die Funktionsweise einer kompilierten Software zu analysieren, ohne die Spezifikation der Software oder den Quelltext zu verwenden. |
| Revision | Bezeichnung für die systematische und neutrale Kontrolle der Eignung und Einhaltung vorgegebener (Sicherheits-)Richtlinien. |
| Risiko | Dieses bezeichnet die Kombination aus der Häufigkeit, mit der ein Schaden auftritt und dem Ausmaß dieses Schadens. Im Gegensatz zu der „Gefährdung" schließt das „Risiko" die Bewertung, ob ein konkretes Schadensszenario fallspezifisch relevant ist, ein. |
| Risikoanalyse | Beschreibung des Prozesses zur Beurteilung und Behandlung von Risiken. Die *Risikoanalyse* ist gemäß ISO 31000 und ISO 27005 lediglich ein Vorgang bei der Risikobeurteilung. Letztere beinhaltet die Identifikation von Risiken (*Risk Identification*), die Analyse von Risiken (*Risk Analysis*) und die Evaluation oder Bewertung von Risiken (*Risk Evaluation*). |
| Risikomanagement | Dieses umfasst die Risikoidentifikation, Risikoanalyse, Risikoquantifizierung, Risikoaggregation, Risikobeurteilung, Risikobewertung, Risikokommunikation sowie die abschließende Risikobewältigung. |
| Risikomatrix | Damit wird die Wahrscheinlichkeit des Auftretens eines unerwünschten Ereignisses (Risiko) gegenüber dessen Auswirkung tabellarisch ins Verhältnis gesetzt. |
| Robot | Suchprogramm, welches das Internet für Suchmaschinen durchsucht und die aufgefundenen Inhalte dem Suchmaschinen-Index angibt. |
| Rootkit | Schadsoftware, die manipulierte Versionen von Systemprogrammen enthält. |
| Router | Gerät zur Verbindung des Heimnetzwerks mit dem Internet. |
| (Physische) RZ-Sicherheit | Nach DIN EN 50600 „Informationstechnik – Einrichtungen und Infrastrukturen von Rechenzentren" erhalten Betreiber von Rechenzentren Vorgaben und Kunden garantierte Standards. |
| S/MIME | Abkürzung für *Secure Multipurpose Internet Mail Extensions,* eines Protokolls für die E-Mail-Kommunikation, mit dem Nachrichten verschlüsselt und signiert werden können. |

| IT-Begriff | Bedeutung |
|---|---|
| SaaS | *Software as a Service*: Teilbereich des Cloud Computing; fußt als Businessmodell auf der Annahme, dass die Software und die IT-Infrastruktur bei einem externen Dienstleister betrieben und vom Kunden genutzt werden. |
| Safe Harbor | Ein Datenschutz-Beschluss der Europäischen Kommission aus dem Jahr 2000, durch den es Unternehmen ermöglicht werden sollte, personenbezogene Daten in Übereinstimmung mit der europäischen Datenschutzrichtlinie aus einem Land der EU in die USA zu übermitteln. Als „Abkommen" war dieses Vorgehen mit den USA abgesprochen worden. Die *Safe-Harbor-Entscheidung* ist vom Europäischen Gerichtshof (EuGH) durch das Schrems I-Urteil am 06.10.2015 für ungültig erklärt worden. Ab dem 01.08.2016 konnte eine Nachfolgeregelung *„EU-US Privacy Shield"* angewendet werden, die am 16.07.2020 gleichfalls für nichtig erklärt wurde.[33] |
| Sandbox | Bezeichnung für einen isolierten, geschützten, Bereich in einem Betriebssystem oder einer Anwendung. |
| Scanner | Bei der IT-Sicherheit ist ein *Scanner* ein Teil der Antiviren-Software. |
| Scareware | Bezeichnung für Schadprogramme, welche der Nutzer selbst auf seinem System installiert, nachdem er typischerweise darüber getäuscht wurde, dass er ein Computerproblem habe. |
| Schaden | Von einem solchen ist i. d. R. auszugehen bei einer Abweichung von einem erwarteten Ergebnis, das zu einer Konsequenz führt. |
| Schadfunktion | Darunter wird eine vom Anwender nicht gewünschte Funktion verstanden. Durch diese kann die Informationssicherheit bewusst gesteuert oder unbeabsichtigt gefährdet werden. |
| Schutzbedarf | Oberbegriff für die Umfangsbewertung der Business-Prozesse, die verarbeiteten Daten und die Informationstechnik hinsichtlich Erforderlichkeit und Angemessenheit. |
| Schwachstelle | Bezeichnet einen sicherheitsrelevanten Fehler eines IT-Systems oder einer Institution („vulnerability"). |
| Scrum | Wird mit „Gedränge" übersetzt und ist ein Vorgehensmodell des Projekt- und Produktmanagements zur agilen Softwareentwicklung. Als Mitbegründer gilt *Jeff Sutherland*, einer von 17 Unterzeichnern des *Agile Manifesto* (2001). *Sutherland*, gründete 2006 die Scrum Inc., die seit 2019 auch Scrum-Zertifizierungen anbietet (*Licensed Scrum Program*); seit 2009 gibt er mit *Ken Schwaber* den *Scrum Guide* heraus.[34] |
| Seitenkanal-Angriff | Cyberangriff auf ein kryptographisches System, welcher die Ergebnisse von physikalischen Messungen am System ausnutzt, um Einblick in sensible Daten zu gewinnen. |

33 EuGH, Urteil vom 06.10.2015 – C-362/14 – Maximilian Schrems/Data Protection Commissioner sowie EuGH, Urteil 16.07.2020 – C-311/18 – Data Protection Commissioner/Facebook Ireland Ltd, Maximilian Schrems.

34 https://de.wikipedia.org/wiki/Jeff_Sutherland.

| IT-Begriff | Bedeutung |
|---|---|
| Server | Oberbegriff für Software oder Hardware, welche spezifische Dienste anderen (Clients) anbietet, wie Applikations-, Daten-, E-Mail-Server. |
| Session-Hijacking/ -Fixation | Cyberangriff auf eine verbindungsbehaftete Datenkommunikation zwischen zwei Computern („Festlegung einer Kommunikationssitzung") |
| Shareware | Software, welche aus Vermarktungsgründen vor dem Kauf von Nutzern kostengünstig getestet werden darf und erst nach Eignungsnachweis bezahlt werden muss. |
| Sicherheits-anforderung | Bedarfsbeschreibung für den organisatorischen, personellen, infrastrukturellen, technischen Bereich zur Erfüllung zur Erhöhung der Informationssicherheit. |
| Sicherheitsgateway | Synonym für *Firewall:* Ein System aus software- und hardware-technischen Komponenten zur Kontrolle von Datenströmen und Netzkopplung. |
| Sicherheitslücke | Programmierfehler, der zu ausnutzbarem Fehlverhalten der Software führt. |
| Sinkhole | PC-System, auf welches Anfragen von botnetzinfizierten Systemen umgeleitet werden. |
| Skimming | Cyberangriff durch unbemerkte Auslesen von Zahlungskarten (Bank-, Kreditkarten) mittels physikalischer Manipulation von Zahlungsterminals. |
| Skript-Kiddies | Bezeichnung einer Gruppe, die Cyberangriffe aus Jux, Neugierde und zum Testen der eigenen Fähigkeiten ausführt. |
| Snuff-Videos | Videosequenzen, in denen die echte Ermordung eines Menschen aufgenommen oder nachgestellt wird. |
| Social Bot | Miniroboter, die in Sozialen Medien ein echtes menschliches Profil vorgaukeln. |
| Social Engineering | Da bei der IT-Sicherheit der Mensch als die größte Schwachstelle gilt, wird dieser als Angriffsziel im *Social Engineering* ausgemacht. Die Zielerreichung der Informationserlangung wird mittels Täuschung und Manipulation angepeilt. Typischerweise erhält das Opfer eine vermeintliche E-Mail des Angreifers, die aussieht, als stamme sie von dem Vorgesetzten oder einer sonstigen Autorität und auf eine gefälschte Webseite weiterleitet, um Zugangs- oder Bankdaten abzufangen. |
| Spam | Unerwünschte Nachrichten, die massenhaft über E-Mail oder über andere Kommunikationsdienste versendet werden. |
| SQL | Abkürzung für *Structured Query Language*: Datenbanksprache zur Definition von Datenstrukturen in relationalen Datenbanken und Bearbeiten (Einfügen, Verändern, Löschen) und Abfragen von darauf basierenden Datenbeständen; basiert auf der relationalen Algebra mit einfachem Syntax-Aufbau; wird verwendet, um die Unabhängigkeit der Anwendungen vom eingesetzten Datenbankmanagementsystem anzustreben. |

| IT-Begriff | Bedeutung |
|---|---|
| SQL Injection | Es handelt sich um eine weit verbreitete Schwachstelle in Internet-Anwendungen. Sofern Benutzereingaben vor der Weiterleitung an die Datenbank nicht korrekt geprüft werden, ist es möglich aus der ursprünglichen Abfrage auszubrechen, um weitere Aktionen auszuführen. Zugriffe auf andere Datenbankinformationen, wie Zugangsdaten, Kreditkartendaten u. a., oder zu einem Computersystem sind denkbar. |
| SSH | Secure Shell: kryptographisches Netzwerkprotokoll für den sicheren Betrieb von Netzwerkdiensten über ungesicherte Netzwerke; Beispiele: remote Kommandozeile, ferngesteuerte Programmausführung; bietet sicheren Kanal über ein ungesichertes Netzwerk unter Verwendung der Client-Server-Architektur. |
| SSO | Single Sign-on („Einmalanmeldung"): hiernach kann ein User nach einer einmaligen Authentifizierung an einem Arbeitsplatz auf alle Rechner und Dienste, für die er lokal autorisiert ist, vom selben Arbeitsplatz aus zugreifen, ohne sich an den einzelnen Diensten jedes Mal zusätzlich anmelden zu müssen. |
| Stand der Technik | Unbestimmter Rechtsbegriff; der in diversen Rechtsgebieten verwendet wird und auf die Entwicklung von Wissenschaft und Technik Bezug nimmt und begrifflich nach der vom BVerfG entwickelten Drei-Stufen-Theorie zwischen den bewährten anerkannten Regeln der Technik und dem weiter fortgeschrittenen Stand der Wissenschaft steht[35]; nach dem BSI ein gängiger Begriff, wobei die technische Entwicklung schneller ist als die Gesetzgebung. Was zu einem bestimmten Zeitpunkt „Stand der Technik" ist, lässt sich etwa anhand existierender nationaler oder internationaler Standards und Normen von beispielsweise DIN, ISO, DKE oder ISO/IEC oder anhand erfolgreich in der Praxis erprobter Vorbilder für den jeweiligen Bereich ermitteln.[36] |
| SYS | IT-Systeme |
| TAN | *TransAktionsNummer*; wird beim Abwickeln von Online-Bankgeschäften verwendet. |
| TLS | Abkürzung für *Transport Layer Security* (Transportschichtsicherheit): hybrides Verschlüsselungsprotokoll zur sicheren Datenübertragung im Internet; aktuelle Version: TSL 1.3; die Vorgängerbezeichnung *SSL (Secure Sockets Layer)*, ist immer noch bekannter. |
| TOMs | *Technische und organisatorische Maßnahmen* zur Datensicherheit. |
| Tool | Kleines Dienstprogramm, das eine Aufgabe oder begrenzte Aufgaben löst.. |
| Top-Level-Domain | Oberstruktur für Domains, bestehend aus dem Punkt und den letzten Buchstaben eines Domainnamens wie „.de", „.com" oder „.net". |

35 Vgl. BVerfG, Beschluss v. 8.8.1978–2 BvL 8/77.

36 Vgl. BSI, Fragen und Antworten zum Inkrafttreten des IT-Sicherheitsgesetzes; Was bedeutet „Stand der Technik"?, https://www.bsi.bund.de/DE/Service/FAQ/IT-Sicherheitsgesetz/faq_node.html.

| IT-Begriff | Bedeutung |
|---|---|
| Trojanisches Pferd | Programm mit einer verdeckten, nicht dokumentierten Funktion oder Wirkung, welches sich nicht eigenständig verbreitet, vielmehr mit der Nützlichkeit des Wirtsprogrammes für seine Installation durch den Benutzer wirbt. |
| Update | Neue Version oder Ergänzung einer Software, welche Programmmängel behebt. |
| Upgrade | Grundlegende Software-Änderungen, vielfach durch Aktualisierungspakete und neue Versionsbezeichnung. |
| Urheberrecht von Computerprogrammen | Computerprogramme genießen nach § 69a Abs. 3 S. 1 UrhG nur Urheberrechtsschutz, wenn sie individuelle Werke dergestalt darstellen, dass sie das Ergebnis der eigenen geistigen Schöpfung ihres Urhebers sind. Geschützt sein können damit z. B. Maschinen-, Objekt- und Quellcode inklusive Entwurfsmaterial wie Ablaufpläne oder Struktogramme. Nicht geschützt sind nur grafische Benutzeroberflächen eines Computerprogramms (EuGH, Urteil v. 22.12.2010 – C 393/09) und die dem Programm zugrunde liegende Ideen. In der Praxis besteht aber insbesondere am Ideenschutz ein erhebliches (Schutz-)Interesse. Dem kann etwa mit Geheimhaltungsvereinbarungen („Non-Disclosure-Agreement" = „NDA") gegenüber Kunden gestalterisch begegnet werden. |
| VAS | *Value-added Service*: Spezielle TK-Dienstleistung, die über die Bereitstellung der Kommunikationsverbindung hinausgeht. Beispiel: Telefondienst stellt nur eine Verbindung zwischen zwei Kommunikationspartnern zur Verfügung, er ist der Basisdienst. Sobald die übertragenen Daten gespeichert oder weiterverarbeitet werden, wird ein Mehrwertdienst beschrieben. |
| Verschlüsselung | Chiffrierung oder Kryptierung: die von einem Schlüssel abhängige Umwandlung von als „Klartext" bezeichneten Daten in einen „Geheimtext" („Chiffrat", „Schlüsseltext"), damit der Klartext aus dem Geheimtext nur unter Verwendung eines geheimen Schlüssels wiedergewonnen werden kann; bezweckt die Geheimhaltung von Nachrichten, etwa um Daten gegenüber unbefugtem Zugriff zu schützen oder vertraulich zu übermitteln |
| VoIP | *Voice over IP; IP-Telefonie;* gängige Sprachkommunikation via Internet-Protokoll. |
| VPN | *Virtual Private Network,* Verfahren zur Verschlüsselung der Datenkommunikation zwischen zwei Endpunkten. |
| VAS | Virtuell Attribute-Service |
| WiP | Abkürzung für *Work in Progress.* |
| W3C (World Wide Web Consortium) | Interessenvertretung zur Förderung von Standards in WWW-Produkten. |
| World Wide Web Foundation | Eine internationale Non-Profit-Organisation mit Sitz in den USA, die sich für ein freies und offenes Internet für alle einsetzt und von *Tim Berners-Lee*, dem Erfinder des World Wide Web, und *Rosemary Leith* mitgegründet wurde. |

| IT-Begriff | Bedeutung |
|---|---|
| Wurm | Schadprogramm, das sich selbst reproduziert und sich durch Ausnutzung der Kommunikationsschnittstellen eigenständig verbreitet wie ein Virus. |
| XML | Extensible Markup Language: Erweiterbare Auszeichnungssprache (Metasprache) zur Darstellung hierarchisch strukturierter Daten im Format einer Textdatei, die sowohl von Menschen als auch von Maschinen lesbar ist; auch für den plattform- und implementationsunabhängigen Austausch von Daten zwischen Systemen, insbesondere über das Internet, vom World Wide Web Consortium (W3C) 1998 veröffentlicht; Einschränkungen anwendungsspezifischer Sprachen werden entweder durch eine Document Type Description (DTD) oder ein XML Schema ausgedrückt. Beispiele für XML-Sprachen: RSS, MathML, GraphML, XHTML, XAML, Scalable Vector Graphics (SVG), GPX; die Standardzeichenkodierung eines XML-Dokumentes ist UTF-8.[37] |
| XP | Abkürzung für *eXtreme Programming* (nicht mit dem alten Betriebssystem von Microsoft zu verwechseln), eine agile Methode, die das Lösen einer Programmieraufgabe in den Vordergrund der Softwareentwicklung stellt und einem formalisierten Vorgehen geringere Bedeutung beimisst. |
| XSS | Siehe *Cross-Site Scripting*. |
| Zeitstempel | Elektronische Bescheinigung einer vertrauenswürdigen Stelle, dass dieser konkrete elektronische Daten zu einem konkreten Zeitpunkt vorgelegen haben. |
| Zertifikat, digitales | Digitaler Datensatz, i. d. R. nach Standards der ITU-T oder der IETF, der Eigenschaften von Personen oder Objekten bestätigt und dessen Authentizität und Integrität durch kryptografische Verfahren geprüft werden kann; Zertifikat-Ausstellung erfolgt durch eine offizielle Zertifizierungsstelle (Certification Authority, CA). Beispiel: Public-Key-Zertifikate nach Standard X.509, welche die Identität des Inhabers und weitere Eigenschaften eines öffentlichen kryptographischen Schlüssels bestätigen. Attributzertifikate enthalten demgegenüber keinen öffentlichen Schlüssel, sondern verweisen auf ein Public-Key-Zertifikat und legen dessen Geltungsbereich fest. Ein weiteres Beispiel sind kryptographische Prüfsummen auf Online-Tickets.[38] |
| Zero Day Exploit | Exploit für eine noch nicht öffentlich gemachte Sicherheitslücke; in Abgrenzung zu Root-Exploit, welcher dem Angreifer Administrationsrechte verschafft. |
| Zugriff | Nutzung von Daten. |
| Zugriffszeit | Diese vergeht von der Anfrage bis zum Ergebnis. |

37 *W3C*, Extensible Markup Language (XML), https://www.w3.org/XML/.

38 *Wikipedia*, Digitales Zertifikat, https://de.wikipedia.org/wiki/Digitales_Zertifikat.

## 1.16 Zum Ausgangs-/Praxisfall

Es ist zu konstatieren, dass jedes Unternehmen und jede Behörde, aber auch jeder Verbraucher,[39] im vitalen Eigeninteresse und im Gemeinwohlinteresse auf seine und die personenbezogenen Daten Dritter achten muss. Im geschäftlichen und behördlichen Kontext bestehen Verpflichtungen zur Gewährleistung technischer und organisatorischer Maßnahmen und von IT- und Datenschutz-Compliance.

In der Praxis, bei Unternehmen und Behörden aller Großer und Couleur, kann man für die Bereiche IT-Sicherheit und Datenschutz sagen, dass diese Bereiche gleichzusetzen sind mit „Dauerbeschäftigung". Eine vernünftige, nachhaltige Planung und Durchführung der gesetzlichen und technisch-organisatorisch gebotenen Aufgaben wie nach dem PDCA-Zyklus – führt zu Nachhaltigkeit und Sicherheit.

Im Ausgangs-/Praxisfall gibt die Seniorchefin das Startsignal für die Umsetzung der „digitalen Transformation" des traditionellen Vertriebsmodells. Der Grundsatzentschluss, in den E-Commerce einzusteigen, steht, ebenso die Bereitschaft, dafür ein angemessenes Budget freizugeben und ein nachhaltiges IT- und Datenschutz-Compliance-Konzept zu implementieren.

Die finale Gesamtbudgethöhe möchte sie festlegen, nachdem sie mehrere Angebote zur Realisierung des Businessplans hinsichtlich der Software- und Hardware-Neuanschaffungen und laufenden Kosten verglichen hat. Dabei möchte sie auch IT- und datenschutzrechtliche sowie medien-, wettbewerbs- und urheberrechtliche Aspekte berücksichtigen.

Denn sie hat schon gehört, dass es nicht immer so klar ist, wem die Software und wem die Daten eigentlich gehören.

---

39 Dass Verbraucher wie Unternehmen von Cyberangriffen betroffen sein können, bedarf sicher keiner großen Erklärung. Im April 2021 ist ein erneuter Datenklau bei *Facebook* bekannt geworden. Die Telefonnummern, Adresse und Namen von über 500 Millionen Nutzern wurden veröffentlicht. Ob Ihre Mailadressen betroffen sind, lässt sich dank eines kostenlosen Dienstes überprüfen: „Have I Been Pwned" (HIBP) durchsucht eine gigantische Datenbank mit geklauten Kontodaten. Tauchen Ihre Passwörter oder Mail-Adressen in dieser Liste auf, weist Sie die Web-App darauf hin, die Daten schnell zu ändern (https://www.chip.de/news/Facebook-Datenklau-500-Millionen-Datensaetze-Have-I-Been-Pwned_120125147.html). *Jörg Schieb* schreibt am 06.04.2021: *„533 Mio. Datensätze geklaut: Wie wär's mit einer Entschädigung, Facebook?"* (https://blog.wdr.de/digitalistan/533-mio-datensaetze-geklaut-wie-waers-mit-einer-entschaedigung-facebook/).

# 2. IT-Sicherheit und Datenschutz

*Mathias Lang*

**Key-Words**: Cyberattacke, Datenverlust, IT-Sicherheit, Informationssicherheit, Datensicherheit, Vertraulichkeit, Integrität, Verfügbarkeit, Transparenz, Intervenierbarkeit, Nicht-Verkettbarkeit, Datenschutz durch Technikgestaltung (data protection by design), datenschutzfreundliche Voreinstellungen (data protection by default), Stand der Technik, Bundesamt für Sicherheit in der Informationstechnik (BSI), IT-Grundschutz, ISO/IEC 27001, ISO/IEC 27701, Data protection, Reputationsschutz, IT-SiG, Gesetz zur Regelung des Datenschutzes und des Schutzes der Privatsphäre in der Telekommunikation und bei Telemedien (TTDSG), DSGVO, Datenschutz-Folgeabschätzung, Meldepflichten, Betreiber Kritischer Infrastrukturen, Informationssicherheitsmanagementsystem, Standarddatenschutzmodell

## 2.1 Ausgangs-/Praxisfall

Einem Zeitarbeitsunternehmen werden über eine Hackerattacke Kunden- und Lieferantenlisten sowie Abmahnungen und Kündigungen entwendet.

Welche Maßnahmen müssen, insbesondere datenschutzrechtlich, ergriffen werden, und wie kann das Unternehmen in einem solchen Fall die Meldepflicht und Veröffentlichung nach der DSGVO evtl. von vorneherein verhindern?

Würden sich Besonderheiten ergeben, wenn ein „Betreiber Kritischer Infrastrukturen“, wie etwa ein Energieversorgungsunternehmen einem Hackerangriff ausgesetzt worden wäre?

**Abbildung 4**

## 2.2 Rechtsrahmen und Zuständigkeiten

### 2.2.1 Begriff der IT-Sicherheit

IT-Sicherheit bezeichnet einen Zustand, in dem die Risiken, die beim Einsatz von Informationstechnik aufgrund von Bedrohungen und Schwachstellen vorhanden sind, durch angemessene Maßnahmen auf ein tragbares Maß reduziert sind. IT-Sicherheit ist also der Zustand, in dem Vertraulichkeit, Integrität und Verfügbarkeit von Informationen und Informationstechnik durch angemessene Maßnahmen geschützt sind.[40]

Nach dieser Definition wird bereits deutlich, dass es 100%-ige IT-Sicherheit nicht geben kann.

Es geht bei diesem Bereich also um **Risikominimierung**.

Allerdings ist IT-Sicherheit nicht nur aufgrund regulatorischer Anforderungen für Unternehmen wichtig, die Medien berichten ständig von Sicherheitspannen im IT-Sektor, wie beispielsweise Datenverluste durch Hackerattacken, die für die betroffenen Unternehmen mit hohen Reputationsschäden verbunden sind und die sich entsprechend wirtschaftlich auswirken.

IT-Sicherheit ist damit gleichermaßen auch Reputationsschutz und eine Investition zur Abwehr von unkalkulierbaren Folgeschäden.

---

40 BSI: https://www.bsi.bund.de/DE/Themen/ITGrundschutz/ITGrundschutzKataloge/Inhalt/Glossar/glossar_node.html, abgerufen am 30.06.2020.

Die Begriffe IT-Sicherheit, Informationssicherheit und Datensicherheit werden oft synonym benutzt, was jedoch nicht korrekt ist.

Während Datensicherheit den Bereich der personenbezogenen Daten i. S. der Datenschutzgesetze wie DSGVO und BDSG betrifft, geht Informationssicherheit begrifflich weiter und deckt darüber hinaus alle Informationen ab. IT-Sicherheit umfasst neben den gespeicherten Informationen auch die Informationstechnik, also die Systeme, Komponenten und Prozesse zum Verarbeiten der Informationen.

Gleichwohl haben die Begriffe eine gemeinsame Schnittmenge und sind zumindest teilweise deckungsgleich. Wie bereits aus der eingangs zitierten Definition hervorgeht, bestehen folgende Funktionsziele:

**Vertraulichkeit**, **Integrität** und **Verfügbarkeit**.

- Vertraulichkeit ist der Schutz vor unbefugter Preisgabe von Informationen. Vertrauliche Daten und Informationen dürfen ausschließlich Befugten in der zulässigen Weise zugänglich sein.[41]
- Integrität bezeichnet die Sicherstellung der Korrektheit (Unversehrtheit) von Daten und der korrekten Funktionsweise von Systemen.[42]
- Die Verfügbarkeit von Dienstleistungen, Funktionen eines IT-Systems, IT-Anwendungen oder IT-Netzen oder auch von Informationen ist vorhanden, wenn diese von den Anwendern stets wie vorgesehen genutzt werden können.[43]

Zu beachten ist an dieser Stelle, dass der Datenschutz darüber hinaus weitere Schutzziele definiert, wie Transparenz, Intervenierbarkeit, Nicht-Verkettbarkeit. Hierzu im Weiteren mehr.

Die gesetzlichen und regulatorischen Parameter der IT-Sicherheit werden im Nachfolgenden dargestellt.

41 BSI: https://www.bsi.bund.de/DE/Themen/Cyber-Sicherheit/Empfehlungen/cyberglossar/Functions/glossar.html?cms_lv2=9817314, abgerufen am 30.06.2020.

42 BSI: https://www.bsi.bund.de/DE/Themen/Cyber-Sicherheit/Empfehlungen/cyberglossar/Functions/glossar.html?cms_lv2=9817288, abgerufen am 30.06.2020.

43 BSI: https://www.bsi.bund.de/DE/Themen/Cyber-Sicherheit/Empfehlungen/cyberglossar/Functions/glossar.html?cms_lv2=9817314, abgerufen am 30.06.2020.

## 2.2.2 IT-Sicherheitsgesetz(e) und Gesetz zur Umsetzung der NIS-Richtlinie (EU) 2016/1148

### 2.2.2.1 IT-Sicherheitsgesetz[44]

Die Bezeichnung des Gesetzes ist leicht irreführend. Es regelt nämlich nicht allgemeinverbindlich die IT-Sicherheit.

Das IT-Sicherheitsgesetz ist ein Artikelgesetz. Neben dem BSI-Gesetz werden auch das Energiewirtschaftsgesetz, das Telemediengesetz, das Telekommunikationsgesetz und weitere Gesetze geändert und ergänzt.

Hauptsächlich betroffen sind sog. „Betreiber Kritischer Infrastrukturen", deren Ausfall oder Beeinträchtigung ernsthafte Versorgungsengpässe, erhebliche Störungen der öffentlichen Sicherheit oder andere schwerwiegende Folgen für das Allgemeinwohl haben würden.

Dies sind insbesondere die Bereiche

- Energie,
- Informationstechnik und Telekommunikation,
- Transport und Verkehr,
- Gesundheit,
- Wasser,
- Ernährung,
- Finanz- und Versicherungswesen.

Welche Unternehmen letztendlich dazu zählen, wird durch Rechtsverordnung bestimmt.[45]

Ausgenommen sind lediglich Kleinunternehmen.

Die „Betreiber Kritischer Infrastrukturen" treffen zahlreiche Sicherungspflichten. Bei Sicherheitsverstößen bestehen auch gesonderte Meldepflichten an die Aufsichtsbehörden.

Allerdings sind auch Telekommunikationsunternehmen und Webseitenbetreibe unmittelbar betroffen.

Webseitenbetreiber – also Anbieter geschäftsmäßig erbrachter Telemediendienste – müssen seit Inkrafttreten des Gesetzes technische und organisatorische Maßnahmen nach dem Stand der Technik ergreifen, um sowohl un-

---

44 Gesetz zur Erhöhung der Sicherheit informationstechnischer Systeme (2015).

45 Verordnung zur Bestimmung Kritischer Infrastrukturen nach dem BSI-Gesetz (BSI-Kritisverordnung) vom 22. April 2016 (BGBl. I S. 958), die zuletzt durch Art. 12 des Gesetzes vom 23. Juni 2021 (BGBl. I S. 1858) geändert worden ist.

erlaubte Zugriffe auf ihre technischen Einrichtungen und Daten als auch Störungen zu verhindern.

Die entsprechenden Regelungen, die in § 13 (7) TMG ihre konkrete Ausprägung haben, sind ab 01.12.2021 in § 19 (1) u. (4) TTDSG[46] zu finden.

#### 2.2.2.2 Gesetz zur Umsetzung der NIS-Richtlinie (EU) 2016/1148

Das Gesetz zur Umsetzung der Richtlinie (EU) 2016/1148 des Europäischen Parlaments und des Rates vom 6. Juli 2016 über Maßnahmen zur Gewährleistung eines hohen gemeinsamen Sicherheitsniveaus von Netz- und Informationssystemen in der Union[47] wurde am 29.06.2017 verkündet und setzte die vorgenannte Richtlinie (NIS-Richtlinie) in nationales Recht um.

Zwar handelt es sich im Verhältnis zum IT-Sicherheitsgesetz um ein eigenständiges Gesetz, gleichwohl ist es ebenfalls ein Artikelgesetz und ergänzt sowie erweitert zumindest teilweise das IT-Sicherheitsgesetz, insbesondere im BSI-Gesetz.

In diesem Gesetz werden die **Meldepflichtpflichten** auf Digitale Dienste wie Online-Marktplätze, Suchmaschinen und Cloud-Computing-Dienste erweitert und die Mindestanforderungen für deren IT-Sicherheit definiert. Hinsichtlich der Digitalen Dienste sind die Vorschriften seit dem 10. Mai 2018 anwendbar. Allerdings ist mit einer Novellierung des Gesetzes zu rechnen, da die NIS-Richtlinie auf Europaebene überarbeitet wird.

#### 2.2.2.3 IT-Sicherheitsgesetz 2.0[48]

Am 28.05.2021 ist das sog. IT-Sicherheitsgesetz 2.0 weitgehend in Kraft getreten. Teile davon treten zum 01.12.2021 in Kraft.[49] Es löst das IT-Sicherheitsgesetz[50] nicht vollständig ab, sondern beinhaltet – wiederum als Artikelgesetz – Erweiterungen und Modifikationen in mehreren Gesetzen, insbesondere dem BSI-Gesetz. Allerdings soll nun erstmals ein ganzheitlicher Ansatz der IT-Sicherheit erfolgen, was sich insbesondere an der ausführlicheren Begriffsbestimmung der Sicherheit in der Informationstechnik im BSI-Gesetz und einer Befugnis des BSI Anordnungen gegen Anbieter von Telemediendiensten zu treffen, zeigt.

---

46 BGBl. I 2021, S. 1122 ff.

47 BGBl. I 2017, 1885 ff.

48 Zweites Gesetz zur Erhöhung der Sicherheit informationstechnischer Systeme (2021).

49 Art. 1 Nummer 4, 6 und 12.

50 Gesetz zur Erhöhung der Sicherheit informationstechnischer Systeme (2015).

Neben einer Ausweitung der Befugnisse und der Zuständigkeit des BSI wird der Bußgeldrahmen drastisch erhöht, die Pflichten für Betreiber kritischer Infrastrukturen erweitert und der Katalog der Betreiber kritischer Infrastrukturen um den Sektor der „Siedlungsabfallentsorgung" ergänzt.

Außer den Betreibern Kritischer Infrastrukturen werden nun Unternehmen im besonderen öffentlichen Interesse in den Anwendungsbereich samt Meldepflichten und Mindestanforderungen einbezogen.

Unternehmen im besonderen öffentlichen Interesse sind solche, die – ohne Betreiber Kritischer Infrastrukturen zu sein – große Bedeutung in Bezug auf die IT-Sicherheit in Deutschland haben und folgenden Gruppen zuzuordnen sind:

1.) Rüstung und IT-Produkte für staatliche Verschlusssachen

Herstellung von Rüstungsgütern (Waffen, Munition, Rüstungsmaterial und Wehrtechnik), sowie IT-Produkte für staatliche Verschlusssachen.

2.) Erhebliche volkswirtschaftliche Bedeutung

Unternehmen, die aufgrund ihrer inländischen Wertschöpfung zu den größten Unternehmen in Deutschland zählen und deshalb von erheblicher volkswirtschaftlicher Bedeutung für die Bundesrepublik Deutschland sind, sowie deren Zulieferer, wenn sie aufgrund ihrer Alleinstellungsmerkmale von wesentlicher Bedeutung sind.

3.) Gefahrstoffe der oberen Klasse

Betreiber von Betriebsbereichen der oberen Klasse mit gefährlichen Stoffen im Sinne der Störfall-Verordnung oder diesen gleichgestellten Betreibern.

Eine Konkretisierung der Unternehmen soll durch Verordnung bestimmt werden.

### 2.2.3 DSGVO

Weitaus allgemeinverbindlicher rückt im Bereich der Datensicherheit der technische und organisatorische Datenschutz in der DSGVO stärker als bisher in den Vordergrund.

Art. 25 DSGVO gibt den **Datenschutz durch Technikgestaltung** (data protection by design) und durch **datenschutzfreundliche Voreinstellungen** (data protection by default) vor. Maßstab ist hier u. a. der Stand der Technik.

Art. 32 DSGVO verlangt hinsichtlich der Sicherheit der Verarbeitung geeignete technische und organisatorische Maßnahmen, um ein dem Risiko angemessenes Schutzniveau zu gewährleisten und bezieht sich wiederum u. a. auf den Stand der Technik.

Schließlich verlangt Art. 35 DSGVO unter bestimmten Bedingungen eine **Datenschutz-Folgenabschätzung** (DSFA).

Eine DSFA ist eine spezielle Vorgehensweise zur Beschreibung, Bewertung und Eindämmung von Risiken für die Rechte und Freiheiten natürlicher Personen bei der Verarbeitung personenbezogener Daten. Die DSFA ist durchzuführen, wenn die Form der Verarbeitung, insbesondere bei der Verwendung neuer Technologien, aufgrund der Art, des Umfangs, der Umstände und der Zwecke der Verarbeitung voraussichtlich ein hohes Risiko zur Folge hat. Sie befasst sich insbesondere mit Abhilfemaßnahmen, durch die der Schutz personenbezogener Daten sichergestellt und die Einhaltung der Verordnung nachgewiesen werden kann.[51]

Sie beginnt mit einer Evaluierung des Risikos. Führt diese zum Ergebnis, dass ein hohes Risiko für die Rechte und Freiheiten natürlicher Personen bei der Verarbeitung personenbezogener Daten gegeben ist, muss die DSFA durchgeführt werden. Dies wird unterstellt, soweit umfangreich besondere Kategorien personenbezogener Daten verarbeitet werden, Profiling- und Scoring-Verfahren zum Einsatz kommen oder eine systematische und umfassende Überwachung öffentlich zugänglicher Bereiche erfolgt.

Die DSFA muss enthalten:

1) Eine systematische Beschreibung der geplanten Verarbeitungsvorgänge und der Zwecke der Verarbeitung, ggf. einschließlich der von dem Verantwortlichen verfolgten berechtigten Interessen;
2) Eine Bewertung der Notwendigkeit und Verhältnismäßigkeit der Verarbeitungsvorgänge in Bezug auf den Zweck;
3) Eine Bewertung der Risiken für die Rechte und Freiheiten der betroffenen Personen und
4) die zur Bewältigung der Risiken geplanten Abhilfemaßnahmen, einschließlich Garantien, Sicherheitsvorkehrungen und Verfahren, durch die der Schutz personenbezogener Daten sichergestellt und der Nachweis dafür erbracht wird, dass diese Verordnung eingehalten wird, wobei den Rechten und berechtigten Interessen der betroffenen Personen und sonstiger Betroffener Rechnung getragen wird.

51 Kurzpapier Nr. 5 Datenschutz- Folgenabschätzung nach Art. 35 DSGVO, S.1 https://www.lda.bayern.de/media/dsk_kpnr_5_dsfa.pdf, abgerufen am 30.06.2020.

Werden keine Maßnahmen zur Eindämmung des Risikos ergriffen, ist die Aufsichtsbehörde zu konsultieren, bevor die Daten verarbeitet werden.

Bei jeder Verletzung des Schutzes personenbezogener Daten ergibt sich aus Art. 33 DSGVO eine Meldepflicht binnen 72 Stunden an die Aufsichtsbehörde, bei Fristüberschreitungen ist der Meldung eine Begründung beizufügen.

Die Meldung muss enthalten:

1) Eine Beschreibung der Art der Verletzung des Schutzes personenbezogener Daten, soweit möglich mit Angabe der Kategorien und der ungefähren Zahl der betroffenen Personen, der betroffenen Kategorien und der ungefähren Zahl der betroffenen personenbezogenen Datensätze;
2) den Namen und die Kontaktdaten des Datenschutzbeauftragten oder einer sonstigen Anlaufstelle für weitere Informationen;
3) eine Beschreibung der wahrscheinlichen Folgen der Verletzung des Schutzes personenbezogener Daten;
4) eine Beschreibung der von dem Verantwortlichen ergriffenen oder vorgeschlagenen Maßnahmen zur Behebung der Verletzung des Schutzes personenbezogener Daten und ggf. Maßnahmen zur Abmilderung ihrer möglichen nachteiligen Auswirkungen.

Diese Meldepflicht entfällt, wenn die Verletzung voraussichtlich nicht zu einem Risiko für die Rechte und Freiheiten natürlicher Personen führt.

Dies wird nur dann der Fall sein, wenn zuvor eine DSFA vorgenommen wurde und entsprechende Maßnahmen nachweisbar ergriffen wurden, um das Risiko auszuschließen. Zu denken ist hier etwa an geeignete Verschlüsselungs-, sowie Anonymisierungs-, Pseudonymisierungsverfahren.

Es sind weiter unverzüglich Abhilfemaßnahmen zu ergreifen.

Hat die Verletzung des Schutzes personenbezogener Daten voraussichtlich ein hohes Risiko für die persönlichen Rechte und Freiheiten natürlicher Personen zur Folge, so ist/sind die betroffene(n) Person(en) in klarer und einfacher Sprache unverzüglich über die Art der Verletzung, ihrer wahrscheinlichen Folgen, der ergriffenen oder vorgeschlagenen Maßnahmen zur Behebung der Verletzung des Schutzes personenbezogener Daten und ggf. Maßnahmen zur Abmilderung ihrer möglichen nachteiligen Auswirkungen zu benachrichtigen. Außerdem sind der Name und die Kontaktdaten des Datenschutzbeauftragten oder einer sonstigen Anlaufstelle für weitere Informationen anzugeben.

Die Benachrichtigung ist bei Vorliegen einer der folgenden Voraussetzungen entbehrlich:

- Der Verantwortliche hat geeignete technische und organisatorische Sicherheitsvorkehrungen getroffen und diese Vorkehrungen wurden auf die von der Verletzung betroffenen personenbezogenen Daten angewandt, insbesondere solche, durch die die personenbezogenen Daten für alle Personen, die nicht zum Zugang zu den personenbezogenen Daten befugt sind, unzugänglich gemacht werden, etwa durch Verschlüsselung.
- Der Verantwortliche hat durch nachfolgende Maßnahmen sichergestellt, dass das hohe Risiko für die Rechte und Freiheiten der betroffenen Personen aller Wahrscheinlichkeit nach nicht mehr besteht.
- Wenn die Benachrichtigung mit einem unverhältnismäßigen Aufwand verbunden wäre. In diesem Fall hat stattdessen eine öffentliche Bekanntmachung oder eine ähnliche Maßnahme zu erfolgen, durch die die betroffenen Personen vergleichbar wirksam informiert werden.

### 2.2.4 Stand der Technik

Der Stand der Technik wird in der DSGVO als auch im IT-SiG im Rahmen der Anforderung zur IT-Sicherheit als Maßstab genannt. Was dieser letztendlich beinhaltet, ist jedoch nicht verbindlich vorgegeben. Es handelt sich somit um einen **unbestimmten Rechtsbegriff**, der folglich durch die zuständigen Behörden und Gerichte auszulegen sein wird.

Dabei kann auf Normen und Methoden aus dem relevanten Bereich zurückgegriffen werden.

Das BSI führt hierzu aus:

> „Stand der Technik" ist ein gängiger juristischer Begriff, der nicht allgemeingültig und abschließend definiert ist. Da die technische Entwicklung schneller ist als die Gesetzgebung, hat es sich bewährt, in Gesetzen den Begriff „Stand der Technik" zu verwenden, statt zu versuchen, konkrete technische Anforderungen festzulegen. Was zu einem bestimmten Zeitpunkt „Stand der Technik" ist, lässt sich z. B. anhand existierender nationaler oder internationaler Standards oder anhand erfolgreich in der Praxis erprobter Vorbilder für den jeweiligen Bereich ermitteln.[52]

52 BSI: https://www.bsi.bund.de/DE/Themen/KRITIS/IT-SiG/Neuregelungen_KRITIS/B3S/b3s.html, abgerufen am 30.06.2020.

### 2.2.4.1 ISO/IEC 27001

Die Internationale Organisation für Standardisierung (ISO) ist die internationale Vereinigung von Normungsorganisationen und erarbeitet internationale Normen in allen Bereichen.

Die International Electrotechnical Commission (IEC), zu Deutsch: Internationale Elektrotechnische Kommission ist eine internationale Normungsorganisation für Normen im Bereich der Elektrotechnik und Elektronik. Einige Normen werden gemeinsam mit der ISO entwickelt.

So wurde im Bereich der Informations- und IT-Sicherheit von beiden Organisationen gemeinsam die 27000-Reihe entwickelt.

Die ISO/IEC 27001 gilt dabei als international anerkannter Standard.

ISO/IEC 27001 ist auch als DIN-Norm umgesetzt (DIN EN ISO/IEC 27001:2017-06).

Hauptgegenstand der Norm ist die Einführung und ständige Überwachung eines Informationssicherheit-Managementsystems (ISMS), welches dem Zweck dient, die Informationssicherheit/IT-Sicherheit und deren Funktionsziele in einem Unternehmen zu gewährleisten.

Dabei ist die ISO/IEC 27001 bewusst sehr allgemein gehalten, um den individuellen Anforderungen eines Unternehmens Raum zu lassen. Die Norm soll grundsätzlich auf alle Unternehmen in jeder Organisationsform anwendbar sein.

Eine Zertifizierung ist möglich und allgemein anerkannt.

Das über 30-seitige Hauptdokument ist unterteilt in 10 Abschnitte oder Kapitel und zwei Anhänge mit jeweils normativen und informativen Inhalten.

**Abbildung 5**

#### 2.2.4.2 ISO/IEC 27701

Die ISO/ IEC 27701 ist eine Erweiterung der ISO 27001 um datenschutzrechtliche Aspekte des Managementsystem.

Ein isolierte Zertifizierung ist nicht möglich, nur im Zusammenhang mit ISO/ IEC 27701.

Zu beachten ist, dass es sich nicht um eine inhaltliche Zertifizierung gemäß Art. 42 DSGVO handelt, sondern lediglich das **Datenschutz-Managementsystem** zertifiziert wird.

#### 2.2.4.3 IT-Grundschutz nach BSI

Das Bundesamt für Sicherheit in der Informationstechnik (BSI) als Bundesoberbehörde ist nach § 1 S. 2 BSI-Gesetz zentrale Stelle für die Informationssicherheit auf nationaler Ebene.

Der vom BSI entwickelte IT-Grundschutz ermöglicht es, durch ein systematisches Vorgehen notwendige Sicherheitsmaßnahmen zu erkennen und umzusetzen. Die BSI-Standards liefern hierzu bewährte Vorgehensweisen, das **IT-Grundschutz-Kompendium** konkrete Anforderungen.[53]

Im Gegensatz zu ISO/IEC 27001 ist der IT-Grundschutz sehr konkret und ggf. ohne zusätzliche Beratungen umzusetzen, gleichwohl nach ISO/IEC 27001 ausgerichtet und kompatibel.

Der überarbeitete IT-Grundschutz gliedert sich in ein IT-Grundschutz-Kompendium, das die früheren (sehr umfangreichen) IT-Grundschutzkataloge ersetzt, die neuen BSI-Standards 200–1, 200–2 und 200–3 sowie einen „Leitfaden zur Basisabsicherung" und den auch bisherig verwendeten BSI-Standard 100–4.

Darüber hinaus wird es im überarbeiteten IT-Grundschutz noch IT-Grundschutz-Profile geben, die eine individuelle Anpassung an die konkreten Sicherheitsbedürfnisse eines Unternehmens ermöglichen sollen.

Schließlich ist eine Zertifizierung nach ISO 27001 auf der Basis von IT-Grundschutz möglich.

IT-Grundschutz basiert auf den BSI-Standards 200–1, 200–2, 200–3 und 100–4 mit Vorgehensweisen, Maßnahmen und Empfehlungen zu Methoden, Prozessen und Verfahren zu unterschiedlichen Aspekten der IT-Sicherheit.

53 BSI: https://www.bsi.bund.de/DE/Themen/ITGrundschutz/itgrundschutz_node.html, abgerufen am 30.06.2020.

Der BSI-Standard 200–1 (Managementsysteme für Informationssicherheit) (ISMS) beschreibt allgemeine Anforderungen an ein Managementsystem für Informationssicherheit (ISMS).

BSI-Standard 200–2 (IT-Grundschutz-Methodik) befasst sich mit dem Aufbau eines Informationssicherheitsmanagements (ISMS).

Risikomanagement ist Gegenstand des BSI-Standard 200–3 (Risikoanalyse auf der Basis von IT-Grundschutz) und ermöglicht eine Anpassung an ein individuelles Schutzniveau, da der IT-Grundschutz grundsätzlich von einem normalen Schutzniveau ausgeht.

Schließlich skizziert der BSI-Standard 100–4 (Notfallmanagement) den Aufbau eines Notfallmanagements, um den Geschäftsbetrieb im Notfall aufrechtzuerhalten.

Das 716 Seiten umfassende IT-Grundschutz-Kompendium Edition 2020 ist neben den BSI-Standards der grundlegende Bestandteil des IT-Grundschutzes.

Nach dem Eigenverständnis des BSI dient es sowohl als Arbeitsinstrument als auch als Nachschlagewerk zur IT-Sicherheit. In der Ausgabe 2018 enthält es die ersten 80 IT-Grundschutz-Bausteine, die durch das BSI in Folgeausgaben aktualisiert und erweitert werden.

Die Bausteine sind in zehn Schichten aufgeteilt und thematisieren unterschiedlichste Themen der IT-Sicherheit:

- Prozess-Bausteine
  - ISMS (implementierte Anforderungen)
  - ORP (Organisation und Personal)
  - CON (Konzepte und Vorgehensweisen)
  - OPS (Betrieb)
  - DER (Detektion & Reaktion)
- System-Bausteine
  - APP (Anwendungen)
  - SYS (IT-Systeme)
  - IND (Industrielle IT)
  - NET (Netze und Kommunikation)
  - INF (Infrastruktur)

Bei der Erstellung der Bausteine wurde bereits eine Risikobewertung für Bereiche mit normalem Schutzbedarf durchgeführt.

Die Anforderungen in den Bausteinen bilden, laut BSI, den aktuellen Stand der Technik ab.[54]

Zum Einstieg für kleine und mittelständische Unternehmen gibt es noch den „Leitfaden zur Basis-Absicherung nach IT-Grundschutz: In 3 Schritten zur Informationssicherheit“. Dieser liefert einen kompakten und übersichtlichen Einstieg zum Aufbau eines Informationssicherheitsmanagementsystems (ISMS).

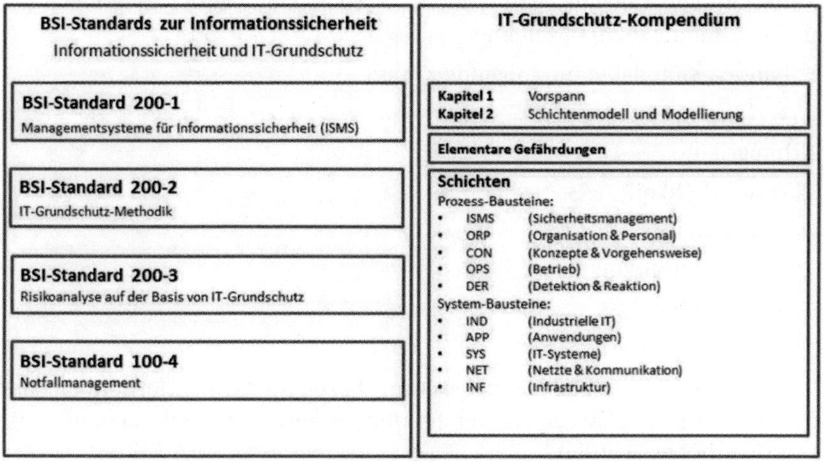


Abbildung 1: Übersicht über BSI-Publikationen zum Sicherheitsmanagement

**Abbildung 6**

### 2.2.4.4 Standard-Datenschutzmodell (SDM) der DSK

Die Konferenz der unabhängigen Datenschutzbeauftragten des Bundes und der Länder (DSK) besteht aus dem Bundesdatenschutzbeauftragten und den Landesdatenschutzbeauftragten der 16 Bundesländer, sowie dem Präsidenten des Bayerischen Landesamtes für Datenschutzaufsicht, mithin aus allen Datenschutzaufsichtsbehörden, bzw. deren Leitern.

Als „**Standard-Datenschutzmodell**“ (SDM) bezeichnet die DSK eine Methode, mit der die Übereinstimmung von gesetzlichen Anforderungen und deren Beachtung bzw. Umsetzung in personenbezogenen Verfahren herstellbar wird.[55]

---

54 BSI: https://www.bsi.bund.de/DE/Themen/ITGrundschutz/ITGrundschutzKompendium/itgrundschutzKompendium_node.html, abgerufen am 30.06.2020.

55 Unabhängiges Landeszentrum für Datenschutz- Schleswig-Holstein: https://www.datenschutzzentrum.de/sdm/, abgerufen am 30.06.2020.

Version 2.0b wurde von der 99. Konferenz der unabhängigen Datenschutzaufsichtsbehörden des Bundes und der Länder am 17. April 2020 beschlossen.

Entwickelt wurde es durch den Arbeitskreis Technik der DSBK unter Vorsitz des Unabhängigen Landeszentrums für Datenschutz – Schleswig-Holstein. Veröffentlicht wurde es als 72-seitiges Handbuch durch die DSK.[56]

Die Schutzziele des Datenschutzes wurden darin um ein weiteres Ziel erweitert und als Gewährleistungsziele (in Abgrenzung zum gesetzlichen Begriff der Schutzziele) bezeichnet.

Es handelt sich dabei um folgende Ziele:

1) Verfügbarkeit

2) Integrität

3) Vertraulichkeit

4) Transparenz,

5) Intervenierbarkeit

6) Nicht-Verkettung

7) Datenminimierung

Das Gewährleistungsziel Nichtverkettung bezeichnet die Anforderung, dass Daten nur für den Zweck verarbeitet und ausgewertet werden können, für den sie erhoben werden.[57]

Das Gewährleistungsziel Transparenz bezeichnet die Anforderung, dass in einem unterschiedlichen Maße sowohl Betroffene als auch die Betreiber von Systemen sowie zuständige Kontrollinstanzen erkennen können, welche Daten für welchen Zweck in einem Verfahren erhoben und verarbeitet werden, welche Systeme und Prozesse dafür genutzt werden, wohin die Daten zu welchem Zweck fließen und wer die rechtliche Verantwortung für die Daten und Systeme in den verschiedenen Phasen einer Datenverarbeitung besitzt.[58]

Das Gewährleistungsziel Intervenierbarkeit bezeichnet die Anforderung, dass den Betroffenen die ihnen zustehenden Rechte auf Benachrichtigung, Auskunft, Berichtigung, Sperrung und Löschung jederzeit wirksam gewährt und die verarbeitende Stelle verpflichtet ist, die entsprechenden Maßnahmen umzusetzen.[59]

56 Unabhängiges Landeszentrum für Datenschutz- Schleswig-Holstein: https://www.datenschutzzentrum.de/sdm/, abgerufen am 30.06.2020.

57 Standard-Datenschutzmodell, S. 14.

58 Standard-Datenschutzmodell, S. 15.

59 Standard-Datenschutzmodell, S. 15.

Das grundlegende Gewährleistungsziel Datenminimierung bedeutet, nicht mehr personenbezogene Daten zu erheben, zu verarbeiten und zu nutzen, als für das Erreichen des Verarbeitungszwecks erforderlich ist.[60]

Die Gewährleistungsziele werden sodann um eine Schutzbedarfsfeststellung und eine Datenschutzrisikoanalyse ergänzt.

Bei Kollisionen der Schutzbedarfsfeststellungen aus der IT-Sicherheit und der Datensicherheit hat der Datenschutz Priorität.

Ergibt die Risikoanalyse einen hohen Schutzbedarf, sind geeignete Maßnahmen zu treffen, die sich aus einem Maßnahmenkatalog ergeben, der künftig Bestandteil des SDM sein wird und der ständig aktualisiert werden wird.

Hintergrund des SDM ist unter anderem, dass Datenschutz eine andere Schutzrichtung aufweist als die der IT-Sicherheit. Während es bei IT-/Informationssicherheit um den Schutz der Institutionen geht, schützt das (europäische und deutsche) Datenschutzrecht in erster Linie die Betroffenen.

In der Vergangenheit wurde diese Diskrepanz bei der Umsetzung eines ISMS von Datenschützern kritisiert. Frühere Bemühungen, beide Schutzrichtungen zu verbinden (BKDS und BSI beim IT-Grundschutzkatalog), waren nur auf die nationale Rechtslage ausgelegt.

Über dessen Baustein CON.2 Datenschutz ist das SDM in das IT-Grundschutz Kompendium nunmehr eingebunden. Das SDM ist nach der DSGVO und somit europarechtlich ausgerichtet.

60 Standard-Datenschutzmodell, S. 11.

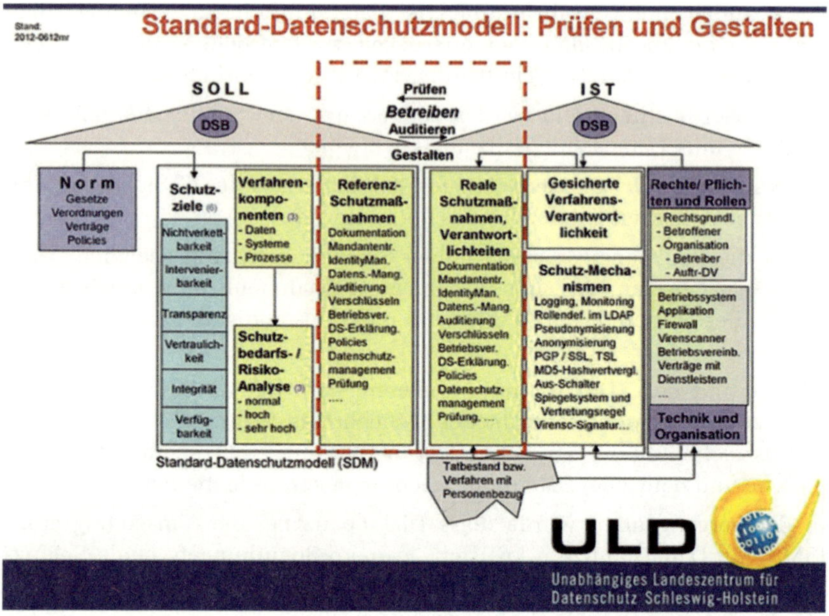


**Abbildung 7**

### 2.2.4.5 IT-Sicherheitskatalog nach § 11 Absatz 1a EnWG

Betreiber eines Energieversorgungsnetzes in den Bereichen Strom und Gas haben gemäß § 11 Absatz 1a EnWG den von der Bundesnetzagentur im Benehmen mit dem Bundesamt für Sicherheit in der Informationstechnik herausgegebenen IT-Sicherheitskatalog zu beachten. Danach haben diese eine eigene Zertifizierung ihres zwingend vorgeschriebenen ISMS auf der Basis DIN ISO/IEC 27001 i. V. m. dem IT-Sicherheitskatalog durchzuführen.

### 2.2.4.6 Branchenspezifische Sicherheitsstandards (B3S) gemäß § 8a (2) BSIG

**„Betreiber Kritischer Infrastrukturen“ (KRITIS)** i. S. d. IT-Sicherheitsgesetzes und der BSI-Kritisverordnung müssen ihre kritischen IT-Systeme, -Komponenten und -Prozesse durch angemessene Vorkehrungen nach dem Stand der Technik gegen Störungen der Verfügbarkeit, Integrität, Authentizität und Vertraulichkeit absichern. Mit „kritisch“ sind dabei die informationstechnischen Systeme, Komponenten oder Prozesse gemeint, die für die Funktionsfähigkeit der betriebenen Kritischen Infrastrukturen maßgeblich sind.

Um dieser Anforderung zu genügen, können KRITIS-Betreiber und ihre Verbände „Branchenspezifische Sicherheitsstandards“ (B3S) erarbeiten. Das BSI prüft diese auf Antrag und erkennt sie bei Eignung im Benehmen mit dem BBK und im Einvernehmen mit der zuständigen Aufsichtsbehörde des Bundes oder im Benehmen mit der sonst zuständigen Aufsichtsbehörde an.[61]

Hierzu wird eine Orientierungshilfe zu Inhalten und Anforderungen angeboten.

Ist der BS3 genehmigt, erlangt das Unternehmen Rechtssicherheit, den Anforderungen zu genügen.

## 2.2.5 Haftung und Sanktionen

### 2.2.5.1 KonTraG

Im Bereich der IT-Sicherheit haftet die Unternehmensführung dem Unternehmen persönlich für Verletzungen.

Die **Haftung der Unternehmensführung** ist dabei selbstverständlich auf eine gesetzliche Grundlage gestützt.

Das Gesetz zur Kontrolle und Transparenz im Unternehmensbereich (KonTraG) ist ein umfangreiches Artikelgesetz, das am 5. März 1998 vom Deutschen Bundestag beschlossen wurde. Es trat am 1. Mai 1998 in Kraft, wenn auch einige Vorschriften erst später zur Anwendung kamen.

Von zentraler Bedeutung sind die §§ 91, 93 AktG. Danach hat der Vorstand geeignete Maßnahmen zu treffen, insbesondere ein Überwachungssystem einzurichten, damit den Fortbestand der Gesellschaft gefährdende Entwicklungen früh erkannt werden. Die Vorstandsmitglieder haften persönlich für Pflichtverletzungen. Auch für andere Unternehmensformen gelten diese Haftungsobligationen der Geschäftsleitung (vgl. bspw. § 43 GmbHG; § 347 HGB).

Daraus folgt, dass nicht nur regulatorische Anforderungen durch die Unternehmensführung zu beachten, sondern auch geeignete Maßnahme zu ergreifen sind, um Gefährdungspotentiale zu minimieren oder soweit wie möglich auszuschließen.

Der Bereich des IT-Sicherheitsmanagements ist innerhalb der Unternehmensführung auf speziell berufene IT-Manager übertragbar mit der Folge, dass die übrigen Mitglieder der Geschäftsführung nur noch Kontrollpflichten treffen. Eine vollständige Haftungsübertragung ist indes nicht möglich.

61 BSI: https://www.bsi.bund.de/DE/Themen/KRITIS/IT-SiG/Neuregelungen_KRITIS/B3S/b3s.htmll, abgerufen am 30.06.2020.

Des Weiteren ist anerkannt, einem IT-Sicherheitsbeauftragten unterhalb der Geschäftsleitungsebene den entsprechenden Verantwortungsbereich zu delegieren. Allerdings kann auch dadurch ein vollständiger Haftungsausschluss der Geschäftsleitung nicht bewirkt werden.

#### 2.2.5.2 DSGVO

##### 2.5.2.1 Schadensersatz

Nach Art. 82 DSGVO wird ein Schadensersatzanspruch eines Verletzten für materielle und immaterielle Schäden eingeführt und zwar gegen jeden der bei der Verarbeitung beteiligten Verantwortlichen.

##### 2.5.2.2 Bußgeld

Es kann ein Bußgeld bis zu 20 Millionen € oder bis zu 4 % des gesamten weltweit erzielten Jahresumsatzes im vorangegangenen Geschäftsjahr, je nachdem, welcher Wert der höhere ist, verhängt werden.

Daneben gibt es noch einen Bußgeldrahmen bis zu 10 Millionen EUR oder 2 % des gesamten weltweit erzielten Jahresumsatzes im vorangegangenen Geschäftsjahr; je nachdem, welcher Wert der höhere ist.

#### 2.2.5.3 BDSG

Nach dem ebenfalls ab 25.05.2018 geltenden BDSG existieren noch Strafvorschriften für vorsätzlich begangene Taten mit einer Strafandrohung bis zu 3 Jahren oder Geldstrafe sowie weitere Bußgeldvorschriften mit einem Rahmen bis 50.000 EUR.

#### 2.2.5.4 IT-SiG 2.0

Der Rahmen für Bußgelder ist mit jeweiligen Höchstbeträgen (je nach Tatbestand) von 100.000 € bis 2 Millionen € festgelegt, wobei unter Umständen eine Verzehnfachung des Maximalbetrages bis somit 20 Millionen € in Betracht kommen kann.

### 2.2.6 Verantwortung

Aus Gründen der Haftung ist IT-Sicherheit zunächst immer Chefsache. Die Geschäftsleitung ist somit zuvorderst verantwortlich und sollte in die strategische Planung nicht nur eingebunden sein, sondern auch die grundlegenden Entscheidungen treffen.

Unabdingbar ist die Mitwirkung der IT-Leitung, da hier die Umsetzung der zu ergreifenden Maßnahmen angesiedelt ist.

Aufgrund der Vernetzung und Verzahnung mit dem Bereich des Datenschutzes folgt sodann der Datenschutzbeauftragte.

Am wichtigsten ist hier die IT-Sicherheitsabteilung, bzw. der IT-Sicherheitsbeauftragte.

Somit bestehen folgende Verantwortungsbereiche:

- Geschäftsleitung
- IT-Leitung
- IT-Sicherheitsabteilung oder IT-Sicherheitsbeauftragte/r (Informationssicherheitsbeauftrage/r)
- Datenschutzbeauftragte/r

## 2.3 Praxishinweise

### 2.3.1 IT-Sicherheitsbeauftragter

Auch wenn die Bestellung eines IT-Sicherheitsbeauftragten nicht generell für Unternehmen gesetzlich verpflichtend ist, sollte die Position im Unternehmen geschaffen werden.[62]

In Anlehnung an den Datenschutzbeauftragten sollte der IT-Sicherheitsbeauftragte der Geschäftsleitung direkt in beratender Funktion unterstellt werden.

Der IT-Sicherheitsbeauftragte muss selbstverständlich über entsprechende Sachkunde verfügen.

Eine Interessenkollision soll dabei aber vermieden werden, demzufolge kann der Leiter der IT nicht gleichzeitig IT-Sicherheitsbeauftragter sein. In Analogie zum Datenschutzbeauftragten sollte der IT-Sicherheitsbeauftragte vielmehr unabhängig sein. Eine gleichzeitige Ausübung als Datenschutzbeauftragter ist denkbar.

### 2.3.2 Website – Sicherheitsüberprüfung

Hinsichtlich der Sicherheit der Unternehmenswebsite sollte umgehend überprüft werden, ob Mindeststandards eingehalten werden, zumal wenn die Site extern gehostet wird. Gerade in diesen Fällen wird die Website oft als Sicherheitsrisiko übersehen. Dies gilt im besonderen Maße, falls eine Zugangsmöglichkeit zum Intranet des Unternehmens besteht.

62 § 109 (4) S.1 TKG verlangt einen Sicherheitsbeauftragten, das IT-SiG eine Kontaktstelle.

### 2.3.3 Datenverschlüsselung, Anonymisierung und Pseudonymisierung

Sensible Daten sollten nur noch verschlüsselt und am besten anonymisiert und pseudonymisiert gespeichert werden.

### 2.3.4 Data protection by design und Data protection by default

Bei der Einführung neuer Systeme und Verfahren sollten gleich zu Beginn die Grundsätze data protection by design (Datenschutz durch Technikgestaltung) und data protection by default (datenschutzfreundliche Voreinstellungen) berücksichtigt werden, um die Datensicherheit von Anfang an quasi einzubauen.

### 2.3.5 DSFA

Die Datenschutz-Folgenabschätzung (DSFA) sollte verstärkt in den Focus rücken, zumal wenn zur Umsetzung der DSGVO noch nicht viel unternommen wurde.

Auch wenn keine rechtliche Verpflichtung besteht, kann gleichwohl eine Datenschutz-Folgenabschätzung erfolgen.

## 2.4 Gestalterische Empfehlungen und Compliance

### 2.4.1 Umsetzung – Stand der Technik

Die zentrale Frage beim Thema IT-Sicherheit ist zweifellos die der Umsetzbarkeit, insbesondere hinsichtlich des Begriffs „Stand der Technik".

Ein Konzept zur IT-Sicherheit muss nach Auffassung des Verfassers alle Bereiche berücksichtigen und kann nicht in einzelne Aufgabengebiete wie Datenschutz und Sicherheitsaspekte der Systeme sowie sonstige Komponenten getrennt und gesondert gelöst werden.

Dies würde nicht nur einen erheblichen Mehraufwand an Ressourcen erfordern, sondern auch ineffektiv sein und im schlimmsten Falle sogar zu widersprüchlichen Lösungen führen.

Der Ansatzpunkt kann also nur einem in sich geschlossenen System bestehen, in dem sowohl die datenschutzrechtlichen, als auch die sicherheitstechnischen und sonstigen Anforderungen integriert sind.

Zwar ist dies im Rahmen einer Zertifizierung nach ISO 27001 möglich, allerdings ohne externe Berater und einen nicht unerheblichen finanziellen Aufwand nicht zu leisten.

Es bestehen jedoch leicht verständliche und effektiv umsetzbare Vorgaben der zuständigen Behörden, die zudem kostenfrei sind.

Zu berücksichtigen ist ferner, dass die Ausrichtung nach den Vorgaben der Behörden, die letztendlich zuständig sind, eine nicht unerhebliche Rechtssicherheit bietet.

Entgegen der berechtigten Kritik früherer Jahre stehen sich der IT-Grundschutz und die Datensicherheitsanforderungen in ihrer Schutzrichtung nicht mehr inkompatibel gegenüber. Der Bereich des Datenschutzes ist im SDM nach der DSGVO europarechtskonform ausgerichtet. Das SDM ist in den IT-Grundschutz eingebunden.

Auch ist der IT-Grundschutz nach der Novellierung nunmehr weder komplex noch aufwendig, sondern modular, leicht verständlich und so aufgebaut, dass er mit minimalem Aufwand sehr rasch und effektiv umgesetzt werden kann. Zudem steht dieser völlig kostenfrei zur Verfügung.

Sofern keine Betreiber Kritischer Infrastrukturen betroffen sind, die entweder zwingend oder aus Gründen der weitergehenden Rechtssicherheit eine Zertifizierung nach ISO 27001 i. V. m. IT-Sicherheitskatalog oder auf der Grundlage genehmigter branchenspezifischer Sicherheitsstandards vornehmen müssen bzw. sollten, lautet die Empfehlung des Verfassers in puncto IT-Sicherheit daher

> IT- Grundschutz des BSI mit integriertem Standard-Datenschutzmodell der DSBK, ggf. im Rahmen einer Zertifizierung nach ISO 27001.

### 2.4.2 Zertifizierung?

Bei manchen Branchen und Unternehmen ist eine Zertifizierung gesetzlich vorgeschrieben. Bei allen anderen stellt sich die Frage der Notwendigkeit, sofern sich nicht aufgrund weiterer regulatorischer Anforderungen eine entsprechende Notwendigkeit ergibt.

Zunächst spricht für eine Zertifizierung die daraus resultierende Gewissheit der Einhaltung bestimmter IT-Sicherheitsstandards und damit auch bis zu einem bestimmten Maße Rechtssicherheit. Eine Zertifizierung kann als Nachweis dienen.

Darüber hinaus verleiht eine Zertifizierung dem Unternehmen eine bessere Reputation und unter Umständen damit auch Wettbewerbsvorteile.

Gründe, die dagegen sprechen, sind neben den Kosten der Zeitaufwand.

Sofern betriebswirtschaftlich vertretbar, dürften die Gründe für eine Zertifizierung wohl überwiegen.

Zu beachten ist, dass ein Zertifikat nur für einen bestimmten Zeitraum gültig ist und dann erneuert werden muss.

### 2.4.3 Überwachung, Fehlerbeseitigung und Verbesserung

Mit der Einrichtung eines ISMS und der etwaigen Zertifizierung hat es jedoch nicht sein Bewenden. Vielmehr muss eine ständige Überwachung, Fehlerbeseitigung und Verbesserung folgen. Denn nur so kann die IT-Sicherheit auf Dauer im erforderlichen Umfang gewährleistet werden.

## 2.5 Zum Ausgangs-/Praxisfall

Die Zeitarbeitsfirma im Praxisfall betreibt keine „Kritischen Infrastrukturen", Meldepflichten nach dem IT-SiG bestehen daher nicht. Hinsichtlich der Kunden- und Lieferantendaten ist zunächst festzustellen, ob überhaupt natürliche Personen betroffen sind, andernfalls liegt eine Datenschutzverletzung nicht vor. Hinsichtlich der Abmahnungen und Kündigungen liegen personenbezogene Daten vor.

Die Zeitarbeitsfirma hat binnen 72 Stunden die datenschutzrechtliche Verletzung der Aufsichtsbehörde zu melden und Abhilfemaßnahmen zu ergreifen.

Fand zuvor eine Datenschutz-Folgeabschätzung statt und wurden die entsprechenden Maßnahmen auch vor dem Vorfall umgesetzt, mit der Folge, dass die Verletzung voraussichtlich nicht zu einem Risiko für die Rechte und Freiheiten natürlicher Personen führt, entfällt die Meldepflicht. Da aufgrund der Art der Verletzung (Abmahnungen und Kündigungen) zumindest teilweise voraussichtlich ein hohes Risiko für die persönlichen Rechte und Freiheiten natürlicher Personen bestünde, wären die betroffenen Personen im Umfang von Art. 34 (2) DSGVO zu benachrichtigen, sofern nicht eine der drei Alternativen des Art. 34 (3) DSGVO vorliegt. Dies könnte dann der Fall sein, wenn die Daten in geeigneter Weise verschlüsselt und anonymisiert oder pseudonymisiert waren.

Wäre nicht eine Zeitarbeitsfirma, sondern ein „Betreiber Kritischer Infrastrukturen", wie etwa ein Energieversorgungsunternehmen betroffen, müsste zusätzlich eine Meldung des Störvorfalls an das BSI erfolgen.

# 3. Cross-border Datentransfer

*Jochen Deister / Ulrich Emmert / Thomas A. Degen*

**Key-Words**: Datenverarbeitung im internationalen Konzern, Safe harbour, EU-US-privacy-shield

## 3.1 Ausgangs-/Praxisfall

> Ein deutscher Mischkonzern mit Niederlassungen und Tochtergesellschaften weltweit möchte nach einheitlichen Grundsätzen Daten innerhalb des Konzerns übertragen.
>
> Welche Möglichkeiten bestehen nach der DSGVO?

## 3.2 Rechtsrahmen und Zuständigkeiten

Kapitel V der DSGVO[63] widmet sich der Übermittlung personenbezogener Daten an Drittländer oder an internationale Organisationen. In Art. 44 DSGVO werden in diesem Kapitel die Allgemeinen Grundsätze der Datenübermittlung festgelegt:

> Jedwede Übermittlung personenbezogener Daten, die bereits verarbeitet werden oder nach ihrer Übermittlung an ein Drittland oder eine internationale Organisation verarbeitet werden sollen, ist nur zulässig, wenn der Verantwortliche und der Auftragsverarbeiter die in diesem Kapitel niedergelegten Bedingungen einhalten und auch die sonstigen Bestimmungen dieser Verordnung eingehalten werden; dies gilt auch für die etwaige Weiterübermittlung personenbezogener Daten durch das betreffende Drittland oder die betreffende internationale Organisation an ein anderes Drittland oder eine andere internationale Organisation. Alle Bestimmungen dieses Kapitels sind anzuwenden, um sicherzustellen, dass das durch diese Verordnung gewährleistete Schutzniveau für natürliche Personen nicht untergraben wird.

---

63 Verordnung (EU) 2016/679 des Europäischen Parlaments und des Rates vom 27. April 2016 zum Schutz natürlicher Personen bei der Verarbeitung personenbezogener Daten, zum freien Datenverkehr und zur Aufhebung der Richtlinie 95/46/EG (Datenschutz-Grundverordnung), abrufbar unter http://eur-lex.europa.eu/legal-content/DE/TXT/HTML/?uri=CELEX:32016R0679&from=DE.

Diese Vorschrift enthält die wesentlichen Hinweise für eine rechtswirksame Übermittlung.

## 3.3 Zulässigkeit der Verarbeitung im Ausland

Der vermeintlich unscheinbare Zusatz an Art. 44 Satz 1 DSGVO („und auch die sonstigen Bestimmungen dieser Verordnung eingehalten werden") stellt mehr als nur einen allgemeinen Verweis dar. Es geht nicht darum, dass – natürlich – auch alle anderen anwendbaren Vorschriften der DSGVO eingehalten werden müssen.

Vielmehr ist sicherzustellen, dass die Verarbeitung an sich auf einer Rechtsgrundlage nach Art. 6 DSGVO beruht. Der Verantwortliche muss sich also fragen, ob die Erhebung, Speicherung und Nutzung der Mitarbeiterdaten im Ausland gerechtfertigt ist.

**Abbildung 8**

## 3.4 Verarbeitung von Beschäftigtendaten in der DSGVO

Die DSGVO enthält über diese allgemeine Vorschrift hinaus jedoch noch eine weitere, speziellere Norm. Art. 88 DSGVO regelt die Datenverarbeitung im Beschäftigungskontext. Wer allerdings eine inhaltliche Ausgestaltung erwartet hat, wird – nicht zuletzt aufgrund der insofern beschränkten Gesetzgebungskompetenz – nicht zu seinem Ziel kommen. Die Vorschrift stellt eine **Öffnungsregelung** dar, die es Mitgliedstaaten ermöglicht, durch Rechtsvorschriften oder durch Kollektivvereinbarungen spezifischere Vorschriften zur Gewährleistung des Schutzes der Rechte und Freiheiten hinsichtlich der Verarbeitung personenbezogener Beschäftigtendaten im Beschäftigungskontext, insbesondere für Zwecke der Einstellung, der Erfüllung des Arbeitsvertrags einschließlich der Erfüllung von durch Rechtsvorschriften oder durch Kollektivvereinbarungen festgelegten Pflichten, des Managements, der Planung und der Organisation der Arbeit, der Gleichheit und Diversität am Arbeitsplatz, der Gesundheit und Sicherheit am Arbeitsplatz, des Schutzes des Eigentums der Arbeitgeber oder der Kunden sowie für Zwecke der Inanspruchnahme der mit der Beschäftigung zusammenhängenden individuellen oder kollektiven Rechte und Leistungen und für Zwecke der Beendigung des Beschäftigungsverhältnisses vorzusehen.

Art. 88 Abs. 2 DSGVO stellt gewisse **Schranken** auf, denn diese Vorschriften müssen angemessene und besondere Maßnahmen zur Wahrung der menschlichen Würde, der berechtigten Interessen und der Grundrechte der betroffenen Person, insbesondere im Hinblick auf die Transparenz der Verarbeitung, die Übermittlung personenbezogener Daten innerhalb einer Unternehmensgruppe oder einer Gruppe von Unternehmen, die eine gemeinsame Wirtschaftstätigkeit ausüben, und die Überwachungssysteme am Arbeitsplatz umfassen.

Im Arbeitsrecht wird es auch im Datenschutz weiterhin erforderlich sein, hauptsächlich die nationale Gesetzgebung zu berücksichtigen. Es bleibt also bei einem „Flickenteppich" von nationalen Gesetzen für europäisch agierende Unternehmen.

## 3.5 Das Bundesdatenschutzgesetz

Der deutsche Gesetzgeber hat am 5. Juli 2017 als Artikel 1 des Gesetzes zur Anpassung des Datenschutzrechts an die Verordnung (EU) 2016/679 und zur Umsetzung der Richtlinie (EU) 2016/680 (DSAnpUG-EU) im Bundesgesetzblatt[64] veröffentlicht.[65] Das BDSG-neu ist mit dem 25. Mai 2018 in Kraft getreten. Zu diesem Zeitpunkt wurde das seinerzeitige Bundesdatenschutzgesetz obsolet.

---

64 BGBl. Teil I Nr. 44; abzurufen unter https://www.bgbl.de/xaver/bgbl/start.xav?start=%2F%2F*%5B%40attr_id%3D%27bgbl117s2097.pdf%27%5D#__bgbl__%2F%2F*%5B%40attr_id%3D%27bgbl117s2097.pdf%27%5D__1522040050825.

65 Das DSAnpUG-EU setzt nicht nur die in der DSGVO enthaltenen (und z. T. nicht enthaltenen) Öffnungsklauseln um. Es setzt auch die für den öffentlichen Bereich geltende und daher in nationales Recht zu übertragende Richtlinie (EU) 2016/680 um.

§ 26 BDSG enthält die für den Praxisfall relevanten Regelungen zur Datenverarbeitung für Zwecke des Beschäftigungsverhältnisses. Die Unterschiede zum bisherigen Recht und zur Rechtsprechung des Bundesarbeitsgerichts sind eher gering.

### 3.5.1 Weite Definition der Beschäftigten

Beschäftigte werden in § 26 Abs. 8 BDSG umfassend definiert. Zu ihnen gefasst werden

1. Arbeitnehmerinnen und Arbeitnehmer, einschließlich der Leiharbeitnehmerinnen und Leiharbeitnehmer im Verhältnis zum Entleiher,
2. zu ihrer Berufsbildung Beschäftigte,
3. Teilnehmerinnen und Teilnehmer an Leistungen zur Teilhabe am Arbeitsleben sowie an Abklärungen der beruflichen Eignung oder Arbeitserprobung (Rehabilitandinnen und Rehabilitanden),
4. in anerkannten Werkstätten für behinderte Menschen Beschäftigte,
5. Freiwillige, die einen Dienst nach dem Jugendfreiwilligendienstegesetz oder dem Bundesfreiwilligendienstgesetz leisten,
6. Personen, die wegen ihrer wirtschaftlichen Unselbständigkeit als arbeitnehmerähnliche Personen anzusehen sind; zu diesen gehören auch die in Heimarbeit Beschäftigten und die ihnen Gleichgestellten,
7. Beamtinnen und Beamte des Bundes, Richterinnen und Richter des Bundes, Soldatinnen und Soldaten sowie Zivildienstleistende.

Auch Bewerberinnen und Bewerber für ein Beschäftigungsverhältnis sowie Personen, deren Beschäftigungsverhältnis beendet ist, gelten als Beschäftigte.

### 3.5.2 Rechtfertigung der Verarbeitung

Für die Verarbeitung von Beschäftigtendaten kommen neben den auch sonst üblichen Grundlagen der Erfüllung des Anstellungsvertrags, der Interessensabwägung und der Einwilligung noch besondere arbeitsvertragliche Gestaltungen in Form der Kollektivvereinbarung in Betracht.

### 3.5.3 Anstellungsvertrag und Kollektivvereinbarung

Nach § 26 Abs. 1 BDSG dürfen personenbezogene Daten von Beschäftigten für **Zwecke des Beschäftigungsverhältnisses** verarbeitet werden, wenn dies für die Entscheidung über die Begründung eines Beschäftigungsverhältnisses oder nach Begründung des Beschäftigungsverhältnisses für dessen Durchführung oder Beendigung oder zur Ausübung oder Erfüllung der sich aus einem Gesetz oder einem Tarifvertrag, einer Betriebs- oder Dienstvereinbarung (Kollektivvereinbarung) ergebenden Rechte und Pflichten der Interessenvertretung der Beschäftigten erforderlich ist. Zur Aufdeckung von Straftaten dürfen personenbezogene Daten von Beschäftigten nur dann verarbeitet werden, wenn zu dokumentierende tatsächliche Anhaltspunkte den Verdacht begründen, dass die betroffene Person im Beschäftigungsverhältnis eine Straftat begangen hat, die Verarbeitung zur Aufdeckung erforderlich ist und das schutzwürdige Interesse der oder des Beschäftigten an dem Ausschluss der Verarbeitung nicht überwiegt, insbesondere Art und Ausmaß im Hinblick auf den Anlass nicht unverhältnismäßig sind.

### 3.5.4 Einwilligung

Für die Einwilligung enthält § 26 Abs. 2 BDSG eine besondere Regelung. Problematisch ist im allgemeinen und im Arbeitsverhältnis im Besonderen oftmals die **Freiwilligkeit** der Einwilligung. Gesetzgeber und die Rechtsprechung gehen oftmals davon aus, dass der Arbeitnehmer in einem Kräfteungleichgewicht zu seinem Arbeitgeber stünde. Dies vermag jedoch die Wirklichkeit weder im Bewerbungsprozess aufgrund des Kampfes um gute Fachkräfte noch im Anstellungsverhältnis selbst wegen der Mitarbeiter schützenden Regelung in dieser Pauschalität die Realität widerzuspiegeln. Das hat auch der Gesetzgeber erkannt und somit eine erste, leichte Öffnung für die Einwilligung im Arbeitsverhältnis eingeführt:

> Erfolgt die Verarbeitung personenbezogener Daten von Beschäftigten auf der Grundlage einer Einwilligung, so sind für die Beurteilung der Freiwilligkeit der Einwilligung insbesondere die im Beschäftigungsverhältnis bestehende Abhängigkeit der beschäftigten Person sowie die Umstände, unter denen die Einwilligung erteilt worden ist, zu berücksichtigen. Freiwilligkeit kann insbesondere vorliegen, wenn für die beschäftigte Person ein rechtlicher oder wirtschaftlicher Vorteil erreicht wird oder Arbeitgeber und beschäftigte Person gleichgelagerte Interessen verfolgen.

Die Einwilligung bedarf der Schriftform, soweit nicht wegen besonderer Umstände eine andere Form angemessen ist. Im Einklang mit der DSGVO legt auch der deutsche Gesetzgeber fest, dass der Arbeitgeber die beschäftigte Person über den Zweck der Datenverarbeitung und über ihr Widerrufsrecht in Textform aufzuklären habe.

> Zwar öffnet das BDSG-neu den Weg zur Einwilligung im Anstellungsverhältnis etwas. Aufgrund der übermäßigen Anforderungen an die Einwilligung durch den europäischen Gesetzgeber wird die Einwilligung als Rechtfertigung der Datenverarbeitung durch die DSGVO jedoch weit mehr in den Hintergrund treten und von vertraglicher Gestaltung und Interessensabwägung abgelöst werden.

### 3.5.5 Besondere Kategorien von Daten

Gerade im deutschen Arbeitsrecht ist die Verarbeitung von besonderen Kategorien von Daten wie der Religionszugehörigkeit oder der Gesundheit (z. B. Krankmeldung, Schwangerschaft, Schwerbehinderung, Wiedereingliederung) zu Abrechnungs- und Schutzzwecken der beschäftigten Person weit verbreitet. Aber auch in anderen Rechtsordnungen finden sich derartige Verarbeitungszwecke, z. B. aufgrund gesetzlicher Verpflichtungen zur *diversity*.

Der deutsche Gesetzgeber hat dem in § 26 Abs. 3 BDSG durchaus entsprochen. Nach dieser Norm ist die Verarbeitung besonderer Kategorien personenbezogener Daten im Sinne des Art. 9 Abs. 1 DSGVO für Zwecke des Beschäftigungsverhältnisses zulässig, wenn sie zur Ausübung von Rechten oder zur Erfüllung rechtlicher Pflichten aus dem Arbeitsrecht, dem Recht der sozialen Sicherheit und des Sozialschutzes erforderlich ist und kein Grund zu der Annahme besteht, dass das schutzwürdige Interesse der betroffenen Person an dem Ausschluss der Verarbeitung überwiegt. Absatz 2 gilt auch für die Einwilligung in die Verarbeitung besonderer Kategorien personenbezogener Daten; die Einwilligung muss sich dabei ausdrücklich auf diese Daten beziehen.

> Die Verarbeitung besonderer Kategorien von Daten ist stets auch ein Aspekt, der bei der Frage, ob eine Datenschutz-Folgenabschätzung nötig ist, berücksichtigt werden muss. Da ein zweiter „Trigger" nach der Artikel 29 Arbeitsgruppe besonders schützenswerte Personen darstellen, zu denen auch Beschäftigte gefasst werden, liegen somit im Anstellungsverhältnis bereits die Voraussetzungen für die Durchführung einer Datenschutz-Folgenabschätzung vor. Allerdings können die Datenschutzbehörden auch „Negativ-Listen" erstellen, die wiederum bestimmte standardmäßige Verarbeitungen von dieser Pflicht ausnehmen.

Im Einklang mit der Bedeutung der Kollektivvereinbarung im deutschen Recht hält § 26 Abs. 4 BDSG fest, dass die Verarbeitung personenbezogener Daten, einschließlich besonderer Kategorien personenbezogener Daten von Beschäftigten für Zwecke des Beschäftigungsverhältnisses, auf der Grundlage von Kollektivvereinbarungen zulässig ist. Die Vorschrift weist dann auf die besonderen Grenzen nach Art. 88 Abs. 2 DSGVO hin, nämlich dass diese Vereinbarungen angemessene und besondere Maßnahmen zur Wahrung der menschlichen Würde, der berechtigten Interessen und der Grundrechte der betroffenen Person, insbesondere im Hinblick auf die Transparenz der Verarbeitung, die Übermittlung personenbezogener Daten innerhalb einer Unternehmensgruppe oder einer Gruppe von Unternehmen, die eine gemeinsame Wirtschaftstätigkeit ausüben, und die Überwachungssysteme am Arbeitsplatz vorsehen müssen.

## 3.6 Weitere Regelungen

Das BDSG beinhaltet im Rahmen der Verarbeitung von Daten im Beschäftigungsverhältnis noch weitere Regelungen, die z. T. den Inhalt der DSGVO widerspiegeln. Beispielsweise wird in § 26 Abs. 5 BDSG der Verantwortliche aufgefordert, geeignete Maßnahmen zu ergreifen, um sicherzustellen, dass insbesondere die in Art. 5 DSGVO dargelegten Grundsätze für die Verarbeitung personenbezogener Daten eingehalten werden. Dies ist allerdings eine ohnehin geltende Verpflichtung, ihre Dopplung im nationalen Gesetz ist bestenfalls schlechter, aber unschädlicher Gesetzesstil. Überflüssig ist sie in jedem Fall.

Auch die Klarstellung in § 26 Abs. 6 BDSG, dass die Beteiligungsrechte der Interessenvertretungen der Beschäftigten unberührt bleiben, stellt eine solche Klarstellung dar.

Nach § 26 Abs. 7 BDSG-neu schließlich findet die Regelung auch Anwendung, wenn personenbezogene Daten, einschließlich besonderer Kategorien personenbezogener Daten, von Beschäftigten verarbeitet werden, ohne dass sie in einem Dateisystem gespeichert sind oder gespeichert werden sollen. Auch hier dürfte sich die Praxisrelevanz also eher im Rahmen halten.

## 3.7 Zusammenfassung

Wichtig für die Beurteilung des internationalen Datenverkehrs, z. B. im Beschäftigtenverhältnis, ist zunächst, dass die Verarbeitung als solche im Ausland gerechtfertigt ist.

Aus dem in Art. 6 DSGVO enthaltenen Kanon an möglichen Rechtsgrundlagen stechen zwar die anstellungsvertraglichen Bestimmungen zunächst hervor. Allerdings vermögen diese nur eher selten es erforderlich machen, dass die Beschäftigtendaten im nicht-europäischen Ausland verarbeitet werden. Denkbar wäre dies natürlich bei einer Anstellung direkt bei der ausländischen Gesellschaft oder im Rahmen von direkten Vertragsbeziehungen zu ihr, z. B. bei Mitarbeiteraktienprogrammen, wenn die ausländische Gesellschaft die Anteile ausgibt.

Die DSGVO hatte auch offensichtlich eine andere Rechtfertigung für den Transfer von Beschäftigtendaten im internationalen Konzern im Blick, nämlich die Interessensabwägung zur Wahrung berechtigter Interessen nach Art. 6 Abs. 1 f) DSGVO. Erwägungsgrund 48 DSGVO bezieht sich ausdrücklich auf diesen Sachverhalt:

> Verantwortliche, die Teil einer Unternehmensgruppe oder einer Gruppe von Einrichtungen sind, die einer zentralen Stelle zugeordnet sind, können ein berechtigtes Interesse haben, personenbezogene Daten innerhalb der Unternehmensgruppe für interne Verwaltungszwecke, einschließlich der Verarbeitung personenbezogener Daten von Kunden und Beschäftigten, zu übermitteln. Die Grundprinzipien für die Übermittlung personenbezogener Daten innerhalb von Unternehmensgruppen an ein Unternehmen in einem Drittland bleiben unberührt.

Nach Art. 6 Abs. 1 f) DSGVO ist die Verarbeitung zur Wahrung der berechtigten Interessen des Verantwortlichen oder eines Dritten erforderlich, sofern nicht die Interessen oder Grundrechte und Grundfreiheiten der betroffenen Person, die den Schutz personenbezogener Daten erfordern, überwiegen.

> Gerade die oftmals überlesene Erweiterung des Kreises auf die berechtigten Interessen eines Drittens machen die Interessensabwägung zu einer wichtigen Grundlage für die Rechtmäßigkeit der Datenverarbeitung machen.

Im Praxisfall dürfte daher der Aufbau eines zentralen Personalverwaltungssystems im Konzern im Rahmen der Interessensabwägung grundsätzlich nach Art. 6 Abs. 1 f) DSGVO gerechtfertigt sein. Allerdings ist stets auf die genaue Ausgestaltung, z. B. auf ein auf die Tätigkeit beschränktes rollenbasiertes Zugriffssystem zu achten.

## 3.8 Angemessenes Schutzniveau

Wenn die Verarbeitung grundsätzlich im Ausland gerechtfertigt ist, muss man in einem zweiten Schritt oder auf einer zweiten Stufe noch sicherstellen, dass auch ein angemessenes Schutzniveau gegeben ist. Die DSGVO hält hierfür verschiedene Mechanismen bereit, von denen im Folgenden die Wesentlichen beleuchtet werden.

In der Theorie steht auch die ausdrückliche Einwilligung der betroffenen Person zur Verfügung. Allerdings ist ihre Praxisrelevanz – nicht zuletzt wegen der allgemeinen Anforderungen an eine Einwilligung – begrenzt. Auch darf die so gerechtfertigte Übermittlung nur gelegentlich erfolgen und muss im Rahmen eines Vertrags oder zur Geltendmachung von Rechtsansprüchen, sei es vor Gericht oder auf dem Verwaltungswege oder in außergerichtlichen Verfahren, wozu auch Verfahren vor Regulierungsbehörden zählen, erforderlich sein.

Mit Praxisblick wird daher grundsätzlich unterschieden zwischen einem Angemessenheitsbeschluss und der Datenübermittlung vorbehaltlich geeigneter Garantien, Art. 46 DSGVO.

### 3.8.1 Angemessenheitsbeschluss

Die Datenübermittlung auf der Grundlage eines Angemessenheitsbeschlusses nach Art. 45 DSGVO ist sicherlich die einfachste Möglichkeit für einen Verantwortlichen, Daten im Ausland verarbeiten zu lassen.

### 3.8.2 Sicheres Drittland

Der Verantwortliche selbst hat dabei nichts zu tun, die EU Kommission hat das Zielland als sicher eingestuft. Ist dies der Fall, bedarf eine solche Datenübermittlung **keiner besonderen Genehmigung** mehr.

Die Prüfung, ob ein in datenschutzrechtlicher Hinsicht angemessenes Schutzniveau in einem anderen Land vorliegt, ist umfangreich. Art. 45 Abs. 2 DSGVO beinhaltet einen langen Katalog an zu berücksichtigenden Aspekten.

Bei der Prüfung der Angemessenheit des gebotenen Schutzniveaus berücksichtigt die Kommission die Rechtsstaatlichkeit, die Achtung der Menschenrechte und Grundfreiheiten, die in dem betreffenden Land geltenden einschlägigen Rechtsvorschriften sowohl allgemeiner als auch sektoraler Art – auch in Bezug auf öffentliche Sicherheit, Verteidigung, nationale Sicherheit und Strafrecht sowie Zugang der Behörden zu personenbezogenen Daten – sowie die Anwendung dieser Rechtsvorschriften, Datenschutzvorschriften, Berufsregeln und Sicherheitsvorschriften einschließlich der Vorschriften für die Weiterübermittlung personenbezogener Daten an ein anderes Drittland, die Rechtsprechung sowie wirksame und durchsetzbare Rechte der betroffenen Person und wirksame verwaltungsrechtliche und gerichtliche Rechtsbehelfe für betroffene Personen, deren personenbezogene Daten übermittelt werden. Das Bestehen einer oder mehrerer unabhängiger Aufsichtsbehörden in dem betreffenden Drittland ist ebenso zu beachten wie die wirksame Funktionsweise des Aufsichtsregimes. Dieses untersteht der datenschutzrechtlichen Gesamtbetrachtung hinsichtlich der Einhaltung und Durchsetzung der Datenschutzvorschriften. Dazu gehören Fragen der angemessenen Durchsetzungsbefugnisse, für die Unterstützung und Beratung der betroffenen Personen bei der Ausübung ihrer Rechte und für die Zusammenarbeit mit den Aufsichtsbehörden der Mitgliedstaaten, insbesondere bezüglich der Zuständigkeit. So kann beispielsweise geprüft werden, ob es bei den betreffenden eingegangenen internationalen Verpflichtungen bzw. rechtsverbindlichen Übereinkünften oder Instrumenten bei der Teilnahme des Drittlands an multilateralen oder regionalen Systemen einen nachhaltigen Schutz der personenbezogenen Daten praktisch gibt oder nicht.

Ist die Analyse erfolgreich, kann die Kommission im Wege eines Durchführungsrechtsaktes beschließen, dass ein Drittland ein angemessenes Schutzniveau bietet. Oft übersehen wird, dass diese Feststellung nicht zeitlich unbegrenzt läuft. Vielmehr ist ein Mechanismus für eine regelmäßige Überprüfung, die mindestens alle vier Jahre erfolgt, vorgesehen, bei der allen maßgeblichen Entwicklungen in dem Drittland Rechnung getragen wird. Die Kommission überwacht daher auch fortlaufend die Entwicklungen in Drittländern, die die Wirkungsweise der Feststellungen beeinträchtigen könnten. Die DSGVO bietet dann auch die Grundlage für die Kommission, Rechtsakte zu widerrufen, ändern oder auszusetzen, soweit dies nötig ist. Ein solcher Beschluss darf aber keine rückwirkende Kraft haben. In hinreichend begründeten Fällen äußerster Dringlichkeit kann die Kommission sofort geltende Durchführungsrechtsakte erlassen.

Die so festgestellten sicheren (oder nicht mehr sicheren) Drittländer werden von der Kommission im Amtsblatt der Europäischen Union und auf ihrer Website veröffentlicht.

Die Europäische Kommission hat Andorra, Argentinien, Kanada (kommerzielle Organisationen), die Färöer-Inseln, Guernsey, Israel, die Isle of Man, Jersey, Neuseeland, die Schweiz und Uruguay in dieser Form anerkannt.

Mit Japan und Südkorea finden Gespräche über einen Angemessenheitsbeschluss statt.

> Liegt im Praxisfall der Empfänger der Beschäftigtendaten in einem sicheren Drittland, kann der Transfer – nach erfolgreichem Durchlaufen der ersten Prüfungsstufe der grundsätzlichen Rechtfertigung – ohne Weiteres in das Drittland erfolgen.

### 3.8.3 Privacy Shield (bis 2020)

Eine besondere Ausgestaltung der Angemessenheitsbeschlüsse stellte der „Datenschutzschild“ (*privacy shield*) zwischen der EU und den USA dar.

Der Beschluss hierzu wurde am 12. Juli 2016 angenommen und der Rahmen für den *privacy shield* am 1. August 2016 in Kraft gesetzt.[66]

Ziel dieses Mechanismus‘ war es, die Grundrechte von Personen in der EU, deren personenbezogene Daten zu kommerziellen Zwecken in die Vereinigten Staaten übertragen werden, zu schützen. Er sollte Unternehmen rechtliche Klarheit bei transatlantischen Datentransfers bringen.

Notwendig geworden war der *privacy shield* durch das sogenannte **Schrems-Urteil des Europäischen Gerichtshofs**, in dem der EuGH das bisherige *safe-harbor-framework*[67] aufgehoben hatte. [68]

Der Nachfolger *privacy shield* beinhaltete vermeintlich starke Datenschutzverpflichtungen für Unternehmen, die personenbezogene Daten aus der EU erhalten, Sicherungen gegen den Zugriff der US-Regierung auf Daten, einen Schutz und Rückgriffsmöglichkeiten für Betroffene sowie eine jährliche gemeinsame Überprüfung durch die EU und die USA, um die korrekte Anwendung der Vereinbarung zu überwachen.

Die erste jährliche Überprüfung fand im September 2017 statt. Auf dieser Grundlage veröffentlichte die Kommission am 18. Oktober 2017 einen Bericht über das Funktionieren des Datenschutzschilds.[69]

Selbst die EU-Kommission gestand ein, dass der Schild zwar grundsätzlich funktioniere, aber verbesserungsbedürftig in der Umsetzung sei.[70]

Zu einer klareren Einschätzung kam der Europäische Gerichtshof in seinem Schrems II Urteil am 16. Juli 2020.[71] Der EuGH erklärt das Privacy Shield

66 Durchführungsbeschluss (EU) 2016/1250 der Kommission vom 12. Juli 2016 gemäß der Richtlinie 95/46/EG des Europäischen Parlaments und des Rates über die Angemessenheit des vom EU-US-Datenschutzschild gebotenen Schutzes (Bekannt gegeben unter Aktenzeichen C(2016) 4176); abzurufen unter http://eur-lex.europa.eu/legal-content/DE/TXT/HTML/?uri=CELEX:32016D1250.

67 Adäquanzbeschluss der EU-Kommission 2000/520/EG vom 26. Juli 2000.

68 C-362/14 vom 6. Oktober 2015.

69 Report from the Commisssion to the Euopean Parliament and the Council on the first annual review of the functioning of the EU–U.S. Privacy Shield, COM(2017) 611, 18.10.2017.

70 Europäische Kommission – Pressemitteilung vom 18. Oktober 2017: EU-US-Datenschutzschild: Datenschutzschild funktioniert laut erster Bestandsaufnahme ordnungsgemäß, ist aber in der Praxis verbesserungswürdig; abzurufen unter http://europa.eu/rapid/press-release_IP-17-3966_de.htm.

71 Urteil des Gerichtshofs (Große Kammer) vom 16. Juli 2020; C-311/18 – Facebook Ireland und Schrems; ECLI:EU:C:2020:559; http://curia.europa.eu/juris/liste.jsf?language=de&num=C-311/18.

für unwirksam.[72] Die Zugriffsmöglichkeiten des US-Geheidienstes widersprächen einem angemessenen Schutzniveau.

Die Standardvertragsklauseln wurden grundsätzlich aufrechterhalten.[73] Für sie (wie alle anderen geeigneten Garantien nach Art. 46 DSGVO[74]) greift im Hinblick auf den Schutz vor Zugriffen durch Sicherheitsbehörden der gleiche Standard wie bei Angemessenheitsentscheidungen („essential equivalence", Art. 45 [2] DSGVO).[75]

### 3.8.4 Datenübermittlung vorbehaltlich geeigneter Garantien

Falls kein Angemessenheitsbeschluss vorliegt, dürfen personenbezogene Daten an ein Drittland nur übermittelt werden, sofern der Verantwortliche oder der Auftragsverarbeiter **geeignete Garantien** vorgesehen hat und sofern den betroffenen Personen durchsetzbare Rechte und wirksame Rechtsbehelfe zur Verfügung stehen, Art. 46 Abs. 1 DSGVO.

Eine besondere Genehmigung einer Aufsichtsbehörde ist dann nicht mehr erforderlich. Insofern weicht in einigen Ländern der EU das alte vom neuen Recht erheblich ab und erleichtert den internationalen Datentransfer. Dies ist auch der Hintergrund von Art. 46 Abs. 5 Satz 1 DSGVO, der von einem Mitgliedstaat oder einer Aufsichtsbehörde nach altem Recht erteilte Genehmigungen so lange gültig bleiben lässt, bis sie erforderlichenfalls von dieser Aufsichtsbehörde geändert, ersetzt oder aufgehoben werden.

Gleiches gilt nach Art. 46 Abs. 5 Satz 2 DSGVO für von der Kommission aufgrund alten Rechts erlassene Feststellungen. Auch sie bleiben so lange in Kraft, bis sie erforderlichenfalls mit einem Beschluss der Kommission geändert, ersetzt oder aufgehoben werden.

Die wesentlichen Garantien sind *Binding Corporate Rules* – verbindliche interne Datenschutzvorschriften und die Standarddatenschutzklauseln.

Darüber bietet die DSGVO noch weitere Maßnahmen, um ein angemessenes Schutzniveau sicherzustellen. Es bleibt abzuwarten, ob genehmigte Verhaltensregeln gemäß Art. 40 DSGVO oder ein genehmigter Zertifizierungsmechanismus gemäß Art. 42 DSGVO, jeweils zusammen mit rechtsverbindlichen und durchsetzbaren Verpflichtungen des Verantwortlichen oder des Auftragsverarbeiters in dem Drittland zur Anwendung der geeigneten Ga-

72 Ebd., Rn. 201.
73 Ebd., Rn. 149.
74 Dazu sogleich.
75 Ebd., Rn. 96.

rantien, einschließlich in Bezug auf die Rechte der betroffenen Personen, in der Praxis Anklang finden werden. Dies gilt umso mehr, als die von der Kommission verabschiedeten Standarddatenschutzklauseln mehr Flexibilität als die Mustervertragsklauseln unter der Datenschutz-Richtlinie bieten.

Allenfalls die Vertragsklauseln, die zwischen dem Verantwortlichen oder dem Auftragsverarbeiter und dem Verantwortlichen, dem Auftragsverarbeiter oder dem Empfänger der personenbezogenen Daten im Drittland oder der internationalen Organisation vereinbart wurden und von der zuständigen Aufsichtsbehörde genehmigt wurden, die sogenannten ad-hoc-Klauseln nach Art. 46 Abs. 3 a) DSGVO, dürften Relevanz behalten.

### 3.8.5 Verbindliche interne Datenschutzvorschriften

Durch die DSGVO könnte einem in der Praxis bislang sehr schwerfälligen Instrument wieder neues Leben eingehaucht worden sein. Art. 47 DSGVO führt eine ausdrückliche Norm ein über verbindliche interne Datenschutzvorschriften oder englisch *Binding Corporate Rules* bzw. kurz BCR. Bislang existierte dieses Konstrukt und seine Anerkennung hauptsächlich in Papieren der Artikel 29 Arbeitsgruppe.

> Es ist zu erwarten, dass Binding Corporate Rules aus ihrem Dornröschenschlaf erwachen und über die Jahre zu einem anerkannten Instrument für den internationalen Datentransfer werden.

Nach Art. 47 Abs. 1 DSGVO genehmigt die zuständige Aufsichtsbehörde nach dem Kohärenzverfahren verbindliche interne Datenschutzvorschriften, sofern diese verschiedene Anforderungen erfüllen.

Wirksame *Binding Corporate Rules* müssen

1) rechtlich bindend sein, für alle betreffenden Mitglieder der Unternehmensgruppe oder einer Gruppe von Unternehmen, die eine gemeinsame Wirtschaftstätigkeit ausüben, gelten und von diesen Mitgliedern durchgesetzt werden, und dies muss auch für ihre Beschäftigten gelten,
2) den betroffenen Personen ausdrücklich durchsetzbare Rechte in Bezug auf die Verarbeitung ihrer personenbezogenen Daten übertragen und
3) mindestens folgende Angaben enthalten:
   a) Struktur und Kontaktdaten der Unternehmensgruppe oder Gruppe von Unternehmen, die eine gemeinsame Wirtschaftstätigkeit ausüben, und jedes ihrer Mitglieder;

b) die betreffenden Datenübermittlungen oder Reihen von Datenübermittlungen einschließlich der betreffenden Arten personenbezogener Daten, Art und Zweck der Datenverarbeitung, Art der betroffenen Personen und das betreffende Drittland beziehungsweise die betreffenden Drittländer;

c) interne und externe Rechtsverbindlichkeit der betreffenden internen Datenschutzvorschriften;

d) die Anwendung der allgemeinen Datenschutzgrundsätze, insbesondere Zweckbindung, Datenminimierung, begrenzte Speicherfristen, Datenqualität, Datenschutz durch Technikgestaltung und durch datenschutzfreundliche Voreinstellungen, Rechtsgrundlage für die Verarbeitung, Verarbeitung besonderer Kategorien von personenbezogenen Daten, Maßnahmen zur Sicherstellung der Datensicherheit und Anforderungen für die Weiterübermittlung an nicht an diese internen Datenschutzvorschriften gebundene Stellen;

e) die Rechte der betroffenen Personen in Bezug auf die Verarbeitung und die diesen offenstehenden Mittel zur Wahrnehmung dieser Rechte einschließlich des Rechts, nicht einer ausschließlich auf einer automatisierten Verarbeitung – einschließlich Profiling – beruhenden Entscheidung nach Art. 22 unterworfen zu werden sowie des in Art. 79 niedergelegten Rechts auf Beschwerde bei der zuständigen Aufsichtsbehörde beziehungsweise auf Einlegung eines Rechtsbehelfs bei den zuständigen Gerichten der Mitgliedstaaten und im Falle einer Verletzung der verbindlichen internen Datenschutzvorschriften Wiedergutmachung und ggf. Schadenersatz zu erhalten;

f) die von dem in einem Mitgliedstaat niedergelassenen Verantwortlichen oder Auftragsverarbeiter übernommene Haftung für etwaige Verstöße eines nicht in der Union niedergelassenen betreffenden Mitglieds der Unternehmensgruppe gegen die verbindlichen internen Datenschutzvorschriften; der Verantwortliche oder der Auftragsverarbeiter ist nur dann teilweise oder vollständig von dieser Haftung befreit, wenn er nachweist, dass der Umstand, durch den der Schaden eingetreten ist, dem betreffenden Mitglied nicht zur Last gelegt werden kann;

g) die Art und Weise, wie die betroffenen Personen über die Bestimmungen der Art. 13 und 14 DSGVO hinaus über die verbindlichen internen Datenschutzvorschriften und insbesondere über die unter den Buchstaben d), e) und f) dieses Absatzes genannten Aspekte informiert werden;

h) die Aufgaben jedes benannten Datenschutzbeauftragten oder jeder anderen Person oder Einrichtung, die mit der Überwachung der Einhaltung der verbindlichen internen Datenschutzvorschriften in der Unternehmensgruppe oder Gruppe von Unternehmen, die eine gemeinsame Wirtschaftstätigkeit ausüben, sowie mit der Überwachung der Schulungsmaßnahmen und dem Umgang mit Beschwerden befasst ist;

i) die Beschwerdeverfahren;

j) die innerhalb der Unternehmensgruppe oder Gruppe von Unternehmen, die eine gemeinsame Wirtschaftstätigkeit ausüben, bestehenden Verfahren zur Überprüfung der Einhaltung der verbindlichen internen Datenschutzvorschriften. Derartige Verfahren beinhalten Datenschutzüberprüfungen und Verfahren zur Gewährleistung von Abhilfemaßnahmen zum Schutz der Rechte der betroffenen Person. Die Ergebnisse derartiger Überprüfungen sollten der in Buchstabe h genannten Person oder Einrichtung sowie dem Verwaltungsrat des herrschenden Unternehmens einer Unternehmensgruppe oder der Gruppe von Unternehmen, die eine gemeinsame Wirtschaftstätigkeit ausüben, mitgeteilt werden und sollten der zuständigen Aufsichtsbehörde auf Anfrage zur Verfügung gestellt werden;

k) die Verfahren für die Meldung und Erfassung von Änderungen der Vorschriften und ihre Meldung an die Aufsichtsbehörde;

l) die Verfahren für die Zusammenarbeit mit der Aufsichtsbehörde, die die Befolgung der Vorschriften durch sämtliche Mitglieder der Unternehmensgruppe oder Gruppe von Unternehmen, die eine gemeinsame Wirtschaftstätigkeit ausüben, gewährleisten, insbesondere durch Offenlegung der Ergebnisse von Überprüfungen der unter Buchstabe j) genannten Maßnahmen gegenüber der Aufsichtsbehörde;

m) die Meldeverfahren zur Unterrichtung der zuständigen Aufsichtsbehörde über jegliche für ein Mitglied der Unternehmensgruppe oder Gruppe von Unternehmen, die eine gemeinsame Wirtschaftstätigkeit ausüben, in einem Drittland geltenden rechtlichen Bestimmungen, die sich nachteilig auf die Garantien auswirken könnten, die die verbindlichen internen Datenschutzvorschriften bieten, und

n) geeignete Datenschutzschulungen für Personal mit ständigem oder regelmäßigem Zugang zu personenbezogenen Daten.

Bereits an dieser langen Aufzählung sieht man, dass die Einführung von *Binding Corporate Rules* kein einfaches Unterfangen sein dürfte.

Wenn *Binding Corporate Rules* in Kraft sind, erleichtern sie den internen Datenverkehr erheblich. Auch im Verhältnis mit Kunden können sie zu substanziellen Effizienzgewinnen führen. Gerade wenn auf beiden Seiten viele Gesellschaften Datenexporteure und -importeure sind, ist die Alternative über Standardvertragsklauseln oftmals sehr aufwändig.

Für den Informationsaustausch zwischen Verantwortlichen, Auftragsverarbeitern und Aufsichtsbehörden über verbindliche interne Datenschutzvorschriften kann die Kommission das Format und die Verfahren festlegen.

Für den Praxisfall könnte der Konzern für seinen internen Datenaustausch *Binding Corporate Rules* erstellen und genehmigen lassen. Diese würden dann als Sicherstellung eines angemessenen Datenschutzniveaus gelten.

Die Entscheidung für *Binding Corporate Rules* oder Standarddatenschutzklauseln sollte vom Volumen der datenschutzrelevanten Vorgänge abhängen. Aufgrund des großen Aufwands bei ihrer Erstellung und Genehmigung kommen BCR nur bei größeren Unternehmensgruppen oder einer Vielzahl von Kundentransaktionen mit Nicht-EU-Auslandsberührung in Betracht. BCR sind weiterhin eher die Ausnahme und Standarddatenschutzklauseln stellen den Grundfall der Sicherstellung eines angemessenen Datenschutzniveaus dar.

### 3.8.6 Standardvertrags- bzw. Datenschutzklauseln

Die längste Historie an Garantien für ein angemessenes Datenschutzniveau besteht bei Standarddatenschutzklauseln.[76]

Die Kommission bezeichnet sie als ein wichtiges Instrument, das die Übermittlung personenbezogener Daten aus allen Mitgliedstaaten nach denselben Regeln ermöglicht, solange es keine globalen Datenschutznormen gibt.

Die Europäische Kommission hat bislang zwei Typen von Standardvertragsklauseln für Datenübertragungen von für die Verarbeitung Verantwortlichen in der EU an außerhalb der EU befindliche Empfänger erlassen.

### 3.8.7 Verantwortlicher an Verantwortlichen (C2C)

Die Übermittlung von personenbezogenen Daten von einem Verantwortlichen in der EU (englisch *[data] controller*) an einen ebenfalls als Datenverantwortlichen einzustufenden Empfänger außerhalb der EU bezeichnet

76 Die Bezeichnung nach der Datenschutzrichtlinie war Standardvertragsklauseln. In der DSGVO wird dieses Instrument nunmehr als Standarddatenschutzklauseln bezeichnet.

man oftmals kurz auch als C2C (*controller-to-controller*). Da die Standardvertragsklauseln (so die Bezeichnung bis zur DSGVO) englisch oft als *European Union Model Clauses* oder kurz EUMC bezeichnet werden, hat sich – auch im deutschen – Sprachgebrauch oftmals EUMC C2C als Kurzform eingebürgert. Eine andere gebräuchliche Abkürzung ist SCC, was für *Standard Contractual Clauses* steht.

### 3.8.8 EUMC C2C 2001

Die EU hat in ihrer ersten Entscheidung zu EUMC 2001[77] Standardvertragsklauseln festgelegt, die angemessene Garantien für die Übermittlung von Daten in Drittländer bieten. Eine Besonderheit dieser Vertragsmuster, die auch heute noch genutzt werden können, war die gesamtschuldnerische Haftung von Datenexporteur und -importeur.

Die EUMC 2001 wurden vielfach kritisiert, bis dahin, dass mehrere Wirtschaftsverbände gemeinsam alternative Standardvertragsklauseln entwarfen.[78], die ein Datenschutzniveau gewährleisten sollen, das dem Niveau der Standardvertragsklauseln in der Entscheidung 2001/497/EG vergleichbar ist, auch wenn dabei andere Instrumente eingesetzt werden.

### 3.8.9 EUMC C2C 2004

In der Folge wurden die EUMC C2C 2001 überarbeitet und das Set II an Standardvertragsklauseln verabschiedet.[79] Ein auf die Sorgfaltspflicht abstellendes Haftungssystem, das Datenexporteur und Datenimporteur gegenüber der betroffenen Person für die Verletzung ihrer jeweiligen Vertragspflichten haftbar machte, wurde entwickelt. Ebenso ist der Datenexporteur haftbar, wenn er sich nicht im Rahmen des Zumutbaren davon überzeugt, dass der Datenimporteur seine Rechtspflichten aus den Klauseln zu erfüllen in der

77 Entscheidung 2001/497/EG der Kommission vom 15. Juni 2001 hinsichtlich Standardvertragsklauseln für die Übermittlung personenbezogener Daten in Drittländer nach der Richtlinie 95/46/EG.

78 Artikel 29 Arbeitsgruppe; Stellungnahme 8/2003 zu dem von mehreren Wirtschaftsverbänden eingereichten Entwurf von Standardvertragsklauseln („alternative Standardvertragsklauseln"); abrufbar unter https://www.bfdi.bund.de/SharedDocs/Publikationen/Dokumente-Art29Gruppe_EDSA/Stellungnahmen/WP84_Opinion8–2003DraftStandardContractual.pdf?__blob=publicationFile&v=2.

79 Entscheidung der Kommission vom 27. Dezember 2004 zur Änderung der Entscheidung 2001/497/EG bezüglich der Einführung alternativer Standardvertragsklauseln für die Übermittlung personenbezogener Daten in Drittländer (2004/915/EG), abzurufen unter http://eur-lex.europa.eu/legal-content/DE/TXT/HTML/?uri=CELEX:32004D0915.

Lage ist (Auswahlverschulden – *culpa in eligendo*). In diesem Fall kann die betroffene Person gerichtlich gegen den Datenexporteur vorgehen.

Dieses Set an Klauseln hat die früheren weitgehend abgelöst.

Jeder Standardvertrag ist in sich geschlossen. Er darf daher nicht geändert werden. Auch die Kombination verschiedener Standardverträge miteinander ist nicht gestattet.

Inhaltlich sind die folgenden Klauseln hervorzuheben.

Der Datenexporteur hat ein Recht auf Audit. Er kann Prüfungen in den Räumlichkeiten des Datenimporteurs durchführen oder Nachweise verlangen, dass dieser über genügend Finanzmittel verfügt, um seinen Verpflichtungen nachzukommen, Ziffer II g) EUMC C2C 2004.

Die betroffene Person ist weiterhin Drittbegünstigter. Wenn sie ihre Rechte ausübt, wird der Datenexporteur bei der Beschwerdeabhilfe stärker zur Verantwortung gezogen. Er ist dann verpflichtet, Kontakt zum Datenimporteur aufzunehmen und die Einhaltung der Vertragspflichten nötigenfalls innerhalb der Standardfrist von einem Monat durchzusetzen. Falls der Datenexporteur sich weigert, die Einhaltung der Vertragspflichten durchzusetzen, und der Datenimporteur seine Vertragspflichten weiter verletzt, kann die betroffene Person die Einhaltung der Klauseln gegenüber dem Datenimporteur erzwingen und ihn in einem Mitgliedstaat gerichtlich belangen. Die Anerkennung einer gerichtlichen Zuständigkeit und der Entscheidung des zuständigen Gerichts oder einer Kontrollstelle schmälert in keiner Weise die prozessualen Rechte des in einem Drittland ansässigen Datenimporteurs, z. B. sein Recht auf Einlegung von Rechtsmitteln.

Die Datenschutzbehörden können Datenübermittlungen leichter verbieten oder aussetzen als bei den EUC C2C 2001. Dies soll davor schützen, dass diese zusätzliche Flexibilität nicht missbraucht wird, falls sich der Datenexporteur weigert, gegenüber dem Datenimporteur geeignete Maßnahmen zur Durchsetzung der Vertragspflichten zu ergreifen, oder der Datenimporteur sich weigert, redlich mit den zuständigen Datenschutzkontrollstellen zusammenzuarbeiten.

### 3.8.10 Verantwortlicher an Verarbeiter (C2P)

Die Kommission hatte bereits 2002 Standardvertragsklauseln erlassen für die Übermittlung von einem in der Europäischen Union niedergelassenen für die Datenverarbeitung Verantwortlichen (*controller*) an einen Auftragsverarbeiter (*processor*), der in einem Drittland niedergelassen ist, das kein angemessenes Datenschutzniveau gewährleistet (EUMC C2P 2002).[80]

Die in der Praxis gesammelten Erfahrungen wurden in einem Bericht[81] zusammengefasst. Neben der Bestätigung ihrer Relevanz in der Wirtschaftsrealität wurden Vorschläge zur Aktualisierung der EUMC C2P 2002 gemacht, um der rasch expandierenden Datenverarbeitungstätigkeit weltweit Rechnung zu tragen und Aspekte zu erfassen, die in der Entscheidung bisher nicht geregelt waren.

2010 erfolgte dann die Verabschiedung einer überarbeiten Fassung von Standardvertragsklauseln für die Übermittlung von Verantwortlichem an Verarbeiter im Nicht-EU Ausland (EUMC C2P 2010).[82] Im Gegensatz zur C2C-Situation ersetzten die neuen Klauseln jedoch ihre Vorgänger.

Der Datenimporteur sollte die übermittelten personenbezogenen Daten nur im Auftrag des Datenexporteurs und entsprechend dessen Anweisungen sowie den in den Klauseln enthaltenen Pflichten verarbeiten. Ohne die vorherige schriftliche Einwilligung des Datenexporteurs sollte der Datenimporteur die personenbezogenen Daten nicht an Dritte weitergeben. Der Datenexporteur sollte den Datenimporteur während der Dauer der Datenverarbeitungsdienste anweisen, die Daten gemäß seinen Anweisungen, dem anwendbaren Datenschutzrecht und den in den Klauseln beschriebenen Pflichten zu verarbeiten.

In diesem Zusammenhang wurde den Datenschutzbehörden wieder eine Schlüsselrolle zugedacht, die sie in der Praxis nicht vollständig eingenommen haben. Sie sollten sicherstellen, dass personenbezogene Daten nach der Übermittlung angemessen geschützt werden. Das bedeutet, dass sie in Ausnahmefällen, in denen Datenexporteure es ablehnen oder nicht in der Lage sind, dem Datenimporteur angemessene Anweisungen zu geben, und in denen eine hohe Wahrscheinlichkeit besteht, dass den betroffenen Personen ein schwerwiegender Schaden entsteht, Datenimporteure und Unterauftragsverarbeiter einer Prüfung unterziehen und ggf. Entscheidungen treffen

80 Entscheidung 2002/16/EG der Kommission vom 27. 12. 2001 hinsichtlich Standardvertragsklauseln für die Übermittlung personenbezogener Daten an Auftragsverarbeiter in Drittländern nach der Richtlinie 95/46/EG; abzurufen unter http://eur-lex.europa.eu/legal-content/DE/TXT/HTML/?uri=CELEX:32002D0016.

81 Bericht über die Durchführung der Entscheidungen über Standardvertragsklauseln für die Übermittlung personenbezogener Daten in Drittländer, SEK(2006) 95 vom 20.1.2006.

82 Beschluss der Kommission vom 5. Februar 2010 über Standardvertragsklauseln für die Übermittlung personenbezogener Daten an Auftragsverarbeiter in Drittländern nach der Richtlinie 95/46/EG des Europäischen Parlaments und des Rates (bekannt gegeben unter Aktenzeichen K(2010) 593) (2010/87/EU); abzurufen unter http://eur-lex.europa.eu/legal-content/DE/TXT/HTML/?uri=CELEX:32010D0087#ntr2-L_2010039DE.01000501-E0002.

können, denen Datenimporteure und Unterauftragsverarbeiter Folge leisten müssen. Die Datenschutzbehörden sollten befugt sein, eine Datenübermittlung oder eine Reihe von Datenübermittlungen auf der Grundlage der Standardvertragsklauseln zu untersagen oder zurückzuhalten; dies gilt für jene Ausnahmefälle, für die feststeht, dass sich eine Übermittlung auf Vertragsbasis wahrscheinlich sehr nachteilig auf die Garantien und Pflichten auswirkt, die den betroffenen Personen angemessenen Schutz bieten sollen.

Festgehalten wurde in den EUMC C2P 2010 ausdrücklich, dass Standardvertragsklauseln die technischen und organisatorischen Sicherheitsmaßnahmen vorsehen müssen, die Datenverarbeiter in einem Drittland ohne angemessenes Schutzniveau anwenden sollten, um einen Schutz zu gewährleisten, der den durch die Verarbeitung entstehenden Risiken und der Art der zu schützenden Daten angemessen ist. Die Parteien sollten diejenigen technischen und organisatorischen Maßnahmen im Vertrag vorsehen, die unter Berücksichtigung des anwendbaren Datenschutzrechts, des Stands der Technik und der bei ihrer Durchführung entstehenden Kosten erforderlich sind, um personenbezogene Daten gegen die zufällige oder unrechtmäßige Zerstörung oder den zufälligen Verlust, die Änderung, die unberechtigte Weitergabe oder den unberechtigten Zugang und gegen jede andere Form der unrechtmäßigen Verarbeitung zu schützen. Auftragsverarbeiter, die Datenverarbeitungsleistungen für mehrere für die Verarbeitung Verantwortliche in der Europäischen Union erbringen, erhalten überdies die Möglichkeit, ungeachtet des Mitgliedstaats, von dem die Datenübermittlung ausgeht, die gleichen technischen und organisatorischen Sicherheitsmaßnahmen anzuwenden, insbesondere wenn der Datenimporteur von verschiedenen Einrichtungen des in der Europäischen Union niedergelassenen Datenexporteurs Daten zur Weiterverarbeitung erhält; in diesem Fall sollte das Recht des Mitgliedstaats Anwendung finden, in dem der Datenexporteur niedergelassen ist.

Die EUMC C2P 2010 legten weiter die Informationen fest, die von den Parteien in dem Vertrag über die Übermittlung unbedingt mitgeteilt werden sollten.

Eine große Neuerung war die Möglichkeit, dass der Nicht-EU Verarbeiter seinerseits Unterauftragnehmer einschalten konnte. Damit sollte dem Globalisierungstrend in den Geschäftspraktiken und Gepflogenheiten bei der Datenverarbeitung Rechnung getragen werden. Die EUMC C2P 2010 führten daher spezifische Standardvertragsklauseln über die Vergabe eines Unterauftrags über Datenverarbeitungsdienste an in Drittländern niedergelassene Auftragsverarbeiter (Unterauftragsverarbeiter) durch einen in einem Drittland niedergelassenen Datenverarbeiter (den Datenimporteur) ein. Sie sehen auch Bedingungen vor, die bei der Vergabe von Unteraufträgen über

Datenverarbeitungsdienste zu erfüllen sind, damit gewährleistet ist, dass die übermittelten personenbezogenen Daten auch bei einer Weiterübermittlung an einen Unterauftragsverarbeiter geschützt sind.

Die Vergabe von Unteraufträgen über Datenverarbeitungsdienste darf ausschließlich Tätigkeiten betreffen, die in dem Vertrag zwischen dem Datenexporteur und dem Datenimporteur, der die EUMC C2P 2010 enthält, vereinbart worden sind, und keine anderen Verarbeitungstätigkeiten oder Verarbeitungszwecke, sodass das Zweckbindungsprinzip gewahrt bleibt. Sollte sich der Unterauftragsverarbeiter nicht an seine Datenverarbeitungspflichten nach dem Vertrag halten, ist der Datenimporteur gegenüber dem Datenexporteur verantwortlich. Die Übermittlung personenbezogener Daten an Auftragsverarbeiter, die außerhalb der Europäischen Union niedergelassen sind, darf nicht die Tatsache berühren, dass für die Verarbeitungstätigkeiten das anwendbare Datenschutzrecht gilt.

> Die Möglichkeit, dass der außereuropäische Auftragsverarbeiter Unteraufträge vergeben kann, ist eine wesentliche und längst überfällige Neuerung.
>
> Gleichwohl führt sie dazu, dass ein Auftragsverarbeiter in der EU gegenüber seinem außereuropäischen Pendant schlechter gestellt ist. Der EU-Auftragsverarbeiter hat (noch) keine Möglichkeit, selbst Unterauftragnehmer im außereuropäischen Bereich einzusetzen. Entsprechende Vorstöße durch die Artikel 29 Arbeitsgruppe, diese P2P-Lücke zu schließen, verliefen im Sand.

Die Standardvertragsklauseln sind einklagbar, und zwar nicht nur durch die Organisationen, die Vertragsparteien sind, sondern auch durch die betroffenen Personen, insbesondere wenn ihnen als Folge eines Vertragsbruchs Schaden entsteht.

Die betroffene Person ist berechtigt, gegen den Datenexporteur, der für die Verarbeitung der übermittelten personenbezogenen Daten verantwortlich ist, vorzugehen und von diesem ggf. Schadenersatz zu verlangen. In Ausnahmefällen, wenn das Unternehmen des Datenexporteurs faktisch oder rechtlich nicht mehr besteht oder zahlungsunfähig ist, kann die betroffene Person auch gegen den Datenimporteur vorgehen und von diesem wegen Verstoßes des Datenimporteurs oder eines seiner Unterauftragsverarbeiter gegen eine Pflicht ggf. Schadenersatz verlangen. In Ausnahmefällen, wenn sowohl das Unternehmen des Datenexporteurs als auch das des Datenimporteurs faktisch oder rechtlich nicht mehr bestehen oder zahlungsunfähig sind, ist die betroffene Person zudem berechtigt, gegen den Unterauftragsverarbeiter vorzugehen und von diesem ggf. Schadenersatz zu verlangen. Eine solche Haftpflicht des Unterauftragsverarbeiters ist auf dessen Verarbeitungstätigkeiten nach den Vertragsklauseln beschränkt.

Wird eine Streitigkeit zwischen einer betroffenen Person, die sich auf die Drittbegünstigtenklausel beruft, und dem Datenimporteur nicht gütlich beigelegt, muss der Datenimporteur der betroffenen Person die Wahl lassen zwischen einem Schlichtungsverfahren oder einem Gerichtsverfahren. Inwieweit die betroffene Person tatsächlich wählen kann, hängt von dem Vorhandensein zuverlässiger und anerkannter Schlichtungsverfahren ab. Falls die Datenschutzbehörde des Mitgliedstaats, in dem der Datenexporteur niedergelassen ist, solche Schlichtungsverfahren vorsieht, muss diese Möglichkeit angeboten werden.

Auf den Vertrag findet das Recht des Mitgliedstaats Anwendung, in dem der Datenexporteur niedergelassen ist und in dem ein Drittbegünstigter die Einhaltung des Vertrags gerichtlich durchsetzen kann. Betroffene Personen sind, wenn sie dies wünschen und das nationale Recht es zulässt, berechtigt, sich von Vereinigungen oder sonstigen Einrichtungen vertreten zu lassen. Das gleiche Recht gilt auch für sämtliche Datenschutzbestimmungen jedes Vertrags mit einem Unterauftragsverarbeiter über die Verarbeitung personenbezogener Daten, die nach den Vertragsklauseln von einem Datenexporteur an einen Datenimporteur übermittelt worden sind.

### 3.8.11 Verarbeiter an Verarbeiter (P2P)

Der Beschluss zu den EUMC C2P 2010 findet nur Anwendung, wenn ein in einem Drittland niedergelassener Datenverarbeiter einen in einem Drittland niedergelassenen Unterauftragsverarbeiter mit seinen Verarbeitungsdiensten beauftragt. Das bedeutet, dass man ihn ausdrücklich nicht heranziehen kann, wenn ein in der Europäischen Union niedergelassener Auftragsverarbeiter, der personenbezogene Daten im Auftrag eines in der Europäischen Union niedergelassenen für die Verarbeitung Verantwortlichen verarbeitet, einen in einem Drittland niedergelassenen Unterauftragsverarbeiter mit der Verarbeitung beauftragt.

In diesem Fall ist es Sache der Mitgliedstaaten, ob sie die Tatsache berücksichtigen möchten, dass bei der Vergabe eines Verarbeitungsauftrags an einen in einem Drittland niedergelassenen Unterauftragsverarbeiter die in den Standardvertragsklauseln festgeschriebenen Grundsätze und Garantien mit dem Ziel zur Anwendung gebracht wurden, die Rechte der von der Datenübermittlung zwecks Unterauftragsverarbeitung betroffenen Person angemessen zu schützen. In der Praxis ist dies jedoch bislang ersichtlich nicht geschehen.

Die DSGVO eröffnet jedoch jetzt wieder die Möglichkeit, dass auch Standarddatenschutzklauseln im Verhältnis Auftragsverarbeiter zu Unterauftragsverarbeiter beschlossen werden können. Hiervon sollte die Kommission zügig Gebrauch machen.

> Unter der DSGVO kann die P2P-Lücke geschlossen werden und das Angebot an Standarddatenschutzklauseln abgerundet werden. Dies sollte die Kommission zügig nutzen. Hierzu hatte sie bereits Ende 2020 einen Entwurf zur Konsultation veröffentlicht.

### 3.8.12 Änderungen durch die DSGVO

Die DSGVO berührt, wie gezeigt, das grundsätzliche System der Garantien für ein angemessenes Datenschutzniveau nicht. Auch die bisherigen Musterklauseln gelten solange weiter, bis die Kommission sie widerruft, Artikel 46 Abs. 5 Satz 2 DSGVO.

Neben der sprachlichen Änderung zu Standarddatenschutzklauseln ist jedoch neu, dass es nunmehr auch den Aufsichtsbehörden möglich ist, eigene Standarddatenschutzklauseln zu entwerfen. Sie müssen in einem ersten Schritt im Kohärenzverfahren abgestimmt werden. Anschließend ist noch eine förmliche Genehmigung der Kommission erforderlich.

Schließlich erlaubt die DSGVO eine größere Flexibilität bei der Anpassung der Standarddatenschutzklauseln auf besondere Verhältnisse. Die dem Verantwortlichen oder dem Auftragsverarbeiter offenstehende Möglichkeit, auf die von der Kommission oder einer Aufsichtsbehörde festgelegten Standard-Datenschutzklauseln zurückzugreifen, sollte den Verantwortlichen oder den Auftragsverarbeiter weder daran hindern, die Standarddatenschutzklauseln auch in umfangreicheren Verträgen, wie z. B. Verträgen zwischen dem Auftragsverarbeiter und einem anderen Auftragsverarbeiter, zu verwenden, noch ihn daran hindern, ihnen weitere Klauseln oder zusätzliche Garantien hinzuzufügen, solange diese weder mittelbar noch unmittelbar im Widerspruch zu den von der Kommission oder einer Aufsichtsbehörde erlassenen Standarddatenschutzklauseln stehen oder die Grundrechte und Grundfreiheiten der betroffenen Personen beschneiden. Die Verantwortlichen und die Auftragsverarbeiter sollten ermutigt werden, mit vertraglichen Verpflichtungen, die die Standard-Schutzklauseln ergänzen, zusätzliche Garantien zu bieten.[83]

83 Erwägungsgrund 109 DSGVO.

> Bei der – nunmehr grundsätzlich möglichen – Veränderung der Standarddatenschutzklauseln ist Vorsicht geboten: Wenn die Modifikation als zu weitgehend befunden wird, entfällt das Privileg der genehmigungsfreien Übermittlung. In diesem Fall muss die Datenschutzbehörde der veränderten Vertragsfassung wieder individuell zustimmen.

Insgesamt dürfte die praktische Relevanz der Standarddatenschutzklauseln als wesentlicher Sicherungsmechanismus im internationalen Datentransfer weiterhin bestehen bleiben. Oftmals werden sie auch zusätzlich zu einer Zertifizierung als weitere Sicherung vereinbart werden.

Im Praxisfall dürfte es daher auch für den deutschen Mischkonzern die erste Wahl sein, seinen internen Datentransfer mit Standarddatenschutzklauseln zu strukturieren.

Wenn allerdings die Konzernstruktur derart weit verflochten ist, dass ein separates Vertragsmanagement nur für Standarddatenschutzklauseln erforderlich wird, sollten andere Mechanismen und insbesondere *binding corporate rules* in das Blickfeld rücken.

### 3.8.13 Standarddatenschutzklauseln

Am 12.11.2020 startete die EU-Kommission ein Konsultationsverfahren für einen Entwurf neuer Standarddatenschutzklauseln. Diese wurden am 4. 6. 2021 veröffentlicht.

Der neue Vorschlag zielt darauf ab, zum einen die dargestellten Defizite der Standardvertragsklauseln zu beheben und die neuen Anforderungen des EuGH aus dem Schrems II Urteil zu berücksichtigen.

### 3.8.14 (Neue) Anwendungsfälle

Eine wichtige Änderung zu den Standardvertragsklauseln ist, dass die Anwendungsfälle mit den Standarddatenschutzklauseln deutlich erweitert werden sollen.

Bislang gab es Vertragsklauseln für Übermittlungen durch einen Verantwortlichen an einen anderen Verantwortlichen oder Auftragsverarbeiter, mithin C2C und C2P. Dazu kommen nunmehr folgende Fälle, sodass alle Kombinationsmöglichkeiten abgedeckt sind:

- P2P, also die Übermittlung von einem Auftragsverarbeiter in der EU an einen (Unter-)Auftragsverarbeiter in einem Drittland. Damit dürfte die derzeitige EU-Inländerungleichbehandlung von EU-Auftragsverarbeitern im Vergleich zu Nicht-EU-Auftragsverarbeitern behoben werden.

- P2C: Die Übermittlung von einem Auftragsverarbeiter in der EU an einen Verantwortlichen in einem Drittland. Der Anwendungsbereich dieser Kombination dürfte aber eher beschränkt sein.

Des Weiteren dürfen auch Verantwortliche oder Auftragsverarbeiter in einem Drittland, die in den Anwendungsbereich der DSGVO gemäß Art. 3 (2) fallen, die Standarddatenschutzklauseln nutzen.

Klargestellt wurde auch, dass die Nutzung für mehrere Parteien, jeweils als Übermittler oder Empfänger, möglich ist. Dies wurde bisher in der Praxis bereits so geübt, jedoch sahen die Standardvertragsklauseln keine entsprechende Öffnung in ihrem Muster vor.

### 3.8.15 Aufbau / Modularität

Die Funktionsweise und Struktur der Klauseln bleiben gleich. Es sollen feste Vertragsklauseln entstehen, die nicht ohne Zustimmung der Aufsichtsbehörden geändert werden können, ohne ihre Privilegierungswirkung zu verlieren.

Die neuen Standarddatenschutzklauseln sehen einen modularen Ansatz vor: Aufbauend auf einen einheitlichen allgemeinen Vertragsteil werden unterschiedliche Module für alle Übermittlungsvarianten aufgesattelt.

Dadurch ist der Entwurf schwer lesbar, da selbst auf Klauselebene unterschiedliche Varianten ausgewählt werden können bzw. müssen. In der Praxis ist zu erwarten, dass sich vollständige Varianten je nach Anwendungsfall herausbilden werden und der modulare Ansatz sich aufgrund dieser Granularität nicht bewähren wird.

### 3.8.16 Inhaltliche Änderungen

Die meisten Regelungen entsprechen denen der bisherigen Standardvertragsklauseln. Einiges ist aber neu.

Die Klauseln haben grundsätzlich Drittbegünstigungswirkung für die Betroffenen. Dies stellt eine Umkehrung des bisherigen Regel-Ausnahme-Verhältnisses dar. Der Vertrag muss dem Recht eines EU-Landes unterliegen und dieses Recht muss die Durchsetzbarkeit der Drittbegünstigungsklauseln gewährleisten. Ist das nicht der Fall, muss das Recht eines anderen EU-Landes gewählt werden.

Bei Übertragungen an Auftragsverarbeiter gibt es mehrere Änderungen. Sie adressieren z. B. die bisherige doppelte Notwendigkeit für einen Auftragsverarbeitungsvertrag und Standardvertragsklauseln. Nach Erwägungsgrund (9) des Beschlussentwurfs werden die Anforderungen des Art. 28 DSGVO (also für eine Auftragsverarbeitung) durch die Standardvertragsklauseln erfüllt. Die Auffassung der deutschen Aufsichtsbehörden, dass zusätzliche Klauseln erforderlich sein könnten, dürfte daher nicht mehr gelten.

Die unterschiedlichen Klauseln für die Fallgruppe der Auftragsverarbeiter in der EU und weiterer Auftragsverarbeiter in Drittstaaten (P2P) legen nicht eindeutig fest, wer in diesem Fall den anderen Auftragsverarbeiter primär kontrolliert und anweist. Übermittelt ein Auftragsverarbeiter in der EU Daten an einen Verantwortlichen in einem Drittland, dann ist vorgesehen, dass der EU-Auftragsverarbeiter in bestimmten Fällen die Rechtmäßigkeit der Verarbeitung überprüfen muss. Das kann in vielen Fällen aufwändig bis unmöglich sein.

Bei einer Übermittlung durch einen Verantwortlichen in der EU an einen Verantwortlichen in einem Drittland muss der Datenimporteur (also nicht nur der Datenexporteur) grundsätzlich die Rechte der Betroffenen nach Art. 12 bis 22 DSGVO beachten.

Die bisher optionale Aufnahme einer Haftungs- und Entschädigungsklausel zwischen den Parteien ist nun zwingend vorgeschrieben. Hier ist jedoch noch unklar, ob die Parteien noch (weitere) Haftungsbeschränkungen vereinbaren können. Vorgesehen ist dies im Muster nicht, sodass nach derzeitigem Stand eine zustimmungspflichtige Änderung vorliegen würde.

Schließlich hat der Anhang zu technisch-organisatorischen Maßnahmen nun eine Checkliste der zu regelnden Punkte, die allerdings recht lang und ohne inhaltliche Regelungen ist. In der Praxis dürfte damit aber die Struktur der TOMs faktisch vorbestimmt sein. Bislang gab es gerade in Deutschland Vertreter, die die alte BDSG-Strukturierung beibehielten, und solche, die (richtigerweise) versuchten, Art. 32 DSGVO abzubilden.

Verschiedene Klauseln dienen der Umsetzung der Vorgaben des EuGH in seinem Schrems II-Urteil. So muss die Prüfung der Rechtslage und der entsprechenden Risiken, insbesondere durch Zugriffsbefugnisse von Behörden im Drittland, wie sie von den EU-Datenschutzbehörden gefordert werden, durchgeführt, dokumentiert und ggf. den Aufsichtsbehörden vorgelegt werden. Der Vertragsentwurf enthält auch detaillierte Verpflichtungen des Datenimporteurs, den Datenexporteur über Datenzugriffe seiner nationalen Behörden zu informieren und ggf. gerichtlich gegen diese vorzugehen.

Schließlich muss sich der Datenimporteur den Entscheidungen von EU-Aufsichtsbehörden und EU-Gerichten unterwerfen. Dies kann zu Konflikten mit dem Territorialitätsprinzip im jeweiligen Drittland führen. Im Falle solcher Probleme und Verstöße hat der Datenexporteur das Recht (und die Pflicht), die Datenverarbeitung auszusetzen und ggf. zu beenden. Dies ist verbunden mit einer Meldepflicht an die europäischen Aufsichtsbehörden.

### 3.8.17 Umsetzungszeitraum

Wenn die neuen Standarddatenschutzklauseln in Kraft treten (am 20. Tag nach der Veröffentlichung), müssen sie für alle neuen Datenübermittlungen oder Änderungen an bestehenden Übermittlungen verwendet werden. Die bisherigen Standardvertragsklauseln verlieren ihre Gültigkeit und müssen innerhalb von 18 Monaten durch die neuen Klauseln ersetzt werden.

## 3.9 Sonderfall Brexit

Mit dem Beschluss des Vereinigten Königreichs, die Europäische Union zu verlassen, gehen auch datenschutzrechtlich Konsequenzen einher. Mit Vollzug des Austritts wurde Großbritannien Drittland im Sinne der DSGVO. Damit wären die bisherigen Datentransfers, die innerhalb der EU ohne zusätzliche Sicherungsmechanismen erfolgten, rechtswidrig, es sei denn, dass Großbritannien den Status eines sicheren Drittlands anerkannt erhielte.

Auf der Grundlage des Austrittsabkommens, das sowohl von der Europäischen Union als auch vom Vereinigten Königreich ratifiziert wurde, endete am 31. Dezember 2020 eine Übergangsfrist, während der das EU-Recht im Vereinigten Königreich weiter galt.

Seit 1. Januar 2021 wird die Übermittlung personenbezogener Daten in das Vereinigte Königreich durch das Handels- und Kooperationsabkommen (TCA) zwischen der EU und dem Vereinigten Königreich geregelt, das von den Verhandlungsführern der EU und des Vereinigten Königreichs am 24. Dezember 2020 vereinbart wurde und seit dem ersten Tag des Jahres vorläufig anwendbar ist. Das Handels- und Kooperationsabkommen sieht eine Übergangsregelung (sogenannte „Brückenklausel“, verankert in Artikel FINPROV.10A des TCA) vor, die die vollständige Kontinuität des Datenflusses zwischen dem EWR und dem Vereinigten Königreich sicherstellt, ohne dass Unternehmen und Behörden ein Übermittlungsinstrument gemäß der DSGVO einrichten müssen. Diese Lösung gilt für einen Zeitraum von maximal sechs Monaten und ist an die Verpflichtung des Vereinigten Königreichs geknüpft, das derzeit geltende Datenschutzregime nicht zu ändern. Im Wesentlichen bedeutet dies, dass das Vereinigte Königreich weiterhin die auf EU-Recht basierenden Datenschutzvorschriften anwenden muss, die während des Übergangszeitraums anwendbar waren.

Am 19. Februar 2021 leitete die EU-Kommission das Verfahren zur Annahme von zwei Angemessenheitsbeschlüssen für die Übermittlung personenbezogener Daten in das Vereinigte Königreich ein, die sich auf die Datenschutz-Grundverordnung (GDPR) bzw. die Strafverfolgungsrichtlinie stützen. Die Veröffentlichung der Entscheidungsentwürfe ist der Beginn eines Prozesses zu deren Annahme. Dazu mussten eine Stellungnahme des Europäischen Datenschutzausschusses (EDPB) und grünes Licht von einem Ausschuss, der sich aus Vertretern der EU-Mitgliedstaaten zusammensetzt, eingeholt werden. Mittlerweile hat die Kommission die beiden Angemessenheitsbeschlüsse erlassen.

Konzerne, zu denen auch britischen Gesellschaften gehören, können darüber hinaus an *Binding Corporate Rules* (BCR) als eine Möglichkeit denken.

Unternehmen mit (starken) Beziehungen nach Großbritannien tun gut daran, auch aus datenschutzrechtlicher Sicht die Brexit-Gespräche im Blick zu behalten. Wer gut gerüstet sein will, verlässt sich nicht auf eine politische Entscheidung, sondern strebt bereits jetzt den Abschluss von Standarddatenschutzklauseln (mit Wirkung ab Brexit) an.

## 3.10 Zusammenfassung

Nach der grundsätzlichen Rechtfertigung der Datenverarbeitung im Ausland ist die Sicherstellung eines angemessenen Datenschutzniveaus der zweite wichtige Schritt.

Wenn das Empfängerland nicht zu den wenigen anerkannten sicheren Drittstaaten gehört, bleiben Standarddatenschutzklauseln in ihren jeweiligen Ausgestaltungen (derzeit C2C und C2P) und *Binding Corporate Rules* (BCR) als wesentliche Garantien.

Die neu in der DSGVO eingeführten weiteren Mechanismen, z. B. die Zertifizierung, werden sich in der Praxis erst noch bewähren müssen. Sie können sich jedoch durchaus zu interessanten Alternativen entwickeln.

Der Praxisfall löst sich regelmäßig auf der ersten Stufe durch die Rechtfertigung der Übermittlung der Beschäftigtendaten im Konzern aufgrund der

Interessensabwägung nach Art. 6 Abs. 1 f) DSGVO. Das Interesse des Unternehmens an einem einheitlichen Personalsystem dürfte regelmäßig überwiegen.

Auf der zweiten Stufe ist dann ein angemessenes Schutzniveau zu gewährleisten. Im Konzern bieten sich dafür *Binding Corporate Rules* an, wobei sich der mit ihrer Einführung verbundene Aufwand erst ab größeren Unternehmensstrukturen lohnen dürfte. Daher wird der Mischkonzern vermutlich zunächst Standarddatenschutzklauseln zwischen den europäischen und nicht-europäischen Gesellschaften abschließen. Diese Standardklauseln werden auch weiterhin das wesentliche Mittel zur Gewährleistung eines angemessenen Datenschutzniveaus darstellen.

## 3.11 Änderung nach Redaktionsschluss

Nach Redaktionsschluss hat die EU-Kommission im Juni 2021 ihre neuen Standarddatenschutzklauseln verabschiedet. Eine wesentliche Änderung ist die Einführung eines „Transfer Impact Assessments". Danach können die Datenexporteure anhand verschiedener objektiver und subjektiver Kriterien dokumentiert einschätzen, wie Rechtslage und -praxis im Zielland sind. Trotz eines Rechts einer Behörde auf Zugriffs auf die übermittelten Daten kann dann bei fehlender tatsächlicher Nutzung dieser Möglichkeit (und weiteren Indikatoren) dennoch ein Transfer möglich sein.

# 4. Digitalisierungsprojekte: Digitale Umstrukturierung im Unternehmen

*Mathias Lang / Ulrich Emmert*

**Key Words:** Digitalisierung, IT-Sicherheit, Datenschutz, Transformation, Dokumenten-Managementsystem, Digitalisierungsprozess, Dokumenten-Managementsystem, Corona-Pandemie, Telearbeit, Homeoffice, Videokonferenz, virtuelle Telefonanlage, virtuelle Arbeitsplätze, Collaboration-Tools, Cloud Speicher, digitales Dokumentenmanagement, mobiles Arbeiten, Arbeitsstättenverordnung, arbeitsvertragliche (Zusatz-)Vereinbarung, Betriebsvereinbarung, BSI, Bundesamt für Informationssicherheit in der Informationstechnik, IT-Grundschutz, Softphone, Smartphone, Fixed Mobile Convergence, IP-Telefon, BYOD, EuGH, Privacy-Shield-Abkommen, Cloud Computing, Kriterienkatalog C5, On-Premises-Lösung, Kompendium zu Videokonferenzsystemen, Landesdatenschutzbeauftragte für Baden-Württemberg, Berlin und Nordrhein-Westfalen, Fernlöschung, Zwei-Faktor-Authentifizierung, Brute-Force-Schutz.

## 4.1 Ausgangs-/Praxisfall

Ein mittelständiges Maschinenbauunternehmen mit 5.000 Mitarbeitern befasst sich anlässlich der Corona-Pandemie mit der Einführung von Homeoffice und Videokonferenzen.

Darüber hinaus will man die Krise als Chance zur digitalen Umstrukturierung nutzen und die Arbeitsprozesse dauerhaft digitalisieren, soweit dies möglich ist und mit Rationalisierungseffekten einhergeht.

Hierbei sind virtuelle Arbeitsmethoden und Technologien, wie Collaboration-Tools, Cloud Speicher, virtuelle Telefonanlagen und Arbeitsplätze sowie digitales Dokumentenmanagement im Gespräch. Was ist aus rechtlicher, insbesondere aus datenschutzrechtlicher Sicht zu berücksichtigen?

## 4.2 Rechtsrahmen und Zuständigkeiten

### 4.2.1 Einführung

Der Begriff Digitalisierung (von lat. digitus – Finger – und engl. digit – Ziffer –) bezeichnet das Umwandeln von analogen Werte in digitale Formate und ihre Verarbeitung oder Speicherung in einem digitaltechnischen System. In den betrieblichen Abläufen eines Unternehmens ermöglicht die Digitalisierung eine Effi zienzsteigerung und damit eine Verbesserung ihrer Wirtschaftlichkeit. Der Grund hierfür ist, dass Betriebsabläufe durch den Einsatz von Informations- und Kommunikationstechnik schneller und kostengünstiger abgewickelt werden können, als dies ohne Digitalisierung möglich wäre.[84]

Dabei besteht jedoch auch die Gefahr, dass Daten von unberechtigten Personen ausgewertet, verbreitet und verändert werden, insbesondere dass Hacker Zugang zu diesen Daten bekommen.

Neben vereinzelten spezifischen Vorschriften, wird der rechtliche Rahmen also hauptsächlich durch die IT-Sicherheit bestimmt. Es handelt sich somit um eine zum Kapitel IT-Sicherheit und Datenschutz gehörende Thematik. Aufgrund der hohen Brisanz und Praxisrelevanz soll dieser Bereich jedoch hervorgehoben dargestellt werden.

Bei Digitalisierung ist zunächst an die Transformation von analogen Dokumenten in digitale Formate zu denken. Dies kann wiederum in mehrere Sparten untergliedert werden: Die digitale Umwandlung von Briefpost, die Verwaltung ganzer Vorgänge in Digitale Dokumenten-Managementsysteme bis zur elektronischen Rechnungstellung und Buchhaltung mit digitalisierten Belegen ist hierbei alles mitumfasst.

In Zeiten der Corona-Pandemie ist jedoch auch die Digitalisierung der Arbeitsprozesse selbst wieder verstärkt in den Focus geraten, ohne dass es sich hierbei um neue Themen handeln würde.

Dies betrifft zunächst die Arbeit selbst, die durch Digitalisierungsprozesse ortsungebunden ausgeführt werden kann, als auch das hierfür erforderliche Equipment. Begriffe wie Telearbeit (Homeoffice) und mobiles Arbeiten, Videokonferenzen, Collaboration-Tools, virtuelle Telefonanlagen, Thin-Clients und mobile Workstations, sowie Remote-Zugänge zu Servern und Cloud-Speichern haben schon Jahre vor der Corona-Pandemie in der IT Einzug gehalten, ohne jedoch plötzlich diese Bedeutung zu erhalten.

---

84 https://de.wikipedia.org/wiki/Digitalisierung, abgerufen am 7.08.2020.

Das notwendige Umdenken dürfte jedoch auch manches (emotionale) Vorurteil durch den Praxisgebrauch ausgeräumt und die Rationalisierungseffekte offenkundig gemacht haben.

So kann Arbeitszeit durch Wegfall von An- und Abreisen gespart, die Effektivität durch Konzentration auf das Wesentliche erhöht und Kosten durch Wegfall von Reisekostenerstattungen oder Anmieten teurer Gewerbe- oder Büroflächen reduziert werden. Natürlich ist dies nicht universell auf jeden Bereich übertragbar, jedoch in der Administration ohne Repräsentation oder der Projektarbeit durchaus sinnvoll anwendbar.

Durch die Corona-Pandemie wurden die Defizite bei der Digitalisierung schonungslos offengelegt, die Entwicklung aber in wenigen Monaten enorm beschleunigt. Während vorher geschäftliche Treffen normalerweise als Präsenztreffen stattfanden und Homeoffice eine seltene Ausnahme war, haben sich Millionen von Selbständigen und Arbeitnehmern in kürzester Zeit auf Home Office Arbeitsplätze und Videokonferenzen einstellen müssen.

Corona-Regelungen

Datenschutz im Home Office

Datenschutz bei Videokonferenzen

Digitalisierung

**Abbildung 9**

### 4.2.2 Digitales Dokumenten-Management

Die Aufbewahrung von Unterlagen ist durch zahlreiche gesetzliche Aufbewahrungsfristen geregelt, wobei es Mindest- und Höchstfristen der Aufbewahrung gibt, letztere vor allem aus dem Bereich des Datenschutzrechts. Die wichtigsten Aufbewahrungspflichten ergeben sich aus den §§ 257 HGB und 147 AO. Die Vorschriften gelten unabhängig von der Form für elektronische Dokumente und Dokumente in Schriftform. Verwendet ein Unternehmen SMS, Teams oder Whatsapp für geschäftliche Zwecke, sind auch solche Nachrichten aufbewahrungspflichtig, ausgenommen sind mündliche und fernmündliche Besprechungen in Audio- oder Videoform.

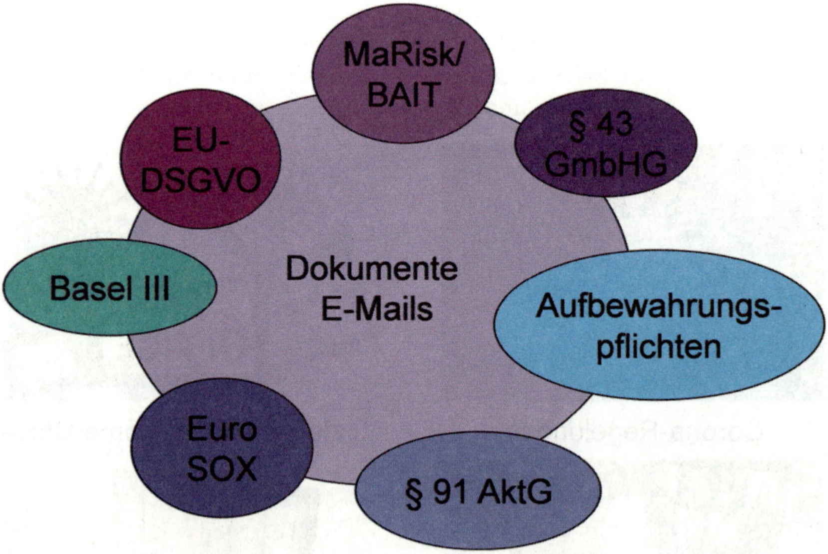


**Abbildung 10**

Zusätzlich gibt es zahlreiche weitere Vorschriften aus dem Compliancebereich, die Auswirkungen auf die Aufbewahrung von Dokumenten haben können.

Die Aufbewahrung von Dokumenten zumindest nach Steuerrecht sollte in revisionssicherer Form erfolgen, dies ergibt sich aus den Grundsätzen zur ordnungsmäßigen Führung und Aufbewahrung von Büchern, Aufzeichnungen und Unterlagen in elektronischer Form sowie zum Datenzugriff (GoBD) vom 28.11.2019[85].

Der Begriff „Revisionssicherheit“ wurde vom Verband für Organisations- und Informationssysteme in den 90er Jahren geprägt durch die „10 Merksätze zur revisionssicheren elektronischen Aufbewahrung“, derzeit fortgeschrieben in der Version 05/2019[86].

Dabei ist die Revisionssicherheit nicht mehr zwingend über kryptographische Sicherung mit qualifizierten Signaturen und Zeitstempeln oder Festplattensysteme zu führen, die innerhalb der Aufbewahrungsfrist keine Veränderung und Löschung zulassen. Diese Systeme bieten jedoch die besten Voraussetzungen für die Anerkennung durch die Finanzverwaltung, die bei Zweifeln an der Richtigkeit auch zum Instrument der Verwerfung und Schätzung greifen darf, vgl. §§ 158 und 162 AO.

Zweitens kann das Unternehmen gezwungen sein, in Gerichtsverfahren beweissichere Dokumente vorzulegen, wenn es die Beweislast trägt.

Bei elektronischen Dokumenten ohne ausreichende Sicherung kann dieser Beweis in aller Regel nicht geführt werden, die Headerdaten einer einfachen E-Mail können jederzeit gefälscht werden. Der mit einem Marktanteil von 90 % führende Mailserver Microsoft Exchange erlaubt, so lange man keine Archivierungssoftware innerhalb oder außerhalb Exchange verwendet, die jederzeitige nachträgliche Veränderung von bereits gespeicherten E-Mails.

Aus diesen Gründen sollten Dokumente und Mails des Unternehmens ausreichend sicher in einem Dokumentenmanagementsystem aufbewahrt werden, das auch die Auffindbarbarkeit der Dokumente unterstützt, idealerweise durch komplette Texterkennung der eingegangenen Dokumente und ggf. zusätzliche Verschlagwortung.

Optimale Sicherheit kann erreicht werden, wenn die Dokumente in das Langzeitarchivierungsformat PDF/A gewandelt werden und das Originaldokument im Anhang diesem PDF/A beigefügt wird, ab Version 3 des PDF/A Formates ist dies für beliebige Dokumentformate möglich. Dieses Format kann dann noch zur Erhaltung des Beweiswertes des Papierdokumentes nach den Vorschriften der Technischen Richtlinie 3125 TR-RESISCAN z. B. mit qualifizierten elektronischen Signaturen und qualifizierten Zeitstempeln gesichert werden. Dies wird in der Regel nicht von den Doku-

85 Bundesfinanzministerium, Schreiben vom 28.11.2019, https%3A%2F%2Fwww.bundesfinanzministerium.de%2FContent%2FDE%2FDownloads%2FBMF_Schreiben%2FWeitere_Steuerthemen%2FAbgabenordnung%2F2019-11-28-GoBD.pdf%3F__blob%3DpublicationFile%26v%3D9&usg=AOvVaw1zY7oo04NWmTS0s_76n-YG.

86 Erhältlich über https://www.voi.de/downloads/top-10-downloads/.

mentenmanagementsystemen selbst geleistet, sowohl die Texterkennung als auch die Signaturleistungen werden in der Regel durch angebundene weitere Softwaresysteme erledigt, die in der Regel mit mehreren oder allen Dokumentenmanagementsystemen kompatibel sind.

Mit kryptographischen Signaturen gesicherte Dokumente müssen nach § 15 des Vertrauensdienstegesetzes nach Ablauf der für die Kryptoalgorithmen zugelassenen Zeiträume (vgl. Technische Leitlinie 2102 des Bundesamts für Sicherheit in der Informationstechnik) nachsigniert werden, wenn diese weiterhin aufbewahrungspflichtig sind.

### 4.2.3 Digitale Rechnungstellung und Buchhaltung

Die meisten Rechnungen werden auch 2021 noch auf Papier verschickt, viele Unternehmen versuchen jedoch ihre Kunden dazu zu bewegen, elektronischen Rechnungsversand zu akzeptieren.

Die Vorschriften für digitale Rechnungen haben sich im Laufe der Jahre gewandelt, weg von der 100 %-Sicherheit hin zu einer höheren Praktikabilität in der GoBD 2020.

Ohne Zustimmung des Empfängers ist es nicht zulässig, einseitig den Rechnungsversand umzustellen, da die elektronische Rechnung für den Empfänger mit zusätzlichen Beweispflichten gegenüber dem Finanzamt verbunden ist, um den Vorsteuerabzug aus der Rechnung wegen Zweifeln des Finanzamts an der Richtigkeit nicht zu verlieren.

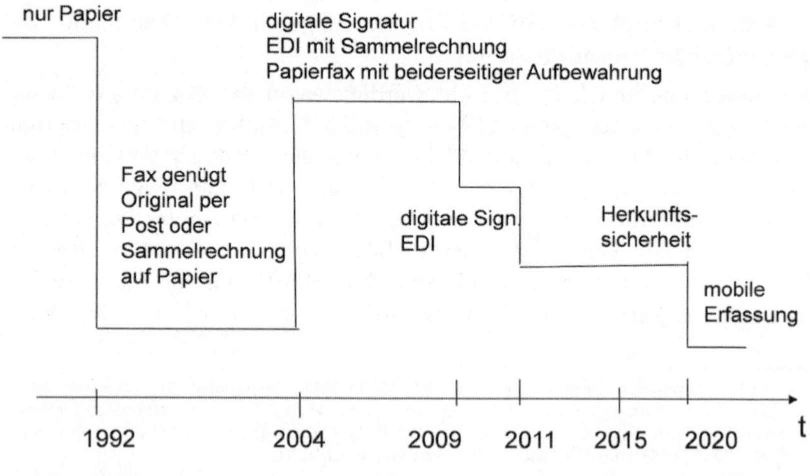


**Abbildung 11**

Ein Verfahren zur revisionssicheren Verarbeitung von Dokumenten kann wie folgt aussehen:

Heute gibt es mehrere Möglichkeiten, Rechnungen in die Buchhaltung zu bringen:

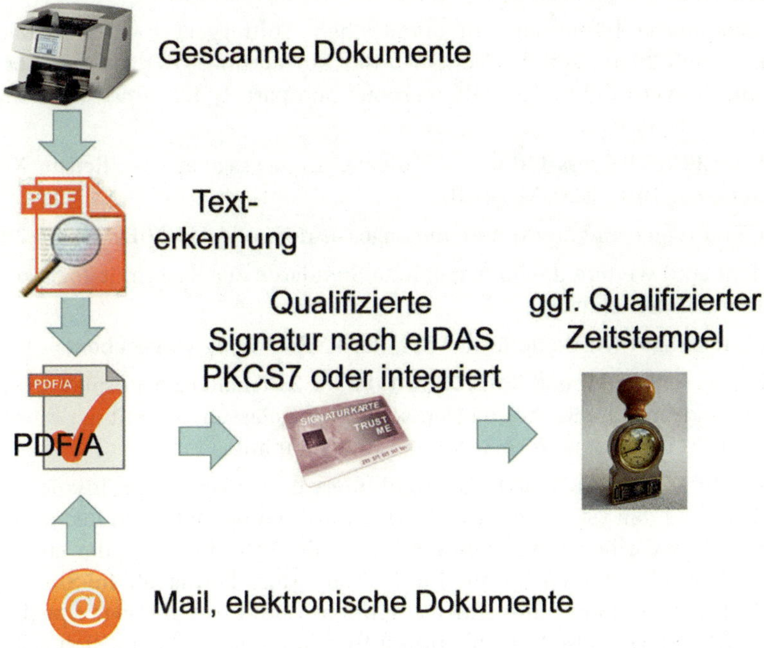


**Abbildung 12**

Es ist zulässig, auch Papierrechnungen zu digitalisieren, wenn zusätzliche Sicherheitsmaßnahmen erfolgen, wie z. B. Nachverfolgbarkeit eines Vorgangs über Angebot Bestellung Auslieferung, Rechnungsstellung und Bezahlung. Damit sind auch unsignierte E-Mail-Rechnungen z. B. per PDF zulässig. Die sicherste Möglichkeit für den Empfänger besteht in der Verwendung einer qualifiziert signierten Rechnung oder eines EDI-Verfahrens, da dann die Vermutung des § 14 Abs. 3 Umsatzsteuergesetz für den Beweis der Richtigkeit streitet. Seit Anfang 2020 ist es auch zulässig, Rechnungen z. B. bei Dienstreisen auch mit der Kamera eines Mobilgerätes zu erfassen und an die Buchhaltung zu übermitteln.

Von der UN Organisation UN/CEFACT (Zentrum der Vereinten Nationen für Handelserleichterungen und elektronische Geschäftsprozesse) gibt es verschiedene Standards für die maschinelle Auslesbarkeit elektronischer Rechnungen im XML-Format.[87]

Für Rechnungen an die Verwaltung muss an Landes- und Bundesbehörden ab einem Betrag von 1000 Euro eine digitale Rechnung in bestimmten Formaten nach der EU-Rechnungsrichtlinie[88] erstellt werden.

In Leistungsverhältnissen mit öffentlichen Auftraggebern müssen Rechnungen seit 2020 nach der Vorgaben des E-Rechnungsgesetzes und der E-Rechnungsverordnung gestellt werden. Europarechtlich sind dazu zwei Formate zugelassen:

- UN/CEFACT Cross Industry Invoice XML message as specified in XML Schemas 16B (SCRDM — CII).
- UBL invoice and credit note messages as defined in ISO/IEC 19845:2015

Zudem sind weitere davon abgeleitete Standards zugelassen, jedoch keine weiteren Datenfelder.

In Deutschland wurde dafür der Standard XRechnung vorgegeben.

Daher ist z. B. auch das FACTURX 1.0 oder ZUGFeRD 2.1-Format des Forums elektronische Rechnung Deutschland zugelassen, das mit der Europanorm 16931 und dem Format XRechnung kompatibel ist.

FACTUR-X 1.0 (ZUGFeRD 2.1) kombiniert die CrossIndustryInvoice von UNECE und den ISO Standard 17 PDF/A-3 zu einem hybriden Rechnungsformat. Das vorliegende Dokument bildet die Anforderungen der europäischen Norm EN16931 konform durch ein hybrides Format ab. Im Sinne der EN16931 ist es somit eine „fully compliant Core Invoice Usage Specification“ (CIUS). Da diese Spezifikation fully compliant ist, lassen sich mit ihr auch sämtliche weiteren CIUS der EN16931 abbilden, sofern sie als hybrides Rechnungsformat übertragen werden sollen. In diesem Dokument wird beschrieben, wie XML Instanzen erzeugt werden können, die die Anforderungen des semantischen Datenmodells konform abbilden. Darüber hinaus wird erläutert, wie das Übertragungsformat PDF/A-3 erstellt werden kann.

An Datenfeldern muss die elektronische Rechnung im Anwendungsbereich der E-Rechnungsverordnung neben den umsatzsteuerrechtlichen Rechnungsbestandteilen folgenden Anforderungen nach § 5 genügen:

1. eine Leitweg-Identifikationsnummer,
2. die Bankverbindungsdaten,
3. die Zahlungsbedingungen und

87 http://www.unece.org/cefact/xml_schemas/index.htm.

88 Richtlinie der EU 2014/55/EU zu elektronischen Rechnungen.

4. die De-Mail-Adresse oder eine E-Mail-Adresse des Rechnungsstellers.

Die elektronische Rechnung hat zusätzlich zu den Angaben nach Absatz 1 folgende Angaben zu enthalten, wenn diese dem Rechnungssteller bereits bei Beauftragung übermittelt wurden: Lieferantennummer und Bestellnummer.

Weiter gibt es auch für elektronische Ausfuhranmeldungen ein standardisiertes Format, die zwingend elektronisch beim Zoll eingereicht werden müssen[89].

### 4.2.4 Outsourcing und Digitalisierung der Arbeitsplätze

#### 4.2.4.1 Telearbeit (Homeoffice) und mobiles Arbeiten

Telearbeit, Homeoffice und mobiles Arbeiten werden zwar oft synonym benutzt, haben jedoch eine unterschiedliche Bedeutung.

Während Telearbeit oder Homeoffice die Arbeit von Zuhause mit festen Arbeitsplätzen bezeichnet, ist mit mobilem Arbeiten eine ortsungebundene, örtlich flexible Arbeitsweise gemeint.

Für Telearbeit oder Homeoffice gibt es eine gesetzliche Grundlage in § 2 Abs. 7 Arbeitsstättenverordnung:

> Telearbeitsplätze sind vom Arbeitgeber fest eingerichtete Bildschirmarbeitsplätze im Privatbereich der Beschäftigten, für die der Arbeitgeber eine mit den Beschäftigten vereinbarte wöchentliche Arbeitszeit und die Dauer der Einrichtung festgelegt hat. Ein Telearbeitsplatz ist vom Arbeitgeber erst dann eingerichtet, wenn Arbeitgeber und Beschäftigte die Bedingungen der Telearbeit arbeitsvertraglich oder im Rahmen einer Vereinbarung festgelegt haben und die benötigte Ausstattung des Telearbeitsplatzes mit Mobiliar, Arbeitsmitteln einschließlich der Kommunikationseinrichtungen durch den Arbeitgeber oder eine von ihm beauftragte Person im Privatbereich des Beschäftigten bereitgestellt und installiert ist.

Danach bedarf es also einer arbeitsvertraglichen (Zusatz-)Vereinbarung, bzw. einer Betriebsvereinbarung.

Auch unabhängig von dieser gesetzlichen Grundlage[90] bedarf es stets der Zustimmung des Arbeitnehmers zum Homeoffice, da hier in die Privatsphäre des Arbeitnehmers eingegriffen wird, eine einseitige Anordnung durch den Arbeitgeber ist nicht zulässig.

---

89 IHK Krefeld, https://www.ihk-krefeld.de/de/international/zollthemen/Die-elektronische-Ausfuhranmeldung-ATLAS.html.

90 Die ArbStättV dient der Sicherheit und dem Gesundheitsschutz der Beschäftigten und wird durch weitere Unfallverhütungsvorschriften der Unfallversicherungsträger (Berufsgenossenschaften) über § 17 (1) SGB VII konkretisiert.

Umgekehrt gibt es (derzeit[91]) keinen allgemeinen Rechtsanspruch auf Homeoffice.[92] Lediglich im Rahmen der Corona-Pandemie-Bekämpfung wurde der Arbeitgeber über die SARS-CoV-2-Arbeitsschutzverordnung verpflichtet, im Falle von Büroarbeit oder vergleichbaren Tätigkeiten den Beschäftigten anzubieten, diese Tätigkeit in deren Wohnung auszuführen, wenn keine zwingenden betriebsbedingten Gründe entgegenstanden. Die Verordnung war bis 30.06.2021 befristet.

Eine gesetzliche Regelung für mobiles Arbeiten gibt es nicht. Aber auch hier gilt: Weder eine einseitige Anordnung ist möglich, noch besteht ein Rechtsanspruch.

Vielmehr ist auch beim mobilen Arbeiten eine arbeitsvertragliche Vereinbarung erforderlich.

Sowohl bei Telearbeit (Homeoffice) als auch mobilem Arbeiten bleibt der Arbeitgeber für die Einhaltung der datenschutzrechtlichen Bestimmungen verantwortlich.

Es ist also vonnöten, die datenschutzrechtlichen Grundsätze umzusetzen.

Hierzu gibt es keine konkreten gesetzlichen Vorgaben, die sich auf Telearbeit (Homeoffice) und mobiles Arbeiten beziehen würden.

Vielmehr leiten sich die erforderlichen technischen und organisatorischen Maßnahmen aus den allgemeinen Vorschriften ab.

Der Bundesbeauftragte für Datenschutz und Informationsfreiheit hat anlässlich der Corona-Pandemie einen Datenschutz-Wegweiser für Telearbeit und mobiles Arbeiten herausgegeben.[93]

In 10 untergliederten Punkten erfolgen darin Erläuterungen und Empfehlungen, die zu beachten sind.

Daneben hat das BSI anlässlich der Corona-Pandemie Tipps für sicheres mobiles Arbeiten veröffentlicht.[94] Hierin wird ausdrücklich nicht zwischen Telearbeit und mobilem Arbeiten unterschieden. Es werden 15 konkrete Punkte benannt, die aus Sicht des BSI wichtig sind.

---

91 Stand März 2021.

92 Sofern keine arbeits-, tarifvertragliche oder über Betriebsvereinbarung bestehende Grundlage besteht oder vereinzelt im öffentlich-rechtlichen Bereich.

93 https://www.bfdi.bund.de/SharedDocs/Publikationen/Faltblaetter/Telearbeit.pdf?__blob=publicationFile, abgerufen am 07.08.2020.

94 https://www.bsi.bund.de/SharedDocs/Downloads/DE/BSI/Cyber-Sicherheit/Themen/empfehlung_home_office.pdf?__blob=publicationFile&v=4, abgerufen am 07.08.2020.

Ferner wird das Thema im IT-Grundschutz des BSI in den folgenden Bausteinen ausführlich und detailliert aufgegriffen:

- OPS.1.2.4 Telearbeit[95]
- INF.8 Häuslicher Arbeitsplatz[96]
- INF.9 Mobiler Arbeitsplatz[97]
- SYS.3.2.2 Mobile Device Management (MDM)[98]
- CON.7 Informationssicherheit auf Auslandsreisen[99]

Wie im allgemeinen Teil beschrieben, wird zunächst eine Schutzbedarfs- oder Risikoanalyse durchgeführt, anhand derer dann die weiteren Anforderungen zu bestimmen sind.

Je nachdem welche Gefahrenklasse und Datenkategorien betroffen sind, sind die Anforderungen höher oder niedriger zu setzen. So sind aus datenschutzrechtlicher Sicht die Anforderungen bei allgemeinen Daten geringer, als bei sensiblen Daten im Sinne des Art. 9 Abs. 1 DSGVO oder Sozialdaten nach § 67 Abs. 1 SGB X.

#### 4.2.4.1.1 Mobile, virtuelle und stationäre (Heim-) Arbeitsplätze

Auch die Art der einzusetzenden Arbeitsplätze wird bei der Festlegung der verbindlichen Vorgaben eine Rolle spielen. So sind die Anforderungen an Laptops andere als an traditionelle Workstations, die im Heimbüro permanent verbleiben oder an virtuelle (Desktop-)Arbeitsplätze, auf die per Passwort oder Smartcard zugegriffen wird.

#### 4.2.4.1.2 Virtuelle Telefonanlagen, Soft- und Smartphones

Die Fernkommunikation spielt selbstverständlich ebenso eine bedeutende Rolle für die verbindliche Ausgestaltung der ausgelagerten Arbeitsplätze.

Während die einfachste Form der Lösung ein zur Verfügung gestelltes Smartphone wäre, bietet sich die Möglichkeit, über eine virtuelle Telefon-

95 https://www.bsi.bund.de/DE/Themen/ITGrundschutz/ITGrundschutzKompendium/bausteine/OPS/OPS_1_2_4_Telearbeit.html, abgerufen am 07.08.2020.

96 https://www.bsi.bund.de/DE/Themen/ITGrundschutz/ITGrundschutzKompendium/bausteine/INF/INF_8_H%C3%A4uslicher_Arbeitsplatz.html, abgerufen am 07.08.2020.

97 https://www.bsi.bund.de/DE/Themen/ITGrundschutz/ITGrundschutzKompendium/bausteine/INF/INF_9_Mobiler_Arbeitsplatz.html, abgerufen am 07.08.2020.

98 https://www.bsi.bund.de/DE/Themen/ITGrundschutz/ITGrundschutzKompendium/bausteine/SYS/SYS_3_2_2_Mobile_Device_Management_(MDM).html, abgerufen am 07.08.2020.

99 https://www.bsi.bund.de/DE/Themen/ITGrundschutz/ITGrundschutzKompendium/bausteine/CON/CON_7_Informationssicherheit_auf_Auslandsreisen.html, abgerufen am 07.08.2020.

anlage nicht nur Softphones[100] einzusetzen, sondern auch Smartphones über Fixed Mobile Convergence (FMC) oder IP-Telefone einzubinden. Neben der oft kostengünstigeren Lösung im Vergleich zur herkömmlichen Telefonanlage können Nebenstellen (und somit Durchwahlnummern) für Mitarbeiter vergeben werden, unter denen diese unabhängig vom Endgerät und aktuellem Aufenthaltsort telefonieren können und erreichbar sind.

#### 4.2.4.1.3 BYOD oder firmeneigene Lösungen

Hinsichtlich der Umsetzung ist auch darüber zu entscheiden, ob nur firmeneigenes Equipment benutzt werden soll oder der Mitarbeiter seine eigenen Endgeräte Bring Your Own Device **(BYOD)** und seinen eigenen Internetanschluss einsetzen darf.

### 4.2.5 Collaboration-Tools

Zur gemeinsamen Bearbeitung von Texten, Tabellen und Präsentationen und Sonstigem sowie zur internen Kommunikation und gemeinsamen Verwaltung von Terminen, Aufgaben, etc., insbesondere bei Projektarbeit, bieten sich sogenannte Collaboration-Tools oder **Collaboration-Software** an.

Dies sind „Schweizer Taschenmesser" für gemeinsames Arbeiten in Echtzeit und eine echte Einsparung von Zeit und Kosten im Vergleich zu den früheren Methoden aus dem analogen Zeitalter.

Die Anbieter sind zahlreich.

Zu beachten ist hier die Einhaltung datenschutzrechtlicher Vorgaben. Dies führt bereits bei der Auswahl zu massiven Problemen.

Denn die meisten Anbieter sind US-amerikanisch und die Anwendungen befinden sich in der Cloud, viele Einzelheiten sind nicht transparent.

Seit der Entscheidung des EuGH zum Privacy-Shield-Abkommen[101] ist nicht nur in rechtlicher Hinsicht die Auswahl für einen US-Betreiber problematisch, auch die IT-Sicherheitsaspekte sollten nicht vernachlässigt werden.

Das BSI hat ein Sicherheitsprofil für solche Plattformen veröffentlicht.[102]

100 Software, die auf Computer, Tablet oder Smartphone installiert wird, über die telefonieren möglich ist.

101 EuGH, Urteil v. 16.07.2020, C-311/18, http://curia.europa.eu/juris/liste.jsf?num=C-311/18, abgerufen am 07.08.2020.

102 BSI – Sicherheitsprofil für eine SaaS Collaboration Plattform https://www.bsi.bund.de/SharedDocs/Downloads/DE/BSI/CloudComputing/SaaS/SPC_Teil_1.pdf?__blob=publicationFile&v=4, abgerufen am 07.08.2020.

### 4.2.6 Cloud Computing und Cloud-Server

„Cloud Computing ist ein Modell, das es bei Bedarf erlaubt, jederzeit und überall bequem über ein Netz auf einen geteilten Pool von konfigurierbaren Rechnerressourcen (z. B. Netze, Server, Speichersysteme, Anwendungen und Dienste) zuzugreifen, die schnell und mit minimalem Managementaufwand oder geringer Serviceprovider-Interaktion zur Verfügung gestellt werden können."[103]

Das BSI bezeichnet das **Cloud Computing** als dynamisch an den Bedarf angepasstes Anbieten, Nutzen und Abrechnen von IT-Dienstleistungen über ein Netz. Angebot und Nutzung dieser Dienstleistungen erfolgen dabei ausschließlich über definierte technische Schnittstellen und Protokolle. Die Spannbreite der im Rahmen von Cloud Computing angebotenen Dienstleistungen umfasst das komplette Spektrum der Informationstechnik und beinhaltet unter anderem Infrastruktur (z. B. Rechenleistung, Speicherplatz), Plattformen und Software.[104]

Der Kriterienkatalog C5 (Cloud Computing Compliance Criteria Catalogue) spezifiziert Mindestanforderungen an sicheres Cloud Computing.[105]

Die aktuelle Version 2020 steht beim BSI zum Download bereit.[106]

Bei fachgerechter Anwendung lässt sich der firmeneigene, hausinterne Server (sicherheitstechnisch oft besser) in ein Rechenzentrum zugriffsgeschützt auslagern, auf den berechtigte Mitarbeiter dann zugreifen können.

### 4.2.7 Videokonferenzen

Die Videokonferenztechnik bietet ebenfalls großes Rationalisierungspotential, wenn Sichtkonferenzen unabdingbar sind.

Anbieter sind mittlerweile zahlreich vorhanden.

Hier kann auf die Ausführungen zu Collaboration-Tools verwiesen werden, soweit die meisten Anbieter US-amerikanisch sind.

---

103 Definition der ENISA (European Network and Information Security Agency) und der NIST (National Institute of Standards and Technology). https://www.bsi.bund.de/DE/Themen/DigitaleGesellschaft/CloudComputing/Grundlagen/Grundlagen_node.html, abgerufen am 07.08.2020.

104 Definition des BSI https://www.bsi.bund.de/DE/Themen/DigitaleGesellschaft/CloudComputing/Grundlagen/Grundlagen_node.html, abgerufen am 07.08.2020.

105 https://www.bsi.bund.de/DE/Themen/DigitaleGesellschaft/CloudComputing/Kriterienkatalog/Kriterienkatalog_node.html, abgerufen am 07.08.2020.

106 https://www.bsi.bund.de/DE/Themen/DigitaleGesellschaft/CloudComputing/Kriterienkatalog/C5_AktuelleVersion/C5_AktuelleVersion_node.html, abgerufen am 07.08.2020.

Es gibt sowohl die Möglichkeit der Cloud-Variante als auch der On-Premises-Lösung, bei der das System auf eigenem Server betrieben wird. Letztere wird von Datenschützern bevorzugt.[107]

Die Landesdatenschutzbeauftragten für Baden-Württemberg[108], Berlin[109] und Nordrhein-Westfalen[110] haben Leitlinien und Empfehlungen veröffentlicht.

Zudem wurden durch die Berliner Beauftragte für Datenschutz und Informationsfreiheit Hinweise mit einem datenschutzrechtlichen Vergleich von verschiedenen Anbietern publiziert.[111]

Das BSI hat ein Kompendium zu Videokonferenzsystemen herausgegeben.[112]

### 4.2.8. Zuständigkeiten

Es ergeben sich folgende relevante Unternehmensbereiche, die bei der Umsetzung zu beteiligen sind:

- Geschäftsleitung
- Buchhaltung
- Controlling
- IT-Abteilung
- IT-Sicherheitsbeauftragter
- Datenschutzbeauftragter
- Betriebsrat.

---

107 Datenschutzbeauftragte von Baden-Württemberg, Berlin, NRW.

108 Datenschutzfreundliche technische Möglichkeiten der Kommunikation vom 17. April 2020. https://www.baden-wuerttemberg.datenschutz.de/datenschutzfreundliche-technische-moeglichkeiten-der-kommunikation/, abgerufen am 07.08.2020.

109 Berliner Datenschutzbeauftragte zur Durchführung von Videokonferenzen während der Kontaktbeschränkungen
https://www.datenschutz-berlin.de/fileadmin/user_upload/pdf/orientierungshilfen/2020-BlnBDI-Empfehlungen_Videokonferenzsysteme.pdf, abgerufen am 07.08.2020.

110 Leitplanken für die Auswahl von Videokonferenzsystemen während der Kontaktbeschränkungen aufgrund der Corona-Pandemie Stand: 18.05.2020.
https://www.ldi.nrw.de/mainmenu_Aktuelles/Inhalt/Schule_-Videokonferenzsysteme-und-Messenger-Dienste-waehrend-der-Corona-Pandemie/LDI-NRW---Videokonferenzsysteme-18_05_2020.pdf, abgerufen am 07.08.2020.

111 https://www.datenschutz-berlin.de/fileadmin/user_upload/pdf/orientierungshilfen/2020-BlnBDI-Hinweise_Berliner_Verantwortliche_zu_Anbietern_Videokonferenz-Dienste.pdf, abgerufen am 07.08.2020.

112 BSI – KoViKo – Version 1.0.1
https://www.bsi.bund.de/SharedDocs/Downloads/DE/BSI/Cyber-Sicherheit/Themen/Kompendium-Videokonferenzsysteme.pdf, abgerufen am 07.08.2020.

## 4.3 Praxishinweise

### 4.3.1 Richtlinien

Es sollten Richtlinien zu Homeoffice und mobilem Arbeiten herausgegeben werden, um Mitarbeitern verbindliche Verhaltensvorgaben an die Hand zu geben.

Nach verschiedenen Umfragen hat im Frühjahr 2020 etwa die Hälfte der Arbeitnehmer im Home Office gearbeitet, um das Ansteckungsrisiko zu minimieren. Eine solche Entwicklung wäre sonst nicht zu erwarten gewesen, da es bei vielen Arbeitgebern und Arbeitnehmern große Vorbehalte gegen die Arbeit zu Hause gab. Es ist zu erwarten, dass viele wegen der Vorteile der Home Office-Beschäftigung auch nach Ende der Pandemie weiter im Home Office arbeiten möchten.

Dabei sind ganz unterschiedliche Anforderungen vor allem in Hinblick auf den Datenschutz, aber auch auf das Arbeitsrecht zu beachten:

**Abbildung 13**

Im Home Office ist die Durchsetzung von Datenschutz und anderen Arbeitnehmerschutzvorschriften schwieriger umzusetzen als im Büro, dafür genießen die Mitarbeiter größere Freiheiten bei der Gestaltung ihrer Arbeitszeit.

#### a) Verwendung dienstlicher Geräte

Die meisten Mitarbeiter bekommen dienstliche PCs gestellt, jedoch in der Regel keine mobilen Endgeräte. Bei einem gezielten Wechsel von Mitarbeitern in das Home Office konnten bisher unproblematisch diese Geräte zur Verfügung gestellt werden. Bei einem massenhaften Wechsel ins Home Office im Frühjahr 2020 war dies naturgemäß nicht möglich und überforderte insbesondere mittlere und große Unternehmen. Mehr noch als vorher musste daher auf eine „Bring your own device"-Strategie zurückgegriffen werden, bei der private Geräte der Mitarbeiter ins Unternehmensnetz eingebunden werden können bzw. müssen.

Angesichts der Notwendigkeit, schnelle Lösungen zu finden, mussten Sicherheitsstandards nach Art. 32 DSGVO wie die Regelung, keine privaten Geräte für Zwecke des Unternehmens oder der Behörde einzusetzen, durch machbare bestmögliche Sicherheitsstandards ersetzt werden. Dazu gehören z. B. Regelungen über die physikalische Sicherheit der Geräte bei Home Office oder mobiler Nutzung, die Verwendung anderer Benutzer als bei privater Nutzung, kurze Bildschirmsperrzeiten usw. Bei Smartphones und Tablets ist vor allem die Verwendung eines Mobile Device Management Systems zu empfehlen, das eine strikte Trennung von privaten und dienstlichen Daten vorsieht und im Verlustfall eine sofortige Löschung zumindest der dienstlichen Daten ermöglicht.

#### b) Erreichbarkeit und Arbeitszeitaufzeichnung

Mit den Mitarbeitern können, wenn diese im Home Office arbeiten, wesentlich flexiblere Arbeitszeiten vereinbart werden, als wenn diese im Büro arbeiten müssen. Dabei muss aber auch das Interesse des Arbeitgebers gewahrt werden, dass Mitarbeiter in den Kernarbeitszeiten verfügbar sein müssen. Umgekehrt sollte das Home Office nicht als Erlaubnis für Arbeitgeber verstanden werden, den Arbeitnehmer Tag und Nacht und am Wochenende privat erreichen zu dürfen, hier sind entsprechende Vereinbarungen notwendig.

Die Kontrolle von Arbeitszeiten gestaltet sich jedoch im Home Office wesentlich schwieriger und muss sowohl das Persönlichkeitsrecht der Mitarbeiter bzgl IT-Überwachung als auch die Unverletzlichkeit der Wohnung nach Art. 13 GG beachten. Damit sind Tools, die eine Komplettüberwachung von Arbeitsvorgängen ermöglichen, wie z. B. manche Security Information and Event Management Tools mit umfangreichen Auswertungen von Clients oder vollständiger Einsatz von Produktivitätstools wie Microsoft 365 Workspace Analytics, mit EU-Datenschutzrecht und deutschem Verfassungsrecht nicht zu vereinbaren.

Auf der anderen Seite ist nach dem EuGH-Urteil vom 14.05.2019, AZ C-55/2018[113], vom Arbeitgeber für eine korrekte Aufzeichnung der Arbeitszeit zu sorgen. Dies kann ebenso wie im Büro statt über die althergebrachte Stempelkarte auch durch manuelles An- und Abmelden über elektronische Systeme ermöglicht werden, die dann aber revisionssicher aufgezeichnet werden müssen.

### c) Löschung personenbezogener Daten nach Art. 17 DSGVO

Das Löschen von personenbezogenen Daten nach den Vorschriften des Art. 17 DSGVO ist naturgemäß im Home Office schwer umsetzbar.

Dabei ist sowohl für die Löschung auf Verlangen zu sorgen als auch dafür, dass nicht mehr benötigte Dokumente nach Ablauf von gesetzlichen, satzungsmäßigen oder vertraglichen Aufbewahrungsfristen oder von absoluten Verjährungsfristen (unabhängig von Kenntnis; in der Regel 10 Jahre ab Jahresende) auch von lokalen Datenträgern gelöscht werden können.

Hier hilft eine Vereinbarung, dass dienstliche personenbezogene oder geheimhaltungsbedürftige Daten nur auf Firmenservern abgelegt werden dürfen. Eine lokale Speicherung sollte nur zulässig sein, wenn diese mit dem Server synchronisiert wird und eine Löschung auf dem Server die Löschung auf dem lokalen Gerät automatisiert nach sich zieht. In technischer Hinsicht besteht die Möglichkeit, für zu Hause nur Thin Clients mit VPN-Verbindung zum Firmen- oder Behördennetz auszugeben, die über kein lokales oder nur für das Betriebssystem nutzbares Speichermedium verfügen.

### d) Verschlüsselte Datenspeicherung und Trennung vom Heimnetz

Das Unternehmen oder die Behörde sollte bei mobilen Geräten sowie bei der Home Office-Nutzung dafür sorgen, dass der Datenträger stark verschlüsselt ist (empfohlen nach der Technischen Richtlinie 2102 des Bundesamts für Sicherheit in der Informationstechnik[114]). Bei wichtigen Daten sollten Hardwarekomponenten wie gesonderte Verschlüsselungschips (TPM) und ggf. sichere Biometrie-Komponenten eingesetzt werden. Bei den mobilen Betriebssystemen IOS und Android sind die Geräte seit Jahren grundverschlüsselt, jedoch auch durch Software aus dem privaten Bereich des Smartphone oder Tablets angreifbar, so lange die Bildschirmsperre nicht greift. Dies sollte durch ein geeignetes **Mobile Device Management** ausgeschlossen werden, vorzugsweise mit App- oder Gerätevirtualisierung.

113 http://curia.europa.eu/juris/document/document.jsf?text=&docid=214043&pageIndex=0&doclang=DE&mode=req&dir=&occ=first&part=1.

114 https://www.bsi.bund.de/DE/Publikationen/TechnischeRichtlinien/tr02102/tr02102_node.html.

Es ist darauf zu achten, dass betrieblich genutzte Daten vom Hausnetzwerk des Mitarbeiters abgeschottet sind, so dass keine Familienangehörigen auf dienstliche Daten oder die dienstliche Telefonanlage zugreifen können.

Bei Home Office ist noch mehr als bei der Büroarbeit darauf zu achten, dass Mitarbeiter, die das Unternehmen verlassen, keine Daten vorher für die Nutzung an der neuen Arbeitsstelle entwenden.

#### e) Verschlüsselte Datenübertragung zur Firma

Die Datenübertragung zur Firma sollte über stark verschlüsselte Kanäle erfolgen, entweder unter Verwendung eines **Virtual Private Networks** oder durch die gemeinsame Verwendung einer Speicherung in der Cloud, die mindestens durch starke Passwörter in Verbindung mit starker Transportverschlüsselung (zur Stärke der Verschlüsselung siehe oben BSI TR-2102) gesichert sein sollte. Bei größerem Sicherheitsbedarf sollten und bei gesetzlicher Vorschrift (wie nach der 2. Zahlungsdiensterichtlinie der Europäischen Union für den Austausch von Zahlungsinformationen, PSD2[115]) müssen 2- oder Mehrfaktorauthentifizierungssysteme eingesetzt werden.

#### f) Zugangs- bzw. Zutrittsbeschränkungen zum Homeoffice-Endgerät

Optimalerweise sind Endgeräte, die Zugriff auf das Firmennetz ermöglichen können, entweder zuhause in einem verschlossenen Raum oder bei Mobilgeräten in ständiger Begleitung des Besitzers. Schon das Zurücklassen von Geräten in verschlossenen Kfz kann zu erheblichen Risiken führen. Wenn das Endgerät stark verschlüsselt ist, beschränkt sich der Verlust wenigstens auf die Hardware. Je einfacher Dritte an das Gerät kommen können, desto stärker sollte der Zugangsschutz sein.

### 4.3.2 BYOD oder firmeneigene Lösungen

BYOD führt grundsätzlich zu einem Mehraufwand, um eine strikte Datentrennung vorzunehmen und die datenschutzrechtlichen und sicherheitstechnischen Aspekte umzusetzen.

Es sollten deshalb nur firmeneigene Endgeräte und Lösungen zur Benutzung zulässig sein. Gleiches gilt für den Internetzugang, der in ausreichender Bandbreite dem Mitarbeiter gestellt werden sollte.

---

115 https://eur-lex.europa.eu/legal-content/DE/TXT/HTML/?uri=CELEX:32015L2366&from=DE.

### 4.3.3 Mobile Endgeräte

Bei mobilen Endgeräten sollte die Möglichkeit der Fernlöschung von Daten implementiert werden, um bei Verlust des Gerätes die unberechtigte Kenntnis und Nutzung von Daten zu verhindern.

Zudem sollten nach Möglichkeit Daten nicht auf dem Gerät, sondern zentral (mit Zugriffsmöglichkeit) gespeichert werden.

### 4.3.4 Collaboration-Tools

Sofern die Auswahl auf ein US-Unternehmen als Cloud-Lösung fällt, sollten zusätzliche Verschlüsselungsoptionen wie bspw. Boxcryptor, in Erwägung gezogen werden.

Alternativ ist eine On-Premises-Lösung, sofern möglich, immer vorzuziehen.

Die Anwendung und die Daten werden dabei auf eigenen (oder angemieteten) Servern betrieben.

### 4.3.5 Videokonferenzen

Wie bei Collaboration-Tools auch sollte eine On-Premises-Lösung bevorzugt werden.

Eine Zwei-Faktor-Authentifizierung, Verschlüsselung während des Transports und ggf. auf dem Server, Brute-Force-Schutz sollten als Mindeststandards gelten. Aufzeichnungen sollten ohne Einwilligung der Beteiligten und ohne zwingenden Grund nicht erfolgen.

Für Heimarbeitsplätze sollte die Möglichkeit bestehen, den Hintergrund auszublenden.

Durch die Corona-bedingten Schwierigkeiten, Präsenztreffen zu veranstalten, kommen seit Frühjahr 2020 mit enormen Wachstumsraten Videokonferenzsysteme zum Einsatz. Die US-Firma Zoom hatte im Dezember 2019 noch ca. 10 Millionen Nutzer, während im April 2020 nach Angaben der Firma bereits ca. 200 bis 300 Millionen Menschen die Videokonferenzsoftware nutzten. Bis zur Veröffentlichung einer auch bei vielen Teilnehmern Ende-zu-Ende-verschlüsselten Version 5.40 gab es viel Kritik an Datenschutzmaßnahmen bei Zoom.

Der britische Premierminister Boris Johnson (oben links) konferiert mit seinen Ministern via Zoom.
FOTO: BORIS JOHNSON/PA MEDIA/DPA

**Abbildung 14**

Der britische Premierminister Johnson hatte schon im Frühjahr 2020 ausweislich des von ihm selbst erstellten und veröffentlichten Screenshots keine Bedenken, Zoom für seine Kabinettssitzungen zu verwenden.

Die meisten Videokonferenzsysteme werden von US-amerikanischen Firmen angeboten. In den ersten Monaten 2020 waren einige Systeme so schlecht gegen ungebetene Gäste geschützt, dass hin und wieder nicht eingeladene Gäste Videokonferenzen besuchten. Dafür hat sich bezüglich der Software Zoom sogar der Begriff „Zoom-Bombing" etabliert.

**Abbildung 15**

In einem Freiburger Gymnasium tauchte während einer Videokonferenz im Rahmen des Online-Unterrichts plötzlich ein Hacker auf, der Pornographische Bilder in die Konferenz einspielte. Daraufhin sprach der zuständige Landesdatenschutzbeauftragte eine explizite Warnung aus, dieses System zu verwenden[116]. (Nach erheblichen Anstrengungen von Zoom hält der baden-württembergische Datenschutzbeauftragte *Dr. Stefan Brink* an seiner im April 2020 ausgesprochenen Warnung vor Zoom nicht mehr fest.[117])

Dennoch empfiehlt er weiterhin explizit Videokonferenzsysteme, die von Verantwortlichen selber als Open Source Lösung betrieben werden können und im Hinblick auf den Datenschutz vollständig selbst administriert werden können[118]. Dazu gehören die Systeme

- Nextcloud Talk[119]
- BigBlueButton[120]
- Matrix[121]
- RocketChat[122]
- Jitsi Meet[123]

Die Systeme lassen sich so konfigurieren, dass keine personenbezogenen Daten über die Videoübertragung hinaus erhoben werden bzw. erhoben werden können.

Als Datenschutzanwalt und externer Datenschutzbeauftragter einiger Unternehmen betreibt der Autor[124] Videokonferenzsysteme selbst für die datenschutzkonforme Mandantenkommunikation. Für Nextcloud Talk und jitsi gibt es offizielle Apps für IOS und Android, für Jitsi gibt es im Apple App Store und Google Play Store eigene Apps für die Kanzlei esb, die an den eigenen Server angepasst sind, insbesondere im Hinblick auf Datenschutzbedingungen und -informationen.

116 https://www.baden-wuerttemberg.datenschutz.de/warnung-des-lfdi-wurde-gehoert-zoom-bessert-nach/.

117 https://www.baden-wuerttemberg.datenschutz.de/warnung-des-lfdi-wurde-gehoert-zoom-bessert-nach/.

118 https://www.baden-wuerttemberg.datenschutz.de/datenschutzfreundliche-technische-moeglichkeiten-der-kommunikation/.

119 https://www.nextcloud.com/talk.

120 https://bigbluebutton.org.

121 https://matrix.org.

122 https://rocket.chat.

123 https://jitsi.org/jitsi-meet.

124 Ulrich Emmert.

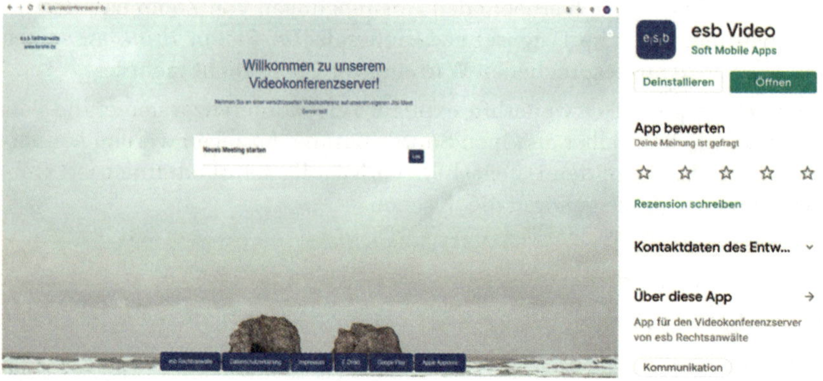


**Abbildung 16**

Beim Umgang mit Sprach- und Videokonferenzen sollten Mitarbeiter gezielt auch auf die Besonderheiten dieser für die massenhafte dienstliche Verwendung neuen Kommunikationsform hingewiesen werden, z. B.

- Keine unbeaufsichtigte Fernwartung auf Videokonferenzgeräte / Videotelefonie
- Nur manuell freigeschaltete Wartungszugänge
- Vorherige Information aller Betroffenen
- Sicherstellung, dass keine Sicherheitslücken zur Wirtschaftsspionage genutzt werden können
- Vorherige Information über alle Kommunikationspartner, auch von/an nur per Audio zugeschaltete Personen
- Volle Mitbestimmungspflicht des Betriebsrats / Personalrats

Bei der Abwägung, welche Informationen aus Tracking-, Telemetrie- und Logdaten an Hersteller von solchen Systemen übermittelt werden, sollte man den Wert dieser Informationen nicht unterschätzen. Das Soziale Netzwerk Facebook verdient mit zielgerichteter Werbung und Analysen von Nutzerdaten Geld, Microsoft übermittelt zahlreiche Telemetriedaten, auch ohne den Nutzer zu fragen, nach USA, weshalb manche Datenschützer vor dem Einsatz von Office 365/Microsoft 365 warnen[125].

Unter anderem können aus Metadaten (Logdaten, Tracking- oder Telemetriedaten) auch ohne direkte Zuordnung zu einzelnen Namen und sogar im

125 https://www.privacycompany.de/neue-dsfas-zu-microsoft-office-und-windows-software-weiterhin-datenschutzrisiken-langer/.
https://netzpolitik.org/2019/datenschutz-microsoft-bessert-auf-druck-der-niederlande-nach-zumindest-ein-bisschen/.

Falle von Inhaltsverschlüsselung mit Hilfe von Künstlicher Intelligenz zahlreiche Zusammenhänge ermittelt werden:

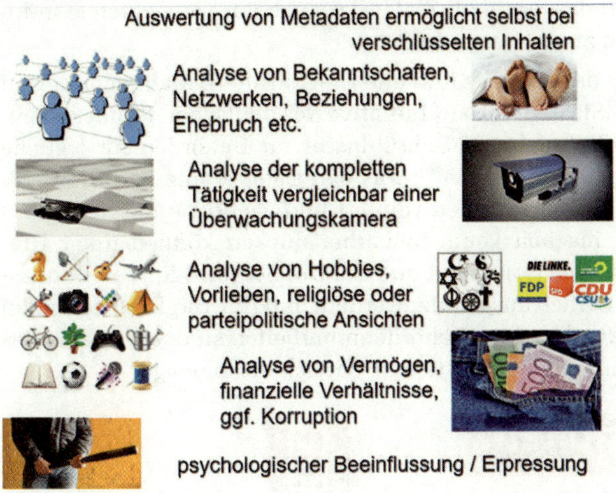


**Abbildung 17**

Daher sollten bei der Bewertung von Internetdiensten, insbesondere bei Kommunikationsdiensten, sowohl die Qualität der Verschlüsselung als auch die Freigabe von Inhalts-, Teilnehmer- oder Metadaten geprüft werden. Dies gilt sowohl für Videokonferenz- als auch für Messenger-, Audio- und Videokommunikationsdienste oder Kombinationen davon.

Hier sind z. B. einige Systeme, die Ende-zu-Ende-Verschlüsselung bei der Audio- und Videotelefonie unterstützen:

- Threema, Threema GmbH Schweiz, demnächst Open Source
- Linphone, Belledonne Communications, Open Source
- Signal, Open Whisper Systems, USA
- Whatsapp, Facebook USA, entwickelt mithilfe von Moxie Marlinspike, Open Whisper Systems
- Nextcloud, Nextcloud GmbH, Deutschland
- Telegram, Niederlande/Großbritannien/Russland/Seychellen

Whatsapp lädt standardmäßig ganze Nutzertelefonbücher zu Facebook hoch und wird deshalb von Datenschützern kritisiert[126].

126 Vgl. etwa https://www.datenschutz.org/whatsapp-datenschutz/.

Telegram speichert Chats nur dann nicht mit, wenn in den geheimen Modus gewechselt wird, dieser ist nur bei 2 Nutzern verfügbar[127].

Linphone verwendet das Protokoll ZRTP, das auch vor versuchten man-in-the-middle-Attacken zuverlässig schützt.

Threema kommt aus der Schweiz und unterliegt insofern nicht dem Zugriff der Behörden in EU-Staaten, die auf Initiative des deutschen Bundesinnenministers *Horst Seehofer* einen Nachschlüssel für Behörden für jegliche Verschlüsselung erzwingen wollen[128], was den Datenschutz und die IT-Sicherheit für Unternehmen komplett ruiniert und zerstört und die DSGVO beinahe überflüssig machen kann. Sicherheitslücken können unter Umständen (wie z. B. bei den Command und Control Servern) für den Bundestrojaner[129] auch von Dritten ausgenutzt werden, und (im Vergleich zur freien Wirtschaft) schlechter bezahlte Behördenmitarbeiter sind ein lohnendes Ziel für ausländische Geheimdienste und Wirtschaftsspionage[130].

**Abbildung 18**

127 https://www.heise.de/hintergrund/Telegram-Chat-der-sichere-Datenschutz-Albtraum-eine-Analyse-und-ein-Kommentar-4965774.html.

128 https://www.heise.de/news/Terrorbekaempfung-und-Verschluesselung-EU-Rat-forciert-umstrittene-Crypto-Linie-4960069.html.

129 https://www.spiegel.de/netzwelt/netzpolitik/computer-ueberwachung-ccc-findet-sicherheitsluecken-in-bundestrojaner-a-790756.html.

130 https://www.heise.de/news/Terrorbekaempfung-und-Verschluesselung-EU-Rat-forciert-umstrittene-Crypto-Linie-4960069.html.

### 4.3.6 Komplett-Lösungen

Aus Rationalisierungsgesichtspunkten empfiehlt sich, Komplett-Lösungen in Betracht zu ziehen, die sowohl Collaboration-Tool, als auch Videokonferenztechnik und sicheren Cloud-Speicher beinhalten.

Diese werden auch durch deutsche Firmen als Open-Source-Software angeboten.

Als On-Premises-Variante (fachgerecht) eingesetzt, ist das Unternehmen damit datenschutzrechtlich bestens aufgestellt.

> Eine neue DSGVO-konforme Lösung bietet insbesondere die ValueAbler GmbH, Deutschland an, www.valueabler.com.

### 4.3.7 Datenschutz und Digitalisierung in der Pandemie

Die Verbreitung einer hochansteckenden Krankheit stellt die Wirtschaft vor große Herausforderungen. Dabei stellen sich auch zahlreiche Fragen des Datenschutzes.

Die Bundesregierung wollte zunächst eine Corona-App entwickeln lassen, die die Positiv-Meldungen und Risikobegegnungen zentral erfasst, ist aber auf großen Widerstand gestoßen, da damit die Bürger auf Schritt und Tritt überwacht worden wären, was eindeutig dem Persönlichkeitsrecht widerspricht.

Daher werden die Informationen über Risikobegegnungen nur von Gerät zu Gerät und mit nicht einer Person zuordenbaren Token über Bluetooth ausgetauscht. Wenn es eine zentrale Auswertungsmöglichkeit gegeben hätte, wäre die App sicher nicht so verbreitet mit im September 2020 fast 20 Millionen Installationen laut Robert-Koch-Institut[131].

**Abbildung 19**

131 https://www.rki.de/DE/Content/InfAZ/N/Neuartiges_Coronavirus/WarnApp/Kennzahlen.pdf?__blob=publicationFile.

Dabei wurden die Nutzer schon im Betriebssystem (Android oder IOS) darüber nach Art. 13 DSGVO informiert, wie die Erweiterung des Betriebssystem für die Datenlieferung an die Corona-App funktioniert, um den Benutzern schon vor der Installation der Corona-App zu erklären, wie die Daten der Nutzer verwendet werden. Vorstehende Information ist aus den Einstellungen eines Samsung-Smartphone mit Android-Betriebssystem.

So weit nicht alle Gaststätten geschlossen werden mussten, mussten jeweils Name und Telefonnummer in Gaststätten hinterlassen werden, um im Fall eines positiven Tests eines Gastes die anderen Gäste informieren zu können und Infektionsketten nachverfolgen zu können.

Dabei wurden zu Beginn von vielen Gaststätten große Laufzettel verwendet, die auch die Namen der anderen Gäste erkennen ließen. Erst langsam hat sich die Erkenntnis durchgesetzt, dass jeder Gast auf einem eigenen Zettel diese Angaben machen sollte, es sind auch datenschutzkonforme Apps entwickelt worden, die über einen QR-Code durch die Gäste aufgerufen werden können und über die der Gast die Daten digital eintragen kann. In beiden Fällen muss der Gast auch über die Speicherdauer informiert werden und darüber, welche Pflichtangaben nach dem Gesetz zu machen sind.

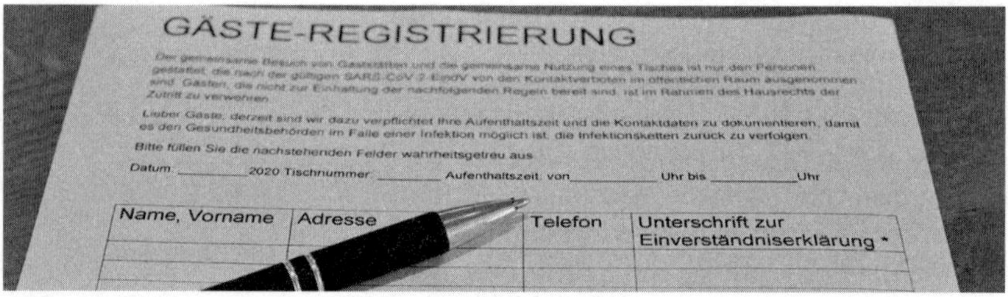


**Abbildung 20**

Die Polizei hat in mehreren Bundesländern die Gästelisten entgegen der eindeutigen Zweckbindung der Daten für die Infektionsnachverfolgung nach Art. 6 Abs. 4 DSGVO dazu verwendet, auch für Klein- und Kleinstdelikte Ermittlungen gegen Täter und sogar die Suche nach Zeugen zu ermöglichen[132]. Dies ist nicht nur rechtswidrig und nicht von Eingriffsnormen des jeweiligen Polizeigesetzes gedeckt, sondern hat auch in der Folge dazu geführt, dass ein großer Teil der Listen nur noch mit Fantasienamen und Adressen ausgefüllt wurde. Hier haben also die verantwortlichen Polizeibehörden dem Infektionsschutz einen Bärendienst erwiesen, unabhängig

132 Vgl. https://www.sueddeutsche.de/bayern/bayern-polizei-gaestelisten-corona-1.4966622, https://netzpolitik.org/2020/bayern-polizei-nutzt-corona-kontaktlisten-fuer-drogenermittlungen/.

davon, wie man die Rechtmäßigkeit des Herausgabeverlangens von Gästelisten sieht. Selbst wenn die Zweckbindung nicht verletzt worden wäre, wäre schon aus formalen Gründen eine richterliche Anordnung oder bei Gefahr im Verzug eine staatsanwaltliche Anordnung erforderlich.

In Bayern, Bremen, Hamburg und Rheinland-Pfalz sind solche Gästelisten schon verwendet worden, dies wurde vom bayerischen Innenminister *Joachim Hermann* oder der rheinland-pfälzischen Ministerpräsidentin *Malu Dreyer* auch verteidigt. In Baden-Württemberg wird dies von Innenminister *Thomas Strobl* wegen Verletzung der Zweckbindung generell für unzulässig gehalten[133]. Die Bundesregierung hält dies nur für zulässig, wenn die Regeln der Strafprozessordnung eingehalten werden, so dass eine Anordnung durch einen Richter, bei Gefahr im Verzug durch einen Staatsanwalt, erforderlich ist[134].

Falschangaben sind zwar bußgeldbewehrt, wenn ein Gastwirt falsche Angaben in der Liste bemerkt, hat er jedoch keine juristische Handhabe, vom Gast einen Ausweis zu verlangen.

Weitere Datenschutzaspekte der Pandemie ergeben sich vor allem aus der Lockerung von Präsenzpflichten bei Versammlungen, der sicheren und datenschutzgerechten Gestaltung von Homeoffice-Arbeitsplätzen und der Verwendung von sicheren Übertragungskanälen bei Homeoffice-Zugriffen auf die zentral gespeicherten Daten und die Verwendung von sicherer Kommunikation, insbesondere Videokonferenzen.

### 4.3.8 Lockerung von Rechtsvorschriften hinsichtlich der Pandemie

Bis Ende 2021 gelten vereinfachte Bestimmungen für **Online-Versammlungen**. Hauptversammlungen einer AG mit Abstimmungen können ohne entsprechende Satzungsbestimmung online abgehalten werden, GmbH-Gesellschafterversammlungen können in Text- oder Schriftform auch ohne Beschluss der Gesellschafter gefasst werden und Mitgliederversammlungen von Vereinen und Abstimmungen können ebenfalls elektronisch abgehalten werden ohne Satzungsbestimmung.

Aus Sicht der IT-Sicherheit und des Datenschutzes sind dabei insbesondere Wahlen und Abstimmungen online schwieriger. Es gibt jedoch vom BSI

---

133 https://www.haufe.de/compliance/recht-politik/polizeizugriff-auf-corona-gaestelisten-der-gastronomie-unzulaessig_230132_522174.html, https://www.ludwigshafen24.de/suedwest/corona-gaestelisten-kritik-gegen-polizei-kunden-gastronomie-verbrechen-beweis-dehoga-zr-90016485.html.

134 https://www.haufe.de/compliance/recht-politik/polizeizugriff-auf-corona-gaestelisten-der-gastronomie-unzulaessig_230132_522174.html.

zertifizierte Software, die z. B. auch für Aktiengesellschaften, eingetragene Vereine und politische Parteien Online-Wahlen und -Abstimmungen datenschutzgerecht und sicher ermöglicht. Daher ist es unverständlich, warum dies z. B. von Parteien nicht häufiger genutzt wird. Ähnlich wie bei Briefwahlen werden dabei die Informationen zur Person und zur Nummer im Wählerverzeichnis von der inhaltlichen Stimmabgabe strikt getrennt.

**Abbildung 21**

Bereits seit 2001 ist es nach § 128a ZPO möglich, in Zivilprozessen Online-Verhandlungen durchzuführen. Über die Verweisungen des § 173 der Verwaltungsgerichtsordnung, des § 202 SGG, des § 46 ArbGG und § 155 FGO ist dies auch in anderen Gerichtszweigen möglich, nicht jedoch im Bereich der Strafprozessordnung.

Die Anwendung des § 128a ZPO scheitert jedoch meistens daran, dass die Gerichte nicht mit der notwendigen Technik ausgestattet sind. Wegen der Öffentlichkeit der Verhandlung, die nicht an eine bestimmte Technikausstattung der möglichen Zuhörer gekoppelt sein darf, muss das Gericht im Gerichtssaal verhandeln, damit Zuhörer dort erscheinen können, daher müssen die Gerichtssäle mit einem leistungsfähigen und sicheren Internetzugang und entsprechender Video- und Audioausstattung versehen sein, insbesondere Beamer, Mikrophone und Lautsprecher.

In Baden-Württemberg ist die Durchführung von Gemeinderatssitzungen seit 13.05.2020 nach § 37a der Gemeindeordnung auch online möglich, dieser lautet:

> **§ 37a Durchführung von Sitzungen ohne persönliche Anwesenheit der Mitglieder im Sitzungsraum**
>
> (1) Durch die Hauptsatzung kann bestimmt werden, dass notwendige Sitzungen des Gemeinderats ohne persönliche Anwesenheit der Mitglieder im Sitzungsraum durchgeführt werden können; dies gilt nur, sofern eine Beratung und Be-

schlussfassung durch zeitgleiche Übertragung von Bild und Ton mittels geeigneter technischer Hilfsmittel, insbesondere in Form einer Videokonferenz, möglich ist. Dieses Verfahren darf bei Gegenständen einfacher Art gewählt werden; bei anderen Gegenständen darf es nur gewählt werden, wenn die Sitzung andernfalls aus schwerwiegenden Gründen nicht ordnungsgemäß durchgeführt werden könnte. Schwerwiegende Gründe liegen insbesondere vor bei Naturkatastrophen, aus Gründen des Seuchenschutzes, sonstigen außergewöhnlichen Notsituationen oder wenn aus anderen Gründen eine ordnungsgemäße Durchführung ansonsten unzumutbar wäre. Bei öffentlichen Sitzungen nach Satz 1 muss eine zeitgleiche Übertragung von Bild und Ton in einen öffentlich zugänglichen Raum erfolgen.

(2) Die Gemeinde hat sicherzustellen, dass die technischen Anforderungen und die datenschutzrechtlichen Bestimmungen für eine ordnungsgemäße Durchführung der Sitzung einschließlich Beratung und Beschlussfassung eingehalten werden. In einer Sitzung nach Absatz 1 Satz 1 dürfen Wahlen im Sinne von § 37 Absatz 7 nicht durchgeführt werden. Im Übrigen bleiben die für den Geschäftsgang von Sitzungen des Gemeinderats geltenden Regelungen unberührt.

(3) Bis 31. Dezember 2020 findet Absatz 1 mit der Maßgabe Anwendung, dass eine Regelung in der Hauptsatzung nicht erforderlich ist.

Gesellschaften, Vereine, Parteien und Gemeinderäte (in Baden-Württemberg) können durch Satzungsänderung diese Praxis dauerhaft übernehmen, dagegen ist dies für Betriebsräte nach § 129 BetrVerfG nur eine Übergangsregelung für die Dauer der Pandemie und kann nicht durch den Betriebsrat selbst verlängert werden, Aufzeichnungen sind nicht gestattet.

Die Sonderregelung lautet:

**§ 129 Betriebsverfassungsgesetz Sonderregelungen aus Anlass der COVID-19-Pandemie**

(1) Die Teilnahme an Sitzungen des Betriebsrats, Gesamtbetriebsrats, Konzernbetriebsrats, der Jugend- und Auszubildendenvertretung, der Gesamt-Jugend- und Auszubildendenvertretung und der Konzern-Jugend- und Auszubildendenvertretung sowie die Beschlussfassung können mittels Video- und Telefonkonferenz erfolgen, wenn sichergestellt ist, dass Dritte vom Inhalt der Sitzung keine Kenntnis nehmen können. Eine Aufzeichnung ist unzulässig. § 34 Absatz 1 Satz 3 gilt mit der Maßgabe, dass die Teilnehmer ihre Anwesenheit gegenüber dem Vorsitzenden in Textform bestätigen. Gleiches gilt für die von den in Satz 1 genannten Gremien gebildeten Ausschüsse.

(2) Für die Einigungsstelle und den Wirtschaftsausschuss gilt Absatz 1 Satz 1 und 2 entsprechend.

(3) Versammlungen nach den §§ 42, 53 und 71 können mittels audiovisueller Einrichtungen durchgeführt werden, wenn sichergestellt ist, dass nur teilnahmeberechtigte Personen Kenntnis von dem Inhalt der Versammlung nehmen können. Eine Aufzeichnung ist unzulässig.

Nach einer Pressemitteilung der Bundesregierung vom 15.05.2020 soll § 129 BetrVerfG bis zum 31.12.2020 gelten. Damit bereits über diese Kommunikationsform gefasste Beschlüsse rechtswirksam bleiben, sollen die Regelungen rückwirkend zum 01.03.2020 in Kraft treten, wobei die Übergangsregelungen im Raum stehen.

**Rechtsverordnungen zur Corona-Pandemie** werden ebenfalls weitgehend per Videokonferenz zwischen Bund und Ländern abgestimmt, eine Übersicht über die Regelungen der Länder findet sich bei der Bundesrechtsanwaltskammer:

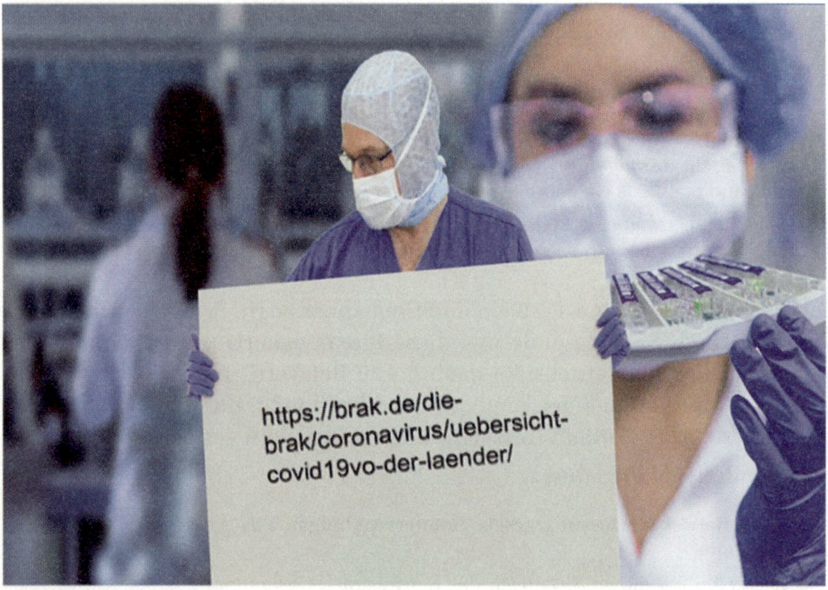


**Abbildung 22**

## 4.4. Gestalterische Empfehlungen und Compliance

Die nachfolgenden Formulierungsbeispiele sollen zur Orientierung in der Praxis dienen.

### 4.4.1 Richtlinien zu Homeoffice

**Richtlinie Homeoffice**

**§ 1 Regelungsgegenstand**

Diese Richtlinie regelt den Einsatz von Arbeitsplätzen in den Privatwohnungen von Mitarbeitern des Unternehmens (nachfolgend: Homeoffice). Dabei stehen

Datenschutz und IT-Sicherheit im Vordergrund. Die allgemeinen unternehmensbezogenen Bestimmungen zu Datenschutz und zur IT-Sicherheit werden durch diese Richtlinie ergänzt. Bei Widersprüchen geht diese Richtlinie vor.

**§ 2 Voraussetzungen**

(1) Die Tätigkeit, die im Homeoffice erbracht werden soll, muss sich für eine solche Arbeitsplatzgestaltung grundsätzlich eignen.

(2) Die Begebenheiten in der Wohnung des Mitarbeiters müssen den Anforderungen an Arbeitsstättenverordnung, Unfallverhütungsvorschriften und sonstige hoheitliche Vorgaben genügen.

(3) Die schriftliche Einwilligung des Eigentümers bzw. Vermieters bzw. Miteigentümers der Wohnung sowie der Mitbewohner zum Zutrittsrecht nach § 7 müssen vorliegen.

(4) Es muss sichergestellt sein, dass die erforderlichen Aspekte von Datenschutz und IT-Sicherheit vor Ort umgesetzt werden können. Hierzu sind ggf. der Datenschutzbeauftragte und der IT-Sicherheitsbeauftragte hinzuzuziehen.

(5) Es ist eine schriftliche arbeitsvertragliche Vereinbarung mit dem betroffenen Mitarbeiter zu schließen.

**§ 3 Umgang mit Daten, Informationen und Unterlagen**

(1) Alle unternehmensbezogenen Daten, Informationen und Unterlagen, auf die Mitarbeiter von ihrem Homeoffice-Platz aus Zugriff haben oder sich im Homeoffice befinden, bleiben im Hoheitsbereich des Unternehmens. Alle vertraglichen Weisungsrechte des Unternehmens bleiben bestehen.

(2) Es ist dem Mitarbeiter im Homeoffice untersagt, unternehmensbezogene Daten, Informationen oder Unterlagen – insbesondere personenbezogene und vertrauliche Daten – an Dritte weiterzugeben, sie Dritten absichtlich oder fahrlässig zur Kenntnis gelangen zu lassen, sie auf eigenen Speichermedien abzuspeichern, unbefugt zu kopieren oder zu anderen, als unternehmensbezogenen Zwecken zu verwenden.

Insbesondere ist es untersagt

- Dritten Passwörter oder sonstige Zugangsmöglichkeiten zur unternehmenseigenen IT mitzuteilen oder zugänglich zu machen;
- Dritten Zugriff auf die unternehmenseigene IT und/oder unternehmensbezogenen Unterlagen zu gewähren;
- unternehmensbezogene Daten auf anderen Speichermedien als vom Unternehmen schriftlich zugelassen zu speichern. Untersagt ist somit auch die Speicherung von unternehmensbezogenen Daten auf privaten Smartphones, USB-Sticks, Computern o. Ä.;
- unternehmensbezogene Daten mit privaten Geräten zu verarbeiten; dazu gehört auch der Abruf des dienstlichen E-Mail-Accounts mit einem privaten Computer, Smartphone o. Ä.;
- Sicherheitsmaßnahmen zu deaktivieren oder zu umgehen oder sonstige technische Veränderungen an den durch das Unternehmen zur Verfügung gestellten Geräten vorzunehmen.

(3) Das Unternehmen ist jederzeit berechtigt, vom Mitarbeiter die Herausgabe sämtlicher unternehmensbezogenen Daten, Unterlagen und Akten einschließlich

sämtlicher Kopien zu verlangen; sind zum Zugriff auf betriebliche Daten Passwörter oder sonstige Schlüssel erforderlich, sind diese mit herauszugeben. Der Mitarbeiter kann hiergegen kein Zurückbehaltungsrecht geltend machen.

**§ 4 Sicherheitsmaßnahmen beim Transport und bei der Übertragung von Akten und Daten**

(1) Jede Mitnahme unternehmensbezogener Daten und Akten benötigt die vorherige Autorisierung des Vorgesetzten.

(2) Nimmt der Mitarbeiter unternehmensbezogene Akten mit, dürfen diese nur in verschlossenen Behältnissen transportiert werden (z. B. Aktenkoffer, Transportbox). Der Mitarbeiter darf die Akten beim Transport zu keinem Zeitpunkt unbeaufsichtigt lassen.

(3) Nimmt der Mitarbeiter unternehmensbezogene Daten mit, muss der Datenträger mit einem von der IT-Abteilung freigegebenen Verfahren nach dem Stand der Technik verschlüsselt sein.

(4) Jede Datenübertragung zwischen dem Heimarbeitsplatz und dem Unternehmen– einschließlich eines eventuellen Terminal-Zugriffs – muss nach dem Stand der Technik verschlüsselt sein. Hierfür trägt die IT-Abteilung Sorge.

(5) Zugriffe und Zugriffsversuche vom Homeoffice-Platz werden vom Unternehmen protokolliert und regelmäßig ausgewertet. Diese Daten werden nur zur Missbrauchsentdeckung, -bekämpfung und -verfolgung verwendet, nicht jedoch zur Leistungs- oder Verhaltenskontrolle.

**§ 5 Sicherheitsmaßnahmen im Homeoffice**

(1) Als Homeoffice-Platz in der Wohnung des Mitarbeiters darf nur ein Raum genutzt werden, der abschließbar ist. Er soll bei Nichtnutzung durch den Mitarbeiter abgeschlossen werden. Befinden sich Gäste oder Handwerker in der Wohnung des Mitarbeiters, muss der Raum verschlossen sein. Halten sich Dritte am Homeoffice-Platz auf (z. B. Handwerker, die im Raum arbeiten müssen), muss der Mitarbeiter sie jederzeit beobachten.

(2) Verlässt der Mitarbeiter seinen Homeoffice-Platz auch nur kurzzeitig, muss sichergestellt sein, dass kein Dritter auf betriebliche Daten oder Akten zugreifen kann. So hat der Mitarbeiter insbesondere,

- den verwendeten Computer zu sperren;
- Fenster im Raum des Homeoffice zu verschließen, sofern ein Eindringen ausgeschlossen werden kann (z. B. aufgrund der baulichen Situation in einer höheren Etage, ohne Möglichkeit des Zugangs über Nachbarwohnungen);
- eventuelle Papier-Akten in einem Schrank oder einer Schublade zu verschließen oder den Homeoffice-Raum abzuschließen; dies gilt nur dann nicht, wenn der Mitarbeiter alleine zu Hause ist und seinen Homeoffice-Platz nur kurzzeitig verlässt;
- bei Verlassen der Wohnung alle Fenster zu verschließen und die Wohnungseingangstür zweifach abzuschließen sowie ein ggf. genutztes Zugangsmedium vom Computer zu entfernen und bei Nutzung von Papier-Akten diese in einem Schrank oder einer Schublade zu verschließen.

### § 6 Sonstige Verhaltenspflichten

(1) Die private Nutzung der für den Homeoffice-Platz bereitgestellten unternehmensbezogenen Geräte bzw. Zugangsmöglichkeiten (insbesondere Computer und Internetzugang) ist untersagt.

(2) Software darf nur durch die IT-Abteilung installiert werden.

(3) Alle Störungen oder Auffälligkeiten bei der IT-Nutzung sind unverzüglich der IT-Abteilung zu melden.

(4) Eventuelle Ausdrucke mit vertraulichen Informationen (z. B. personenbezogenen Daten) müssen sicher vernichtet werden, sobald sie nicht mehr benötigt werden, durch einen Aktenvernichter der Sicherheitsklasse 3 oder 4.

### § 7 Kontroll- und Zutrittsrechte zur Wohnung

(1) Der Mitarbeiter räumt folgenden Personen das Recht ein, zur Kontrolle des Homeoffice-Platzes seine Wohnung zu betreten

a) zur Kontrolle der Arbeitssicherheit, einer vom Unternehmen hierfür gesondert beauftragten Person;

b) zur Kontrolle der Daten- und IT-Sicherheit, dem Datenschutzbeauftragten und IT-Sicherheitsbeauftragten;

c) zur Einrichtung, Wartung, Reparatur, Änderung, Abholung der vom Unternehmen bereitgestellten Arbeitsmittel der IT-Abteilung bzw. sonstigen hierfür gesondert beauftragten Personen;

d) zu den gesetzlich vorgesehenen Kontrollen, allen Behörden, die den Homeoffice-Platz aufsuchen dürften, wenn sich dieser im Unternehmen befände, beispielsweise der Datenschutz-Aufsichtsbehörde;

e) dem Betriebsrat, wenn er eine der unter a) bis d) genannten Personen begleitet.

Das Zutrittsrecht ist auf den Homeoffice-Platz (einschließlich zugehöriger Einrichtungen) begrenzt und auf das unbedingt Erforderliche zu beschränken. Jeder Zutritt ist rechtzeitig im Voraus mit dem Mitarbeiter abzustimmen, wobei auf die Interessen des Mitarbeiters Rücksicht zu nehmen ist, und auf Werktage zwischen 9:00 Uhr und 17:00 Uhr zu beschränken, es sei denn, aus besonderen Gründen ist ein sofortiger oder kurzfristiger Zutritt oder ein Zutritt zu einem bestimmten Termin unbedingt erforderlich. Im Fall des Zutrittsrechts nach § 7 Abs. 1 d) (Behörden) richten sich eventuelle Abstimmungspflichten und Zeiten nach den Befugnissen der Behörde, die diese hätte, wenn sich der Homeoffice-Platz im Unternehmen befinden würde, und beschränken sich die Pflichten des Unternehmens darauf, den Mitarbeiter unverzüglich zu informieren, sobald ihm der Zutrittswunsch bekannt wird, und auf Wunsch des Mitarbeiters zur Behörde zu vermitteln, um einen anderen Termin zu vereinbaren.

(2) Die Erlaubnis zur Einrichtung und Nutzung des Homeoffice-Platzes steht zudem unter der aufschiebenden Bedingung, dass sämtliche Mitbewohner des Mitarbeiters die gleichen Zutrittsrechte einräumen.

(3) Widerruft der Mitarbeiter oder einer seiner Mitbewohner das Zutrittsrecht oder kommt ein neuer Mitbewohner hinzu, der nicht die Zutrittsrechte nach Abs. 1 einräumt, erlischt automatisch die Berechtigung des Mitarbeiters, den Homeoffice-Platz zu nutzen. Der Mitarbeiter ist verpflichtet, dies sofort dem Unternehmen anzuzeigen, sämtliche unternehmensbezogenen Akten und Datenträger

sofort in das Unternehmen zurückzubringen und seine Arbeitsleistung auf Wunsch des Unternehmens im Unternehmen zu erbringen.

(4) Widerruft der Mitarbeiter oder einer seiner Mitbewohner das Zutrittsrecht oder kommt ein neuer Mitbewohner hinzu, der nicht die gleichen Zutrittsrechte einräumt, kann das Unternehmen zudem verlangen, dass der Mitarbeiter unverzüglich sämtliche vom Unternehmen bereitgestellten Arbeitsmittel in das Unternehmen zurückbringt.

**§ 8 Beendigung des Homeoffice**

(1) Enden die Berechtigung des Mitarbeiters zur Nutzung des Homeoffice-Platzes oder das Arbeitsverhältnis oder wird der Mitarbeiter unwiderruflich von der Pflicht zur Arbeitsleistung freigestellt, hat der Mitarbeiter unaufgefordert unverzüglich sämtliche unternehmensbezogenen Zugangsmedien, Datenträger und Akten (einschließlich Kopien) in das Unternehmen zurückzubringen und dem Vorgesetzten zu übergeben. Sind zum Zugriff auf unternehmensbezogene Daten, Passwörter oder sonstige Schlüssel erforderlich, sind diese mit zu übergeben.

(2) Der Mitarbeiter hat zudem die Abholung sämtlicher vom Unternehmen bereitgestellten Arbeitsmittel durch vom Unternehmen beauftragte Personen nach angemessener Ankündigungsfrist zu dulden.

**§ 9 Hinweis auf rechtliche Folgen bei Verstößen**

Das Unternehmen weist darauf hin, dass Verstöße gegen diese Richtlinie nicht nur arbeitsrechtliche Folgen haben, sondern auch mit Geldbuße bedroht und/oder strafbar sein können (Art. 83 DSGVO, § 42 BDSG, § 17 UWG). Darüber hinaus können Verstöße gegen diese Richtlinie Unterlassungs- und Schadensersatzansprüche nach sich ziehen.

### 4.4.2 Betriebsvereinbarung

**Betriebsvereinbarung Homeoffice**

Zwischen dem Unternehmen ________________________________

und

dem Betriebsrat des Unternehmens ____________________________

wird folgende Betriebsvereinbarung geschlossen:

**Präambel**

Das Unternehmen ________________ räumt Mitarbeitern die Möglichkeit ein, ihre vertragliche Arbeitsleistung ganz oder teilweise in der eigenen Wohnung zu erbringen. Dabei sollen sowohl Rationalisierungsgesichtspunkte für das Unternehmen als auch die Verbesserung der persönlichen Situation der Arbeitnehmer ausschlaggebend sein und in Übereinstimmung gebracht werden.

Aus diesem Grund erfolgt diese Betriebsvereinbarung.

**§ 1 Geltungsbereich**

(1) Diese Betriebsvereinbarung gilt in räumlicher Hinsicht für alle Betriebstätten des Unternehmens ________________.

(2) Diese Betriebsvereinbarung gilt persönlich für alle Beschäftigten sowie leitenden Angestellten der Firma________________.

(3) Diese Betriebsvereinbarung gilt fachlich für alle Abteilungen, soweit nach § 3 (1) eine Homeoffice-Lösung in Betracht kommen kann.

**§ 2 Begriffsbestimmung**

(1) Telearbeitplätze sind vom Arbeitgeber eingerichtete Bildschirmarbeitsplätze im Privatbereich der Beschäftigten, für die der Arbeitgeber eine mit den Beschäftigten vereinbarte wöchentliche Arbeitszeit und die Dauer der Einrichtung festgelegt hat (§ 2 VII S. 1 ArbStättV).

(2) Erbringt der Arbeitnehmer seine Arbeitsleistung in seiner Wohnung (häusliche Arbeitsstätte) und teilweise im Betrieb (betriebliche Arbeitsstätte) handelt es sich um alternierende Telearbeit.

(3) Eine dauerhafte Erbringung der Arbeitsleistung gilt als Teleheimarbeit.

(4) Sowohl die alternierende Telearbeit in der häuslichen Arbeitsstätte als auch die Teleheimarbeit werden als Homeoffice bezeichnet.

**§ 3 Voraussetzungen**

(1) Homeoffice kommt nur für Tätigkeiten in Betracht, die ohne Einschränkung der betrieblichen Abläufe und ohne zwingend erforderliche körperliche Anwesenheit im Betrieb ausgeführt werden können.

(2) Die Anforderungen der Arbeitsstättenverordnung an einen Homeoffice-Platz müssen erfüllt sein.

(3) Homeoffice findet nur in gegenseitigem Einvernehmen statt.

(4) Es ist eine schriftliche Zusatzvereinbarung zum Arbeitsvertrag zu schließen, in der Einzelheiten geregelt werden.

**§ 4 Kosten**

(1) Die Kosten für die Einrichtung des Telearbeitsplatzes, für Betrieb und Wartung der zur Verfügung gestellten Arbeitsmittel sowie für den Aufbau und den Abbau bei Beendigung der Telearbeit trägt das Unternehmen.

(2) Für die Nutzung der Wohnung des Arbeitnehmers wird eine monatliche Pauschale gezahlt, die sich individuell nach der Größe der Arbeitsstätte richtet. Dafür unerheblich ist, ob der Arbeitnehmer Eigentümer, Mieter oder Untermieter der Wohnung ist.

(3) Fahrtkosten zwischen häuslicher und betrieblicher Arbeitsstätte werden nicht erstattet, es sei denn, sie sind vom Unternehmen zusätzlich veranlasst.

### § 5 Arbeitszeit

(1) Die Aufteilung der Arbeitszeit und ggf. auf die Arbeitsplätze im Betrieb und zu Hause sowie die Erfassung der Arbeitszeit wird in der schriftlichen Vereinbarung über Telearbeit zwischen Arbeitnehmer und dem Unternehmen festgelegt.

(2) Unter Beachtung der gesetzlichen und betrieblichen Vorgaben bestimmt der Arbeitnehmer die Lage der Arbeitszeit sowie der Pausen am Telearbeitsplatz selbst.

Die Arbeitszeiterfassung richtet sich nach den jeweils geltenden betrieblichen Regelungen.

*alternativ*

Die Arbeitszeiterfassung erfolgt in Form einer Notiz durch den Arbeitnehmer auf dem dieser Vereinbarung als Anlage ........ beigefügten Formular. Eine Zuleitung an die zuständige Abteilung hat wöchentlich zu erfolgen.

*alternativ*

Die Zeiterfassung erfolgt mittels Eintragung in eine elektronisch geführte Liste beim Login bzw. Logout.

(3) Mehrarbeit wird nur vergütet, wenn sie im Voraus von dem betrieblichen Vorgesetzten unter Beachtung des Mitbestimmungsrechts des Betriebsrats (§ 87 I Nr. 3 BetrVG) angeordnet worden ist. Eine nachträgliche Genehmigung ist ausgeschlossen, da davon auszugehen ist, dass eine selbstbestimmte Verteilung der Arbeitszeit vorgenommen worden ist.

### § 6 Kontakt zum Betrieb

(1) Der Kontakt zwischen dem Unternehmen und seinen Mitarbeitern bleibt erhalten. Der Vorgesetzte des Arbeitnehmers in Telearbeit sorgt für die entsprechende Aufrechterhaltung. Allen Arbeitnehmern in Telearbeit werden die im Unternehmen verteilten Informationsmittel zur Verfügung gestellt.

(2) Arbeitnehmer in Telearbeit können betriebliche Besprechungen anregen. Sie sind jedoch auch verpflichtet, für diese betrieblichen Besprechungen zur Verfügung zu stehen. Diese Besprechungen können auch per Video- oder Telefonkonferenz stattfinden.

(3) Die zuständigen Abteilungen des Unternehmens sind über technische Störungen unverzüglich zu informieren. Sie haben für Abhilfe zu sorgen. Der Arbeitnehmer hat seine Arbeitsleistung im Unternehmen zu erbringen, wenn die technische Störung nicht binnen eines Arbeitstages behoben wird. Wegen fehlender Arbeitsleistung aufgrund von technischen Störungen darf das Arbeitsentgelt und/oder sonstige Leistungen nicht gemindert werden. Die Arbeitsleistung muss nicht nachgeholt werden.

**§ 7 Datenschutz u. IT-Sicherheit**

(1) Die Installation der Arbeitsmittel wird unter Beachtung der geltenden Unternehmensregelungen, insbesondere der Richtlinie Homeoffice durchgeführt.

(2) Der Arbeitnehmer ist verpflichtet, auf Daten- und Informationsschutz zu achten.

(3) Notwendige Arbeitsunterlagen dürfen unter Berücksichtigung der gebotenen Sicherheitsmaßnahmen und der maßgeblichen Vorgaben des Unternehmens von der Betriebsstätte zum Telearbeitsplatz gebracht und aufbewahrt werden. Vertrauliche Daten sowie Passwörter unter Berücksichtigung der gebotenen Sicherheitsmaßnahmen und der maßgeblichen Vorgaben des Unternehmens sind so zu schützen, dass sie Dritten nicht bekannt werden.

(4) Es gilt die Betriebsvereinbarung Nutzung von Internet, E-Mail und sozialer Netzwerke, auch hinsichtlich der Protokollierung von Zugriffen auf die Unternehmens-IT.

(5) Das Unternehmen stellt weiter sicher, dass beim Einsatz von Collaboration-Tools und Videokonferenztechnik keine anlasslose Überwachung und Kontrolle der Arbeitnehmer stattfindet.

**§ 8 Versicherung**

Es wird sichergestellt, dass der Mitarbeiter an seinem Teleheimarbeitsplatz den gleichen Versicherungsschutz genießt wie am Arbeitsplatz im Betrieb.

**§ 9 Benachteiligungsverbot**

Der Arbeitnehmer darf durch die Vereinbarung über eine außerbetriebliche Arbeitsstelle nicht benachteiligt werden. Das Benachteiligungsverbot gilt für alle Ansprüche aus dem Arbeitsverhältnis.

**§ 10 Schlussbestimmungen**

(1) Im Falle von Meinungsverschiedenheiten, die sich aus der Anwendung oder Auslegung der Betriebsvereinbarung ergeben, entscheidet eine Einigungsstelle nach § 76 BetrVG.

(2) Sollten einzelne Punkte der Betriebsvereinbarung ungültig sein oder ihre Gültigkeit verlieren, so bleiben die übrigen Bestimmungen hiervon unberührt.

(3) Diese Betriebsvereinbarung tritt am _______ in Kraft.

Sie kann mit einer Frist von_________ Monaten zum Schluss eines Kalenderjahres; erstmals zum Datum gekündigt werden. Die Kündigung bedarf der Schriftform. Die Betriebsvereinbarung wirkt nach. Anlagen sind Bestandteil dieser Betriebsvereinbarung.

Ort, Datum, Unterschrift

### 4.4.3 Arbeitsvertraglicher Zusatz Homeoffice

**Zusatzvereinbarung zum bestehenden Arbeitsvertrag**

zwischen

___________________________

(nachfolgend Arbeitgeber)

und

___________________________

(nachfolgend Arbeitnehmer)

**§ 1 Gegenstand**

Diese Zusatzvereinbarung regelt zusätzlich zum bestehenden Arbeitsvertrag vom ______ die Erbringung der vertraglich geschuldeten Arbeitsleistung in Form der alternierenden Heimarbeit *(alt.:)* der Heimarbeit.[135]

Die Arbeitsleistung wird teilweise an einem Arbeitsplatz in der Wohnung des Arbeitnehmers (häusliche Arbeitsstätte) und teilweise im Betrieb des Arbeitgebers (betriebliche Arbeitsstätte) erbracht. Ein Rechtsanspruch auf alternierende Heimarbeit wird nicht begründet.

*(alt.:)*

Die Arbeitsleistung wird künftig in der Wohnung des Arbeitnehmers erbracht. Ein Anspruch auf einen bestimmten betrieblichen Arbeitsplatz besteht nicht.

135 Nicht zutreffende Unterstreichungen sind im praktischen Anwendungsfall zu entfernen.

**§ 2 Beginn und Ende des Homeoffice**

(1) Der Arbeitnehmer nimmt die alternierende *(ggf. streichen)* Heimarbeit am ____________ auf.

(2) Die Heimarbeit im Sinne dieser Vereinbarung endet zum ____________ ohne dass es einer Kündigung bedarf. Dem Arbeitnehmer wird sodann wieder ein betrieblicher Arbeitsplatz zugewiesen.

*(alt.:)*

Das Heimarbeitsverhältnis ist bis zum ____________ befristet. Es verlängert sich jeweils um ein Jahr, sofern es nicht zwei Wochen vor dem Ablauf der Befristung von einer Partei gekündigt wird. Dem Arbeitnehmer wird sodann wieder ein betrieblicher Arbeitsplatz zugewiesen.

*(alt.:)*

Diese Zusatzvereinbarung gilt unbefristet. Die kann außerordentlich aus wichtigem Grund jederzeit und ordentlich mit einer Frist von 4 Wochen zum Monatsletzten gekündigt werden. Dem Arbeitnehmer wird sodann wieder ein betrieblicher Arbeitsplatz zugewiesen.

(3) Widerruft der Arbeitnehmer seine Einwilligung zum Zutrittsrecht nach § 7 endet das Homeoffice, ohne dass es einer Kündigung bedarf. Gleiches gilt für den Fall des Widerrufs der Einwilligung von Mitbewohnern des Mitarbeiters oder der Versagung der Zustimmung neuer Mitbewohner des Mitarbeiters oder im Falle des Widerrufs der Einverständniserklärung des Eigentümers/Vermieters/Miteigentümers zur Nutzung als häusliche Arbeitsstätte nach § 3 Abs.3.

**§ 3 Arbeitsort**

(1) Arbeitsorte sind alternierend der Betrieb des Arbeitgebers in ____________ und die Wohnung des Arbeitnehmers in ____________ gemäß der nachfolgenden Aufteilung:

________________________________________

________________________________________

*(alt.:)*

Arbeitsort ist die Wohnung des Arbeitnehmers in ____________.

(2) Bei den im Betrieb zu leistenden Arbeiten wird dem Arbeitnehmer ein für die Aufgabenerledigung geeigneter Arbeitsplatz zur Verfügung gestellt. Ein Anspruch auf einen persönlichen Arbeitsplatz besteht nicht.

*(alt.:)*

Für den Fall der Beendigung dieser Vereinbarung wird dem Arbeitnehmer ein für die Aufgabenerledigung geeigneter Arbeitsplatz im Betrieb des Arbeitgebers zur

Verfügung gestellt. Ein Anspruch auf einen persönlichen oder bestimmten Arbeitsplatz besteht nicht.

(3) Der Homeoffice-Platz muss sich in der Wohnung des Arbeitnehmers in einem abschließbaren Raum befinden, der für den dauernden Aufenthalt zugelassen und vorgesehen und für die Aufgabenerledigung unter Berücksichtigung der allgemeinen Arbeitsplatzanforderungen geeignet ist. Sofern der Arbeitnehmer nicht Alleineigentümer der häuslichen Arbeitsstätte ist, legt er dem Arbeitgeber unverzüglich eine schriftliche Einverständniserklärung des Eigentümers/Vermieters/Miteigentümers zur Nutzung als häusliche Arbeitsstätte vor.

(4) Kann die Arbeitsleistung durch Störungen oder Schäden an den Arbeitsmitteln nicht am Homeoffice-Platz erbracht werden, ist die Arbeitsleistung auf Verlangen des Arbeitgebers am betrieblichen Arbeitsplatz zu erbringen.

### § 4 Arbeitszeit

(1) Es gilt die betriebsübliche wöchentliche Arbeitszeit.

*(alt.:)*

Es werden folgende Zeiten als betriebsbestimmte Arbeitszeiten festgelegt: [Arbeitszeiten] ______________________.

*(alt.:)*

Der Mitarbeiter kann selbst Arbeitszeiten bestimmen (selbstbestimmte Arbeitszeit) im Rahmen seiner vertraglich geschuldeten Arbeitszeit.

(2) Zu den Zeiten nach (1) hat der Mitarbeiter an seinem häuslichen Arbeitsplatz seine Arbeitsleistung zu erfüllen.

(3) Der Mitarbeiter beachtet die gesetzlichen Arbeitszeitbestimmungen und etwaigen Beschäftigungsverbote.

(4) Der Mitarbeiter hat betriebs- und selbstbestimmte Arbeitszeiten in einem Arbeitszeitbuch, das elektronisch zu führen ist, festzuhalten und dieses auf Verlangen des Arbeitgebers jederzeit, zumindest aber am Ende eines jeden Monats, seinem Vorgesetzten vorzulegen.

*(alt.)*

Die Arbeitszeiten werden über die digitale Arbeitszeiterfassung des Unternehmens durch An- und Abmeldung erfasst.

*(alt.)*

Die Arbeitszeiten werden im hierfür vorgesehenen Formular durch den Arbeitnehmer festgehalten.

*(alt.)*

Die Ableistung der Arbeitszeit des Mitarbeiters erfolgt bis auf Weiteres auf Vertrauensbasis.

Sollten sich konkrete, nachweisbare Anhaltspunkte ergeben, die das Unternehmen zu dem Schluss führen können, dass der Mitarbeiter seine Arbeitszeit unterschreitet oder betriebliche Umstrukturierungen eine Arbeitszeiterfassung erforderlich machen, ist über diesen Punkt auf Verlangen des Arbeitgebers neu zu verhandeln.

(5) Fahrten zwischen betrieblicher und häuslicher Arbeitsstätte sind keine Arbeitszeit, sofern sie nicht zusätzlich vom Unternehmen angeordnet werden.

**§ 5 Arbeitsmittel**

Der Mitarbeiter erhält vom Arbeitgeber folgende Arbeitsmittel kostenfrei zur Verfügung gestellt:

________________________(Auflistung Arbeitsmittel).

Die zur Verfügung gestellten Arbeitsmittel sind ausschließlich für betriebliche Zwecke zu verwenden.

Der Mitarbeiter wird die ihm überlassenen Gegenstände pfleglich behandeln. Eine Überlassung an Dritte, einschließlich der Überlassung an Familienmitglieder, ist dem Mitarbeiter untersagt.

Der Arbeitgeber kann die jederzeitige Rückgabe der Arbeitsmittel aus berechtigtem Anlass verlangen. Dies gilt insbesondere bei Austausch der Geräte, bei Kündigung oder bei der Freistellung von der Arbeit bzw. einem Widerruf oder Versagung einer Einwilligung oder Zustimmung nach § 2 Abs. 3. Ein Zurückbehaltungsrecht des Arbeitnehmers ist ausgeschlossen.

**§ 6 Entgelt**

Die Kosten der Unterhaltung des Homeoffice-Platzes werden durch den Arbeitgeber mit einer Pauschale in Höhe von ________________________ EUR abgegolten.

Der Arbeitnehmer hat darüber hinausgehende Aufwendungen selbst zu tragen. Ein Anspruch auf Erhöhung der Pauschale wegen ungewöhnlicher Mehrkosten besteht nicht.

**§ 7 Zutrittsrecht**

(1) Dem Arbeitgeber steht in folgenden Fällen ein Zutrittsrecht des Homeoffice-Platzes zu, das durch vom Arbeitgeber beauftragte Personen ausgeübt wird:

a) Auf- und Abbau der in § 5 genannten Arbeitsmittel, deren Aktualisierung und Wartung.

b) Prüfung und Beseitigung von Systemstörungen/ Schäden/ Mängeln der überlassenen Arbeitsmittel/Geräte.

c) Prüfung der Einhaltung in § 3 Abs. 2 genannter Anforderungen an die häusliche Arbeitsstätte.

d) Prüfung der Einhaltung der betrieblichen und gesetzlichen Regelungen zum Datenschutz und zur Datensicherheit.

(2) Ein Termin zur Zugangsgewährung ist mit dem Arbeitnehmer abzustimmen und muss spätestens innerhalb einer Woche nach der Ankündigung gewährt werden.

In dringenden Eilfällen, insbesondere im Falle von § 7 Abs. 1 b), hat der Arbeitnehmer den Zugang unverzüglich nach der Ankündigung und auch außerhalb des vorstehenden Zeitrahmens zu gewähren.

(3) Der Arbeitnehmer räumt des Weiteren bei gesetzlich vorgesehenen Kontrollen allen Behörden, die den Homeoffice-Platz aufsuchen dürften, wenn sich dieser im Unternehmen befände, ein Betretungsrecht ein.

(4) Der Arbeitnehmer räumt des Weiteren dem Betriebsrat ein Betretungsrecht ein, sofern dieser Personen bei Kontrollen nach § 7 Abs. 1 oder Abs. 3 begleitet.

(5) Der Arbeitnehmer legt vor Beginn dieser Vereinbarung eine Bestätigung vor, dass die mit ihm in häuslicher Gemeinschaft lebenden Personen mit den vorstehenden Regelungen zum Zugangsrecht einverstanden sind.

**§ 8 Verschwiegenheitspflicht**

Der Arbeitnehmer bleibt auch im Homeoffice zur Verschwiegenheit über alle betrieblichen und geschäftlichen Daten und der Kunden des Arbeitgebers verpflichtet, insbesondere bleibt der Arbeitnehmer verpflichtet, Betriebs- und Geschäftsgeheimnisse zu wahren und Daten geheim zu halten, welche die Person des Arbeitgebers oder eines anderen Arbeitnehmers betreffen, so hat er darauf zu achten, dass Dritte nicht unbefugt Kenntnis solcher Geheimnisse aus seinem Arbeitsbereich erlangen. Dies umfasst auch die Verpflichtung sicherzustellen, dass der Zugriff Dritter auf die im Rahmen des Homeoffice-Verhältnisses verwendeten Datenträger ausgeschlossen ist.

Hierzu hat der Arbeitnehmer insbesondere die zu seinem Haushalt gehörenden Familienangehörigen und sonstigen Mitbewohner eingehend zu belehren.

**§ 9 Weitere Verhaltensmaßnahmen**

(1) Der Arbeitnehmer hat die Richtlinie Homeoffice des Arbeitgebers zu beachten.

(2) Soweit durch die Richtlinie Homeoffice, diese Vereinbarung oder sonstige Anordnung des Arbeitgebers nicht anders bestimmt, sind ergänzend die im beigefügten, vom Bundesamt für Sicherheit in der Informationstechnik herausgegebenen Merkblatt für den Arbeitsplatz des Telearbeiters[136] genannten Schutzvorschriften zu beachten.

136 Dem Vertrag beizufügen.

### 4.4.4 Kombilösung für Arbeitsvertrag und Betriebsvereinbarung

Vereinbarung zu Home Office-Tätigkeit als Ergänzung zum Arbeitsvertrag bzw. Anlage zu einer Betriebsvereinbarung

unter Berücksichtigung von Verordnungen zum Infektionsschutzgesetz

zwischen

– nachfolgend Arbeitgeber –

und

..................

– nachfolgend Arbeitnehmer bzw. Betriebsrat (nicht Zutreffendes bitte streichen) –

wird Folgendes als Ergänzung zum Arbeitsvertrag bzw. als Anlage zu einer Home Office-Betriebsvereinbarung (nicht Zutreffendes bitte streichen) zwischen den Parteien vereinbart:

**§ 1 Vertragsgegenstand**

(1) Der Arbeitgeber räumt dem Arbeitnehmer (bzw. als Anlage zu einer Betriebsvereinbarung einer Mehrzahl von Arbeitnehmern), soweit betrieblich machbar oder erforderlich, die Möglichkeit ein, abweichend vom arbeitsvertraglich geregelten Arbeitsort seinen arbeitsvertraglichen Pflichten als Ausnahme auch durch eine Tätigkeit von zu Hause aus nachzukommen. Diese Regelung kann als Vereinbarung mit dem Arbeitnehmer oder als Anlage zu einer Betriebsvereinbarung Gültigkeit erlangen, letzteres insbesondere dann, wenn nach Rechtsverordnung zum Infektionsschutzgesetz keine Erfüllung der arbeitsvertraglichen Pflichten am Arbeitsort möglich ist.

(2) Die männliche Form der Begriffe (z. B. Arbeitgeber, Arbeitnehmer) schließt aus Gründen der besseren Lesbarkeit jeweils auch die weibliche Form (z. B. Arbeitgeberin, Arbeitnehmerin) und sonstige Formen der geschlechtlichen Zuordnung ein.

(3) Im Falle dessen, dass diese Regelung als Anlage zur Betriebsvereinbarung gelten soll, ist die Formulierung „der Arbeitnehmer" auf alle Beschäftigten, für die das Betriebsverfassungsgesetz gilt, anzuwenden, und es sind ergänzend zu dieser Regelung die Abteilungen bzw. Arbeitsplatzbeschreibungen festzulegen, für die eine Tätigkeit im Home Office möglich ist.

(4) Die Möglichkeit zur Erfüllung der vertraglich geschuldeten Arbeitsleistung des Arbeitnehmers im Home Office gilt nach Absprache – soweit betrieblich möglich – für max. 80 % der wöchentlichen Arbeitszeit des Arbeitnehmers, <u>während der Geltung einer Rechtsverordnung zum Infektionsschutzgesetz, die die Arbeit am</u>

Arbeitsort unmöglich macht oder wesentlich erschwert, für max. 100 % der wöchentlichen Arbeitszeit.[137]

(5) Der vertraglich geregelte Arbeitsort wird durch diese Vereinbarung nicht geändert.

(6) Die Tätigkeit im Home Office muss aus rechtlichen Gründen Aspekte des Daten- und Gesundheitsschutzes in gleicher Weise einhalten wie am Arbeitsplatz, so dass die nachfolgenden Bedingungen für die Arbeit im Home Office als Ergänzung zum Arbeitsvertrag bzw. Bestandteil der Betriebsvereinbarung gelten.

**§ 2 Vertragsdauer**

(1) Diese Regelung gilt auf unbestimmte Zeit und endet spätestens mit dem Ende des zugehörigen Arbeitsvertrages oder der Gültigkeit einer entsprechenden Betriebsvereinbarung, ohne dass es einer gesonderten Erklärung bedarf.

(2) Diese Vereinbarung kann von jeder Vertragspartei mit einer Frist von einem Monat zum Monatsende gekündigt werden, soweit die Erbringung der Arbeitsleistung am vorgesehenen Dienstort nicht aus rechtlichen Gründen untersagt oder erschwert ist. Für die Dauer von Einschränkungen des Arbeitsortes aufgrund des Infektionsschutzgesetzes kann diese Vereinbarung nicht gekündigt werden.[138]

**§ 3 Arbeitszeit**

(1) Die Arbeitszeit des Mitarbeiters ist täglich unter Angabe seiner Tätigkeit aufzuzeichnen und die Aufzeichnung dem Arbeitgeber auf Verlangen auszuhändigen bzw elektronisch zu übermitteln.

(2) Der Arbeitnehmer ist auch im eigenen Interesse verpflichtet, die Bestimmungen des Arbeitszeitgesetzes einzuhalten, insb. die tägliche Höchstarbeitszeit von 10 Stunden und die mindestens elfstündige ununterbrochene Ruhezeit.

(3) Für die Arbeitszeit sowie etwaige Überstunden gelten im Übrigen die arbeitsvertraglichen Regelungen.

**§ 4 Erreichbarkeit**

(1) Der Arbeitnehmer sorgt dafür, dass er zu den üblichen – oder gesondert für Zeiten einer Rechtsverordnung zum Infektionsschutzgesetz vereinbarten –[139] Arbeitszeiten für den Arbeitgeber telefonisch erreichbar ist.

(2) Der Arbeitgeber kann anordnen, dass die telefonische Erreichbarkeit über ein dienstliches Endgerät seiner Wahl (Telefon, Softphone, Mobilfunk etc.) bzw. die elektronische Erreichbarkeit per Mail über ein dienstliches Gerät sichergestellt

137 ggf. streichen.

138 ggf. streichen.

139 ggf. streichen.

werden muss. Der Arbeitnehmer kann auf freiwilliger Basis auch private Endgeräte für die Erreichbarkeit zur Verfügung stellen.

**§ 5 Arbeitsmittel**

(1) Die notwendigen Arbeitsmittel für das Home Office werden im Rahmen der Möglichkeiten vom Arbeitgeber kostenlos zur Verfügung gestellt und unterhalten. Sie bleiben im Eigentum des Arbeitgebers.

(2) Der Arbeitnehmer darf mit Genehmigung des Arbeitgebers private Computer, Tablets oder Smartphones für die Tätigkeit im Home Office einsetzen. Eine Genehmigung des Arbeitgebers soll durch die IT-Abteilung oder die Geschäftsleitung nur dann erteilt werden, wenn übliche Sicherheitsmaßnahmen (wie z. B. Virenscanner auf Notebooks, Passwort-, PIN- oder Biometrie-Sperre mit kurzer Sperrzeit) für diese Geräte aktiviert sind und diese Regel bei der Nutzung zu Hause durch eine Firewall geschützt sind (z. B. durch Nutzung von Mobilgeräten im WLAN zuhause).

(3) Der Arbeitgeber kann nach Rücksprache mit dem Datenschutzbeauftragten – und soweit vorhanden dem Betriebsrat – Empfehlungen zu Audio- und Videokonferenztools im Intranet bekannt geben, die, soweit technisch möglich, vorrangig benutzt werden sollen, insbesondere aus Gründen des Geheimnis- und des Datenschutzes.

(4) Nach Beendigung der Möglichkeit zur Tätigkeit im Home Office sind die arbeitgeberseitig zur Verfügung gestellten Arbeitsmittel zurückzugeben.

**§ 6 Datenschutz**

(1) Auf den Schutz von Daten und Informationen ist im Home Office besonders zu achten.

(2) Der Mitarbeiter hat über alle betrieblichen und geschäftlichen Daten, über die er im Rahmen seiner Tätigkeit Kenntnis erlangt, Stillschweigen zu bewahren. Die gesetzlichen und betrieblichen Datenschutzregelungen sowie die Regeln der Nutzerpolicy des Arbeitgebers sind auch bei der Arbeit im Home Office einzuhalten.

(3) Vertrauliche Daten, Informationen und Unterlagen sind vom Mitarbeiter so zu schützen, dass Dritte – insb. auch im Haushalt des Mitarbeiters lebende Personen – keine Einsicht bzw. keinen Zugriff nehmen können. Dazu gehört insbesondere, dass der Bildschirm nach spätestens 5 Minuten automatisch gesperrt wird und der Arbeitnehmer den Bildschirm bereits bei Verlassen des Raumes sperrt, wenn die Möglichkeit der Einsichtnahme Dritter besteht.

(4) Schriftliche Unterlagen oder Datenträger müssen nach Ablauf der nach DSGVO zulässigen Aufbewahrungsfrist datenschutzgerecht in den Räumen des Arbeitgebers entsorgt werden. Während der Geltung von Rechtsverordnungen nach Infektionsschutzgesetz, die eine Anwesenheit am Arbeitsort einschränken, ist ausschließlich auf Anforderung des Arbeitgebers unter Beachtung von an-

gemessenen Vorschriften nach DIN 66399 (Papier mit Aktenvernichter max. Schnittbreite 4 mm bzw. Datenträger mit Wipe-Funktion / 3maliges Überschreiben der Daten) eine Entsorgung von Papier bzw. Datenträgern im Home Office zulässig.[140]

(5) VPN-Verbindungen zu Netzen oder Servern des Arbeitgebers sind nur mit vom Arbeitgeber dem Arbeitnehmer zur dienstlichen Nutzung gestellten oder nach § 4 Abs. 2 genehmigten Geräten zulässig. Eine Nutzung anderer Geräte ist für solche VPN-Verbindungen verboten.

**§ 7 Kontrollrechte**

(1) Der Arbeitgeber ist zur Prüfung der Einhaltung von Arbeitsschutz- und Datenschutzbestimmungen auch bei der Tätigkeit im Home Office gesetzlich verantwortlich.

(2) Der Arbeitnehmer gewährt nach vorheriger Absprache dem Arbeitgeber, vom Arbeitgeber beauftragten Vertretern und Personen, deren Zugangsrecht auf einer gesetzlichen Verpflichtung beruht, Zugang zum Home Office, soweit besondere Anhaltspunkte vorliegen, die eine Prüfung erforderlich machen.

(3) Der Zugang ist den in Absatz 2 genannten Personen zu gewähren, wenn die Einhaltung der vertraglich vereinbarten Anforderungen und von Vorschriften des Daten- oder Arbeitsschutzes in dem Home Office aus rechtlichen Gründen überprüft werden muss. Eine Prüfung soll nicht ohne erheblichen Grund erfolgen, wenn eine Prüfung der Verhältnisse innerhalb der letzten 6 Monate durch den Arbeitgeber beanstandungsfrei durchgeführt wurde.

(4) Der Arbeitnehmer ist nicht verpflichtet, weiteren Personen den Zugang zum Home Office zu gewähren.

**§ 8 Haftung**

(1) Für die Haftung, insbesondere in Bezug auf Arbeitsmittel oder Datenschutz, gelten zugunsten des Arbeitnehmers die gleichen Regelungen wie am betrieblichen Arbeitsplatz.

(2) Bei Schäden, die durch im Haushalt lebende Familienangehörige oder berechtigte Besucher am Eigentum des Arbeitgebers verursacht werden, gelten die gleichen Grundsätze, bei Datenschutzverstößen gelten im Hinblick auf diese Personengruppen die gesetzlichen Regelungen.

.............................. ..............................

Arbeitgeber

Arbeitnehmer bzw.
Vertreter des Betriebsrates

140 ggf. streichen.

### 4.4.5 Richtlinie für Mobile Geräte

**Richtlinie mobile Endgeräte**

**§ 1 Gegenstand der Richtlinie**

(1) Diese Richtlinie regelt die Benutzung mobiler IT-Systeme wie Laptops, Mobiltelefone, Smartphones, Tablets und (soweit im Einsatz) PDAs zu geschäftlichen und unternehmensbezogenen Zwecken.

(2) Die Richtlinie gilt persönlich für alle Beschäftigten sowie leitenden Angestellten des Unternehmens, die mobile Endgeräte i. S. v. (1) einsetzen.

**§ 2 Zugelassene Endgeräte**

(1) Zur geschäftsbezogenen Tätigkeit dürfen ausschließlich Endgeräte benutzt werden, die seitens des Unternehmens bereitgestellt werden.

(2) Die Nutzung privater Endgeräte zu geschäftlichen Zwecken ist untersagt.

**§ 3 Grundsätzliche Handhabung**

(1) Es ist untersagt, Änderungen am Betriebssystem oder den durch die IT-Abteilung erfolgten Konfigurationen vorzunehmen oder vornehmen zu lassen. Davon ausgenommen sind durch die IT-Abteilung zugelassene Updates und Patches, ggf. auch aufgrund von dieser vorgenommener automatischer Voreinstellungen. Insbesondere ist es untersagt, Anti-Malware-Programme, die voreingestellt sind, zu deaktivieren.

(2) Die ständige Aktivierung eines Anti-Malware-Programms ist zu überprüfen. Sofern eine notwendige Aktivierung nicht selbst vorgenommen werden kann, ist die IT-Abteilung umgehend zu informieren.

(3) Apps dürfen nur aus dem Enterprise App Store oder nach entsprechender Freigabe durch die IT-Abteilung geladen und installiert werden.

(4) Software ist vor der Installation durch die IT-Abteilung auf deren rechtmäßige Lizenzierung und inhaltliche Unbedenklichkeit überprüfen zu lassen.

(5) Wartungen und Reparaturen haben ausschließlich über die IT-Abteilung zu erfolgen. Rundschreiben der IT-Abteilung zu erforderlichen Updates, Wartungsarbeiten oder sonstigen Maßnahmen sind zu beachten, bzw. den Anweisungen Folge zu leisten.

(6) Die Nutzung zu privaten Zwecken ist grundsätzlich untersagt, soweit diese nicht aufgrund einer anderen Unternehmensrichtlinie, bzw. individual- oder kollektivarbeitsrechtlich erlaubt ist.

(7) Ein mobiles IT-System sollte nie extremen Temperaturen ausgesetzt werden. Auch sollten weder IT-Geräte noch Akkus in geparkten Fahrzeugen zurückgelassen werden, wenn die Außentemperatur extrem hoch oder niedrig ist. Mobile Endgeräte sollten vor Umwelteinflüssen geschützt werden, die diese schädigen können, wie beispielsweise Feuchtigkeit durch Regen oder Spritzwasser. Beim Transport ist auf entsprechende Stoßsicherung zu achten.

**§ 4 Weitergabe an Dritte, Aufbewahrung**

(1) Es ist untersagt, Endgeräte (unternehmensfremden) Dritten zur Nutzung zu überlassen. Davon ausgenommen sind Telefonate, soweit diese in Gegenwart des Besitzers des Endgeräts stattfinden und unternehmensbezogen sind.

(2) Endgeräte dürfen grundsätzlich nie unbeaufsichtigt bleiben. Beim Transport in Fahrzeugen sollen diese nicht von außen sichtbar und erkennbar sein. Beim Verbleib im Hotelzimmer ohne gleichzeitige Anwesenheit des Besitzers sind diese (im Schrank oder Tresor) zu verschließen. Soweit möglich sind Endgeräte physisch zu sichern, etwa mithilfe eines Kensington-Schlosses.

**§ 5 Sicherheitsmaßnahmen**

(1) Es ist eine Zugangssperre nach Vorgabe durch die IT-Abteilung einzurichten und zu unterhalten. Soweit hierzu keine biometrischen Verfahren vorgesehen sind, muss ein sicheres Passwort nach Vorgabe durch die IT-Abteilung oder einer separaten Richtlinie vergeben werden.

(2) Datenträger sind inhaltlich nach Vorgaben der IT-Abteilung oder einer anderen entsprechenden Richtlinie zu verschlüsseln.

(3) Daten sind nur sparsam auf mobilen Endgeräten zu speichern. Soweit möglich und insbesondere bei Mobiltelefonen sind Daten auf entfernbaren Datenträgern zu speichern und diese im Falle der notwendigen kurzfristigen Abgabe des Gerätes vorher zu entfernen.

(4) Sämtliche Funk- (wie etwa WLAN, Bluetooth), Infrarot- und andere Kommunikationsschnittstellen sind zu deaktivieren, während sie nicht benutzt werden.

**§ 6 Kommunikation**

(1) Soweit möglich sollte zur Kommunikation über mobile Endgeräte eine Ende-zu-Ende-Verschlüsselung nach Vorgabe der IT-Abteilung oder einer anderen entsprechenden Richtlinie benutzt werden.

(2) Bei Benutzung eines öffentlichen WLANs oder eines Hotspots sollte ein VPN nach Vorgabe durch die IT-Abteilung oder eine andere entsprechende Richtlinie benutzt werden.

**§ 7 Fernwartung und -Löschung**

(1) Der Benutzer unternehmenseigener mobiler IT-Systeme wird darauf hingewiesen, dass technisch eine Fernwartung und eine Fernlöschung der Geräte und der auf dem Gerät gespeicherten Daten möglich sind.

(2) Fernwartung und Fernlöschung erfolgen ausschließlich über die IT-Abteilung und nur auf ausdrückliches Anfordern des Benutzers.

(3) Die Durchführung und der Ablauf der Fernwartung und -löschung werden protokolliert und gespeichert.

**§ 8 Verhalten im Verlustfall**

Im Falle des Verlustes eines mobilen Endgerätes hat der Benutzer wie folgt vorzugehen:

1. Sofortige Meldung an den Abteilungsleiter der für das IT-Informationssystem zuständigen Abteilung, sowie an den zuständigen IT-Sicherheitsbeauftragten.
2. Veranlassung der Durchführung von Systemmaßnahmen wie Stilllegung eines Kontos mit Fernzugriff, bzw. Fernlöschung über die IT-Abteilung.
3. Nach Rücksprache mit dem direkten Vorgesetzten: Ggf. Anzeige bei der Polizei.

**§ 9 Hinweis auf rechtliche Folgen bei Verstößen**

Der Benutzer unternehmenseigener mobiler IT-Systeme wird darauf hingewiesen, dass Verstöße gegen diese Richtlinie nicht nur arbeitsrechtliche Folgen haben, sondern auch mit Geldbuße bedroht und/oder strafbar sein können. Darüber hinaus können Verstöße gegen diese Richtlinie Unterlassungs- und Schadensersatzansprüche nach sich ziehen.

## 4.5 Zum Ausgangs-/Praxisfall

Das Maschinenbauunternehmen im Praxisfall wird zunächst festlegen, in welcher Weise Homeoffice stattfinden soll. Sodann werden die technischen Lösungen für Homeoffice und Videokonferenz analysiert und ausgewählt werden, ggf. auch unter Einbeziehung weitergehender und dauerhafter technischer Möglichkeiten. Auf dieser Grundlage werden Richtlinien für Homeoffice und mobiles Arbeiten erstellt. Aufgrund der Größe des Unternehmens wird ein Betriebsrat bestehen, mit dem sodann eine Betriebsvereinbarung geschlossen wird. Sofern im Einzelfall die Voraussetzungen für Homeoffice erfüllt sind, wird das Unternehmen schriftliche Vereinbarungen mit diesen Arbeitnehmern abschließen.

# 5. Digitalisierung, digitaler Vertrieb und E-Commerce-Projekte

*Thomas Lapp*

**Key-Words:** Abschluss von elektronischen Verträgen, Archivierung, Bewachungsdienst, befristeter Arbeitsvertrag, Beweiskraft elektronischer Dokumente, elektronische Signatur/fortgeschrittene elektronische Signatur/ qualifizierte elektronische Signatur, elektronisches Siegel/fortgeschrittenes elektronisches Siegel/ qualifiziertes elektronisches Siegel, qualifiziertes Zertifikat für elektronische Signaturen, qualifizierte elektronische Signaturerstellungseinheit, qualifizierte Vertrauensdiensteanbieter, gesetzlich vorgeschriebene und vertraglich vereinbarte Schriftform, Siegelerstellungsdaten, Signaturerstellungsdaten, Unterzeichner, Validierung, Verbraucherdarlehensvertrag, Workflow.

Projekt elektronischer Vertragsabschluss bei formbedürftigen Rechtsgeschäften, wie etwa Verbraucherdarlehensverträgen, Teilzeitarbeitsverträgen, digitaler Workflow mit elektronischen Signaturen

## 5.1 Ausgangs-/Praxisfall

Die Verbraucherdarlehensbank VDL plant, ihre Abläufe beim Abschluss von Verträgen – auch im Hinblick auf die Kontaktbeschränkungen und die zunehmende Virtualisierung von Verhandlungen – anzupassen. Ziel ist es, die Verträge elektronisch abzuschließen und damit auch die weitere Bearbeitung, einschließlich Archivierung, effektiver zu gestalten. Bei befristeten Arbeitsverträgen und Verbraucherdarlehensverträgen sind gesetzliche Formvorschriften zu beachten, in manchen Fällen ist vertraglich Schriftform vereinbart. Bei anderen Verträgen steht die Frage der Beweisbarkeit vor Gericht und der Dokumentation nach Steuerrecht und Datenschutzrecht im Vordergrund. Welche Möglichkeiten zum elektronischen Vertragsabschluss gibt es, was ist dabei rechtlich zu beachten?

Abbildung 23

## 5.2 Rechtsrahmen und Zuständigkeiten

### 5.2.1 Formvorschriften/Schriftform

Für einige besonders bedeutsame Rechtsgeschäfte ist gesetzlich Schriftform vorgeschrieben. Welche Anforderungen dann genau zu erfüllen sind, um einen wirksamen Vertragsabschluss zu erreichen, ist in § 126 BGB geregelt. In diesem Fall muss zunächst eine „Urkunde" hergestellt werden. Darunter ist ein Schriftstück auf Papier zu verstehen, in dem der Text des Vertrages mit den wesentlichen Vertragsbestimmungen enthalten ist. Dieses Dokument kann handschriftlich, aber auch mit Schreibmaschine oder Computer erstellt werden. Was genau in der Urkunde geregelt sein muss, ergibt sich aus der jeweiligen Formvorschrift. Wichtig ist, dass der gesamte formbedürftige Inhalt des Vertrages in einer einheitlichen Urkunde festgehalten wird. Eine Urkunde aus mehreren Blättern ist möglich, diese müssen nicht fest miteinander verbunden sein. Vielmehr genügt es, wenn die Einheitlichkeit aus fortlaufender Paginierung, fortlaufender Nummerierung der einzelnen Bestimmungen, einheitlicher grafischer Gestaltung, inhaltlichem Zusammenhang, Paraphierung auf jeder Seite oder ähnlichen Merkmalen sich ergibt. Anlagen können den Hauptvertrag ergänzen, wenn im Hauptvertrag darauf Bezug genommen wird.

Diese Urkunde muss dann mit **eigenhändiger Namensunterschrift** unterschrieben werden. Bei einem Vertrag müssen nicht alle Unterschriften auf einer einzigen Urkunde geleistet werden. Vielmehr genügt es, wenn jede Vertragspartei auf einer identischen Urkunde unterzeichnet und dann Urkunden mit den Unterschriften aller anderen Vertragsparteien erhält.

Als Name sind in der Unterschrift Vorname und Familienname anzugeben. In den meisten Fällen wird die Angabe des Familiennamens als ausreichend angesehen. Bei Bischöfen oder Angehörigen des Hochadels genügt auch der Vorname, unter dem diese allgemein bekannt sind. Pseudonyme oder Künstlernamen, unter denen eine Person allgemein bekannt ist, können ebenfalls zu Unterschrift verwendet werden. Gerade in Zeiten des Internet werden zunehmend Pseudonyme verwendet, unter denen Menschen in sozialen Netzwerken allgemein bekannt sind. **Die Verwendung der Pseudonyme** dient auch dem Datenschutz und dem Schutz der Persönlichkeitsrechte. Zum Vertragsabschluss muss jedoch sichergestellt sein, dass die Person ausreichend gut identifiziert werden kann. Es ist also eine ausreichende Bekanntheit der Person unter diesem Pseudonym im Rechtsverkehr erforderlich. Der Vertragspartner muss auch in der Lage sein, ggf. für einen Rechtsstreit die Auflösung des Pseudonyms zu erreichen.

Anfangsbuchstaben von Vorname und Familienname oder abgekürzte Namen sind nicht ausreichend, sondern lediglich eine **Paraphe** und **keine Unterschrift**. Der Schriftzug muss zumindest Andeutungen von Buchstaben erkennen lassen und den Eindruck erwecken, dass der vollständige Name geschrieben werden sollte. Der Schriftzug muss hinreichend individuell sein, um mit einmaligen charakteristischen Merkmalen die Identität des Erklärenden erkennbar zu machen. Die Schrift muss keineswegs lesbar sein. Wer den Namen kennt, sollte aber die Absicht erkennen können, diesen Namen zu schreiben.

Die Rechtsprechung ist mittlerweile relativ großzügig, was die *Akzeptanz von individuellen Unterschriften* angeht.

> Nicht anerkannt wurde die Kombination aus einem nach rechts ansteigenden langen Strich, der in einem Bogen in einen waagerecht nach links verlaufenden Strich mit einem weiteren nach rechts verlaufenden Haken auslief, und einem langen, flach nach rechts gerichteten Aufstrich mit einem kurzen Haken und einem weiteren schräg nach rechts oben gerichteten Aufstrich (LArbG Hamm, Urteil vom 13.06.2007 – 3 Sa 514/07; ArbG Bielefeld, Urteil vom 08.02.2007 – 1 Ca 1781/06).
>
> Demgegenüber akzeptierte der Bundesgerichtshof drei steil und gerade verlaufenden Ab- und Aufstriche, die das Berufungsgericht noch als ein großes „K" gedeutet hatte, als gültige und vollständige Unterschrift, da der kürzere, flacher ansteigende und leicht gekrümmte weitere Aufstrich, mit dem das „K" ausläuft, für den Rest des Namens stehend anerkannt wurde (BGH, Urteil vom 10.07.1997 – IX ZR 24/97 = NJW 1997, 3380, 3381).

### 5.2.2 Sichere Kommunikation

Sichere Kommunikation, auch soweit diese elektronisch erfolgt, ist von verschiedenen Voraussetzungen bzw. Anforderungen geprägt:[141]

- Authentizität: die Erklärung ist tatsächlich von der Person abgegeben worden, die als Erklärender angegeben ist
- Integrität: die Erklärung wurde seit Abgabe der Erklärung nicht verändert
- Formwirksamkeit: alle relevanten Formvorschriften sind eingehalten und die Erklärung ist damit wirksam
- Vertraulichkeit: die Erklärung ist gegen Kenntnisnahme durch Unbefugte geschützt
- Nichtabstreitbarkeit: der Erklärende kann nachträglich die Erklärung nicht abstreiten, sondern ist an die Erklärung gebunden.

Eine **einfache E-Mail** ist für sich genommen nicht in der Lage, diese Anforderung zu erfüllen.

Auch ein **Telefax** ist entgegen der landläufigen Einschätzung nicht in der Lage, diese Anforderung zu erfüllen.

> Weder E-Mail noch Fax erlauben es, Authentizität und Integrität zu prüfen. Beide sind sehr leicht zu manipulieren.

Ungeachtet dieser Unsicherheit tauchen in der Praxis selten Probleme der elektronischen Kommunikation auf. Auch wenn E-Mail und Fax gegen Fälschungen kaum geschützt sind, wurden wenige Fälle von gefälschten E-Mails bekannt. Meist geht es dabei um **Übermittlung von Schadsoftware**.

Gefälschte rechtsgeschäftliche Erklärungen, die zu Problemen bei den Vertragsabschlüssen führen, sind vor Gericht sehr selten vorgekommen. In den meisten gerichtlichen Auseinandersetzungen wird ausschließlich über die Auslegung des unstreitigen *Inhalts der Kommunikation* gestritten. Authentizität und Integrität von E-Mails ist so gut wie nie Gegenstand des Streits vor Gericht.

---

141 Vgl. *Degen/Deister*, Computer- und Internetrecht, Vertragsgestaltung E-Commerce und Datenschutz, Rn. 139, 484 m. w. N.

### 5.2.3 Funktionen der Unterschrift

Eine der zentralen Funktionen der Unterschrift ist die **Warnfunktion**. Der Unterzeichner soll durch die Unterschrift darauf aufmerksam gemacht werden, dass er eine rechtserhebliche Erklärung abgibt, die möglicherweise mit Risiken für ihn verbunden ist. Viele Menschen messen der eigenhändigen Unterschrift eine besondere Bedeutung bei.

> In der Praxis wird die eigenhändige Unterschrift auf Papier immer häufiger durch die **Unterschrift auf einem Pad/Tablet** oder die **Eingabe einer PIN in einem speziellen Lesegerät** ersetzt.
>
> Die Menschen gewöhnen sich daran, dass derartige Eingaben rechtliche Wirkung (Abbuchung vom Konto) mit sich bringen.

Die Unterschrift ist außerdem dazu gedacht, eine rechtsgeschäftliche Erklärung abzuschließen und daher – wie der Name auch sagt – ans Ende der Erklärung und damit unter die Erklärung zu setzen. Die Unterschrift unterscheidet damit die endgültige Erklärung vom bloßen Entwurf.

### 5.2.4 Gesetzliche Formvorschriften

Gesetzliche Formvorschriften gibt es in einigen Bereichen. Beispielsweise ist die Beendigung von Arbeitsverhältnissen gemäß § 623 BGB nur schriftlich möglich, befristete Arbeitsverträge oder Teilzeitarbeitsverträgen sind nach § 14 Abs. 4 TzBfG schriftlich abzuschließen. Hintergrund dieser Formvorschriften ist zum einen die bereits erwähnte Warnfunktion. Zum anderen möchte der Gesetzgeber durch die Schriftform auch eine **Dokumentation** sicherstellen.

Die gesetzlich vorgeschriebene Schriftform kann durch die elektronische Form ersetzt werden, wenn dies in dem entsprechenden Gesetz nicht ausdrücklich ausgeschlossen ist, wie beispielsweise nach § 623 BGB für die Beendigung von Arbeitsverhältnissen. Die Schriftform kann dadurch gewahrt werden, dass der Aussteller der Erklärung seinen Namen hinzufügt und diese mit einer qualifizierten elektronischen Signatur (vgl. unten) versieht.

Man kann sich die Frage stellen, ob der Ausschluss der elektronischen Form in § 623 BGB und anderen Vorschriften heute noch zeitgemäß ist und möglicherweise sogar gegen europäisches Recht verstößt. Die Implementierung der **elektronischen Form mit qualifizierter elektronischer Signatur** sollte sich allerdings zunächst sicherheitshalber auf Konstellationen beschränken, bei denen es solche gesetzlichen Ausnahmen nicht gibt und daher unzweifelhaft die elektronische Form zulässig ist.

### 5.2.5 Vertragliche Formvorschriften

Nicht selten finden sich vertragliche Formvorschriften, wonach bestimmte Erklärungen oder auch Vertragsänderung nur in schriftlicher Form wirksam sind. Nach § 127 Abs. 1 BGB gilt in diesen Fällen das Gleiche wie bei gesetzlicher Schriftform.

Allerdings erlaubt § 127 Abs. 2 BGB, die Erklärung per Fax oder E-Mail zu übermitteln und nur auf Anforderung des Empfängers die schriftliche Ausfertigung nachzureichen, wenn aus dem Vertrag kein abweichender Wille zu erkennen ist.

### 5.2.6 Dokumentationspflichten

Neben gesetzlichen Formvorschriften kann eine Motivation zum Einsatz von elektronischen Signaturen auch der Wunsch im Unternehmen sein, Dokumentationspflichten zu erfüllen, wie sie sich **aus dem Datenschutzrecht** (gemäß Art. 5 DSGVO) oder Regeln zur **Compliance** oder anderen Vorschriften ergeben.

### 5.2.7 Hinderungsgründe gegen die Nutzung elektronischer Signaturen

Seit 1997 mit dem Signaturgesetz in Deutschland der Rechtsrahmen für elektronische Signaturen geschaffen wurde, haben diese in geringerem Umfang als ursprünglich erhofft Eingang in die Praxis gefunden. Die Europäische Union hat 1999 eine Richtlinie für elektronische Signaturen geschaffen, musste aber feststellen, dass eine Vereinheitlichung des Rechts in Europa dadurch nicht erreicht wurde. Um die Freiheit des Verkehrs von Waren und Dienstleistungen innerhalb Europas auch durch elektronische Signaturen fördern zu können, wurde dann – vergleichbar der EU-Datenschutzgrundverordnung – eine Verordnung über elektronische Identifizierung und Vertrauensdienste für elektronische Transaktionen im Binnenmarkt (electronic IDentification, Authentication and trust Services **eIDAS-VO**) geschaffen.

Insbesondere durch die europaweite Vereinheitlichung, aber auch durch die neu geschaffenen Fernsignaturen entstehen und immer mehr neue Geschäftsmodelle zum Einsatz elektronischer Signaturen. Wie bei der Datenschutz-Grundverordnung handelt es sich dabei um unmittelbar geltendes Recht in allen Mitgliedsstaaten. Unterschiedliche staatliche Regelungen in den einzelnen Mitgliedsländern können daher dem elektronischen Rechtsverkehr nicht mehr im Wege stehen.

## 5.3 Vertrauensdienste für elektronische Transaktion

Die eIDAS-Verordnung hat die bereits im Signaturgesetz angelegte Unterscheidung **von drei Stufen elektronischer Signaturen** übernommen.

Da die qualifizierte elektronische Signatur als Äquivalent zur eigenhändigen Unterschrift angelegt wurde, ist sie an eine natürliche Person gebunden.

Dem Wunsch von Behörden, Justiz und Unternehmen folgend hat die eIDAS-VO parallel dazu zusätzlich drei Stufen von elektronischen Siegeln eingeführt, die nun juristischen Personen zugeordnet sind.

### 5.3.1 Elektronische Signaturen

Elektronische Signaturen nach Art. 3 Nr. 10 eIDAS-VO stellen in diesem Dreiklang die **einfachste Form** dar.

> Elektronische Signaturen können bereits durch Beifügen des Namens oder einer gescannten Unterschrift zu einer Erklärung dargestellt werden.

Es handelt sich hier um reine *rein juristische Kategorie.*

Die *Informatik* kennt keine vergleichbare Signatur und weicht deshalb nicht selten auf den Begriff **digitale Signaturen** aus (vergleiche dazu 5.3.2). Rechtsfolgen von elektronischen Signaturen sind gesetzlich nicht geregelt.

### 5.3.2 Fortgeschrittene elektronische Signaturen

In der Stufenfolge baut die fortgeschrittene elektronische Signatur nach Art. 3 Nr. 11 eIDAS-VO auf die elektronische Signatur auf. Fortgeschrittene elektronische Signaturen sind also elektronische Signaturen, die zusätzlich die in Art. 26 eIDAS-VO definierten Anforderungen erfüllen.

> Danach muss die fortgeschrittene elektronische Signatur eindeutig dem Unterzeichner zugeordnet sein und somit dessen Identifizierung ermöglichen. Erforderlich ist weiter, dass die Unterzeichner in der Lage sind, die Signaturerstellungsdaten mit einem hohen Maß an Vertrauen unter ihrer alleinigen Kontrolle zu halten.

Darunter ist zu verstehen, dass die Signaturerstellungsdaten idealerweise auf einer Chipkarte, sonst auf einem anderen sicheren Datenträger gespeichert sind, die der Unterzeichner gegen den Zugriff durch unbefugte Dritte schützen kann. Ganz zentral ist schließlich die Anforderung, dass die fortgeschrittene elektronische Signatur auf eine Weise mit den signierten Daten verbunden sein muss, dass **nachträgliche Veränderungen** erkannt werden können. Erreicht wird dies durch die in der Informatik auch als **kryptografische Signaturen** bezeichneten Verfahren. Dabei wird aus der zu signierenden elektronischen Datei zunächst mit einer mathematischen Funktion ein sogenannter **„Hashwert"** errechnet, der für die Datei ähnlich einem **Fingerabdruck** charakteristisch ist und deshalb auch als elektronischer Fingerabdruck bezeichnet werden kann.

> Praxis-Exkurs: In diesem Zusammenhang wird verwiesen auf weitergehende technische Aspekte, wie zum „Hashwert" in **Kapitel 14**: IT-Sicherheitsaspekte bei der elektronischen Kommunikation, Authentizität, Identität und Beweiswerterhaltung mit kryptographischen Verfahren.

Man muss sich Folgendes klar machen: Selbst bei kleinen Änderungen, wie dem Hinzufügen eines Leerzeichens, würde ein anderer Hashwert errechnet, weshalb die Veränderung aufgrund der unterschiedlichen Hashwerte erkannt werden kann.

Allerdings kann man aus diesem Wert die ursprüngliche Datei nicht zurückrechnen, wie man auch aus dem Fingerabdruck nicht die Person ablesen, sondern nur durch Vergleich ermitteln kann. Dieser Hashwert wird mit einem kryptografischen Verfahren zur fortgeschrittenen elektronischen Signatur. Dadurch dass die vollständige Erklärung über den Hashwert Teil der fortgeschrittenen elektronischen Signatur wird, geht die Beweiswirkung deutlich über die eigenhändige Unterschrift hinaus, da diese – beispielsweise bei einer Blankounterschrift – überhaupt keine Verbindung mit der dazugehörigen Erklärung aufweist.

### 5.3.3 Qualifizierte elektronische Signatur

Die qualifizierte elektronische Signatur nach Art. 3 Nr. 12 eIDAS-VO hat alle Eigenschaften einer fortgeschrittenen elektronischen Signatur und muss zusätzlich von einer qualifizierten elektronischen **Signaturerstellungseinheit** erstellt sein und auf einem qualifizierten elektronischen Zertifikat für elektronische Signaturen beruhen. Die qualifizierte elektronische Signaturerstellungseinheit muss den Anforderungen aus Anhang I eIDAS-VO entsprechen und gewährleistet in erster Linie die **technische Sicherheit**.

So muss gewährleistet sein, dass die Signaturerstellungsdaten (kryptografische Schlüssel) vertraulich bleiben, einmalig sind und nicht gehackt werden können. Das **qualifizierte Zertifikat für elektronische Signaturen** stellt die Verbindung zwischen den Signaturen einerseits und dem Unterzeichner als natürliche Person andererseits dar.

Qualifizierte Zertifikate für elektronische Signaturen dürfen nur von qualifizierten Vertrauensdiensteanbietern ausgestellt werden, welche insbesondere die sichere **Identifizierung** der Personen durch Personalausweis oder andere Mittel sowie die Einhaltung der Vorschriften gewährleisten.

Beide Komponenten zusammen erlauben es dem Gesetzgeber, die **qualifizierte elektronische Signatur der eigenhändigen Unterschrift gleichzusetzen** und entsprechend signierten Dokumenten im Rechtsstreit einen besonderen Beweiswert zuzusprechen.[142]

### 5.3.4 Äquivalent zur eigenhändigen Unterschrift

Qualifizierte elektronische Signaturen haben nach Art. 25 Abs. 2 eIDAS-VO die gleiche **Rechtswirkung** wie eine eigenhändige Unterschrift. Zwar handelt es sich dabei immer noch um mathematische Verfahren, sie sind jedoch rechtlich den Unterschriften gleichgestellt. Umgesetzt wird dies in §§ 126 Abs. 3, 126a BGB.

Soweit einer rechtsgeschäftlichen Erklärung der Name des Erklärenden sowie seine qualifizierte elektronische Signatur hinzugefügt werden, können dadurch die Anforderungen der gesetzlichen Schriftform erfüllt werden, soweit nicht in der entsprechenden Vorschrift die elektronische Form ausdrücklich ausgeschlossen ist.

Somit ist in etlichen Fällen die Möglichkeit gegeben, auf Papier zu verzichten und Erklärungen nur noch in elektronischer Form mit qualifizierter elektronischer Signatur abzugeben.

### 5.3.5 Beweiswert qualifizierter elektronische Signaturen

Aufgrund der besonderen Sicherheitsvorkehrungen hat sich der Gesetzgeber in Deutschland entschlossen, qualifiziert elektronischen signierten Erklärungen besonderen Beweiswert zukommen zu lassen. Nach § 371a Abs. 1 S. 1 ZPO haben diese Erklärungen vor Gericht **den gleichen Beweiswert wie eigenhändig unterzeichnete Privaturkunden**. Darüber hinaus wurde mit § 371a Abs. 1 S. 2 ZPO noch ein sogenannter **Anscheinsbeweis** für die **Echtheit** geschaffen.

Die Echtheit der Urkunde ist in der Praxis **die Schwachstelle des Beweises mit traditionellen Urkunden**.

142 Vgl. auch die Hinweise in Kapitel 14.

Im Zweifel muss nämlich ein **Sachverständiger** anhand von Vergleichsunterschriften überprüfen, ob tatsächlich eine echte Urkunde vorliegt, die vom Aussteller eigenhändig unterzeichnet wurde.

Bei qualifizierten elektronischen Signaturen tritt an diese Stelle die **Validierungsprüfung** nach Art. 32 eIDAS-VO, die **die Gültigkeit durch Software oder einen eingeschalteten Dienstleister feststellt**.

Der **Anscheinsbeweis** kann nur durch Tatsachen erschüttert werden, die ernstliche Zweifel daran begründen, dass die Erklärung von der verantwortenden Person abgegeben worden ist.

> Nun könnte der Inhaber der Signaturkarte behaupten, Karte und PIN habe er verloren oder einer anderen Person überlassen.

Damit würde allerdings der Beweiswert erschüttert, gleichzeitig aber die Basis für einen Schadensersatzanspruch gelegt. Wer auf die Gültigkeit der Signatur vertraut und einen Schaden erleidet, weil der Aussteller die nötige Sorgfalt nicht eingehalten und die Karte entweder verloren oder weitergegeben hat, kann von ihm Ersatz dieses Schadens verlangen.

### 5.3.6 Rechtswirkung und Beweiswert anderer elektronischer Signaturen

Gemäß Art. 25 Abs. 1 eIDAS-VO darf einer (fortgeschrittenen) elektronischen Signatur weder die Rechtswirkung noch die Zulassung als Beweismittel vor Gericht allein deshalb abgeschnitten werden, weil sie in elektronischer Form vorliegt oder die Anforderungen der qualifizierten elektronischen Signatur nicht erfüllt. Auch die anderen elektronischen Signaturen haben damit rechtliche Wirkung, erfüllen jedoch nicht die Anforderungen an die gesetzliche Schriftform. Im gerichtlichen Verfahren können diese Signaturen ebenfalls als Beweismittel eingeführt werden.

Höheren Beweiswert haben die **fortgeschrittenen elektronischen Signaturen**, da sie technisch den qualifizierten elektronischen Signaturen sehr ähnlich sind. Lediglich die Anforderungen an die Sicherheit, aber auch an die Infrastruktur und insbesondere die Identifizierung sind geringer. Die Gültigkeit der fortgeschrittenen elektronischen Signatur kann ebenfalls durch eine Software festgestellt werden. Wird die Gültigkeit im Rechtsstreit bestritten, ist durch Gutachten eines Sachverständigen der fehlende Nachweis zu erbringen. Auch die sichere Identifizierung der Aussteller müsste im Rechtsstreit nachgewiesen werden.

Zu bedenken ist im Hinblick auf die Identifizierung, dass auch im traditionellen Geschäftsverkehr nur ausnahmsweise bei Banken, Versicherungen oder aufgrund des Geldwäschegesetzes bei Vertragsanbahnungen Identifizierungen erfolgen und Unterschriftsproben ausgetauscht werden.

Sind die genannten Hürden genommen, wird der fehlende Urkundenbeweis die geringsten Probleme bereiten. Durch die technische Ausgestaltung ist bei einer gültigen fortgeschrittenen elektronischen Signatur auch der Nachweis des vollständigen signierten Inhalts und insbesondere der Tatsache, dass dieser seit Signatur nicht verändert worden ist, möglich. Soweit es nur auf den Beweiswert ankommt, sind fortgeschrittene elektronische Signaturen mit relativ hohem Beweiswert ausgestattet, der allerdings ohne die gesetzliche Anerkennung nicht den Beweiswert der qualifizierten elektronischen Signaturen erreicht.

Elektronische Signaturen haben demgegenüber nur sehr geringen Beweiswert, da der Name oder die gescannte Unterschrift relativ leicht einer Erklärung hinzugefügt werden können. Eine elektronische Erklärung ist damit einem Fax vergleichbar, das aufgrund der einfachen Möglichkeit zur Fälschung auch nur geringen Beweiswert besitzt. In der Praxis wird dennoch meist nur über die Auslegung einer Erklärung, nicht aber über Authentizität und Integrität gestritten.

Hintergrund ist möglicherweise die Tatsache, dass die beweisrelevanten E-Mails meist aus Kaskaden hin und her gesendeter E-Mails bestehen, wobei oft auch Dritte mit einbezogen wurden.

Neben der reinen Erklärung gibt es also eine Vielzahl von zusätzlichen Beweisanzeichen.

### 5.3.7 Fernsignaturen

Erwägungsgrund 52 der eIDAS-VO hat die Möglichkeit von Fernsignaturen geschaffen. Fernsignaturen können in einem Rechenzentrum erstellt werden, sodass die Aussteller der Erklärung keine Investitionen in Signaturkarte, Lesegerät und Software tätigen müssen. Vielmehr können Fernsignaturen transaktionsbezogen vergütet werden, senken also die Eingangsschwelle in die Welt der qualifizierten elektronischen Signaturen.

Zudem kann die Gültigkeit der Zertifikate, die die Verbindung zwischen der elektronischen Signatur und der Person des Ausstellers herstellen, ganz kurz gewählt werden, sodass praktisch nur ein einzelnes Rechtsgeschäft wie etwa ein **Verbraucherdarlehensvertrag** damit erstellt werden kann.

> Dem Verbraucher wird damit die Sorge genommen, eine Signaturkarte mit PIN bis zum Ende der Gültigkeitsdauer sicher zu verwahren bzw. einer möglichen Haftung wegen Missbrauch ins Auge sehen zu müssen.

Darüber hinaus kann ein Geburtsfehler der qualifizierten elektronischen Signatur umgangen werden, in dem die Kosten nun von dem Vertragspartner getragen werden, der auch den entscheidenden wirtschaftlichen Vorteil aus der Digitalisierung des Geschäftsprozesses ziehen kann. Bislang standen Verbraucher häufig vor der Situation, für qualifizierte elektronische Signaturen zunächst Signaturkarten, Kartenlesegeräte und Software erwerben zu müssen. Als Gegenleistung konnten sie dann elektronisch Verträge abschließen, die sie auch ohne diesen technischen Aufwand einfach per E-Mail oder im Bestellsystem des jeweiligen Onlineshops schließen konnten. Den eigentlichen Vorteil konnte nur der Betreiber des Shops genießen, da er nun eine sichere und nicht abstreitbare Erklärung des Verbrauchers vorliegen hatte.

### 5.3.8 Elektronisches Siegel

Um **Behörden und Unternehmen** einen einfachen Zugang in die Digitalisierung zu ermöglichen, wurde neben den elektronischen Signaturen für natürliche Personen ein elektronisches Siegel für juristische Personen geschaffen. Auch hier ist die einfachste Form das elektronische Siegel. Da in der Informatik die Ersetzung der eigenhändigen Unterschrift nicht im Vordergrund der Entwicklung stand, entsprechen die fortgeschrittenen elektronischen Siegel ebenfalls den kryptografischen Signaturen der Informatik. Qualifizierte elektronische Siegel entsprechen – abgesehen vom Bezug zur juristischen statt zur natürlichen Person – den qualifizierten elektronischen Signaturen.

Die Rechtswirkung und die Zulässigkeit als Beweismittel sind nach Art. 35 eIDAS VO ebenso gewährleistet, wie bei elektronischen Signaturen. Allerdings ist das qualifizierte elektronische Siegel der eigenhändigen Unterschrift nicht gleichrangig. Behörden und juristische Person des Privatrechts können nicht selbst handeln, können also keine eigenhändigen Unterschriften leisten.

Selbst für qualifizierte elektronische Siegel gibt es auch keine Gleichstellung mit dem Urkundenbeweis. Vielmehr regelt Art. 35 Abs. 2 eIDAS-VO lediglich die **Vermutung der Unversehrtheit der Daten** und der **Richtigkeit der Herkunftsangabe** der Daten, mit denen das qualifizierte elektronische Siegel verbunden ist. In der praktischen Anwendung ist das aber eine kaum merkbare Einschränkung. Die Vermutung für die Richtigkeit der Herkunftsangabe bedeutet, dass in einem Rechtsstreit zunächst von der Authentizität der Erklärung auszugehen ist. Außerdem ist davon auszugehen, dass die Erklärung so in vollem Umfang vom Inhaber des Siegels abgegeben wurde. Diese Vermutungswirkung des Art. 35 Abs. 2 eIDAS-VO kann widerlegt werden.

> Dazu müsste man Tatsachen vortragen, die das jeweils zuständige Gericht davon überzeugen, dass trotz der Vermutung im konkreten Einzelfall davon auszugehen ist, dass die Erklärung nicht oder nicht so abgegeben wurde.

Wurde beispielsweise ein Vertragsangebot oder eine Bestellung im Namen eines Unternehmens abgegeben und mit dem qualifizierten elektronischen Siegel des Unternehmens versehen, müsste man – ähnlich wie dies in § 371a ZPO formuliert ist – Tatsachen vortragen, die ernstliche Zweifel daran begründen, dass die Erklärung wirklich vom Unternehmen abgegeben ist. Man müsste also darlegen, wer im Unternehmen zur Benutzung der Siegelerstellungsdaten und damit zur Anfertigung von qualifizierten elektronischen Siegeln berechtigt war und wer möglicherweise missbräuchlich davon Gebrauch gemacht haben könnte.

Sofern sorgloser Umgang mit Signaturkarte und PIN die Ursache für möglicherweise unberechtigt erstellte elektronische Siegel darstellen würde, kann daraus für den auf die Gültigkeit des qualifizierten elektronischen Siegels vertrauenden Vertragspartner ein Schadensersatzanspruch gegründet werden.

## 5.4 Praxishinweise

### 5.4.1 Digitalisierung bei formbedürftigen Rechtsgeschäften

Lange Zeit war man in Unternehmen grundsätzlich geneigt, wichtige Geschäftsabläufe auf Papier abzubilden. Nicht nur zu kleine und wenig komfortable Bildschirme, auch die notwendigen Anfangsinvestitionen und Umstellung der Geschäftsabläufe haben den Weg zur Digitalisierung behindert. Problematisch war auch, dass für vollständig digitale Abläufe zur Einhaltung der vorgeschriebenen Schriftform alle Vertragspartner in der Lage sein mussten, qualifizierte elektronische Signaturen zu erstellen. Verbraucher waren dazu in der Regel nicht bereit, weil die erforderliche Investition für den Einstieg relativ hoch und der damit verbundene Nutzen nicht ersichtlich war.

Die Einführung von Fernsignaturen durch die eIDAS-VO und Möglichkeit von Kurzzeitzertifikaten haben inzwischen zu einem *echten Perspektivenwechsel* geführt.

**Verbraucherdarlehensverträge** sind ein sehr gutes Beispiel dafür. Hier besteht eine besondere Formvorschrift, da nach § 492 BGB nur die Vertragserklärung des Verbrauchers schriftlich oder mit qualifizierter elektronischer Signatur abgegeben werden muss, während die Erklärung der darlehengebenden Bank auch mit einer automatischen Einrichtung abgegeben werden kann.

> Selbst wenn Verbraucher in die Bank kommen und dort mit dem Kundenberater über das Verbraucherdarlehen sprechen, ist es für die Bank effektiver, gleich einen elektronischen Vertrag mit qualifizierter elektronischer Signatur abzuschließen, als die ganzen Formulare zunächst auszudrucken, zu unterzeichnen und danach für die Archivierung wieder zu scannen, mit Texterkennung zu bearbeiten, zu verschlagworten und anschließend zu archivieren.
>
> Der schlankere und schnellere Prozess spart mehr Aufwand und Kosten ein als nur Papier, Druckkosten und Porto.

Noch deutlicher wird der Einspareffekt, wenn die Verbraucher sich gar nicht erst in der Bank einfinden müssen, sondern bequem von zu Hause aus den Vertrag abschließen können. Die Einsparung der Bank übersteigt die Kosten, sodass die Bank die transaktionsbezogen Kosten der qualifizierten elektronischen Signatur tragen kann.

Wegen der kurzen Laufzeit müssen Verbraucher auch keine Sorge haben, dass Missbrauch getrieben wird, wenn sie die Zugangsdaten zur qualifizierten elektronischen Signatur nicht sorgfältig und sicher genug aufbewahren. Umgekehrt müssen Banken auch nicht befürchten, ihren Kunden zusätzliche Vorteile zu verschaffen, da sie die Zertifikate nur für kurze Zeit nutzen dürfen.

Arbeitgeber können auch auf diese Weise ihre Prozesse zum **Abschluss von befristeten Arbeitsverhältnissen und Teilzeitarbeitsverträgen** digitalisieren. Die kurzzeitig über das Rechenzentrum im Auftrag des Arbeitgebers bereitgestellte Möglichkeit zur qualifizierten elektronischen Signatur kann der Arbeitnehmer praktisch nur für diesen einen Anwendungsfall nutzen, sodass kein geldwerter Vorteil entsteht, der ggf. versteuert werden müsste.

### 5.4.2 Keine Weitergabe von PIN

Angesichts der zunehmenden Bedrohung durch Angriffe auf die IT-Sicherheit wird allenthalben **2-Faktor-Authentifizierung** eingeführt. Ungeachtet dessen neigen Menschen immer noch dazu, Sicherheit zugunsten von Bequemlichkeit zu vernachlässigen. Es soll Rechtsanwälte geben, die ihrem Sekretariat zur Ausfertigung von Schriftsätzen mit qualifizierter elektronischer Signatur im Rahmen von Rechtsstreitigkeiten ihre Signaturkarte mitsamt PIN übergeben. Andere Menschen überlassen Signaturkarte und PIN zur Abgabe von Erklärungen oder zum Abschluss von Verträgen, um sich den Aufwand einer Vollmacht zu ersparen. Allerdings kann man bei einer qualifizierten elektronischen Signatur nur feststellen, dass diese mit bestimmten Signaturerstellungsdaten erstellt wurde. Daraus kann man schließen, dass entweder Signaturkarte und PIN verwendet wurden oder eine sichere Zwei-Faktor-Authentifizierung im Rechenzentrum erfolgte. Es ist nicht feststellbar, welche Person diesen Vorgang ausgelöst hat. Für Vollmachten gibt es genaue Regeln (§§ 164 ff. BGB), wie diese erteilt und widerrufen werden können. Es ist nur scheinbar ein guter Weg, die Regeln für die Erteilung von Vollmachten durch Weitergabe von Signaturkarte und PIN „abzukürzen“ bzw. „zu modernisieren“.

> Wegen dieser Risiken sollten die Zugangsdaten zur qualifizierten elektronischen Signatur niemals an andere Menschen weitergegeben werden.

Ohnehin kann nicht oft genug davor gewarnt werden, bei Kennwörtern und PIN vorsichtig zu sein. Eine aktuell bekannt gewordene Methode ist sogar in der Lage, die moderne 2-Faktor-Authentifizierung zu umgehen.

> Angreifer rufen dazu beim Betroffenen an und teilen am Telefon mit, es seien verdächtige Anmeldungen bei seinem Benutzerkonto festgestellt worden.

Dieses Praxisbeispiel ist auf den ersten Blick eine plausible Geschichte und führt dazu, dass Vertrauen zu dem Anrufer entsteht. Nach einem kurzen Gespräch erfolgt der Vorschlag, die Zugangsdaten des angerufenen Menschen zu überprüfen oder sogar zu ändern. Während des Gesprächs veranlasst der Angreifer die Änderung der Zugangsdaten. Zur Sicherheit erfolgt nun eine Nachricht an das Smartphone des angerufenen Benutzers, was in dieser Situation möglicherweise nicht zur Erhöhung der Sicherheit führt, sondern vermeintlich die Seriosität des Angreifers (zu Unrecht) bestätigt. Dieser fragt die übermittelte Zahlenkombination an und kann mit dieser die Änderung der Zugangsdaten bestätigen. Noch bevor der Benutzer aufgelegt hat, wird sein Account missbraucht, möglicherweise sein Konto abgeräumt.

### 5.4.3 Validierung

Die Validierung einer mit qualifizierter elektronischer Signatur versehenen Erklärung, also die Prüfung der Gültigkeit der Signatur, sollte unmittelbar nach Eingang erfolgen. Alle Programme zur Erstellung elektronischer Signaturen verfügen auch über die Funktion Validierung und bieten in der Regel auch kostenlose Programmversionen an, die lediglich diese Validierung leisten. Das Protokoll der Validierung kann dann gespeichert werden. Es ist jederzeit möglich, dass das qualifizierte Zertifikat widerrufen wird und damit seine Gültigkeit verliert. Nach diesem Zeitpunkt kann keine Validierung mehr erfolgen.

Dabei spielt auch eine Rolle, dass die Zeitangabe in der qualifizierten elektronischen Signatur – genauso wie die Zeitangabe im Dokument selbst – lediglich eine Erklärung dessen darstellt, der die Signatur erstellt. Die Programme greifen dazu auf die Systemzeit zurück, die am eingesetzten Computer eingestellt ist. Diese kann der Benutzer jederzeit ändern. Hat jemand durch Diebstahl oder auf andere Weise Signaturkarte und PIN erlangt, so kann auch nach Widerruf der Gültigkeit des Zertifikats jederzeit eine auf den Zeitpunkt vor dem Widerruf datierte Erklärung abgegeben werden. Man kann der Erklärung nicht den wahren Zeitpunkt ansehen. Dies wäre nur möglich, wenn die Erklärung mit einem qualifizierten elektronischen Zeitstempel versehen würde.

**Qualifizierte elektronische Zeitstempel** müssen nach Art. 42 Abs. 1 b) eIDAS-VO auf einer korrekten Zeitquelle beruhen, die mit der koordinierten Weltzeit verknüpft ist. Ist eine Erklärung mit einem qualifizierten elektronischen Zeitstempel versehen, steht fest, dass die in der Erklärung enthaltenen Daten in dieser Form zum Zeitpunkt, der in dem Zeitstempel angegeben wird, so vorhanden waren und seither nicht verändert wurden.

Dem geschilderten Problem kann außer durch qualifizierte elektronische Zeitstempel dadurch entgegengewirkt werden, das unverzüglich nach Eingang eine **Validierung** durchgeführt und das Protokoll der Validierung in einer Weise abgespeichert wird, die später zum Nachweis – auch des Zeitpunkts der Validierung – genutzt werden kann.

Manche Vertrauensdiensteanbieter bieten auch den in Art. 33 der eIDAS-Verordnung vorgesehenen **qualifizierten Validierungsdienst** für qualifizierte elektronische Signaturen an.

### 5.4.4 Archivierung

Qualifizierte Zertifikate für elektronische Signaturen haben eine begrenzte **Gültigkeitsdauer**, da die den Signaturen zugrunde liegenden kryptografischen Verfahren aufgrund des technischen Fortschritts nicht unbegrenzt als sicher einzustufen sind. Nach Ablauf der Gültigkeitsdauer des Zertifikates ist eine sichere Überprüfung der Gültigkeit der Signatur (Validierung) nicht mehr möglich.

**Qualifizierte Bewahrungsdienste** für qualifizierte elektronische Signaturen nach Art. 34 eIDAS-VO sind geeignet, die Vertrauenswürdigkeit der qualifizierten elektronischen Signatur über den Zeitraum ihrer technologischen Geltung hinaus zu verlängern. Insbesondere bei Vorgängen, die nach Ablauf der Zertifikate noch Gegenstand von Rechtsstreitigkeiten und Beweisverfahren sein können, ist ein solcher Bewachungsdienst sehr sinnvoll.

## 5.5 Gestalterische Empfehlungen und Compliance

### 5.5.1 Digitaler Workflow

Lange Zeit galt **Digitalisierung** mit qualifizierten elektronischen Signaturen als umständlich und teuer. Neben den bereits erwähnten Gründen spricht inzwischen auch die **Möglichkeit eines digitalen Workflow** für derartige Projekte.

> Es gibt inzwischen Programme, mit denen über die Signaturen hinaus auch die zugehörigen Abläufe organisiert werden können.

Bei Erstellung einer Vereinbarung kann man dann voreinstellen, wer in welcher Reihenfolge das Dokument zur qualifizierten elektronischen Signatur vorgelegt bekommt. Sind alle Signaturen geleistet, wird am Schluss das fertige Dokument allen Unterzeichnern zur qualifizierten elektronischen Signatur zur Verfügung gestellt. Schließlich kann dieses Dokument dann auch ordnungsgemäß validiert und archiviert werden. Wer so arbeitet, kann auch den vollen Gewinn der Digitalisierung in Form von Einsparungen an Arbeitszeit und Aufwand realisieren.

### 5.5.2 Signatur ist keine Unterschrift

Eine elektronische Signatur ist keine Unterschrift, sondern ein **mathematisches Verfahren**, das die Funktionen der Unterschrift abbilden soll. Leider ist in der deutschen Fassung der eIDAS-Verordnung immer wieder von dem Unterzeichner oder dem Unterzeichnen die Rede. Auch entspricht es der traditionellen Vorstellung vieler Menschen, dass eine Signatur, wie eine Unterschrift, unter die entsprechende Erklärung platziert werden muss. Rechtlich gibt es weder in Art. 3 Nr. 10–12, Art. 25 eIDAS-VO noch in §§ 126, 126 a BGB einen Anhaltspunkt dafür, wo die Signatur zu platzieren ist.

Nicht nur aus diesem Grund haben etliche Anbieter von Software zur Erstellung qualifizierter elektronischer Signaturen eine Funktion vorgesehen, mit der ein „Signaturstempel" in das designierte Dokument aufgenommen wird und dessen Platzierung dem Unterzeichner überlassen ist.

> Der Unterzeichner kann also an der Stelle, an der er bei eigenhändiger Namensunterschrift seine Unterschrift setzen würde, diesen Signaturstempel platzieren.

Rechtlich hat der Signaturstempel keine Bedeutung. Die Signatur selbst wird entweder in den weder auf dem Bildschirm angezeigten noch im Ausdruck erkennbaren Metadaten des Dokuments abgespeichert oder als eigene Datei der elektronischen Datei beigefügt.

### 5.5.3 Akzeptanz

Zunehmend gewöhnen sich Menschen daran, an **Supermarktkassen**, beim **Paketboten** oder anderen Gelegenheiten entweder auf Tablets mehr oder weniger elegant mit Finger oder Stift eine Unterschrift zu simulieren oder eine PIN einzugeben.

> Es ist daher relativ leicht, diesen Menschen auch Workflow mit qualifizierten elektronischen Signaturen schmackhaft zu machen.

Durch die Erleichterungen mit Fernsignaturen kommen immer mehr Geschäftsmodelle, die auf Digitalisierung mit qualifizierten elektronischen Signaturen setzen. Ist im Unternehmen die qualifizierte elektronische Signatur einmal etabliert, finden sich weitere Anwendungsfälle.

# 6. Web-Projekte: Website-Erstellung und Relaunch

*Mathias Lang*

**Key-Words:** Internetportal-, Webdesign-, Video-, Musik-Online-Projekt, Domain, Webdesign, Impressum, Medienstaatsvertrag, Gesetz zur Regelung des Datenschutzes und des Schutzes der Privatsphäre in der Telekommunikation und bei Telemedien (TTDSG), Designgesetz, Gemeinschaftsgeschmacksmuster, Datenschutzerklärung, Urheberrecht, Wettbewerbsrecht, Markenrecht, UWG, Social-Media-Plugin, Recht am eigenen Bild, E-Commerce, Onlineshop (B2B, B2C), AGB, Informations- Kennzeichnungs- und Hinweispflichten, Alternative Streitbeilegung, Cookies, Cookie-Banner, Consent-Tool, Web-Tracking, Analyse-Tool, E-Privacy-Richtlinie, E-Privacy-Verordnung, Verschlüsselung, Retargeting, Remarketing, AdSense, Ads, Newsletter, E-Mail-Werbung.

## 6.1 Ausgangs-/Praxisfall

Ein Sportartikelhersteller möchte sein Portfolio unter Verwendung der neuesten IT- und Social-Media-Techniken auf einer neugestalteten Internetportalseite darstellen, ggf. unter Einbindung eines Onlineshops.

Was ist in rechtlicher und insbesondere in datenschutzrechtlicher Hinsicht alles zu beachten, und wie können die Interaktivität und Mitwirkungsmöglichkeiten der Website-Besucher und Social-Media-Follower ausgeweitet werden, ohne dass das Unternehmen in Haftungsrisiken verstrickt wird?

Braucht die Site ein Cookie-Banner? Welche Besonderheiten wären zu beachten, wenn ein Video-, Musik-Online-Projekt betroffen wäre?

**Abbildung 24**

## 6.2 Rechtsrahmen und Zuständigkeiten

### 6.2.1 Einführung

Die Webpräsenz eines Unternehmens ist in Anbetracht der Bedeutung des Mediums Internet auch in wirtschaftlicher Hinsicht mehr als eine reine Selbstdarstellung: Sie ist ein Wirtschaftsfaktor.

In rechtlicher Hinsicht sind zahlreiche regulatorische Anforderungen zu beachten, die sich schnell als unvorhergesehene Kostenfalle in Form zusätzlicher Ausgaben für Abmahnungen oder Bußgelder erweisen können.

Angefangen von der Auswahl der Domain für die Webpräsenz, die namens-, marken-, wettbewerbs- und urheberrechtliche Relevanz haben kann, über das Design der Website, die – sofern von irgendwo übernommen – dem Design-, Wettbewerbs- oder Urheberechtschutz unterliegen kann, sowie für die Inhalte, vom Urheberrecht bis zur Beachtung gesetzlicher Informationspflichten wie Impressum, Datenschutz und ggf. Verbraucherschutzvorschriften, bestehen als Querschnittsmaterie umfangreiche rechtliche Parameter.

Der Sportartikelhersteller im Praxisfall muss sich somit mit den folgenden Themen befassen.

### 6.2.2 Domainrecht

Es handelt sich hierbei um einen Sammelbegriff, der den rechtlichen Rahmen für die Registrierung und Verwendung einer Internetadresse vorgibt.

Ungeachtet der Vergabepraxis „first come, first serve" sind hier die seitens der Rechtsprechung entwickelten Grundsätze aus den maßgeblichen Gesetzen, nämlich dem Namensrecht, dem Marken- und dem Wettbewerbsrecht zu beachten.

Das Namensrecht ist in § 12 BGB geregelt. Es gilt auch für juristische Personen, wenn eine Namensfunktion besteht, allerdings geht das Markenrecht dem Namensrecht vor.

Markenrechtlich relevant sind die §§ 5, 15 MarkenG, die sowohl Unternehmenskennzeichen als geschäftliche Bezeichnungen und geographische Herkunftsangaben als auch Markennamen als Bezeichnungen von Waren und Dienstleistungen schützen.

Wettbewerbsrechtlich sind die §§ 4, 5 UWG relevant.

### 6.2.3 Designrecht

Das Design einer Website kann durch seine Außergewöhnlichkeit gleichermaßen einen hohen Wiedererkennungswert bieten und Professionalität sowie Innovation signalisieren.

Der rechtliche Schutz gegen Nachahmung sollte deshalb frühzeitig in Erwägung gezogen werden.

Eine Möglichkeit, das Webdesign zu schützen, bieten das eingetragene Design und das Geschmacksmuster.

Ein eingetragenes Design und ein Geschmacksmuster sind gewerbliche Schutzrechte, die ihrem Inhaber die ausschließliche Befugnis zur Benutzung einer ästhetischen Erscheinungsform verleihen.

Es ist zwischen dem (bundesdeutschen) eingetragenen Design und dem (europäischen) Gemeinschaftsgeschmacksmuster zu unterscheiden.

Rechtsgrundlagen sind für das eingetragene Design das Gesetz über den rechtlichen Schutz von Design (Designgesetz – DesignG) und für das Gemeinschaftsgeschmacksmuster die EU-Verordnung (EG) Nr. 6/2002 über das Gemeinschaftsgeschmacksmuster (GGV).

Während eine Schutzwirkung nach dem DesignG nur über eine Eintragung ins Register erreicht werden kann, unterscheidet die GGV zwischen eingetragenem und nicht eingetragenem Gemeinschaftsgeschmacksmuster.

Voraussetzung aller dieser Schutzrechte ist die Neuheit und Eigenart der ästhetischen Erscheinungsform.

Neuheit liegt vor, wenn vor dem Anmeldetag, bzw. im Falle des nicht eingetragenen Gemeinschaftsgeschmacksmusters der erstmaligen öffentlichen Zugänglichmachung, keine identische Erscheinungsform offenbart worden ist. Identität ist gegeben, wenn sich ihre Merkmale nur in unwesentlichen Einzelheiten unterscheiden.

Eigenart liegt vor, wenn sich der Gesamteindruck, den es beim informierten Benutzer hervorruft, von dem Gesamteindruck unterscheidet, den ein anderes Design bzw. Gemeinschaftsgeschmacksmuster bei diesem Benutzer hervorruft, das vor dem Anmeldetag, bzw. im Falle des nicht eingetragenen Gemeinschaftsgeschmacksmusters der erstmaligen öffentlichen Zugänglichmachung, offenbart worden ist. Bei der Beurteilung der Eigenart wird der Grad der Gestaltungsfreiheit des Entwerfers bei der Entwicklung des Designs bzw. Gemeinschaftsgeschmacksmusters berücksichtigt.

Beim eingetragenen Design und dem eingetragenen Gemeinschaftsgeschmacksmuster besteht eine Neuheitsschonfrist von 12 Monaten ab dem Anmeldetag.

Während die Schutzwirkung beim eingetragenen Design und dem eingetragenen Gemeinschaftsgeschmacksmuster erst mit der Eintragung ins Register, rückwirkend auf den Anmeldetag (bei Inanspruchnahme von bestimmten nachweisbaren Prioritätsrechten ab diesem Zeitpunkt) entsteht, reicht beim nicht eingetragenen Gemeinschaftsgeschmacksmuster allein die Offenbarung gegenüber der Öffentlichkeit.

Allerdings ist der Schutz eines nicht eingetragenen Gemeinschaftsgeschmacksmusters auf drei Jahre beschränkt und wirkt nur gegen Nachahmung. Zudem trägt der Inhaber die Beweislast dafür, dass das Muster tatsächlich dem Schutz unterfällt.

Wird das Design von einem Arbeitnehmer in Ausübung seiner Aufgaben oder nach den Weisungen seines Arbeitgebers entworfen, so steht das Recht an dem Design dem Arbeitgeber zu, sofern vertraglich nichts anderes vereinbart wurde.

Theoretisch ist auch ein urheberrechtlicher Schutz eines Webdesigns möglich. Allerdings besteht zum einen keine Registrierungsmöglichkeit, da dieser originär mit der Werkschaffung entsteht, zum anderen bedarf es des Vorliegens einer sogenannten Schöpfungshöhe als Voraussetzung, die im

Prozessfalle tatrichterlich festgestellt werden muss. Hier bestehen kaum prognostizierbare Unwägbarkeiten.

Auch ein wettbewerbsrechtlicher Schutz gegen Nachahmung und Rufausbeutung ist in diesem Zusammenhang denkbar. Doch auch hier sind die Voraussetzungen nicht von vorneherein feststellbar und unter Umständen schwierig prozessual durchzusetzen.

Im Zusammenhang mit dem Schutz von Webdesign bleibt der Designschutz deshalb erste Wahl.

### 6.2.4 Impressumspflicht

Die dem Presserecht entstammende Impressumspflicht ist im Informationszeitalter für Webseiten nunmehr in den § 5 Telemediengesetz (TMG) und § 18 (2) Medienstaatsvertrag (MStV) geregelt. Zudem ist für den Betrieb eines Video-Projekts im Praxisfall § 98 MStV zu beachten.

Die allgemeine Impressumspflicht findet sich in § 5 TMG. Danach haben Diensteanbieter für geschäftsmäßige, in der Regel gegen Entgelt angebotene Telemedien, die nachfolgend aufgeführten Informationen leicht erkennbar, unmittelbar erreichbar und ständig verfügbar zu halten.

Diensteanbieter ist dabei nach § 2 TMG jede natürliche oder juristische Person, die eigene oder fremde Telemedien zur Nutzung bereithält oder den Zugang zur Nutzung vermittelt; bei audiovisuellen Mediendiensten auf Abruf ist Diensteanbieter jede natürliche oder juristische Person, die die Auswahl und Gestaltung der angebotenen Inhalte wirksam kontrolliert.

Telemedien sind nach § 1 (1) TMG alle elektronischen Informations- und Kommunikationsdienste, soweit sie nicht Telekommunikationsdienste nach § 3 Nr. 24 des Telekommunikationsgesetzes (TKG), die ganz in der Übertragung von Signalen über Telekommunikationsnetze bestehen, telekommunikationsgestützte Dienste nach § 3 Nr. 25 des TKG oder Rundfunk nach § 2 des ehemaligen Rundfunkstaatsvertrages und nunmehrigen, wortgleichen § 2 MStV sind, somit insbesondere das Internet.

Die Informationspflichten im Einzelnen sind im Anhang in § 5 TMG nachzulesen.

Sofern Angebote mit journalistisch-redaktionellem Inhalt betroffen sind, hat der Anbieter zusätzlich zu den Pflichtangaben nach § 5 TMG einen Verantwortlichen mit Angabe des Namens und der Anschrift zu benennen. Werden mehrere Verantwortliche benannt, so ist kenntlich zu machen, für welchen Teil des Dienstes der jeweils Benannte verantwortlich ist.

Als Verantwortlicher darf nur benannt werden, wer seinen ständigen Aufenthalt im Inland hat, nicht infolge Richterspruchs die Fähigkeit zur Bekleidung öffentlicher Ämter verloren hat, voll geschäftsfähig ist und unbeschränkt strafrechtlich verfolgt werden kann.

In der Regel scheiden somit Abgeordnete und Personen mit Diplomatenstatus aus, da sie nicht unbeschränkt strafrechtlich verfolgt werden können.

Der Verlust zur Bekleidung öffentlicher Ämter richtet sich nach § 45 Strafgesetzbuch (StGB).

Bei Verhängung einer Freiheitsstrafe von mindestens einem Jahr oder bei besonderer gerichtlicher Anordnung in gesetzlich besonders vorgesehenen Fällen ist dies der Fall.

Anbieter eines Video-Sharing-Dienstes müssen seit Inkrafttreten des MStV (am 07. Nov. 2020) gemäß § 98 MStV einen Zustellungsbevollmächtigten im Inland benennen.

### 6.2.5 Datenschutz

Der datenschutzrechtliche Rahmen für Webpräsenzen ist zuweilen schwer zu fassen.[143]

Seit 25.05.2018 gelten hier die DSGVO und ggf. das neue BDSG.

Ursprünglich sollte die E-Privacy-Verordnung, die das Tracking[144] und die Cookie[145]-Verwendung regeln soll, zusammen mit der DSGVO zum 25.05.2018 in Kraft treten.

Eine Einigung auf eine endgültige Fassung konnte im europarechtlichen Gesetzgebungsverfahren bislang nicht erzielt werden. Es ist offen, wann und mit welchem konkreten Inhalt die E-Privacy-Verordnung in Kraft treten wird. Somit gilt die E-Privacy-Richtlinie[146], die durch die E-Privacy-Verordnung aufgehoben werden soll, weiterhin fort.

Die bisherigen bereichsspezifischen Datenschutzvorschriften des bundesdeutschen Telemediengesetzes (TMG) in §§ 11 ff. sind zwar nach wie vor in Kraft, deren Anwendbarkeit bzw. Bedeutung ist jedoch umstritten.[147]

143 Stand März 2021.

144 Zum Begriff vgl. 6.2.5.5 „Tracking".

145 Zum Begriff vgl. 6.2.5.2 „Cookies".

146 2002/58/EG in Form der Anpassung der EU-Richtlinie 2009/136/EG.

147 Stand März 2021; vgl. 6.2.5.2 „Cookies".

Aufgrund der komplexen Struktur sowie der Verzahnung der europarechtlichen und deutschen Vorschriften ist der rechtliche Rahmen zuweilen schwierig zu bestimmen.

Grundsätzlich gilt die DSGVO unmittelbar in allen europäischen Mitgliedstaaten.[148] Widerspricht nationales Datenschutzrecht der DSGVO, hat diese Anwendungsvorrang.[149] Ausnahmen bestehen für die Anordnung des Fortbestehens bereits existierender Regelungen und bei Öffnungsklauseln, welche den europäischen Mitgliedsstaaten eine nationalstaatliche Ausgestaltung eröffnen.

Nationales Recht ist im Übrigen, soweit es eine EU-Richtlinie umsetzt, richtlinienkonform auszulegen. Soweit eine EU-Richtlinie nicht innerhalb bestimmter Fristen in nationales Recht umgesetzt wird, kann diese u. U. unmittelbar angewendet werden.[150]

Bei der Kollision der DSGVO und einer Richtlinie geht die DSGVO vor.[151]

Somit ist der rechtliche Rahmen für den Datenschutz beim Betrieb einer Website in erster Linie durch die DSGVO vorgegeben. Daneben sind das TMG und die Cookie-Richtlinie bzw. E-Privacy-Richtlinie zu beachten.[152]

Soweit das TMG datenschutzrechtlich in Kollision zur DSGVO steht, ist dabei die DSGVO vorrangig.

Gerade hinsichtlich der Anwendbarkeit des TMG in Verbindung mit der E-Privacy-Richtlinie, hinsichtlich Cookies und Tracking, gab es unterschiedliche Auffassungen, was nicht gerade zur Rechtssicherheit beitrug.[153]

Um diesen Zustand zu beenden brachte die Bundesregierung im Rahmen eines Gesetzgebungsverfahrens einen Entwurf zu einem Gesetz zur Regelung des Datenschutzes und des Schutzes der Privatsphäre in der Telekommunikation und bei Telemedien (TTDSG) auf den Weg, das die datenschutzrechtlichen bereichsspezifischen Vorschriften des Telekommunikationsgesetzes (TKG) und des Telemediengesetzes (TMG) durch ein Gesetz ersetzen und zugleich den Regelungen der DSGVO und der ePrivacy-Richtlinie anpassen soll.[154] Mit dem Inkrafttreten des TTDSG am 01.12.2021 ergibt sich der Rechtsrahmen aus dem TTDSG und ergänzend aus der DSGVO.

Nach Inkrafttreten der E-Privacy-Verordnung der EU wird diese neben der DSGVO maßgebend sein.

---

148 Art. 288 (2) AEUV.

149 St. Rspr. d. EuGH seit EuGH 11/70 vom 15.07.1964; BVerfGE 73, 339.

150 Nur horizontal, nicht vertikal, bei hinreichender Bestimmtheit der Richtlinie.

151 Art. 95 DSGVO.

152 Bis 30.11.2021.

153 Siehe 6.2.5.2 „Cookies".

154 BGBl. 2021, I S. 1982 ff.

#### 6.2.5.1 Datenschutzerklärung

Die Datenschutzerklärung ist seit 25.05.2018 in Art. 13 DSGVO geregelt. Der notwendige Inhalt findet sich dort. § 13 TMG dürfte aufgrund des Anwendungsvorranges der DSGVO nicht mehr relevant sein.

#### 6.2.5.2 Cookies

Ein Cookie (englisch „Keks“) ist eine **Textinformation**, die im Browser auf dem Computer des Betrachters jeweils zu einer besuchten Website (Webserver, Server) gespeichert werden kann.[155]

Die DSGVO gibt nun in den Erwägungsgründen[156] vor, dass es sich bei diesen sogenannten Cookies um personenbezogene Daten handelt.[157]

Weitere verbindliche Vorgaben sind in der DSGVO nicht enthalten, da die Regelung der E-Privacy-Verordnung vorbehalten ist.

Aufgrund der EU-Richtlinie 2002/58/EG (E-Privacy- Richtlinie) in Form der Änderung durch die EU-Richtlinie 2009/136/EG ist die Verwendung von Cookies nur zulässig, wenn der Nutzer nach entsprechender Information seine Einwilligung gibt. Die Umsetzung sollte dem nationalen Gesetzgeber überlassen bleiben. Dies führte zu einer vollkommen unterschiedlichen Handhabung in den EU-Mitgliedstaaten. Die Bundesregierung sah keinen Handlungsbedarf.[158]

Die Datenschutzbeauftragten der Länder und des Bundes sahen dies jedoch anders.[159]

Zum Inkrafttreten der DSGVO veröffentlichte die Konferenz der unabhängigen Datenschutzbehörden des Bundes und der Länder (DSK) eine Positionsbestimmung zur Anwendbarkeit des TMG für nicht-öffentliche Stellen ab dem 25. Mai 2018.[160]

Später folgte eine Orientierungshilfe der Aufsichtsbehörden für Anbieter von Telemedien.[161]

---

155 https://de.wikipedia.org/wiki/HTTP-Cookie, abgerufen am 17.07.2020.

156 Keine unmittelbare Rechtswirkung, jedoch Auslegungskriterium der DSGVO.

157 Erwägungsgrund 30 DS-GVO.

158 https://www.telemedicus.info/uploads/Dokumente/COCOM11–20QuestionnaireonArt.53e-PrivacyDir.pdf, abgerufen am 15.06.2020.

159 Entschließungen zwischen der 88. und 89. Konferenz der DSK https://www.datenschutz.bremen.de/sixcms/detail.php?gsid=bremen236.c.9759.de, abgerufen am 15.06.2020.

160 https://www.datenschutzkonferenz-online.de/media/oh/20190405_oh_tmg.pdf abgerufen am 17.06.2020.

161 https://www.datenschutzkonferenz-online.de/media/oh/20190405_oh_tmg.pdf, abgerufen am 23.06.2020.

Nach der Auffassung der DSK waren die datenschutzrechtlichen Vorschriften des TMG, insbesondere § 15 (3) TMG durch das Inkrafttreten der DSGVO nicht mehr anwendbar, da hier keine Umsetzung der Richtlinie 2002/58/EG (E-Privacy-Richtlinie) erfolgt sei, sondern die Umsetzung der vormaligen Datenschutzrichtlinie, die durch die DSGVO gerade aufgehoben wurde.

Zum Setzen von Cookies, die zum Betrieb der Site nicht zwingend erforderlich sind, sei nun eine Rechtsgrundlage nach Art. 6 der DSGVO erforderlich.

Am 01.10.2019 entschied der EuGH[162] auf Vorlage des BGH, dass das Setzen von Cookies (die nicht zwingend erforderlich sind) die aktive und informierte Einwilligung des Internetnutzers erfordert. Keine wirksame Einwilligung liegt vor, wenn Felder schon vorab angekreuzt sind oder die Einwilligung einfach wegen „Weitersurfens" unterstellt wird.

Der BGH hat in seiner auf das vorgenannte Urteil gestützten Entscheidung diese Rechtsauffassung dementsprechend übernommen[163] und führt nunmehr – unter richtlinienkonformer Auslegung des § 15 (3) TMG – aus, dass das Setzen von Cookies, die nicht technisch notwendig sind, eine Einwilligung i. S. d. Art. 7 DSGVO des Internetnutzers erforderlich sei.

Damit geht der BGH – im Gegensatz zur DSK – von der Anwendung der datenschutzrechtlichen Vorschriften des TMG, insb. des § 15 (3) TMG aus.

Weiter im Gegensatz zur DSK ist eine alternative Rechtsgrundlage für das Setzen von nicht technisch notwendigen Cookies – wie etwa die Wahrnehmung berechtigter Interessen nach Art. 6 (1) Buchst. f DSGVO – nicht möglich, da der BGH die DSGVO hier nicht vorrangig anwendet.

In der Praxis wird man sich somit an der Einwilligung orientieren müssen. Mit dem Inkrafttreten des TTDSG am 01.12.2021 richtet sich die rechtliche Beurteilung nach § 25 TTDSG, der Art. 5 Abs. 3 E-Privacy-Richtlinie nahezu identisch umsetzt und dementsprechend eine Einwilligung im Sinne der DSGVO (freiwillig, informiert, ausdrücklich und widerruflich) voraussetzt.

Zu beachten ist jedoch, dass mit dem Inkrafttreten der E-Privacy-Verordnung der EU die rechtliche Beurteilung nach dieser auszurichten ist.

In der Sache selbst wird sich aller Voraussicht nach jedoch nichts an dem Einwilligungsvorbehalt ändern.

---

162 EuGH, Urteil vom 01.10.2019 – C-673/17, openJur 2019, 31381 https://openjur.de/u/2180608.html, abgerufen am 29.07.2020.

163 BGH Urteil vom 28. Mai 2020 – I ZR 7/16 – Cookie-Einwilligung II, openJur 2020, 31665 https://openjur.de/u/2241381.html, abgerufen am 29.07.2020.

#### 6.2.5.2.1 Sonstige Verfahren (Fingerprinting, etc.)

Zwar bezieht sich die unter 6.2.5.2 dargestellte Rechtsprechung nur auf Cookies, allerdings wird diese auf Art. 5 Absatz 3 der Richtlinie 2002/58/EG gestützt. Art. 5 Abs. 3 der Richtlinie erfasst alle Verfahren, mit denen Informationen gespeichert oder auf die zugegriffen wird, die in den Endgeräten der Nutzer gespeichert sind. Davon betroffen sind also auch sonstige Verfahren. Hinzukommt, dass der EuGH auf weitere Vorlagenfrage des BGH klargestellt hat, dass es für die Anwendung unerheblich ist, ob personenbezogene Daten oder sonstige Daten betroffen sind.

Damit würden dieselben Vorgaben selbst bei einer Anonymisierung gelten.

Deshalb wird davon auszugehen sein, dass alle Verfahren, insb. alle Tracking-Verfahren, nur noch mit Einwilligung einzusetzen sind. Ab 01.12.2021 besteht hieran kein Zweifel mehr, da mit dem Inkrafttreten des TTDSG und der fast identischen Umsetzung der E-Privacy-Richtlinie in § 25 TTDSG eine bundesdeutsche gesetzgeberische Klarstellung erfolgt ist.

Auch wenn sich die rechtlichen Grundlagen mit dem Inkrafttreten der E-Privacy-Verordnung der EU wiederum ändern werden, dürften sich in der Sache selbst nach derzeitigem Stand[164] keine Änderungen hinsichtlich des Erfordernisses einer Einwilligung ergeben.

### 6.2.5.3 Verschlüsselung

Aus Art. 5 (1) f, Art. 32 (1) a DSGVO wird die Pflicht der Verschlüsselung hergeleitet. Zwar ergibt sich dies nicht zwingend aus diesen Vorschriften, es dürfte aber Einigkeit bestehen, alle Formulare, Newsletter-Anmeldungen und Onlineshops entsprechend dem Stand der Technik zu verschlüsseln. Allerdings ist damit eine **Transportverschlüsselung** gemeint.

Im Exkurs sei erwähnt, dass dies auch für den E-Mailverkehr angenommen wird. Nur bei einem hohen Risiko für die Rechte und Freiheiten von natürlichen Personen (wie sie bei sensiblen Daten im Sinne des Art. 9 DSGVO vorliegen können) wird eine Inhaltsverschlüsselung verlangt.[165]

---

164 Stand September 2021.

165 Orientierungshilfe der 99. Datenschutzkonferenz „Maßnahmen zum Schutz personenbezogener Daten bei der Übermittlung per E-Mail“ des Arbeitskreises „Technische und organisatorische Datenschutzfragen“ vom 13. Mai 2020, S. 4 https://lfd.niedersachsen.de/startseite/themen/technik_und_organisation/orientierungshilfen_und_handlungsempfehlungen/signatur_und_verschlusselung/signatur-und-verschluesselung-56026.html, abgerufen am 30.07.2020.

#### 6.2.5.4 Social-Media-Plugins: Facebook, Twitter, Google + und Co.

Internetmarketing-Experten setzen heute zunehmend auf soziale Netzwerke. Der „Gefällt mir-Button“ von Facebook, Twitter, Google + ist nahezu Standard bei jeder Unternehmenswebsite.

Allerdings werden durch diese Buttons schon beim Laden der Seite – also ganz ohne Mitwirkung des Nutzers – Daten an die Betreiber der Netzwerkplattformen übertragen. Die enthalten neben der URL der aktuellen Seite, unter anderem eine Kennung, die zumindest bei dort angemeldeten Nutzern direkt mit einer Person verknüpft ist. Facebook & Co können also komplette Surfprofile ihrer Nutzer erstellen.

Dies ist datenschutzrechtlich bedenklich, zumal der Nutzer im Regelfall davon nichts weiß.

#### 6.2.5.5 Tracking (Google-Analytics und Co.)

Webtracking (auch Web-Analytics, Clickstream-Analyse, Datenverkehrsanalyse, Traffic-Analyse, Web-Analyse, Web-Controlling, Webtracking) ist die Sammlung von Daten und deren Auswertung bzgl. des Verhaltens von Besuchern auf Websites. Ein Analytic-Tool, auch Trackingtool genannt, untersucht typischerweise, woher die Besucher kommen, welche Bereiche auf einer Internetseite aufgesucht werden und wie oft und wie lange welche Unterseiten und Kategorien angesehen werden.[166]

Der Analysedienst der Google LLC wird dabei durch Webmaster gerne in Onlineshops und Unternehmenswebseiten eingebunden, um Nutzerprofile zu entwickeln und auszuwerten. Tatsächlich sollen 54.9 % aller Websites diesen Dienst nutzen, was ihn mit einem Marktanteil von 84.1 % zum meistgenutzten Web-Analysewerkzeug macht.[167]

Dieser Dienst war seit jeher stark umstritten, da zum einen über die IP-Adresse Rückschlüsse auf die Person des Nutzers gezogen werden konnten und zum anderen wohl keine wirksame Einwilligung des Nutzers zu entsprechender Datenverwendung bestanden haben dürfte. Zudem wurden und werden die Daten auf einem Server in der USA gespeichert, welche kein vergleichbares Datenschutzniveau wie die EU haben.

Der Düsseldorfer Kreis unter Federführung des Hamburgischen Beauftragten für Datenschutz und Informationsfreiheit einigte sich im September

166 https://de.wikipedia.org/wiki/Web_Analytics, abgerufen am 20.07.2020.

167 https://w3techs.com/technologies/overview/traffic_analysis, abgerufen am 24.06.2020.

2011 nach jahrelangen Gesprächen mit der damaligen Google Inc. auf einen rechtskonformen Einsatz.

Mit dem Inkrafttreten der DSGVO und den Entscheidungen des EuGH und BGH sind diese Vorgaben nun überholt. Google Analytics kann nur noch mit informierter Einwilligung des Nutzers eingesetzt werden, wie auch der Hamburgische Beauftragte für Datenschutz und Informationsfreiheit selbst mitteilt.[168]

Entsprechendes dürfte für alle anderen Tracking-Tools gelten, zumindest wenn die Daten bei Dritten gehostet werden.

Fraglich bleibt, ob dies auch für On-Premises-Lösungen gilt, die auf eigenen Servern ohne Cookies und womöglich noch mit anonymisierter IP-Adresse auftreten, da ein Personenbezug so nicht mehr gegeben ist.

Nach dem Planet49-Urteil des EuGH und der ausdrücklichen Klarstellung, dass bei der Auslegung des Art. 5 Absatz 3 der Richtlinie 2002/58/EG unerheblich sei, ob personenbezogene Daten oder sonstige Daten betroffen sind, wird man wohl auch hier von einer Einwilligungspflicht ausgehen müssen.

Mit Inkrafttreten des TTDSG ab 01.12.2021 ergibt sich dies ausdrücklich aus § 25 TTDSG.

#### 6.2.5.6 Retargeting/Remarketing

Als Retargeting (englisch re für „wieder“ und targeting für „(genau) zielend“, oft als Synonym für Remarketing benutzt) wird im Online-Marketing ein Verfolgungsverfahren genannt, bei dem Besucher einer Webseite – üblicherweise ein Webshop – markiert und anschließend auf anderen Webseiten oder per E-Mail mit gezielter Werbung wieder angesprochen werden sollen. Ziel des Verfahrens ist es, einen Nutzer, der bereits ein Interesse für eine Webseite oder ein Produkt gezeigt hat, erneut auf diese Webseite oder das Produkt aufmerksam zu machen. Hierdurch soll die Werberelevanz und somit die Klick- und Konversionsrate (z. B. Bestellquote) steigen.[169]

Verfahren wie Google Analytics, Google Edwards Remarketing Tag oder das Doubleclick-Remarketing-Pixel, Facebook Pixel, Facebook Ads, Credeo, Yoondo zählen hierzu.

Auch hier dürften die Ausführungen unter 6.2.5.5, letzter Absatz zutreffend sein: Für die Verwendung bedarf es einer informierten Einwilligung.

---

168 https://datenschutz-hamburg.de/pressemitteilungen/2019/11/2019-11-14-google-analytics, abgerufen am 23.06.2020.

169 https://de.wikipedia.org/wiki/Retargeting, abgerufen am 27.07.2020.

#### 6.2.5.7 AdSense, Ads

Diese Werbemaßnahmen bieten die Möglichkeit Anzeigen zu schalten, wobei AdSense die entgeltliche Bereitstellung von Werbeanzeigen auf der eigenen Webpräsenz für Dritte darstellt.

Die eingesetzten Techniken basieren auf Tracking und Targeting. Insofern kann auf 6.2.4.5 und 6.2.4.6 verwiesen werden. Selbst bei nicht personalisierender Ausgestaltung bedarf es somit einer informierten Einwilligung.

### 6.2.6 Urheberrecht (Texte, Bilder, Videos)

Das deutsche Urheberrecht ist – europarechtlich stark durchdrungen – im Urheberrechtsgesetz, dem Gesetz über Urheberrecht und verwandte Schutzrechte (UrhG) geregelt.

Auf kulturellem Sektor, nämlich der Literatur, der Wissenschaft und der Kunst (im Gegensatz zum gewerblichen Sektor, der durch den gewerblichen Rechtsschutz geschützt wird) besteht für Urheber Schutz nach Maßgabe dieses Gesetzes.

Ohne dass es einer Anmeldung oder Registrierung bedarf, entsteht das Urheberrecht alleine mit der Schaffung eines Werkes, sofern der Werkbegriff im Sinne von § 2 (2) UrhG erfüllt ist. Dies ist dann der Fall, wenn eine persönliche geistige Schöpfung des Urhebers vorliegt.

Auch ohne Vorliegen des Werkbegriffs, insbesondere bei Verneinung der Schöpfungshöhe, können jedoch gleichwohl dieselben Schutzwirkungen (allerdings mit unterschiedlicher Schutzdauer) wie beim Urheberrecht bestehen, wenn ein sogenanntes Leistungsschutzrecht, bzw. ein verwandtes Schutzrecht (§§ 70–87 h UrhG) vorliegt.

Ein im Internet sehr relevantes Beispiel sind Lichtbilder (§ 72 UrhG) oder Laufbilder (§ 95 UrhG), die Film- oder Videoaufnahmen beschreiben.

Texte können dem Urheberrechtsschutz unterliegen, sofern der Werkbegriff erfüllt ist. Dies wird jeweils tatrichterlich festgestellt.

So können auch Allgemeine Geschäftsbedingungen darunter fallen, sofern sie nicht standardisiert und austauschbar gestaltet sind, sondern einen eigenen geistigen persönlichen Gehalt aufweisen.

> Sofern der Sportartikelhersteller im Praxisfall AGB vorhalten will, ist deshalb äußerste Vorsicht geboten, diese aus einer Webpräsenz einfach herauszukopieren und auf das Unternehmen zu personalisieren.

Wird der Werkbegriff verneint, sind die Texte gemeinfrei, sofern nicht andere Schutzrechte, wie etwa Markenrecht oder Wettbewerbsrecht greifen.

Lichtbilder sind jedoch ungeachtet ihrer Einstufung als Werk geschützt.

### 6.2.7 KUG-Recht am eigenen Bild, Verhältnis zum Datenschutz

Das **Recht am eigenen Bild** oder Bildnisrecht ist eine besondere Ausprägung des allgemeinen Persönlichkeitsrechts. Es besagt, dass jeder grundsätzlich selbst darüber bestimmen kann, ob überhaupt und in welchem Zusammenhang Bilder von ihm veröffentlicht werden.

Die bloße unbefugte Anfertigung von Lichtbildern fällt unter den Schutz des allgemeinen Persönlichkeitsrechts oder ggf. unter den Strafrechtsschutz des § 201 a StGB, sofern die Bilder in der Wohnung des Verletzten oder einem gegen Einblick besonders geschützten Raum von der Person gefertigt wurden.

Als Ausfluss des allgemeinen Persönlichkeitsrechts steht dieses Recht nur natürlichen Personen zu.

Voraussetzung ist zunächst das Vorliegen eines Bildnisses, also einer Personendarstellung.

Dies wird in erster Linie eine Lichtbildaufnahme, aber auch eine Zeichnung, ein Gemälde oder sonstige künstlerische Darstellung sein.

Erforderlich ist sodann eine Erkennbarkeit der Person, die sich in erster Linie aus den Gesichtszügen des Abgebildeten ergeben dürfte, jedoch auch aus sonstigen Merkmalen der äußeren Erscheinung.

Grundsätzlich ist gemäß § 22 KUG zur Veröffentlichung eines Bildnisses die Einwilligung des abgebildeten erforderlich. Dies wird unterstellt, wenn der Abgebildete eine Vergütung für die Abbildung erhalten hat. Ansonsten kann die Einwilligung auch konkludent erfolgen.

Bei Minderjährigen ist sowohl die Einwilligung des Abgebildeten als auch die der Sorgeberechtigten erforderlich.

Die Einwilligung bezieht sich grundsätzlich nur auf den konkreten Anlass der Veröffentlichung, es darf also nicht eine Veröffentlichung in anderem Zusammenhang stattfinden.

Zur Veröffentlichung von Lichtbildaufnahmen auf einer Firmen-Webpräsenz ist somit das (nach BAG: schriftliche[170]) Einverständnis der Mitarbeiter

170 BAG, Urt.v.19.02.2015, Az. 8 AZR 1011/13.

erforderlich, was nicht mit Druckmitteln erzwungen werden kann. Beim Ausscheiden eines Mitarbeiters aus dem Unternehmen soll die Einwilligung nicht automatisch entfallen, mit der Folge, dass die Lichtbildaufnahme weiterhin veröffentlicht bleiben dürfte.[171] Dies überzeugt jedoch nicht. Der Mitarbeiter wird im Allgemeinen seine Einwilligung an die Betriebszugehörigkeit binden, da kein denkbarer vernünftiger Grund ersichtlich ist, weshalb er nach dem Ausscheiden aus dem Unternehmen noch auf deren Webpräsenz abgebildet bleiben soll, zumal er evtl. bereits bei einem anderen Unternehmen arbeitet. Sachgerecht kann hier nur sein, das ausdrückliche Einverständnis für die weitere Veröffentlichung einzuholen und zu dokumentieren, sofern (aus welchen Gründen auch immer) der ausgeschiedene Mitarbeiter weiterhin öffentlich auf der Webpräsenz des Unternehmens abgebildet werden soll.

Allerdings unterliegt eine Lichtbildaufnahme zugleich den Vorschriften über den Datenschutz.

Das Verhältnis des KUG zu den Datenschutzvorschriften war jeher umstritten. Praktische Auswirkungen hat dieser Streit in der Widerrufbarkeit des Einverständnisses. Die Rechtsprechung zum KUG ging von der grundsätzlichen Unwiderrufbarkeit aus,[172] während das BDSG und die DSGVO von der Widerrufbarkeit ausgehen. In Anbetracht der direkt anwendbaren Datenschutzgrundverordnung und dem damit einhergehenden Anwendungsvorrang, sollte von der Widerrufbarkeit der Einwilligung ausgegangen werden.

### 6.2.8 E-Commerce

Soweit die Webpräsenz einen Onlineshop umfasst, sind je nachdem, ob sich das Waren- oder Dienstleistungsangebot an Unternehmer (B2B) oder Verbraucher (B2C) richtet, zahlreiche Vorschriften zu beachten.

So kann der Sportartikelhersteller ein Onlinevertriebssystem für Wiederverkäufer oder für Endkunden einbinden.

171 LAG Schleswig-Holstein vom 23.6.2010, K&R 2011, 69 f..

172 OLG München NJW-RR 1990, 999, 1000; LG Bielefeld NJW-RR 2008. 715, 717; LG Köln AfP 1996, 186, 187; BAG, Urt.v.19.02.2015, Az. 8 AZR 1011/13.

**Abbildung 25**

### 6.2.8.1 Allgemeine Pflichten

§ 312i BGB (Allgemeine Pflichten im elektronischen Geschäftsverkehr) gilt für beide Zielgruppen.

Danach sind

1. angemessene, wirksame und zugängliche technische Mittel zur Verfügung zu stellen, mit deren Hilfe der Kunde Eingabefehler vor Abgabe seiner Bestellung erkennen und berichtigen kann,
2. die in Artikel 246c des Einführungsgesetzes zum Bürgerlichen Gesetzbuche (s. Anhang) bestimmten Informationen rechtzeitig vor Abgabe von dessen Bestellung klar und verständlich mitzuteilen,
3. der Zugang von dessen Bestellung unverzüglich auf elektronischem Wege zu bestätigen und
4. die Möglichkeit zu verschaffen, die Vertragsbestimmungen einschließlich der Allgemeinen Geschäftsbedingungen bei Vertragsschluss abzurufen und in wiedergabefähiger Form zu speichern.

#### 6.2.8.2 Pflichten gegenüber Verbrauchern

Gegenüber Verbrauchern ist zusätzlich § 312j BGB (Besondere Pflichten im elektronischen Geschäftsverkehr gegenüber Verbrauchern) i. V. m. Artikel 246a des Einführungsgesetzes zum Bürgerlichen Gesetzbuch (s. Anhang) zu beachten.

Danach ist folgendes zusätzlich zu beachten:

(1) Auf Webseiten für den elektronischen Geschäftsverkehr mit Verbrauchern hat der Unternehmer zusätzlich zu den Angaben nach § 312i Absatz 1 spätestens bei Beginn des Bestellvorgangs klar und deutlich anzugeben, ob Lieferbeschränkungen bestehen und welche Zahlungsmittel akzeptiert werden.

(2) Bei einem Verbrauchervertrag im elektronischen Geschäftsverkehr, der eine entgeltliche Leistung des Unternehmers zum Gegenstand hat, muss der Unternehmer dem Verbraucher die Informationen gemäß Artikel 246a § 1 Absatz 1 Satz 1 Nummer 1, 4, 5, 11 und 12 des Einführungsgesetzes zum Bürgerlichen Gesetzbuche, unmittelbar bevor der Verbraucher seine Bestellung abgibt, klar und verständlich in hervorgehobener Weise zur Verfügung stellen.

(3) Der Unternehmer hat die Bestellsituation bei einem Vertrag nach Absatz 2 so zu gestalten, dass der Verbraucher mit seiner Bestellung ausdrücklich bestätigt, dass er sich zu einer Zahlung verpflichtet. Erfolgt die Bestellung über eine Schaltfläche, ist die Pflicht des Unternehmers aus Satz 1 nur erfüllt, wenn diese Schaltfläche gut lesbar mit nichts anderem als den Wörtern „zahlungspflichtig bestellen" oder mit einer entsprechenden eindeutigen Formulierung beschriftet ist.

(4) Ein Vertrag nach Absatz 2 kommt nur zustande, wenn der Unternehmer seine Pflicht aus Absatz 3 erfüllt.

(5) Die Absätze 2 bis 4 sind nicht anzuwenden, wenn der Vertrag ausschließlich durch individuelle Kommunikation geschlossen wird. Die Pflichten aus den Absätzen 1 und 2 gelten weder für Webseiten, die Finanzdienstleistungen betreffen, noch für Verträge über Finanzdienstleistungen.

Außerdem steht dem Verbraucher gemäß § 312g (1) i. V. m. § 355 BGB ein Widerrufsrecht zu, über das zu belehren ist. Ausnahmen ergeben sich aus § 312g (2) und (3) BGB. Zu beachten ist auch die zwingende Vorhaltung des Widerrufsformulars.

Zwar gibt es eine gesetzliche Vorgabe zur Gestaltung dieser Widerrufsbelehrung, die aus verschiedenen Textbausteinen besteht und bei deren Verwendung eine gesetzliche Fiktion greift, wonach ordnungsgemäß belehrt wird. Allerdings sehen die Vorgaben hinsichtlich des Fristbeginns mehrere Alternativen bei der Warenlieferung vor, die nur alternativ eingesetzt werden können, was zu erheblichen Praxisproblemen führt.

#### 6.2.8.2.1 Weitere Informations- Kennzeichnungs- und Hinweispflichten

Daneben gibt es zahlreiche Informations- Kennzeichnungs- und Hinweispflichten.

Zu denken ist zunächst an die Preisangabenverordnung (PAngV). Gegenüber Verbrauchern ist der Preis einschließlich Umsatzsteuer (USt) und aller evtl. zusätzlich anfallenden Preisbestandteile kenntlich zu machen; der sogenannte Endpreis muss sofort auf einen Blick ersichtlich sein.

Waren, die nach Länge, Fläche, Volumen oder Gewicht angeboten werden, sind neben dem Einzelpreis zusätzlich mit dem Grundpreis auszuzeichnen. Dies ist der Preis pro Grundeinheit, wie etwa 1 kg oder 100 g, 1 Liter. Allerdings bestehen auch Ausnahmen von dieser Auszeichnungspflicht.

Ohne Anspruch auf Vollständigkeit ergeben sich aus den folgenden Regularien weitere Informations- und Hinweispflichten: Textilkennzeichnungsverordnung, Batteriegesetz, Lebensmittelinformationsverordnung LMIV, die CLP-Verordnung (EG) Nr. 1272/2008.

Im Praxisfall muss das Unternehmen beim Anbieten von Sportbekleidung somit die Zusammensetzung nach den Vorgaben der Textilkennzeichnungsverordnung bei der Artikelbeschreibung angeben, soweit sich die Website an Verbraucher richtet.

#### 6.2.8.2.2 Hinweispflichten zur Alternativen Streitbeilegung

- OS Plattform

Die EU-Verordnung Nr. 524/2013, auch OS- (Onlinestreitbeilegung) oder ODR- (Online Dispute Resolution) Verordnung gilt seit dem 09.01.2016 verbindlich und unmittelbar in jedem Mitgliedsstaat. Nach § 14 (1) der Verordnung hat jeder in der Europäischen Union niedergelassene Unternehmer, der mit Verbrauchern Onlinekauf- oder -dienstleistungsverträge eingeht, auf der Website einen für Verbraucher leicht zugänglichen Link zur sogenannten OS-Plattform bereitzustellen und seine E-Mail-Adresse anzugeben.

Eine gesetzliche Verpflichtung, an dem Verfahren teilzunehmen, besteht für Unternehmer in Deutschland hingegen nicht.

- ADR Richtlinie

Für Unternehmen die im Vorjahr bis zum 31.12. mehr als 1o Mitarbeiter beschäftigt haben gilt eine weitere Informationspflicht.

Nach § 36 Gesetz über die alternative Streitbeilegung in Verbrauchersachen (Verbraucherstreitbeilegungsgesetz – VSBG) muss der Unternehmer den Verbraucher auf der Website leicht zugänglich, klar und verständlich und (sofern vorgehalten) in den AGB davon in Kenntnis setzen, inwieweit er bereit oder verpflichtet ist, an Streitbeilegungsverfahren vor einer Verbraucherschlichtungsstelle teilzunehmen, und auf die zuständige Verbraucherschlichtungsstelle hinweisen, wenn sich der Unternehmer zur Teilnahme an einem Streitbeilegungsverfahren vor einer Verbraucherschlichtungsstelle verpflichtet hat oder wenn er auf Grund von Rechtsvorschriften zur Teilnahme verpflichtet ist. Der Hinweis muss Angaben zu Anschrift und Webseite der Verbraucherschlichtungsstelle sowie eine Erklärung des Unternehmers, an einem Streitbeilegungsverfahren vor dieser Verbraucherschlichtungsstelle teilzunehmen, enthalten.

Ist der Unternehmer zur Teilnahme verpflichtet, hat der den Verbraucher gemäß § 37 VSBG nach Entstehen der Streitigkeit auf eine für ihn zuständige Verbraucherschlichtungsstelle unter Angabe von deren Anschrift und Webseite hinzuweisen, wenn die Streitigkeit über einen Verbrauchervertrag durch den Unternehmer und den Verbraucher nicht beigelegt werden konnte. Der Unternehmer gibt zugleich an, ob er zur Teilnahme an einem Streitbeilegungsverfahren bei dieser Verbraucherschlichtungsstelle bereit oder verpflichtet ist. Ist der Unternehmer zur Teilnahme am Streitbeilegungsverfahren einer oder mehrerer Verbraucherschlichtungsstellen bereit oder verpflichtet, so hat er diese Stelle oder diese Stellen anzugeben. Der Hinweis muss in Textform gegeben werden.

Praktische Relevanz dürfte sich nur bei einer vertraglichen Verpflichtung des Unternehmens zur Verbraucherschlichtung ergeben.

#### 6.2.8.3 AGB

Eine rechtliche Verpflichtung zum Vorhalten von AGB besteht grundsätzlich nicht. Für Anbieter von Video-Sharing-Diensten gibt es seit dem Inkrafttreten des Medienstaatsvertrages (am 07.11.2020) in § 99 (3) Nr. 1 MStV eine Ausnahme: Bei Werbung durch Dritte wird dem Betreiber des Video-Sharing-Dienstes die Verpflichtung auferlegt, die Einhaltung der §§ 8 Abs. 1, Abs. 3 Satz 1 und 2, Abs. 7 und 10 sowie § 6 Abs. 2 und 7 des Jugendmedienschutzstaatsvertrages durch Ausgestaltung ihrer AGB sicherzustellen. Somit wird indirekt eine Verpflichtung zum Vorhalten von AGB, wenn auch nur zu diesem Punkt, etabliert. Hierauf ist bei einem Videoprojekt im Praxisfall zu achten.

Allerdings können unabhängig vom Vorstehenden bestimmte für den Onlinehandel relevante Fragen, wie etwa Zeitpunkt des Vertragsschlusses geklärt und auch ansonsten der rechtliche Rahmen für den Onlinehandel vorgegeben werden. Zudem ist es möglich, dadurch die zahlreichen Informationspflichten insbesondere gegenüber Verbrauchern zu erfüllen, ohne diese zusätzlich und gesondert vorzuhalten.

Zu beachten ist, dass die AGB nicht beliebig gestaltet werden können, sondern nach §§ 305 BGB an rechtliche Grenzen gebunden sind.

### 6.2.9 Wettbewerbsrecht

Hinsichtlich der inhaltlichen Haftungsrisiken bietet das Gesetz gegen den unlauteren Wettbewerb (UWG) eine große Angriffsfläche.

Insbesondere § 3a UWG kann in Verbindung mit einer Marktverhaltensregel zur Legitimation des Mitbewerbers oder berechtigten Verbandes zur Abmahnung werden.

Die Rechtsfolgen eines Wettbewerbsverstoßes sind Beseitigung und Unterlassung (§ 8), Schadensersatz (§ 9) und Gewinnabschöpfung (§ 10). Somit kann ein erhebliches Kostenrisiko entstehen.

Ggf. haftet neben dem Unternehmen auch die Geschäftsführung persönlich, wenn sie an der Rechtsverletzung entweder durch positives Tun beteiligt war oder wenn sie die Wettbewerbsverstöße aufgrund einer nach allgemeinen Grundsätzen des Deliktsrechts begründeten Garantenstellung hätte verhindern müssen, insbesondere dann, wenn sie ein auf Rechtsverletzungen angelegtes Geschäftsmodell selbst ins Werk gesetzt hat.

Die Rechtsprechung zum Wettbewerbsrecht ist uneinheitlich, und aufgrund des im Wettbewerbsrecht nach wir vor geltenden fliegenden Gerichtsstandes ist nie absehbar, wo ein Rechtsstreit oder ein einstweiliges Verfügungsverfahren anhängig gemacht wird.

Außerdem besteht ein Straftatbestand für strafbare Werbung.

Es würde den Rahmen dieser Darstellung deutlich sprengen, eine Rechtsprechungsübersicht zu den einzelnen Tatbeständen der unlauteren Wettbewerbsmethoden aufzulisten.

Nachfolgend werden hier einige praxisrelevante Probleme aufgezeigt, ohne Anspruch auf Vollständigkeit sämtlicher möglichen Aspekte in Verbindung mit dem UWG zu beanspruchen:

#### 6.2.9.1 Inhaltliche Darstellungen auf der Webpräsenz

Bei der inhaltlichen Ausgestaltung sollten die gesetzlichen Vorgaben, hinsichtlich bestehender Informations- und Belehrungspflichten, insbesondere Verbraucherschutzbestimmungen beachtet werden, da ein Verstoß regelmäßig über § 3a UWG auch eine Wettbewerbswidrigkeit und damit eine potentielle Abmahngefahr darstellt.

Die §§ 3 bis 7 UWG, nämlich

- § 3 Verbot unlauterer geschäftlicher Handlungen (i. V. m. Anhang zu § 3 [3])
- § 3a Rechtsbruch
- § 4 Mitbewerberschutz
- § 4a Aggressive geschäftliche Handlungen
- § 5 Irreführende geschäftliche Handlungen
- § 5a Irreführung durch Unterlassen
- § 6 Vergleichende Werbung

sind ebenso zu berücksichtigen.

#### 6.2.9.2 E-Mail-Werbung

Werbung mittels elektronischer Post (E-Mail-Werbung) bedarf gemäß § 7 (2) Nr. 3 UWG der ausdrücklichen Einwilligung des Empfängers, eine konkludente Einwilligung genügt nicht.

Hat das Unternehmen im Zusammenhang mit dem Verkauf einer Ware oder Dienstleistung von dem Kunden dessen elektronische Postadresse erhalten, darf das Unternehmen die E-Mail-Adresse für eigene (nicht für fremde) Direktwerbung für ähnliche Waren oder Dienstleistungen verwenden, sofern der Kunde der Verwendung nicht widersprochen hat und der Kunde bei Erhebung der Adresse und bei jeder Verwendung klar und deutlich darauf hingewiesen wird, dass er der Verwendung jederzeit widersprechen kann, ohne dass hierfür andere als die Übermittlungskosten nach den Basistarifen entstehen (§7 [3] UWG). Das Unternehmen ist jedoch in vollem Umfang beweispflichtig für diese Voraussetzungen.

### 6.2.9.3 Newsletter

Eine besondere Form der E-Mail-Werbung stellt der Newsletter-Bezug dar. In Übereinstimmung mit der BGH-Rechtsprechung[173] wurde und wird in der Praxis das Double-Opt-In-Verfahren empfohlen, um den Nachweis der Einwilligung zu erleichtern.

Dabei muss (vor Eintrag in die Verteilerliste) in einem separaten (werbefreien) E-Mail die Eintragung zum Bezug des Newsletters nochmals ausdrücklich bestätigt werden. Ohne diese Bestätigung erfolgt kein Eintrag in die Verteilerliste.

Das OLG München hat entschieden, dass bereits die Zusendung dieser E-Mail mit der Aufforderung zur Bestätigung des Newsletter-Bezugs als Werbung unter das Verbot von § 7 Abs. 2 Nr. 3 UWG fallen kann.[174]

Die Revision zum BGH hinsichtlich der Frage, ob bzw. wann eine solche Bestätigungs-E-Mail Werbecharakter besitzt, wurde zugelassen.

Das OLG Celle hat sich von der Rechtsauffassung des OLG München distanziert.[175]

Das OLG Frankfurt a.M. hält die Rechtsauffassung des OLG München zumindest für fraglich.[176]

Das OLG Düsseldorf hat die gegenteilige Auffassung des OLG München vertreten.[177]

Bis zur höchstrichterlichen Klärung gilt, dass der Newsletter derzeit mit einem Haftungsrisiko belastet ist.

Die Speicherung und Verwendung der E-Mail-Adresse unterliegt zudem den Datenschutzbestimmungen, mithin auch der Datenschutzgrundverordnung, was mit Dokumentationsplichten einhergeht. Auch aus diesem Grund scheint das Double-Opt-In-Verfahren mit entsprechender Dokumentation geboten.

Unter den folgenden Voraussetzungen ist die Verwendung der E-Mail-Adresse zu Werbezwecken erlaubt, wenn:

1) ein Unternehmer im Zusammenhang mit dem Verkauf einer Ware oder Dienstleistung von dem Kunden dessen elektronische Postadresse erhalten hat,

173 BGH, Urteil vom 10.02.2011 – Az.: I ZR 164/09.

174 OLG München, Urteil vom 27.09.2012, Az. 29 U 1682/12.

175 OLG Celle, Urteil vom 15.05.2014, Az. 13 U 15/14.

176 OLG Frankfurt a.M., Urteil vom 30.09.2013, Az. 1 U 314/12.

177 OLG Düsseldorf, Urteil vom 17.3.16 – Az. I-15 U 64/15.

2) der Unternehmer die Adresse zur Direktwerbung für eigene ähnliche Waren oder Dienstleistungen verwendet,

3) der Kunde der Verwendung nicht widersprochen hat und

4) der Kunde bei Erhebung der Adresse und bei jeder Verwendung klar und deutlich darauf hingewiesen wird, dass er der Verwendung jederzeit widersprechen kann, ohne dass hierfür andere als die Übermittlungskosten nach den Basistarifen entstehen.

Da das Unternehmen die Beweislast für das kumulative Vorliegen dieser Voraussetzungen hat, ist es erforderlich, insbesondere Punkt 1) u. 4) nachweisen zu können. So ist nicht nur eine Archivierung der Bestellung zu 1) erforderlich, sondern auch der Nachweis von Punkt 4). Ein entsprechender Hinweis sollte direkt im Zusammenhang mit der Eingabe der E-Mail-Adresse nachweisbar erfolgen.

### 6.2.10 IT-SiG bzw. TTDSG

Webseitenbetreiber (Anbieter geschäftsmäßig erbrachter Telemediendienste) müssen seit Inkrafttreten des Gesetzes technische und organisatorische Maßnahmen nach dem Stand der Technik ergreifen, um sowohl unerlaubte Zugriffe auf ihre technischen Einrichtungen und Daten als auch Störungen zu verhindern, soweit diese technisch möglich und wirtschaftlich zumutbar sind. Hinsichtlich des Stands der Technik kann auf die Ausführungen im Kapitel IT-Sicherheit verwiesen werden.

Die entsprechenden Regelungen, die in § 13 (7) TMG ihre konkrete Ausprägung haben, sind ab 01.12.2021 in § 19 (1) n. (4) TTDSG[178] zu finden.

### 6.2.11 Verantwortlichkeit

Aufgrund der Vielschichtigkeit der Materie können sich verschiedene Verantwortlichkeiten ergeben.

So können

- Marketingabteilungsleitung
- Vertriebsabteilungsleitung
- Revisionsabteilung
- Rechtsabteilung

178 Stand September 2021.

- Datenschutzbeauftragter
- IT-Sicherheitsbeauftragter/IT-Sicherheitsabteilung
- IT-Leitung

bis hin zur

- Geschäftsleitung

betroffen und verantwortlich sein.

## 6.3 Praxishinweise

### 6.3.1 Domainauswahl- und Registrierung

Da gerade im Bereich des Markenrechts sehr hohe Gegenstandswerte bei Rechtsstreitigkeiten angesetzt werden, aus denen sich Gerichts- und Anwaltskosten errechnen, empfiehlt sich bereits bei der Auswahl der Domain und schon vor der Registrierung äußerste Sorgfalt an den Tag zu legen.

Es sollte auf jeden Fall eine fachkundige Rechtsberatung eingeholt werden.

### 6.3.2 Designauswahl

Bei der Auswahl des Designs sollte darauf geachtet werden, dieses nicht blindlings aus dem Netz zu kopieren. Bei Bestehen von Designschutz, Urheberrecht oder aus wettbewerbsrechtlichem Nachahmungsschutz könnten so erhebliche Kosten entstehen, die sich nicht nur in den Kosten einer rechtlichen Auseinandersetzung erschöpfen würden, sondern auch die Neugestaltung der Website und deren zumindest zeitweise Stilllegung bis zur Neugestaltung mitumfassen würden.

Sofern nicht nur ein Allerweltdesign ausgewählt wird und dieses Neuheit und Eigenart aufweist, sollte die Eintragung bereits aus Gründen der Beweisbarkeit erfolgen.

Die Anmeldung ist für das eingetragene Design beim DPMA zu stellen, für das eingetragene Gemeinschaftsgeschmacksmuster beim Harmonisierungsamt für den Binnenmarkt (Marken, Muster und Modelle) (kurz: HABM), wobei die Anmeldung auch beim DPMA zur gebührenpflichtigen Weiterleitung eingereicht werden kann.

Die Rechte sind vollumfänglich übertragbar und vererblich.

### 6.3.3 Impressumsgestaltung

Hinsichtlich der leichten Erkennbarkeit hat sich die Bezeichnung Impressum durchgesetzt, ohne dass eine rechtliche Verpflichtung besteht, die Pflicht-Informationen so zu benennen. Die Bezeichnung Anbieterkennung ist ebenfalls üblich. Zu beachten ist, dass auch ein Impressum für Darstellungen in **sozialen Netzwerken** wie Facebook, XING und sonstigen Plattformen gefordert wird, auf denen eine eigene Darstellung des Unternehmens erfolgt.

Hinsichtlich der unmittelbaren Erreichbarkeit und ständigen Verfügbarkeit hat der BGH zwischenzeitlich entschieden, dass zwei Links ausreichen, um dieses Erfordernis zu erfüllen.

Es sollte ein ausdrücklicher Hinweis auf den Verantwortlichen nach § 18 (2) MStV für journalistisch-redaktionelle Inhalte erfolgen.

### 6.3.4 Datenschutzausgestaltung

#### 6.3.4.1 Datenschutzerklärung

Wichtig ist, dass künftig die Informationen präzise, leicht zugänglich und verständlich sowie in klarer und einfacher Sprache abgefasst werden müssen. Insbesondere im Hinblick auf Verständlichkeit und eine klare und verständliche Sprache sind die Datenschutzerklärungen zu überprüfen.

Weiter zu berücksichtigen ist nun durch die Vorgabe der DSGVO, dass IP-Adressen personenbezogene Daten sind[179]. Entsprechende Hinweise auf die Speicherung und den Umfang beim Betreten der Seite sind nun zwingend in die Datenschutzerklärung aufzunehmen.

Zu beachten ist, dass auch über Datenverarbeitung beim Login sowie über Datenverarbeitung im Zusammenhang mit Dritten (Analysetools, Social-Media, Videoportale, Werbemaßnahmen etc.) zu informieren ist.

Die Datenschutzerklärung sollte unter einem Permanentlink, der von jeder Unterseite aus aufgerufen werden kann, vorgehalten werden.

Auch ist der Datenschutzbeauftragte mit Kontaktdaten anzugeben, sofern er im Unternehmen existiert.

179 Erwägungsgrund 30; Art. 4 Nr. 1 DSGVO.

#### 6.3.4.2 Cookie-Banner

Der bisher übliche Cookie-Banner mit lediglich einem OK-Button kann allenfalls noch auf Seiten verwendet werden, die ausschließlich technische Cookies setzen.

Ansonsten bedarf es einer aktiven und informierten Einwilligung des Nutzers mit Widerrufsmöglichkeit. Das bedeutet, dass dieser selbst aktiv sein Einverständnis zum Setzen eines Cookies erteilen muss, voreingestellte Häkchen sind somit tabu. Die Information muss sich nicht nur auf den Cookie selbst, sondern auch auf den Zweck und die Speicherdauer beziehen. Erst wenn die Einwilligung erteilt ist, darf der Cookie gesetzt werden. Sinnvoll ist eine Detailanzeige der Cookie-Gruppen und der Einzelcookies. Von einer Pauschalzustimmung ist dringend abzuraten. Auch kann nur empfohlen werden, die Ausgestaltung so vorzunehmen, dass der Nutzer psychologisch nicht gerade dazu gedrängt wird, alle Cookies (oder Einzelne) zu akzeptieren. Selbstverständlich gilt dies nicht für technische zum Betrieb der Site notwendige Cookies.

Der Cookie-Banner, der über die Verwendung von Cookies informiert, wird im Footer oder Header der Website angebracht, mit einer Verlinkung zur Datenschutzerklärung und einem Button zur Einverständniserklärung bzw. Ablehnung bzw. mit Detailauswahl, die weitere Informationen enthält.

Zu beachten ist, dass das Banner nicht die Navigation der Site mit Zugang zu Impressum etc. verdeckt.

Da eine Widerrufsmöglichkeit ebenso einfach wie die Einwilligungserklärung selbst sein muss, empfiehlt sich eine Unterseite mit Permanentlink vorzuhalten, auf der die Einwilligung per Klick widerrufen werden kann.

Zu beachten ist diesem Zusammenhang jedoch § 26 TTDSG, der ab 01.12.2021 Geltung hat.

Dort werden anerkannte Dienste zur Einwilligungsverwaltung, Endnutzereinstellungen definiert. Es handelt sich dabei um sog. „Personal Information Management Services" (PIMS). Dabei soll der Nutzer grundsätzlich die Voraussetzungen für die Einwilligung oder Ablehnung von Cookies einstellen können, was dann im Hintergrund laufend, über den Browser automatisch an die jeweils besuchten Websites weitergegeben wird. Damit wären die Cookie-Consent-Tools nicht mehr notwendig.

Allerdings müssen diese Dienste erst anerkannt und die Voraussetzungen hierfür in einer Rechtsverordnung festgelegt werden. Sich damit ergebende Fragen der EU-Rechtskonformität (Pauschaleinwilligungen sind nach der DSGVO nicht vorgesehen, Art. 4. Nr. 11) sind außerdem offen.

Bei Inkrafttreten der E-Privacy-Verordnung ist ferner darauf zu achten, ob sich Neuerungen ergeben.

#### 6.3.4.3 Verschlüsselung

Da alle Formulare, Newsletteranmeldungen und Onlineshops gemäß dem Stand der Technik verschlüsselt sein sollen, Stand der Technik jedoch nicht allgemein verbindlich definiert ist, empfiehlt es sich, an den veröffentlichten Empfehlungen des Bayerischen Landesamt für Datenschutzes[180] sich zu orientieren:

- Es dürfen keine veralteten Protokollversionen unterstützt werden (SSL2, SSL3).
- Es sollte TLS 1.2 als Standardprotokollversion verwendet werden.
- Es muss die Verschlüsselungstechnik Perfect Forward Secrecy (PFS) eingesetzt werden.
- Die Schlüssellänge des SSL-Zertifikats sollte mindestens 2048-Bit betragen.
- Die Verfahren SHA-1 und RC4 sollten nicht (mehr) verwendet werden.
- Die Heartbleed-Lücke darf nicht vorhanden sein.
- Die Verwendung von HTTP Strict Transport Security (HSTS) ist zu prüfen, zur Eindämmung der Risiken von Man-in-the-Middle-Angriffen.
- Es dürfen keine selbstsignierten Zertifikate genutzt werden, sondern solche einer als vertrauenswürdigen eingestuften offiziellen Zertifizierungsstelle.

#### 6.3.4.4 Social-Media-Plugins

Eine Lösung der datenschutzkonformen Einbindung der Social-Media-Netzwerke bietet die IT-Fachzeitschrift C´t an:[181]

Es werden nur deaktivierte Buttons auf die Website eingebunden, die vom Nutzer bei Bedarf erst aktiviert werden müssen.

Somit obliegt es dem Nutzer selbst, ob er entsprechende Daten weiterleiten will.

Selbstverständlich ist der Nutzer entsprechend zu informieren, und die Datenschutzerklärung muss angepasst werden.

---

180 https://www.lda.bayern.de/media/pm2017_08.pdf, abgerufen am 22.07.2020.

181 *Jürgen Schmidt*: 2 Klicks für mehr Datenschutz in c´t vom 01.09.2011, http://www.heise.de/ct/artikel/2-Klicks-fuer-mehr-Datenschutz-1333879.html, abgerufen am 29.07.2020.

Eine Weiterentwicklung dieser Lösung ist Software Shariff, die ebenfalls von C´t (Heise) entwickelt wurde.[182]

Dabei ist nur noch ein Klick erforderlich, eine Datenübertragung erfolgt jedoch erst beim Aktivieren des Buttons.

#### 6.3.4.5 Analyse-Tools

Es wird empfohlen ein Analyse-Tool auf eigenem Server zu betreiben.

Der Landesbeauftragte für den Datenschutz und die Informationsfreiheit Baden-Württemberg hat hierzu eine sehr gute Vorlage veröffentlicht.[183] Allerdings ist zu beachten, dass die Veröffentlichung zeitlich vor den Entscheidungen des EuGH und BGH zu Planet49 erfolgte. Deshalb sollte gleichwohl eine Einwilligung eingeholt werden.

> Ein DSGVO-konformes Analyse-Tool bietet z. B. Matomo[184], eine Open-Source-Software zur statistischen Auswertung der Besucherzugriffe.

### 6.3.5 Urheberrecht

Wichtig ist eine eindeutige Lizenzierung, bzw. Einräumung der erforderlichen Nutzungsrechte, sowohl der Texte, Fotos und Filmaufnahmen.

Bei der Bereitstellung von Musik- oder Videoportalen ist darauf zu achten, dass die Inhalte ordnungsgemäß lizenziert sind. Eine Dokumentation ist empfehlenswert.

Ggf. wird ein Rahmenabkommen mit der GEMA oder anderen Verwertungsgesellschaften in Betracht kommen.

Zu beachten ist ferner die Benennung des Urhebers. Je nach Lizenzbestimmungen ist der Urheber in der vorgegebenen Weise entweder direkt am Bild, im Impressum oder einer Referenzseite zu benennen. Im Zweifelsfall sollte die Angabe direkt beim Bild erfolgen.

Gleiches, wie für die Lichtbilder, gilt für Filme, bzw. Videos.

---

182 *Daniel Berger*: Schützen und teilen – Social-Media-Buttons datenschutzkonform nutzen in c`t vom 28.11.2014 http://www.heise.de/ct/ausgabe/2014–26-Social-Media-Buttons-daten schutzkonform-nutzen-2463330.html, abgerufen am 29.07.2020.

183 https://www.baden-wuerttemberg.datenschutz.de/wp-content/uploads/2019/04/FAQ-zu-Cookies-und-Tracking.pdf, abgerufen am 29.07.2020, FAQ zu Cookies und Tracking, Version 1.0.1 vom 29. April 2019.

184 https://matomo.org.

### 6.3.6 Mitarbeiterbilder

Die Einwilligung sollte zu Beweiszwecken schriftlich eingeholt werden. Diese muss freiwillig erfolgen und darf nicht erzwungen werden. Wenn der Mitarbeiter keine Veröffentlichung will, sollte dies respektiert werden.

Auch empfiehlt es sich beim Ausscheiden eines Mitarbeiters, das Lichtbild auch ohne Aufforderung durch diesen von der Webpräsenz zu nehmen.

### 6.3.7 E-Commerce

#### 6.3.7.1 B2B Shop

Es ist möglich das Angebot eines Onlineshops ausschließlich an Unternehmen zu richten. Ein entsprechender deutlich hervorgehobener Hinweis auf jeder Seite ist hierzu die erste Voraussetzung. Allerdings wird seitens der Rechtsprechung verlangt, Verbraucher von der Bestellmöglichkeit auszuschließen.

Erforderlich ist jedoch nicht mehr wie vor einiger Zeit, eine Anmeldung des Kunden, in der die Unternehmereigenschaft überprüft wird, wie etwa die Vorlage eines Gewerbescheins, Handelsregisterauszugs oder einer Bestätigung einer Kammer für deren Mitglieder.

Der BGH hat diese Anforderungen nun deutlich gelockert.[185]

Es reicht nunmehr aus, dass die Unternehmereigenschaft in räumlicher Nähe zum Bestellbutton bestätigt wird.

Selbstverständlich sollte der Shop sodann keine Widersprüchlichkeiten aufweisen, wie etwa das Vorhalten einer Widerrufsbelehrung oder Texte, die sich nur auf Verbraucher beziehen können. Auch wird es auf die sonstige Gestaltung und das Warenangebot ankommen.

#### 6.3.7.2 B2C Shop

##### 6.3.7.2.1 Widerrufsbelehrung

Vor der eigentlichen Widerrufsbelehrung sollte eine Klarstellung erfolgen, dass sich das Widerrufsrecht nur auf Verbraucher bezieht, um nicht Unternehmen vertraglich ein Widerrufsrecht einzuräumen, welches diesen gesetzlich gar nicht zusteht.

Die korrekte Formulierung bzw. Zusammensetzung der gesetzlich vorgegebenen Textbausteine bereitet aufgrund der unzureichenden Praxistauglich-

185 BGH, Urt. vom 11.5.2017, I ZR 60/16.

keit der Vorgaben hinsichtlich des Fristbeginns des Widerrufsrechts Schwierigkeiten.

100%-ige Sicherheit bieten somit nur die sehr seltenen Fälle, dass entweder nur eine Lieferung, aber keine Teillieferungen erfolgen oder nur Teillieferungen. Die wahrscheinlich am häufigsten auftretenden Mischfälle sind in den restriktiven Vorgaben nicht beinhaltet.

Es werden als Lösungen sowohl die Aufführung sämtlicher möglichen Alternativen in der Widerrufsbelehrung vertreten als auch mehrere Widerrufsbelehrungen vorzuhalten. Eine dritte Lösungsmöglichkeit wird darin gesehen den Fall der Teillieferung vorzuhalten, da hier auch die Fälle der Einzellieferung umfasst seien.

Gegen die erste Lösung spricht die gesetzliche Vorgabe, eine der Alternativen anzugeben. Damit wäre die gesetzliche Fiktion der ordnungsgemäßen Belehrung nicht mehr gegeben.

Die Vorhaltung mehrerer Widerrufsbelehrungen könnte zur Unübersichtlichkeit und damit Intransparenz führen, was der gesetzlichen Intention widersprechen würde.

Die Lösung, nur die Teillieferung in der Widerrufsbelehrung aufzuführen, widerspricht bereits dem Wortlaut her, die Umfassung einer Einzellieferung, ungeachtet des Umstands, dass in den gesetzlichen Vorgaben, noch ausdrücklich die Alternative der Einzellieferung umfasst ist. Allerdings wurde diese Lösung bereits im Vorfeld seitens der Bundesregierung propagiert.

Eine 100%-ig sichere Lösung gibt es nicht, zumal bisher keine eindeutige Rechtsprechung dazu ergangen ist.

In der Praxis durchgesetzt scheint sich jedoch die Variante der Belehrung über Teillieferungen zu haben, die auch hier seit Inkrafttreten der neuen Regelungen empfohlen wird.

Dem gesetzgeberischen Willen dürfte jedoch die erste Lösung am nächsten kommen, wenn auch nur eine Alternative dem Wortlaut nach angegeben werden soll. So ist es zwar denkbar, die gesetzliche Fiktion der ordnungsgemäßen Belehrung zu verlieren, jedoch gleichwohl ordnungsgemäß zu belehren. Zu beachten ist jedoch, hinter den jeweiligen Alternativen das Wort „oder" zu setzen.

#### 6.3.7.2.2 Preisauszeichnung

Es ist darauf zu achten, dass im B2C-Shop nur Endpreise ausgezeichnet werden und auf die darin enthaltene Umsatzsteuer hingewiesen wird.

Im Handel mit Endverbrauchern ist nicht nur der Endpreis, sondern auch der umgerechnete Preis je Mengeneinheit (Grundpreis) in unmittelbarer Nähe des Endpreises anzugeben, wenn Waren nach Gewicht, Volumen, Länge oder Fläche angeboten werden.

#### 6.3.7.2.3 Zahlarten, Lieferbeschränkungen

Es sollte auf der Website bzw. dem Onlineshop der Einfachheit halber gut sichtbar auf die möglichen Zahlarten hingewiesen werden, entweder durch eine Unterseite oder durch entsprechende Symbole.

Sofern Lieferbeschränkungen bestehen, empfiehlt sich ein entsprechender Hinweis bereits beim Produkt.

#### 6.3.7.2.4 Bestellablauf

Wichtig ist auch, den Bestellablauf so zu gestalten, dass der Verbraucher vor Abgabe einer Bestellung seine Angaben nochmals überprüfen und ggf. korrigieren kann. Hierzu empfiehlt sich eine Übersichtsseite mit Korrekturschaltflächen.

Vor Abgabe der Bestellung müssen dem Verbraucher der Inhalt seiner Bestellung (wesentliche Eigenschaften der Waren oder Dienstleistungen) und der Gesamtpreis nebst Preisbestandteilen angezeigt werden. In unmittelbarer Nähe hierzu muss sich der Button[186] befinden, der dann zu der Bestellung führt. Dieser muss eindeutig mit „zahlungspflichtig bestellen" oder mit einer entsprechenden eindeutigen Beschriftung[187] versehen sein.

#### 6.3.7.2.5 Hinweispflichten zur alternativen Streitbeilegung

Es empfiehlt sich, einen Hinweis im Impressum aufzunehmen.

Auch wenn das Unternehmen nicht der Hinweispflicht nach dem VSBG unterliegt, schadet der weitere Hinweis, dass es nicht zur Teilnahme verpflichtet und bereit ist, nicht.

### 6.3.7.3 AGB

Was in AGB geregelt werden sollte:

Geltungsbereich und Angaben zum Vertragspartner, Hinweis auf wesentlichen Eigenschaften der Waren oder Dienstleistungen, Angaben zum Vertragsschluss und zum Bestellvorgang (einschließlich der Vertragssprache und Erklärung zur Speicherung des Vertragstextes, Zahlungsarten, Bestehen

---

186 Eine andere, gesetzlich zwar zulässige Ausgestaltung dürfte im Online-Geschäft keine Rolle spielen.

187 Kostenpflichtig bestellen, kaufen etc., nicht aber bestellen, weiter o. Ä.

eines Widerrufsrechts, Lieferfristen, Mängelhaftungsansprüche, Haftung, Verzug, Eigentumsvorbehalt).

Für Anbieter von Video-Sharing-Diensten seit Inkrafttreten des MStV:

Die Verpflichtung zur Einhaltung der §§ 8 Abs. 1, Abs. 3 Satz 1 und 2, Abs. 7 und 10 sowie § 6 Abs. 2 und 7 des Jugendmedienschutzstaatsvertrages bei Werbung.

Ggf. Angaben zu: Garantien, Kundendienst, Hinweispflicht nach dem VSBG, Unterwerfung unter einen bestimmten Verhaltenskodex und die Möglichkeit eines elektronischen Zugangs zu diesen Regelwerken.

Nicht notwendig, aber zuweilen sinnvoll erscheinen:

Gerichtsstand und Erfüllungsort, Rechtswahl, Salvatorische Klausel.

Datenschutz innerhalb des Bestellvorgangs (dies ersetzt jedoch nicht die Datenschutzerklärung).

Auf jeden Fall sollte überprüft werden, ob alle Informationspflichten in den AGB abgehandelt werden.

Häufige Fehler in Online-AGB:

- Geltung für Verträge in der Zukunft

Hinsichtlich des Geltungsbereichs werden auch künftige Rechtsgeschäfte ohne die jeweilige Einbeziehung der AGB vereinbart.

Dies verstößt gegen § 305 BGB und ist unzulässig.

- Zeitpunkt des Vertragsschlusses

Im Onlinegeschäft macht es Sinn, den Zeitpunkt des Vertragsschlusses durch AGB zu regeln. So kann das Angebot lediglich eine Aufforderung zur Abgabe eines Angebots darstellen, das vom Shop-Betreiber erst noch angenommen werden muss. So sind die meisten Shops gestaltet.

Wird jedoch vom Shop-Betreiber vor Annahme des Angebots eine Zahlung verlangt, ist die Klausel dann widersprüchlich und damit unwirksam.

Also sollte beim Zeitpunkt des Vertragsschlusses eine konkludente Vorverlagerung auf einem Zahlungsaufforderung (Vorkasse) oder Zahlung des Kunden (Sofortüberweisung, PayPal, Kreditkarten oder Lastschrift) erfolgen.

- Aufrechnungsverbot

„Eine Aufrechnung ist nur mit unbestrittenen oder rechtskräftig festgestellten Forderungen zulässig“

Hierin wird seit BGH VII ZR 209/07 Urteil vom 07.04.2011 eine Einschränkung des Leistungsverweigerungsrechts aus gegenseitigen Verträgen gesehen.

- Haftungsbeschränkungen

Haftungsausschlüsse oder -beschränkungen sind nur innerhalb sehr enger Grenzen zulässig.

Oftmals wird versucht, diese sehr phantasievoll zu formulieren, was aber nur zu deren Unwirksamkeit führt.

- Lieferfristen

„Lieferung…erfolgt in der Regel…voraussichtlich…ca.; Lieferfisten sind unverbindlich“

Alle Angaben, die den Eindruck erwecken, dass der Zeitpunkt der Lieferung im Ermessen und Gutdünken des Onlineshop-Betreibers liegt sollten unterbleiben.

- Mängelhaftungs- (Gewährleistungs-)beschränkungen

Alle Einschränkungen und Verkürzungen der Mangelhaftungsansprüche sind gegenüber Verbrauchern, gegenüber Unternehmen mit Einschränkungen unwirksam.

Dies gilt für Komplettausschlüsse als auch über die gesetzlichen Vorgaben hinaus für Verjährungsverkürzungen oder Rügepflichten gegenüber Verbrauchern.

- Versandkosten

Wer im Onlinehandel „versicherten Versand“ in den AGB anbietet täuscht den Verbraucher darüber, dass er nach den unnachgiebigen gesetzlichen Bestimmungen ohnehin das Versandrisiko trägt.

- Salvatorische Klausel

„Die Parteien verpflichten sich für den Fall der Unwirksamkeit einer Bestimmung, sie durch eine andere zu ersetzen, die dem wirtschaftlichen Zweck der unwirksamen Bestimmung am nächsten kommt.“

Dies verstößt gegen § 306 (2) BGB, wonach anstelle der unwirksamen Bestimmung die gesetzliche Regelung tritt und ist in Verbraucherverträgen auf jeden Fall unzulässig.

- Schriftformerfordernis

Eine strengere Form als die Textform (§ 126 d BGB) verstößt gegen § 309 Nr. 13 b BGB. Zudem kann hinsichtlich der Änderung der AGB ein Verstoß gegen § 305b (Vorrang der Individualabrede) vorliegen.

- Gerichtsstandsvereinbarung u. Erfüllungsort

„Erfüllungsort und Gerichtsstand ist der Sitz des Verkäufers“

Gegenüber Verbrauchern unwirksam nach § 307 (2) Nr. 1 BGB. Solche Klauseln richten sich nach § 29 ZPO und sind entsprechend zu formulieren, was nur möglich ist, wenn die Vertragsparteien Kaufleute, juristische Personen des öffentlichen Rechts oder öffentlich-rechtliche Sondervermögen sind.

- Verbraucherstreitschlichtungsverfahren

Unterbliebene Hinweise nach § 36 (2) Nr. 2 Verbraucherstreitbeilegungsgesetzes (VSBG) in AGB sind abmahnfähig.

- Rechtswahl

Oft wird deutsches Recht unter Ausschluss des die Geltung des UN-Kaufrechts in AGB geregelt.

Gegenüber Verbrauchern gilt diese Rechtswahl jedoch nur mit der Einschränkung, dass zwingende Vorschriften des Staates, in dem der Verbraucher seinen gewöhnlichen Aufenthalt hat, unberührt bleiben, soweit der Schutz des Verbrauchers durch diese Vorschriften weiter gehend, bzw. günstiger ist.

## 6.4 Gestalterische Empfehlungen und Compliance

### 6.4.1 Hinweispflichten zur Alternativen Streitbeilegung

Davon ausgehend, dass keine Bereitschaft zur Teilnahme besteht, könnte der Hinweis wie folgt gestaltet werden:

Information zur OS-Plattform und zur alternativen Streitbeilegung

Link zur Plattform (sog. OS-Plattform) der EU-Kommission als Anlaufstelle zur außergerichtlichen Beilegung von Streitigkeiten:
https://ec.europa.eu/consumers/odr/

E-Mail-Adresse: ....................................[einfügen]

Wir sind zur Teilnahme an einem Streitbeilegungsverfahren vor einer Verbraucherschlichtungsstelle weder verpflichtet noch grundsätzlich dazu bereit.

Bei einer Hinweispflicht nach dem VSBG muss ein entsprechender Zusatz in den AGB erfolgen:

§ … Alternative Streitschlichtung

(1) Unter der URL https://ec.europa.eu/consumers/odr/ ist eine Plattform (sog. OS-Plattform) der EU-Kommission als Anlaufstelle zur außergerichtlichen Beilegung von Streitigkeiten, die u. a. aus Online-Kaufverträgen mit Verbrauchern resultieren, vorzufinden. Hierauf besteht eine gesetzliche Hinweispflicht.

> (2)................[Name des Unternehmens] ist zur Teilnahme an einem Streitbeilegungsverfahren vor einer Verbraucherschlichtungsstelle weder verpflichtet noch grundsätzlich dazu bereit.

### 6.4.2 Newsletter

Der BGH hat entschieden, dass die Einwilligungserklärung der AGB-Kontrolle unterliegt und deshalb transparent und hinreichend konkret formuliert sein muss.[188]

Bei einer Einwilligungserklärung zugunsten von Drittunternehmen ist deshalb besondere Sorgfalt an den Tag zu legen.

Das Double-Opt-In-Verfahren ist trotz der dargestellten Unwägbarkeiten aufgrund der Rechtsprechung des OLG München weiterhin zu empfehlen.

Es sollte bei Verwendung des Double-Opt-In-Verfahrens darauf geachtet werden, dass die E-Mail mit dem Bestätigungslink keinerlei Werbung beinhaltet.

Insgesamt sind somit folgende Punkte zu beachten:

- Verwendung des Douple-Opt-In-Verfahrens
- Klare und transparente Formulierung der Einwilligung
- Ausdrückliche Anforderung durch den Kunden, bzw. durch Erfordernis d. Bestätigung
- Keine Werbung in der E-Mail mit Bestätigungslink
- Bereits beim Anfordern im Zusammenhang mit der Einwilligung Hinweis auf jederzeitiges Widerrufsrecht
- Protokollierung und Archivierung der einzelnen Schritte
- Hinweis in der Datenschutzerklärung und ggf. den AGB

### 6.4.3 Cookie-Banner oder Consent-Tool?

Spätestens seit der EuGH-Entscheidung „Planet49“ muss bei allen nicht technischen Cookies eine informierte, freiwillige und nachweisebare Einwilligung des Nutzers <u>vor</u> dem Setzen von Cookies eingeholt werden. Somit können herkömmliche Cookie-Banner, die nur über das Setzen von

188 BGH Urteil vom 14.3.2017, VI ZR 721/15.

Cookies informieren, allenfalls noch auf Seiten eingesetzt werden, die ausschließlich technische Cookies setzen. Bei allen anderen Cookies, insbesondere Cookies von Dritten (Third-Party-Cookies) muss explizit für jede Kategorie von Cookies eine Einwilligung eingeholt werden und über Zweck, Speicherdauer informiert werden. Erst bei erteilter Einwilligung darf der Cookie gesetzt und Daten übertragen werden. Auf die Möglichkeit des Widerrufs ist hinzuweisen. Der Widerruf muss ebenso einfach möglich sein, wie die Einwilligung.

Es empfiehlt sich hier Consent-Tools zu bedienen, die zuweilen vom Funktionsumfang weit über das Management der Einwilligungsverwaltung hinausgehen. So wird die Site regelmäßig gescannt und die Einwilligungsverwaltung angepasst. Zudem ersparen manche dieser Tools technische Aufwendungen für Social-Media-Plugins oder Youtube-Videos, da entsprechende technische Lösungen bereits integriert sind.

Im Auge behalten sollte man jedoch auch die weitere Entwicklung zu § 26 TTDSG. Mit der Etablierung der sog. „PIMS“ könnten die Consent-Tools weitgehend ihre Bedeutung verlieren (vgl. hierzu 6.3.4.2).

Auch sollte auf das Inkrafttreten der E-Privacy-Verordnung geachtet werden.

### 6.4.4 IT-SiG

Neben Verschlüsselungstechniken wird der Schwerpunkt auf der Vertragsgestaltung mit dem Host-Provider liegen, um die Website nicht nur virenfrei, sondern auch abgesichert gegen gängige Hackerangriffe zu machen. Wird die Site auf eigenem Server gehostet, sind entsprechende Maßnahmen zu ergreifen.

Die Sicherheitsmaßnahmen werden jedoch auch Gegenstand der IT-Sicherheit des Unternehmens sein. Insoweit wird auf das Kapitel IT-Sicherheit verwiesen.

### 6.4.5 Verantwortlichkeit

Es empfiehlt sich im Vorfeld die betroffenen Bereiche zu eruieren und sodann ein Projektteam unter federführender Projektleitung eines ausgewählten Teammitglieds zu bilden.

Ggf. sollte ein spezialisierter externer Berater hinzugezogen werden, und sei es nur, um das fertige Projekt zu überprüfen.

Allerdings kann sich hier falsche Sparsamkeit rächen. Wird beispielsweise der Bestellablauf beim B2C-Shop falsch gestaltet, muss dieser ggf. neu programmiert werden.

## 6.5 Zum Ausgangs-/Praxisfall

Soweit Einzelfragen des Praxisfalles nicht schon im vorstehenden Text beantwortet wurden:

> Der Sportartikelhersteller wird demnach zunächst feststellen, welche Verantwortungsbereiche betroffen sind und ein Projektteam zusammenstellen. Empfehlenswert ist die Hinzuziehung eines juristischen Spezialisten.
>
> Sodann wird im Team festgelegt, was die Website beinhalten soll und anschließend die oben genannten Punkte abgearbeitet.
>
> Die fertige Website ist vor ihrer Onlineschaltung einer Prüfung durch einen spezialisierten Juristen zu unterziehen.

# 7. Social Media-Projekte: Arbeit und Social Media

*Mathias Lang*

**Key-Words:** Mediennutzung im Betrieb, Social-Media-Guidelines, Social-Media-Account, Social-Media-Manager, XING, LinkedIn, WhatsApp, Facebook, Twitter, Instagram, Betriebsvereinbarung, Arbeitsvertrag, Einwilligungserklärung.

## 7.1 Ausgangs-/Praxisfall

Der Geschäftsführer einer GmbH stellt folgende Fragen:

Dürfen Mitarbeiter während der Arbeitszeit privat im Internet surfen und insb. den geschäftlichen Internetzugang und den E-Mail-Account zu privaten Zwecken nutzen?

Wem gehören Daten bei geschäftlichen Social-Media-Accounts (wie bspw. XING und LinkedIn), ggf. auch nach Ausscheiden des Mitarbeiters?

Darf WhatsApp in Geschäftsprozesse eingebunden werden und wie soll mit der zwangsweisen Übertragung von Nutzungsrechten an Facebook und Instagram umgegangen werden?

Wie verhindere ich die vorschnelle Veröffentlichung von nicht autorisierten Firmeninterna auf Twitter?

Kann man die Veröffentlichungen der Mitarbeiter in sozialen Medien als Arbeitgeber steuern?

**Abbildung 26**

## 7.2 Rechtsrahmen und Zuständigkeiten

Hinsichtlich der Mediennutzung am Arbeitsplatz ist zunächst zu unterscheiden zwischen der Nutzung durch eigene Devices oder Firmeneigene.

Die Nutzung durch eigene Geräte innerhalb der Arbeitszeit kann bereits durch arbeitsvertragliche Nebenpflicht untersagt sein. Klarstellend könnte ein Zusatz im Arbeitsvertrag die Nutzung zu privaten Zwecken unterbinden (sofern nicht unaufschiebbare und wichtige Gründe, die im einzelnen zu definieren sind, vorliegen).

Bei der Nutzung durch firmeneigene Geräte ist zu unterscheiden, ob diese für private Zwecke benutzt werden dürfen. Existiert weder eine Betriebsvereinbarung noch eine arbeitsvertragliche Regelung, wird es auf die Handhabung im Unternehmen und eine Duldung durch die Geschäftsleitung ankommen, selbstverständlich ebenfalls im Rahmen arbeitsvertraglicher Neben- (od. Treue-)pflichten.

Sofern die Nutzung zu privaten Zwecken arbeitsvertraglich oder durch Betriebsvereinbarung untersagt ist, können sich Kontrollrechte und -pflichten der Unternehmensführung ergeben, die wiederum nicht zur anlasslosen Vollüberwachung des Arbeitnehmers führen dürfen.

Bezüglich der privaten Nutzung außerhalb des Arbeitsplatzes können dem Arbeitnehmer jedoch keine Vorgaben gemacht werden, was er in den Medien treibt, insbesondere was er veröffentlicht. Ist der Arbeitnehmer hingegen zur Verschwiegenheit, hinsichtlich bestimmter Umstände oder Tatsachen verpflichtet, muss er sich selbstverständlich auch im privaten Bereich daran halten.

Aus dem Treuegebot ergibt sich die Verpflichtung, keine negativen Wertungen oder Umstände zu veröffentlichen, die geeignet wären, das Ansehen des Unternehmens zu schädigen, allerdings sind die Grenzen zur Meinungsfreiheit fließend.

Ein anderer Themenbereich trifft die Einrichtung und Pflege von Social-Media-Accounts durch Angestellte auf Anweisung des Arbeitgebers, insbesondere durch die neue Berufsgruppe der Social-Media-Manager.

Hierbei stellt sich die Frage, wer „Eigentümer“ der Accounts und der Daten ist und was mit diesen nach dem Ausscheiden des Mitarbeiters geschieht, ggf. wem die Follower zuzuordnen sind.

Sind diese Fragen nicht zuvor klar vertraglich geregelt, wird es auf Indizien und Einzelfallbegebenheiten ankommen, die ggf. erst gerichtlich zu klären sind.

Deshalb empfiehlt sich zu Beginn der Tätigkeit des Mitarbeiters als Social-Media-Manager; alle denkbaren Einzelheiten vertraglich zu regeln.

Eine weitere wichtige Frage ist die Zulässigkeit der Nutzung des Messengers „WhatsApp" im Rahmen der beruflichen Tätigkeit für das Unternehmen.

Denn dieser Messengerdienst steht nicht nur wegen seiner historisch mehrfach in die Öffentlichkeit gerückten Sicherheitsschwachstellen in der Kritik, auch datenschutzrechtlich bestehen Bedenken.[189]

So werden die Kontaktdaten eines Nutzers regelmäßig auf einen Server des Betreibers in den USA geladen, und zwar auch die Daten von Kontakten, die selbst überhaupt keinen Account besitzen und den Dienst nicht nutzen.

Hinzu kommt, dass seit der Übernahme des Dienstes durch Facebook eine Verknüpfung der Daten mit dem Portal Facebook ungefragt erfolgte.[190]

Ähnliches gilt für Instagram.[191]

Ohne Einwilligung der Betroffenen ist eine solche Datenweitergabe unzulässig.

Gerade beim Einsatz von Firmenhardware kann sich so eine rechtliche Verantwortung der Geschäftsleitung ergeben.

Zuweilen wird die Auffassung vertreten, Internet- E-Mail- und Social-Media-Nutzung ließe sich gar nicht in private und berufliche Nutzungsbereiche trennen.[192]

Dies ist jedoch nur sehr bedingt zutreffend. Sofern im Unternehmen grundsätzlich keine private Internetnutzung zulässig ist, heißt dies beispielsweise nicht, dass den Mitarbeitern keine Guidlines an die Hand gegeben werden können, wie sie in sozialen Netzwerken im Hinblick auf ihren Arbeitgeber agieren sollen. Letztendlich sollen Social-Media-Guidelines den Umgang mit unternehmensbezogenen Veröffentlichungen regeln.

Ist ein Mitarbeiter im Bereich des Social-Media-Account-Managements tätig, kann selbstverständlich eine Trennung stattfinden, die ihm private Aktivitäten untersagt.

Auch ist die Empfehlung zur Stärkung der Marke „Unternehmen" nicht zwangsläufig mit der Erlaubnis zur Social-Media-Nutzung verbunden.

---

189 Vgl. *Kumpfmüller*, WhatsApp Sicherheit: Die zehn größten Risiken, https://www.trojaner-info.de/mobile-security/whats-app-sicherheit/articles/Sicherheitsrisiko-WhatsApp-die-zehn-groessten-Risiken.html, abgerufen am 30.07.2020.

190 Eine Untersagungsverfügung des Hamburger Datenschutzbeauftragten wurde am 01.03.2018 durch das OVG Hamburg zweitinstanzlich bestätigt.

191 Augsburger Allgemeine vom 02.01.2018: Datensammlung: Bundeskartellamt droht Facebook mit Strafen, https://www.augsburger-allgemeine.de/digital/Datensammlung-Bundeskartellamt-droht-Facebook-mit-Strafen-id43694236.html, abgerufen am 30.07.2020.

192 *Diercks*, Social Media im Unternehmen, K&R 1/2014, S.1.

Letztendlich wird es von der Unternehmensphilosophie abhängen, ob private Internet- und/oder E-Mailnutzung bzw. die Aktivität in Social-Media-Netzwerken erlaubt sein soll.

Es wurde und wird die Auffassung vertreten, dass die Gestattung der privaten Internet- und/oder E-Mailnutzung den Arbeitgeber zum Diensteanbieter des TKG und TMG machen würde mit der Folge, dass dieser das Fernmeldegeheimnis zu beachten hätte und ihn u. U. strafrechtliche Sanktionen treffen könnten.[193]

Dagegen wird in der Rechtsprechung zunehmend die gegenteilige Auffassung vertreten.[194]

Letztendlich dürften sich juristische Argumente sowohl für die eine als auch für die andere Auffassung finden, eine verbindliche allgemeingültige Rechtslage besteht derzeit nicht, und man sollte sich davor hüten, die eigene Rechtsauffassung als Empfehlung an Unternehmen zu geben. In der anwaltlichen Beratung gilt bereits aus haftungsrechtlichen Gründen, den sichersten Weg anzuraten. Diesen Grundsatz sollte auch das Unternehmen hier beachten.

Es lässt sich jedoch derzeit keine starre Empfehlung abgeben, wie ein Unternehmen dies handhaben soll. Auch hier wird es auf die Unternehmensphilosophie ankommen. Wichtig ist jedoch, den Bereich konkret zu regeln.

Ist in dem Unternehmen ein Betriebsrat vorhanden, so ist dieser zwingend zur Mitwirkung heranzuziehen, soweit es um die Einführung und Anwendung von technischen Einrichtungen, mit denen eine Leistungs- und Verhaltenskontrolle der Arbeitnehmer möglich ist, geht. Die Grenzen sind hier relativ weit gezogen, da es nur auf die Möglichkeit ankommt, nicht auf eine Absicht des Arbeitgebers. Es besteht sogar eine Überprüfungspflicht des Betriebsrates.

Das Bundesarbeitsgericht (BAG) hat hierzu entschieden, dass auch die Ausgestaltung der Facebook-Seite eines Unternehmens (als Arbeitgeber) der Mitbestimmung des Betriebsrates unterliegt, sofern die Möglichkeit für andere Facebook-Nutzer besteht, Besucher-Beiträge (Postings) zu veröffentlichen, die sich nach ihrem Inhalt auf das Verhalten oder die Leistung einzelner Beschäftigter beziehen, soweit diese Funktion betroffen ist.[195]

---

193 OLG Karlsruhe, Beschluss vom 10.01.2005, 1 Ws 152/04; „Düsseldorfer Kreis" Orientierungshilfe der Datenschutzaufsichtsbehörden zur datenschutzgerechten Nutzung von E-Mail und anderen Internetdiensten am Arbeitsplatz, Stand 2016, S. 4.

194 LAG Berlin-Brandenburg, Urteil vom 16.02.2011, 4 Sa 2132/10; LAG Berlin-Brandenburg, Urteil vom 14.01.2016, 5 Sa 657/15; LAG Niedersachsen, Urteil vom 31.05.2010, 12 SA 875/09; LAG Hamm, Urteil vom 10.07.2012, 14 Sa 1711/10; Hessischer VGH, Beschluss vom 19.05.2009, 6 A 2672/08; VGH Baden-Württemberg, Urteil vom 30.7.2014, 1 S 1352/13; VG Karlsruhe, Urteil vom 27.05.2013, 2 K 3249/12.

195 BAG Beschluss des 1. Senats vom 13.12.2016 – 1 ABR 7/15.

Es empfiehlt sich deshalb eine großzügige Einbeziehung des Betriebsrates.

Neben arbeitsvertraglichen Regelungen und Betriebsvereinbarungen sollte das Unternehmen die weiteren Fragen in Social-Media-Guidelines (Richtlinien für die Nutzung sozialer Medien) verbindlich klären.

Da hier mehrere Zuständigkeitsbereiche des Unternehmens betroffen sind ergeben sich je nachdem, welche Konstellation vorliegt, folgende Verantwortlichkeiten:

- Geschäftsleitung
- IT-Leitung und IT-Sicherheitsabteilung
- Datenschutzbeauftragte/r
- Marketingabteilungsleitung
- Kommunikationsabteilung/Social-Media-Abteilung
- Betriebsrat

## 7.3 Praxishinweise

Beantwortet die Unternehmensphilosophie nicht bereits die Frage der Handhabung privater Internet- und E-Mailnutzung am Arbeitsplatz, empfiehlt sich, den sichersten Weg zu gehen.

Dieser dürfte zunächst darin bestehen, die private Nutzung ganz zu untersagen.

Jedoch ist auch ein abgestuftes Konzept, wie es die „Orientierungshilfe der Datenschutzaufsichtsbehörden zur datenschutzgerechten Nutzung von E-Mail und anderen Internetdiensten am Arbeitsplatz“[196] vorsieht, in Betracht zu ziehen.

Danach gilt die private Nutzung grundsätzlich als untersagt, bei erteilter Einwiligungserklärung, insbesondere zu Kontrollen, wird diese innerhalb vorgegebener Grenzen erlaubt. Wird die Einwilligung widerrufen, bleibt es beim Verbot der privaten Internet-/E-Mail-Nutzung. Besteht ein Betriebsrat, wird dies in einer Betriebsvereinbarung festgelegt, die dem Arbeitnehmer vor Unterzeichnung der Einwilligungserklärung zur Kenntnis gegeben wird.

Ohne Betriebsrat können entsprechende einzelvertragliche Ergänzungen der Arbeitsverträge erfolgen.

---

196 https://www.baden-wuerttemberg.datenschutz.de/wp-content/uploads/2016/02/OH_E-Mail_Internet_Arbeitsplatz.pdf, abgerufen am 30.07.2020.

Schließlich kann in einem abgestuften Konzept die private Internetnutzung – wie vorbeschrieben – geregelt, die private Nutzung der geschäftlichen E-Mail-Accounts jedoch grundsätzlich untersagt werden. Der Arbeitnehmer kann dabei auf den Abruf seiner privaten E-Mail-Accounts verwiesen werden.

Hinsichtlich der grundsätzlich zulässigen privaten Internet- und E-Mailnutzung sollte die Auffassung der Aufsichtsbehörden nicht außer Betracht bleiben, da ansonsten Auseinandersetzungen mit diesen vorprogrammiert sind, die zeit- und kostenintensiv sein können, selbst wenn deren Sanktionen im Hinblick auf die Tendenz in der Rechtsprechung letztendlich wieder aufgehoben werden sollten.

Zu beachten ist ferner, dass bestimmte Funktionsträger im Unternehmen hinsichtlich etwaiger Kontrollen außen vor bleiben müssen. So sind der Datenschutzbeauftragte, Gleichstellungsbeauftragte, Personalvertretungen, Betriebsräte und Betriebsärzte dabei zu nennen. Es empfiehlt sich funktionsbezogene Accounts einzurichten, die somit erkennbar jeder Kontrolle unterzogen sind.

Was die Datenweitergabe von Messengerdiensten wie bspw. Whatsapp betrifft, sollte man arbeitsvertraglich bzw. im Rahmen einer Betriebsvereinbarung die Nutzung von Diensten und Netzwerken im geschäftlichen Bereich untersagen, die entsprechend agieren. Die technischen Möglichkeiten, die Datenweitergabe zu unterbinden, sind zum einen nur bedingt gegeben und zum anderen bei mehreren Mitarbeitern recht schwer umzusetzen und zu überprüfen.

## 7.4 Gestalterische Empfehlungen und Compliance

### 7.4.1 Arbeitsvertrag (Zusatz)

**Internet-, E-Mail-, Social- Media-, Nutzung**

1) Die Nutzung der Betriebsmittel als Zugang zum Internet für private Zwecke ist nicht gestattet/nur nach Maßgabe von 4) und 5) gestattet. [Nichtzutreffendes streichen]
2) Die Nutzung geschäftlicher E-Mail-Accounts für private Zwecke ist nicht gestattet/nur nach Maßgabe von 4) und 5) gestattet. [Nichtzutreffendes streichen]
3) Die Nutzung eigener Geräte während der Arbeitszeit zu privaten Zwecken ist nur nach Maßgabe von 4) gestattet.

4) Die Privatnutzung ist nur in nicht aufschiebbaren Fällen gestattet, bei denen die Verlegung in die Freizeit nicht möglich ist. In zeitlicher Hinsicht ist die Privatnutzung auf ......... Stunde(n) pro Woche beschränkt.
5) Die Nutzung der Betriebsmittel zu privaten Zwecken ist nur mit einer datenschutzrechtlichen Einwilligungserklärung möglich.
6) Wird die Einwilligung nach 5) widerrufen, entfällt die Erlaubnis zur privaten Nutzung der Betriebsmittel und/oder geschäftlicher E-Mail-Accounts.
7) Social- Media-Plattformen und Messengerdienste, die Daten von Dritten auslesen, auf externen Servern abspeichern und die Daten an weitere Unternehmen weiterreichen, dürfen auf unternehmenseigenen Geräten oder privaten Geräten, die auch geschäftlich genutzt werden, nicht verwendet werden. Insbesondere folgende Plattformen, bzw. Dienste sind nicht zu verwenden ......................... [Entsprechende Plattformen und Dienste einsetzen]
8) Es finden gemäß Anlage ......... [Bezeichnung einsetzen und entsprechende Anlage erstellen] Protokollierungen der Nutzung statt, die gemäß der dort aufgeführten Zweckbindung auch zur Missbrauchskontrolle ausgewertet und verwendet werden können. Verstöße werden arbeitsrechtlich verfolgt. [Die Anlage kann in Entsprechung der §§ 6, 7 der folgenden Betriebsvereinbarung abgewandelt werden.]

### 7.4.2 Betriebsvereinbarung

**Betriebsvereinbarung**

zwischen

der .........,.......[Bezeichnung einsetzen]..................[Anschrift einsetzen]

vertr. d.d. Vorstand/Geschäftsführer [Nichtzutreffendes streichen].......[Name einsetzen], ebenda

-Unternehmen-

und

dem Betriebsrat ......, .........,.......[Bezeichnung einsetzen]..................[Anschrift einsetzen]

vertr. d.d. Betriebsratsvorsitzende(n).......... [Name einsetzen], ebenda

-Betriebsratüber die

**Nutzung von Internet, E-Mail und sozialen Netzwerken.**

### § 1 Gegenstand und Geltungsbereich

(1) Die Betriebsvereinbarung regelt die Grundsätze für die Nutzung der Betriebsmittel als Zugang zum Internet, der geschäftlichen E-Mail-Accounts, der Nutzung eigener Geräte während der Arbeitszeit zu privaten Zwecken sowie die Nutzung sozialer Netzwerke. [Nichtzutreffendes streichen]

(2) Diese Betriebsvereinbarung gilt räumlich für den gesamten Betrieb der......... (Bezeichnung des Unternehmens).

(3) Die Betriebsvereinbarung gilt persönlich für alle Mitarbeiter der Muster-AG, mit Ausnahme der leitenden Angestellten i. S. d. § 5 Abs. 3 Betriebsverfassungsgesetz sowie der Geschäftsleitung i. S. d. § 5 Abs. 2 Nr. 1 Betriebsverfassungsgesetz.

### § 2 Geschäftliche Nutzung

(1) Die Nutzung der vom Unternehmen zur Verfügung gestellten Betriebsmittel als Zugang zum Internet ist grundsätzlich nur zu geschäftlich veranlassten Zwecken gestattet.

(2) Der geschäftliche E-Mail-Account darf ausschließlich zur Kommunikation mit Mitarbeitern, Kunden und Geschäftspartnern aus geschäftlich bedingtem Anlass genutzt werden.

(3) Die Nutzung zu privaten Zwecken ist nur nach Maßgabe von § 3 zulässig.

### § 3 Privatnutzung[197]

(1) Die Gestattung der privaten Nutzung des Internetzugangs, des geschäftlichen E-Mail-Accounts [Nichtzutreffendes streichen] nach den Vorgaben dieser Betriebsvereinbarung erfolgt ausschließlich gegenüber denjenigen Mitarbeitern, die zuvor gegenüber dem Unternehmen eine Einwilligung gemäß Anlage 1, Anlage 2 [Nichtzutreffendes streichen] abgegeben haben.

(2) Liegt eine Einwilligung vor, ist die private Nutzung des betrieblichen Internetzugangs, des geschäftlichen E-Mail-Accounts [Nichtzutreffendes streichen] im Umfang von....................[Genaue Definition] zulässig.

197 In Anlehnung an die „Orientierungshilfe der Datenschutzaufsichtsbehörden zur datenschutzgerechten Nutzung von E-Mail und anderen Internetdiensten am Arbeitsplatz“ des Düsseldorfer Kreises.

(3) Die Mitarbeiter sind frei in ihrer Entscheidung, ob sie eine solche Einwilligung abgeben wollen. Die Einwilligung ist jederzeit mit Wirkung für die Zukunft widerruflich. Soweit die Einwilligung nicht erteilt wird oder widerrufen wurde, so ist nur eine betriebliche Nutzung nach Maßgabe von § 2 zulässig.

*ALTERNATIV*

Die private Nutzung des Internetzugangs, des geschäftlichen E-Mail-Accounts [Nichtzutreffendes streichen] ist nach folgender Maßgabe zulässig:

..................................................................................................

.................[Genaue Definition]

**§ 4 Nutzung privater Geräte**

(1) Die Nutzung eigener Geräte während der Arbeitszeit zu privaten Zwecken ist nur in unaufschiebbaren Fällen gestatten, bei denen die Verlegung in die Freizeit nicht möglich ist. In zeitlicher Hinsicht ist die Privatnutzung auf ... Stunde(n) [Bitte einsetzen] pro Woche beschränkt.

***ALTERNATIV***

Die Nutzung eigener Geräte während der Arbeitszeit zu privaten Zwecken ist nach folgender Maßgabe zulässig:

..................................................................................................

.................[Genaue Definition]

(2) Die Nutzung eigener Geräte zu geschäftlichen Zwecken ist untersagt.

***ALTERNATIV***

(2) Die Nutzung eigener Geräte zu geschäftlichen Zwecken ist nur nach Absprache mit der Unternehmensleitung und bei Einhaltung weiterer Anforderungen, die separat geregelt werden, zulässig.

[„Bring your own device" – Der Bereich ist dann umfassend zu regeln]

**§ 5 Untersagte Nutzung**

Im betrieblich und geschäftlich veranlassten Bereich, insbesondere über Betriebsmittel, sind folgende Handlungen untersagt:

1. Inanspruchnahme kostenpflichtiger Inhalte ohne geschäftlichen Bezug und/ oder ohne Anweisung zulasten des Unternehmens.
2. Verstoß gegen persönlichkeitsrechtliche, datenschutzrechtliche, lizenz- und urheberrechtliche oder strafrechtliche Bestimmungen, insbesondere durch Verbreiten oder Speichern von entsprechenden Inhalten.

3. Tätigkeiten, die sich gegen die IT-Sicherheit (des Unternehmens und Dritter) richten.
4. Aktivitäten, die sich gegen das Unternehmen richten.

### § 6 Protokollierungen der Nutzung

(1) Die Internetnutzung wird mit folgenden Daten protokolliert:

...............................................................................................

.....................

[vollständige Aufzählung aller Protokolldaten]

(2) Der E-Mail-Verkehr (Ein- und ausgehende E-Mails) wird mit folgenden Daten protokolliert:

...............................................................................................

.....................

[vollständige Aufzählung aller Protokolldaten]

(3) Die Protokolldaten nach (2) und (3) werden ausschließlich zu Zwecken der Analyse und Korrektur technischer Fehler, Gewährleistung der Systemsicherheit, Optimierung des Netzwerkes und Systems, Datenschutzkontrolle und ggf. Missbrauchskontrolle nach § 7 verwendet.

(4) Die Protokolldaten nach (2) werden für maximal ......[einfügen] Tage, Protokolldaten nach (3) werden für maximal .........[einfügen] Tage aufbewahrt und dann automatisch gelöscht oder wirksam anonymisiert.

Die datenschutzrechtlichen Regelungen zur Zweckbindung sind zu beachten.

(5) Personal, das Zugang zu Protokollinformationen hat, wird besonders auf die Sensibilität dieser Daten hingewiesen und auf die Einhaltung des Datenschutzes verpflichtet. Bei der Auswahl des Personals ist dies als Eignungsvoraussetzung zu berücksichtigen. Dafür wird auch (z. B. durch vertragliche Vereinbarung) Sorge getragen, wenn und soweit es sich nicht um eigenes Personal handelt.

### § 7 Kontrollen

(1) Die nach § 6 protokollierten Daten werden nur im Rahmen dieser Betriebsvereinbarung kontrolliert. Sie unterliegen dem datenschutzrechtlichen Grundsatz der Zweckbindung nach dieser Vereinbarung und den sonstigen einschlägigen datenschutzrechtlichen Vorschriften. Darüber hinausgehende Leistungs- und Verhaltenskontrollen werden nicht durchgeführt.

(2) Besteht ein auf konkrete Tatsachen gestützter Verdacht, dass ein Mitarbeiter gegen diese Betriebsvereinbarung, insbesondere § 5 verstoßen hat, kann nach vorheriger Zustimmung des Betriebsrats eine Auswertung und Sicherung der nach § 6 gespeicherten Daten zur Aufklärung des Sachverhalts erfolgen. Der

Betriebsrat ist dabei zu beteiligen. Der betroffene Mitarbeiter wird über die Auswertung informiert. Über die Auswertung wird ein Protokoll erstellt, von dem der Mitarbeiter eine Abschrift erhält. Abweichend von § 6 (4) können die zu Beweiszwecken gesicherten Daten bis zum Abschluss des Verfahrens nach (3) – gesperrt – gespeichert bleiben. Nach Abschluss des Verfahrens nach (3) werden die Daten unverzüglich gelöscht.

(3) Bei Feststellung eines Missbrauchs der in dieser Betriebsvereinbarung festgelegten Betriebsmittel bzw. eines Verstoßes gegen diese Betriebsvereinbarung, insbesondere § 5, ist das Unternehmen berechtigt

a) arbeitsrechtliche Konsequenzen zu ergreifen
b) ggf. Schadensersatz zu fordern und durchzusetzen
c) die Nutzung der Betriebsmittel i. S. d. Betriebsvereinbarung zu beschränken oder zu untersagen.

(4) Internetdaten und E-Mail-Accounts von Personen, die einer besonderen Vertraulichkeit unterliegen (Anlage 3), sind von den Kontrollen nach dieser Vereinbarung ausgeschlossen.

**§ 8 Soziale Medien und Netzwerke**

(1) Hinsichtlich der Nutzung von sozialen Medien und Netzwerken durch Mitarbeiter mit Unternehmensbezug gilt Folgendes:

a) Das Unternehmen gibt den Mitarbeitern Social-Media-Guidelines an die Hand, wie sie sich bei der Nutzung der Social Media mit Unternehmensbezug verhalten sollen.
b) Äußerungen in sozialen Medien und Netzwerken für das Unternehmen sind nur durch eigens dazu berufene Mitarbeiter zulässig. Bei sonstigen Äußerungen von Mitarbeitern in sozialen Medien und Netzwerken ist klarzustellen, dass sie in eigenem Namen und nicht für das Unternehmen sprechen.
c) Unternehmensbezogene Informationen, insbesondere Betriebs- und Geschäftsgeheimnisse, sowie Daten von Mitarbeitern, Kollegen und Geschäftspartnern dürfen nicht veröffentlicht oder verbreitet werden.
d) Falsche Tatsachenbehauptungen und strafbare Äußerungen sind zu unterlassen.
e) Die geltenden Gesetze, insbesondere das Urheberrecht, das Recht auf das eigene Bild, das Persönlichkeitsrecht sind zu beachten.
f) Sachlichkeit gegenüber Kollegen, Vorgesetzten, Kunden und Geschäftspartnern sowie Achtung gegenüber dem Unternehmen und seinen Produkten bzw. Dienstleistungen sind in jedem Zusammenhang zu wahren.
g) Das Unternehmen wird bei Verstoß zu Sanktionen wie Abmahnung und/oder Kündigung greifen.

(2) Social-Media-Plattformen und Messenger-Dienste, die Daten von Dritten auslesen, auf externen Servern abspeichern und die Daten an weitere Unternehmen weiterreichen, dürfen auf unternehmenseigenen Geräten oder privaten Geräten, die auch geschäftlich genutzt werden, nicht verwendet werden. Insbesondere folgende Plattformen bzw. Dienste sind nicht zu verwenden........................ [Entsprechende Plattformen und Dienste einsetzen]

**§ 9 Ergänzungen u. Nebenabreden, Salvatorische Klausel**

(1) Änderungen und/oder Ergänzungen dieser Vereinbarung sowie Nebenabreden bedürfen zu ihrer Wirksamkeit der schriftlichen Vereinbarung der Vertragsparteien.

(2) Sollten Bestimmungen dieser Vereinbarung ganz oder teilweise nicht rechtswirksam sein, so bleiben die übrigen Vertragsbestimmungen hiervon unberührt.

**§ 10 Inkrafttreten, Kündigung, Fortwirken u. Verpflichtung zur Neuverhandlung**

(1) Diese Betriebsvereinbarung tritt am Tage ihrer Unterzeichnung in Kraft und kann mit einer Frist von 3 Monaten gekündigt werden. Eine einvernehmliche Aufhebung oder Änderung ist jederzeit ohne Einhaltung einer Frist möglich.

(2) Nach Aufhebung oder Kündigung gilt diese Betriebsvereinbarung bis zum Abschluss einer neuen Betriebsvereinbarung fort.

(3) Nach Eingang der Kündigung verpflichten sich die Betriebsparteien, unverzüglich Verhandlungen über eine neue Betriebsvereinbarung aufzunehmen.

Anlage 1:

Einwilligungserklärung zur privaten Nutzung des geschäftlichen Internetzugangs

Anlage 2:

Einwilligungserklärung zur privaten Nutzung des geschäftlichen E-Mail-Accounts

Anlage 3: [ggf. zu erstellen]

Von den Kontrollen ausgenommene E-Mail-Accounts und Internetnutzungsdaten

[ggf. nichtzutreffende Anlagen streichen]

..........................................................

Ort, Datum

..........................................................

Unterschrift Unternehmensleitung

..........................................................

Unterschrift Betriebsratsvorsitzende(r)

### 7.4.3 Einwilligungserklärung

#### 7.4.3.1 Internetnutzung

**Einwilligungserklärung**

**zur datenschutzrechtlichen Verarbeitung hinsichtlich der privaten Nutzung des betrieblichen Internetzugangs**

Hinsichtlich der datenschutzrechtlichen Verarbeitung personenbezogener Daten im Rahmen der Nutzung des betrieblichen Internetzugangs erkläre ich **meine ausdrückliche Einwilligung,** auch soweit meine privaten und nicht nur die betrieblich veranlassten Zugriffe betroffen sind, im Rahmen des in der Betriebsvereinbarung vom...... § ..../der arbeitsvertraglichen Festlegung vom........., §...... festgelegten Umfangs.[x)]

Soweit durch die Verarbeitung ggf. der Schutzbereich des **Fernmeldegeheimnisses** betroffen sein sollte, **verzichte ich** ausdrücklich auf dieses Recht.

Mir ist bekannt, dass ich diese Einwilligung jederzeit mit Wirkung für die Zukunft widerrufen kann, mit der Folge, dass ich ab dem Zeitpunkt des Widerrufs das Internet nicht mehr privat nutzen darf.

________________________ ________________________

Ort, Datum Unterschrift des Beschäftigten

x) Auszug anbei

#### 7.4.3.2 E-Mail-Account

**Einwilligungserklärung**

**zur datenschutzrechtlichen Verarbeitung hinsichtlich privater Nutzung des betrieblichen E-Mail-Accounts**

Hinsichtlich der datenschutzrechtlichen Verarbeitung personenbezogener Daten im Rahmen der Nutzung des betrieblichen E-Mail-Accounts, erkläre ich **meine ausdrückliche Einwilligung,** auch soweit meine privaten und nicht nur die betrieblich veranlassten E-Mails betroffen sind, im Rahmen des in der Betriebsvereinbarung vom...... /der arbeitsvertraglichen Festlegung vom........., festgelegten Umfangs.[x)]

Soweit durch die Verarbeitung ggf. der Schutzbereich des **Fernmeldegeheimnisses** betroffen sein sollte, **verzichte ich** ausdrücklich auf dieses Recht.

Mir ist bekannt, dass ich diese Einwilligung jederzeit mit Wirkung für die Zukunft widerrufen kann, mit der Folge, dass ich ab dem Zeitpunkt des Widerrufs den E-Mail-Account nicht mehr privat nutzen darf.

______________________ ______________________

Ort, Datum Unterschrift des Beschäftigten

x) Auszug anbei

### 7.4.4 Social-Media-Manager Vertrag

Der folgende Mustervertrag regelt nur die themenspezifischen Punkte des Social-Media-Managers. Die sonstigen, allgemeinen arbeitsrechtlichen Punkte sind entweder – wie hier – gesondert zu regeln oder in den Vertrag mit einzubeziehen.

**Vertrag**

zwischen

..........,.......[Bezeichnung einsetzen]..................[Anschrift einsetzen]

vertr. d.d. Vorstand/Geschäftsführer [Nichtzutreffendes streichen].......[Name einsetzen], ebenda

-Unternehmen-

und

Herr/Frau.............................................................[Name einsetzen],

.................................................................... [Anschrift einsetzen]

**§ 1**

Herr/Frau ................................ wird ab ........................zusätzlich [ggf. streichen] als Social-Media-Manager/in einsetzt.

**§ 2**

Die Vergütung und die Arbeitszeiten und weitere arbeitsrechtliche Fragen werden separat geregelt/wurden als Anlage zum bereits bestehenden Arbeitsvertrag geregelt.

§ 3

Die Parteien sind sich einig, dass die von ............................ angelegten Accounts mit sämtlichen Inhalten und Nutzungsrechten der ............................... zur ausschließlichen Nutzung zustehen und diese die Accountinhaberin ist.

§ 4

........................ übergibt sämtliche Zugangscodes (wie Benutzernamen und Passwörter) an die .................................. nach der Beendigung ihrer Tätigkeit als Social-Media-Managerin an die ..............................

§ 5

................................ ist es nach deren Ausscheiden als Social-Media-Managerin untersagt

sich in den Unternehmensaccounts einzuloggen.

§ 6

........................ weist einen Stellvertreter, der seitens der .................... benannt wird, in die Social-Media-Account-Pflege ein und übergibt ihm die Zugangsdaten.

§ 7

Die Zugangsdaten sind streng vertraulich aufzubewahren.

| | |
|---|---|
| Ort, Datum | Unterschrift des Beschäftigten |
| Ort, Datum | Unterschrift des Unternehmens |

### 7.4.5 Social-Media-Guidelines

Bei Social- Media- Guidelines handelt es sich um **Verhaltensempfehlungen**, die oftmals inhaltlich auch nichts weiter darstellen.

Um eine Verbindlichkeit herzustellen, bedarf es einer arbeitsverraglichen Vereinbarung, bzw. einer Betriebsvereinbarung. Dies macht jedoch nur Sinn, wenn Punkte enthalten sind, die sich nicht bereits aus Gesetz oder sonstigen arbeitsrechtlichen Verpflichtungen ergeben.

**1. Unternehmenswerte**

*Beachten Sie unsere Unternehmenswerte, wie Respekt und Höflichkeit gegenüber Kollegen, Vorgesetzten, Kunden und Geschäftspartnern sowie Achtung gegenüber unserem Unternehmen und unseren Produkten/Dienstleistungen.*

**2. Authentizität und Transparenz**

*Seien Sie authentisch und transparent, bekennen Sie sich als Mitarbeiter offen zum Unternehmen mit Ihrem Namen.*

**3. Keine Stellungnahme für das Unternehmen**

*Geben Sie zu erkennen, dass Sie nur Ihre Meinung wiedergeben und nicht für das Unternehmen sprechen.*

*Statements und Äußerungen des Unternehmens erfolgen ausschließlich auf eigenen Accounts und Kanälen durch eigens autorisierte Personen. Äußern Sie sich deshalb am besten in Ich-Form, um Missverständnisse zu vermeiden.*

**4. Unternehmensinterna**

*Unternehmensinterna bleiben auch im Internet und in den sozialen Medien intern. Veröffentlichen Sie keine unternehmensbezogenen Informationen, insbesondere keine Betriebsgeheimnisse und Daten von Mitarbeitern, Kollegen und Geschäftspartnern. Benutzen Sie geschäftlich auch keine Dienste, die Daten – wie Kontakte oder sonstige Informationen – ungefragt weiterleiten.*

**5. Beachtung des Rechts**

*Beachten Sie die geltenden Gesetze, wie das Urheberrecht, das Recht auf das eigene Bild, das Persönlichkeitsrecht. Veröffentlichen/teilen Sie keine Inhalte, die Urheberrechte verletzen können oder Bilder von Personen ohne deren Einverständnis. Überschreiten Sie nicht die Grenzen zur Strafbarkeit bei Ihren Äußerungen, d. h. beleidigen oder verunglimpfen Sie niemanden.*

**6. Schutz der Privatsphäre**

*Schützen Sie Ihre Privatsphäre und die Ihrer Familie, geben Sie persönliche Daten nur sehr zurückhaltend preis.*

**7. Sachlichkeit, Wahrheitstreue**

*Bleiben Sie stets sachlich und bei der Wahrheit.*

**8. Fehler beseitigen**

*Falls Sie trotz allen Bemühungen einen Fehler oder Irrtum in Ihren Posts oder Äußerungen bemerken, korrigieren Sie ihn, bzw. tragen Sie zur Entfernung oder Korrektur bei.*

**9. Im Zweifel fragen**

*Wenn Sie sich nicht sicher sind, ob Sie etwas veröffentlichen dürfen, fragen Sie Ihren Vorgesetzten oder denjenigen, den es betrifft!*

***10. Social-Media-Kontakt***

*Bei Fragen, Anregungen oder Wünschen rund um das Unternehmen und die sozialen Medien wenden Sie sich an:*

*socialmedia@.........................................................de*

*[Entsprechende second-level-domain einsetzen]*

## 7.5. Zum Ausgangs-/Praxisfall

Soweit in der GmbH des Praxisfalles die private E-Mail- und Internetnutzung noch nicht geregelt sind, ist dem Geschäftsführer zu empfehlen, dies durch arbeitsvertragliche Zusätze bzw. Betriebsvereinbarungen nachzuholen.

Sodann ist ihm anzuraten, die Betreuung firmeneigener Social-Media-Accounts durch hierzu eigens autorisierte Angestellte sicherzustellen und die diesbezügliche Tätigkeit vertraglich zu regeln.

Von der firmeninternen Nutzung von WhatsApp ist ihm abzuraten und stattdessen auf Lösungen auszuweichen, die keine Daten ungefragt weiterleiten, sofern dies technisch nicht unterbunden werden kann.

Zur Steuerung von Verhalten seiner Mitarbeiter in den sozialen Medien kann er Social-Media-Guidelines einsetzen. Sofern er Verhalten allerdings rechtsverbindlich regeln will, muss er dies über Dienstanweisungen, arbeitsvertragliche Zusätze oder Betriebsvereinbarungen erwirken.

Für die Weitergabe von Firmeninterna ist dies hingegen nicht notwendig, wenn bereits eine Verpflichtung zur Verschwiegenheit besteht.

# 8. Digitaler Vertrieb, Nachverfolgung, Services über IoT, Mobilität

*Jochen Deister*

**Key-Words:** Service über IoT, autonom fahrendes Kraftfahrzeug, Behandlung innovativer Technologien in der DSGVO, Datenschutz-Folgenabschätzung, gestalterische Empfehlungen und Compliance

## 8.1 Ausgangs-/Praxisfall

> Ein autonom fahrendes Kraftfahrzeug übermittelt ständig Daten zu Aufenthaltsort sowie technische Daten und fährt aufgrund einer computerbasierten Einschätzung selbständig in die Werkstatt (auf KI basierende Serviceintervalle). Ein Fuhrparkbetreiber denkt über die Konfigurationsangebote des Automobilherstellers hinaus an eine smarte Computer- und App-Anbindung, damit die Schranken am Betriebsgelände automatisch hochgehen und eine Fahrzeug- und Navigationskontrolle der Fahrer sichergestellt ist. Welche Herausforderungen stellen sich bis zur Frage der Datenlöschung im Fahrzeug?

## 8.2 Rechtsrahmen und Zuständigkeiten

### 8.2.1 Einführung

Der Einsatz innovativer Technologien fordert wie kaum ein anderer Bereich den Gesetzgeber. An dieser Stelle entscheidet sich, ob ein Gesetz auch über den Tag des Inkrafttretens hinaus Praxisrelevanz haben wird und Richtlinien und Begrenzungen bieten kann.

Besondere Bedeutung erfährt dieser Bereich insbesondere im Datenschutzrecht. Der europäische Gesetzgeber hat mit der DSGVO[198] den Versuch unter-

198 Verordnung (EU) 2016/679 des Europäischen Parlaments und des Rates vom 27. April 2016 zum Schutz natürlicher Personen bei der Verarbeitung personenbezogener Daten, zum freien Datenverkehr und zur Aufhebung der Richtlinie 95/46/EG (Datenschutz-Grundverordnung), im Folgenden als „DSGVO" zitiert.

nommen, das im Wesentlichen seit 1995 in dieser Form bestehende Datenschutzrecht[199] neuen Anforderungen anzupassen.

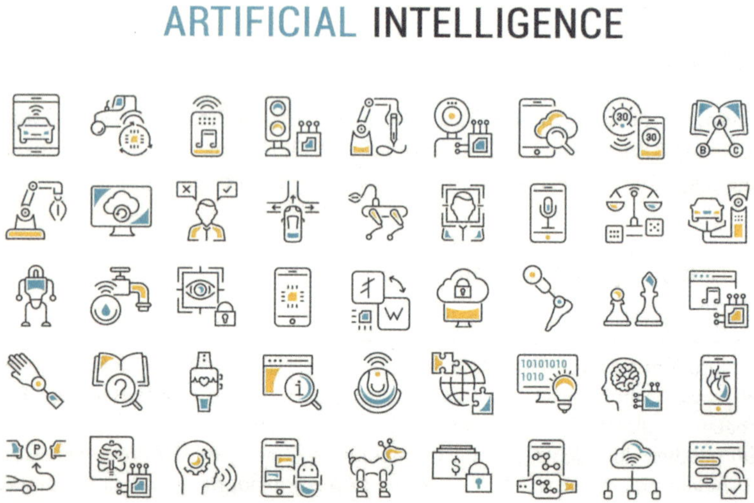


**Abbildung 27**

Schon Erwägungsgrund 6 DSGVO stellt fest, dass rasche technologische Entwicklungen und die Globalisierung den Datenschutz vor neue Herausforderungen gestellt haben:

> Das Ausmaß der Erhebung und des Austauschs personenbezogener Daten hat eindrucksvoll zugenommen. Die Technik macht es möglich, dass private Unternehmen und Behörden im Rahmen ihrer Tätigkeiten in einem noch nie dagewesenen Umfang auf personenbezogene Daten zurückgreifen. Zunehmend machen auch natürliche Personen Informationen öffentlich weltweit zugänglich. Die Technik hat das wirtschaftliche und gesellschaftliche Leben verändert und dürfte den Verkehr personenbezogener Daten innerhalb der Union sowie die Datenübermittlung an Drittländer und internationale Organisationen noch weiter erleichtern, wobei ein hohes Datenschutzniveau zu gewährleisten ist.

Der letzte Aspekt, die Gewährleistung eines hohen Datenschutzniveaus bei dynamischer Fortentwicklung der Technologien, ist die große Herausforderung.

199 Vordringlich geprägt durch die Richtlinie 95/46/EG des Europäischen Parlaments und des Rates vom 24. Oktober 1995 zum Schutz natürlicher Personen bei der Verarbeitung personenbezogener Daten und zum freien Datenverkehr („Datensschutz-Richtlinie").

Dazu ist zunächst erforderlich, dass sich die Gesetze nicht an einen besonderen Technologiestand oder eine bestimmte technologische Basis binden. In Erwägungsgrund 15 DSGVO wird daher auch die Technologieneutralität der Verordnung in den Vordergrund gehoben:

> Um ein ernsthaftes Risiko einer Umgehung der Vorschriften zu vermeiden, sollte der Schutz natürlicher Personen technologieneutral sein und nicht von den verwendeten Techniken abhängen.

Die DSGVO verzichtet in den Erwägungsgründen auf Schlagworte, die momentan die Diskussion prägen, wie beispielsweise Internet of Things (**IoT**). Dies ist zu begrüßen, denn nur zu leicht würde ansonsten eine Thematik in Gesetzesform gemeißelt, die schon in kurzer Zeit überholt oder wesentlich weiterentwickelt worden sein dürfte.

Ob die in der DSGVO enthaltenen Instrumente jedoch auch in der Lage sein werden, die technologische Realität in ein paar Jahren im Sinne des Datenschutzes steuern zu können, wird sich zeigen. Im Folgenden soll daher auf die für unseren Praxisfall relevanten Fragen eingegangen werden:

- Handelt es sich bei IoT Daten eigentlich um personenbeziehbare Daten?
- Auf welche Grundlage lässt sich die Rechtmäßigkeit der Verarbeitung von IoT Daten stützen?
- Was ist bei der Einführung innovativer Technologien aus Datenschutzrechtsicht zu beachten?

## 8.2.2 Die Behandlung innovativer Technologien in der DSGVO

### 8.2.2.1 Personenbeziehbarkeit

Art. 1 Abs. 1 DSGVO legt Gegenstand und Ziele fest:

> Diese Verordnung enthält Vorschriften zum Schutz natürlicher Personen bei der Verarbeitung personenbezogener Daten und zum freien Verkehr solcher Daten.

Hieran lässt sich bereits der Widerspruch festmachen, mit dem jedes moderne Datenschutzrecht sich konfrontiert sieht: Auf der einen Seite sollen die Betroffenen bei der Verarbeitung ihrer personenbezogenen Daten geschützt werden. Auf der anderen Seite erkennt das Gesetz zumindest mittelbar an, dass der freie Verkehr solcher Daten für eine moderne Volkswirtschaft unabdingbar, geradezu Grundvoraussetzung ist.

Am Beispiel des autonomen Fahrzeugs zeigt sich dies besonders: Werden überhaupt personenbezogene Daten verarbeitet, wenn allgemeine Fahrzeugzustandsinformationen, der Standort oder Serviceintervalle verarbeitet werden? Auf den ersten Blick handelt es sich um fahrzeuggebundene Daten, deren Personenbezug nur mittelbar gegeben scheint. Zwar ist die Nutzung des Standorts vor dem Hintergrund der Gefahr der Erstellung eines Bewegungsprofils keine zu unterschätzende Verarbeitung. Aber im Gegensatz zum Mobiltelefon, das typischerweise nur von einer Person verwendet wird, kann ein Auto durchaus mehrere und unterschiedliche Fahrer und Insassen haben. Handelt es sich also überhaupt um personenbezogene Daten, wenn ein autonomes Fahrzeug mit dem Server kommuniziert?

Art. 4 Nr. 1 DSGVO hält die grundlegende Begriffsbestimmung bereit:

> „personenbezogene Daten" sind alle Informationen, die sich auf eine identifizierte oder identifizierbare natürliche Person (im Folgenden „betroffene Person") beziehen; als identifizierbar wird eine natürliche Person angesehen, die direkt oder indirekt, insbesondere mittels Zuordnung zu einer Kennung wie einem Namen, zu einer Kennnummer, zu Standortdaten, zu einer Online-Kennung oder zu einem oder mehreren besonderen Merkmalen, die Ausdruck der physischen, physiologischen, genetischen, psychischen, wirtschaftlichen, kulturellen oder sozialen Identität dieser natürlichen Person sind, identifiziert werden kann;

Es stellt sich also die Frage, inwiefern die übermittelten Daten sich auf eine Person beziehen. In Erwägungsgrund 26 DSGVO wird näher ausgeführt, dass die Grundsätze des Datenschutzes für alle Informationen gelten sollten, die sich auf eine identifizierte oder identifizierbare natürliche Person beziehen.

> Um festzustellen, ob eine natürliche Person identifizierbar ist, sollten alle Mittel berücksichtigt werden, die von dem Verantwortlichen oder einer anderen Person nach allgemeinem Ermessen wahrscheinlich genutzt werden, um die natürliche Person direkt oder indirekt zu identifizieren, wie beispielsweise das Aussondern. Bei der Feststellung, ob Mittel nach allgemeinem Ermessen wahrscheinlich zur Identifizierung der natürlichen Person genutzt werden, sollten alle objektiven Faktoren, wie die Kosten der Identifizierung und der dafür erforderliche Zeitaufwand, herangezogen werden, wobei die zum Zeitpunkt der Verarbeitung verfügbare Technologie und technologische Entwicklungen zu berücksichtigen sind.

Die DSGVO gilt nicht für Informationen, die sich nicht auf eine identifizierte oder identifizierbare natürliche Person beziehen.

Lösen wir uns vom konkreten Fall des vermeintlich komplett autonomen Fahrzeugs und nehmen das Internet of Things allgemeiner in den Blick. Diese Geräte sammeln nicht nur technische Daten, z. B. über den Zustand und Standort. Aus diesen Daten lassen sich oftmals personenbezogene Informationen ableiten. Die Daten beim vernetzten Auto, dem *Connected Car*, zu Geschwindigkeit, Drehzahl, Beschleunigung, Spurwechsel und Bremsbetätigung ermöglichen es, ein „Fahrerprofil" zu erstellen. Fahrer A fährt beispielsweise hauptsächlich im erlaubten Geschwindigkeitsbereich, wohingegen Fahrer B stark beschleunigt und häufig die Spur wechselt. Ganz eindeutig wird dies, wenn man noch den Standort hinzunimmt. Erscheinen die Fahrt zum Kindergarten oder zu einem Bürokomplex zunächst „harmlos", ändert dies doch nichts daran, dass es sich um personenbezogene Daten handelt. Spätestens wenn Fahrziele wie Krankenhäuser, Arztpraxen oder gar andere „Etablissements" hinzukommen, wird der Bereich „normaler" personenbezogener Daten verlassen, und es werden sensible, besonders geschützte Daten verarbeitet.

Diese „Ableitbarkeit", der Schluss aus einem Satz von Informationen auf eine Person, reicht für die Personenbeziehbarkeit problemlos aus.

> Bei vermeintlich von „Dingen" im Rahmen des Internets of Things (IoT) verarbeiteten Informationen handelt es sich oftmals um personenbezogene Daten, da aus ihnen eine Person identifiziert werden kann.

### 8.2.2.2 Rechtsgrundlage der Verarbeitung bei IoT

Wie auch schon im bisherigen Datenschutzrecht gilt das Verbot mit Erlaubnisvorbehalt. Die Verarbeitung personenbezogener Daten ist verboten, es sei denn, ein Gesetz oder eine ausdrückliche Einwilligung des Betroffenen erlauben sie.

Die Rechtmäßigkeit der Verarbeitung ist in Art. 6 DSGVO normiert. Im Kontext des Internet of Things relevant sind vor allem die Einwilligung, die Verarbeitung zur Erfüllung eines Vertrags und die Wahrung berechtigter Interessen.

Die Einwilligung nach Art. 6 Abs. 1 a) DSGVO der betroffenen Person zu der Verarbeitung der sie betreffenden personenbezogenen Daten für einen oder mehrere bestimmte Zwecke ist an in Art. 7 festgelegte Bedingungen gebunden. Vor allem ist der Betroffene ausreichend über die Verarbeitung zu informieren und die Einwilligung ist freiwillig zu erteilen. Für diesen letzten Punkt legt Art. 7 Abs. 4 DSGVO darüber hinaus ein Koppelungsverbot fest:

> Bei der Beurteilung, ob die Einwilligung freiwillig erteilt wurde, muss dem Umstand in größtmöglichem Umfang Rechnung getragen werden, ob unter anderem die Erfüllung eines Vertrags, einschließlich der Erbringung einer Dienstleistung, von der Einwilligung zu einer Verarbeitung von personenbezogenen Daten abhängig ist, die für die Erfüllung des Vertrags nicht erforderlich sind.

Beide Aspekte, Informiertheit und Freiwilligkeit, werden bei IoT Anwendungen regelmäßig die wirksame Einwilligung in Frage stellen. Dies liegt auch darin begründet, dass viele Datenverarbeiter involviert sind. Nicht nur werden Daten an vielen Stellen gesammelt, sie werden auch von verschiedenen Stellen verarbeitet. Beim autonomen Auto ist das nicht nur der Hersteller, sondern weitere Empfänger. Dienstleister wie die Werkstatt werden als eigene Verantwortliche tätig. Bei dem für die Schrankenverwaltung zuständigen Facility Management des Bürokomplexes hingegen sind mehrere Ebenen beteiligt und die Abgrenzung zur Auftragsverarbeitung schwierig.

Auch die Herausforderung, die Informationssicherheit zu gewährleisten, steigt beim Internet of Things nicht zuletzt durch die Masse an verarbeiteten Daten. Eindrücklich zeigt sich dies bei der Verarbeitung von Geolokationsdaten, die das autonome Fahrzeug weiterleitet. Die vielen eingebundenen Stufen müssen jeweils gewährleisten, dass keine Daten nach außen dringen oder über den ursprünglichen Zweck hinaus verarbeitet werden.

Art. 6 Abs. 1 b) DSGVO lässt die Verarbeitung zu, wenn sie für die Erfüllung eines Vertrags, dessen Vertragspartei die betroffene Person ist, erforderlich ist. Diese Rechtsgrundlage wird bei der Umstellung von Datenschutzrichtlinie zu Datenschutzgrundverordnung größere Bedeutung erlangen. Bei IoT können der Vertrag die Nutzungsbedingungen sein. Allerdings ist zu beachten, dass diese Grundlage nur Anwendung findet, wenn die Verarbeitung zur Durchführung des Vertrags auch **erforderlich** ist. Es reicht also nicht aus, einen bestimmten Zweck in die Bedingungen aufzunehmen, sondern er muss auch für den Vertrag wesentlich sein. Hieran dürften einige „weite“ Zwecke scheitern. Im Verbraucherkontext sind darüber hinaus auch diese schützenden Regelungen und insbesondere die AGB-Kontrolle zu beachten.

In unserem Praxisfall ließe sich aber die vorsorgende Wartung (*predictive maintenance*) als vertraglich zu rechtfertigende Grundlage heranziehen. Darüber hinaus ist bei vernetzten Geräten jedoch eine hohe Komplexität an verschiedenen Vertragsbeziehungen zu berücksichtigen.

Bleibt als Rechtsgrundlage noch Art. 6 Abs. 1 f) DSGVO. Wenn die Verarbeitung zur Wahrung der berechtigten Interessen des Verantwortlichen oder eines Dritten erforderlich ist und nicht die Interessen oder Grundrechte und Grundfreiheiten der betroffenen Person, die den Schutz personenbezogener Daten erfordern, überwiegen, kann diese Grundlage herangezogen werden.

Diese kurzen Ausführungen zeigen bereits, dass das Internt of Things viele Herausforderungen mit sich bringt. Schon die scheinbar einfache Frage, wer eigentlich für die Datenverarbeitung verantwortlich ist, lässt sich nicht ohne Weiteres beantworten. Beim autonomen Fahrzeug zu unterschieden sind die Rollen des Autoherstellers, seiner Auftragsverarbeiter, der Cloud-Provider, der Carrier, der weitere Empfänger und Dienstleister. In der Praxis ist vielen dieser Personen oftmals gar nicht mehr bewusst, dass es sich um personenbezogene Daten handelt. Die auf das Handy des Fahrers aufgespielte Werbung eines nahe seines Parkplatzes gelegenen Restaurants hat bereits viele Stufen durchlaufen und ist mit anderen Informationen verbunden worden. Nur ein sorgfältiges Data Mapping zu Beginn des Designvorgangs kann Rechtssicherheit gewährleisten, denn schließlich müssen nach dem „Accountability" Prinzip der DSGVO alle Beteiligten die datenschutzrechtskonforme Verarbeitung der Daten nachweisen. Die Dynamik in diesem technischen Segment steht dazu allerdings oft im direkten Widerspruch.

#### 8.2.2.3 Datenschutz-Folgenabschätzung

Nach der Datenschutzrichtlinie mussten die Verarbeitung personenbezogener Daten grundsätzlich der Aufsichtsbehörde angezeigt werden. In Deutschland konnte dieser Pflicht unter dem BDSG-alt durch die Vorabprüfung durch den betrieblichen Datenschutzbeauftragten abgewendet werden. Gleichwohl erkennt die DSGVO in Erwägungsgrund 89 an, dass diese Meldepflicht mit einem bürokratischen und finanziellen Aufwand verbunden war und dennoch nicht in allen Fällen zu einem besseren Schutz personenbezogener Daten geführt hatte. Die DSGVO schafft daher diese unterschiedslosen allgemeinen Meldepflichten ab. An ihre Stelle treten Verfahren und Mechanismen, die sich stattdessen vorrangig mit denjenigen Arten von Verarbeitungsvorgängen befassen, die aufgrund ihrer Art, ihres Umfangs, ihrer Umstände und ihrer Zwecke wahrscheinlich ein hohes Risiko für die Rechte und Freiheiten natürlicher Personen mit sich bringen. Im zitierten Erwägungsgrund 89 werden insbesondere solche Verarbeitungen hierunter gezählt, bei denen neue Technologien eingesetzt werden oder die neuartig sind. Indirekt werden innovative Technologien definiert als solche, bei denen der Verantwortliche noch keine Datenschutz-Folgenabschätzung durchgeführt hat.

Erwägungsgrund 90 führt weiter aus, dass in derartigen Fällen der Verantwortliche vor der Verarbeitung eine Datenschutz-Folgenabschätzung (DSFA) durchführen sollte.

> Ziel der Datenschutz-Folgenabschätzung ist es, die spezifische Eintrittswahrscheinlichkeit und die Schwere des hohen Risikos unter Berücksichtigung der Art, des Umfangs, der Umstände und der Zwecke der Verarbeitung und der Ursachen des Risikos zu bewerten. Diese Folgenabschätzung sollte sich insbesondere mit den-Maßnahmen, Garantien und Verfahren befassen, durch die dieses Risiko eingedämmt, der Schutz personenbezogener Daten sichergestellt und die Einhaltung der Bestimmungen dieser Verordnung nachgewiesen werden soll.[200]

200 Erwägungsgrund 90 DSGVO.

Der deutsche Begriff „Datenschutz-Folgenabschätzung" ist unglücklich, denn es sollen ja nicht die Folgen des Datenschutzes abgeschätzt werden. Besser gewählt ist das englische Pendant, das *Data Protection Impact Assessment* oder kurz DPIA. Im Kern geht es um ein in der IT-Sicherheit schon längst etabliertes Risiko-Management.[201] Der risikobasierte Ansatz der DSGVO spiegelt sich daher auch zentral in der DSFA wider.

Art. 35 Abs. 1 DSGVO beinhaltet die Umsetzung der Datenschutz-Folgenabschätzung im Gesetz:

> Hat eine Form der Verarbeitung, insbesondere bei Verwendung neuer Technologien, aufgrund der Art, des Umfangs, der Umstände und der Zwecke der Verarbeitung voraussichtlich ein hohes Risiko für die Rechte und Freiheiten natürlicher Personen zur Folge, so führt der Verantwortliche vorab eine Abschätzung der Folgen der vorgesehenen Verarbeitungsvorgänge für den Schutz personenbezogener Daten durch.

Nach Erwägungsgrund 91 DSGVO sollte die DSFA insbesondere durchgeführt werden für umfangreiche Verarbeitungsvorgänge, die dazu dienen, große Mengen personenbezogener Daten auf regionaler, nationaler oder supranationaler Ebene zu verarbeiten, eine große Zahl von Personen betreffen könnten und wahrscheinlich ein hohes Risiko mit sich bringen und bei denen entsprechend dem jeweils aktuellen Stand der Technik in großem Umfang eine neue Technologie eingesetzt wird. Eine Datenschutz-Folgenabschätzung sollte auch durchgeführt werden, wenn die personenbezogenen Daten für das Treffen von Entscheidungen in Bezug auf bestimmte natürliche Personen im Anschluss an eine systematische und eingehende Bewertung persönlicher Aspekte natürlicher Personen auf der Grundlage eines Profilings dieser Daten oder im Anschluss an die Verarbeitung besonderer Kategorien von personenbezogenen Daten, biometrischen Daten oder von Daten über strafrechtliche Verurteilungen und Straftaten sowie damit zusammenhängende Sicherungsmaßregeln verarbeitet werden. Gleichermaßen erforderlich ist eine Datenschutz-Folgenabschätzung für die weiträumige Überwachung öffentlich zugänglicher Bereiche, insbesondere mittels optoelektronischer Vorrichtungen, Erwägungsgrund 91 DSGVO.[202]

---

201 ISO 31000:2009, Risikomanagement – Allgemeine Anleitung zu den Grundsätzen und zur Implementierung eines Risikomanagements, Internationale Organisation für Normung (ISO); ISO/IEC 29134, Informationstechnologie – Sicherheitsverfahren – Datenschutz-Folgenabschätzung – Leitfaden, Internationale Organisation für Normung (ISO).

202 Des Weiteren bestimmt dieser Erwägungsgrund, dass die DSFA erforderlich ist für alle anderen Vorgänge, bei denen nach Auffassung der zuständigen Aufsichtsbehörde die Verarbeitung wahrscheinlich ein hohes Risiko für die Rechte und Freiheiten der betroffenen Personen mit sich bringt, insbesondere weil sie die betroffenen Personen an der Ausübung eines Rechts oder der Nutzung einer Dienstleistung bzw. Durchführung eines Vertrags hindern oder weil sie systematisch in großem Umfang erfolgen. Die Verarbeitung personenbezogener

In der DSGVO sind in Art. 35 Abs. 3 DSGVO diese drei Hauptanwendungsfälle kodifiziert.[203] In ihrer Reinform sind diese drei Anwendungsfälle vermutlich eher begrenzt.

Nach Art. 35 Abs. 4 DSGVO erstellt die Aufsichtsbehörde eine Liste der Verarbeitungsvorgänge, für die eine Datenschutz-Folgenabschätzung durchzuführen ist, und veröffentlicht diese.

Die Artikel 29 Arbeitsgruppe, die die europäischen nationalen Datenschutzbehörden umfasst, hat in einem Arbeitspapier weitere Anwendungsfälle abgeleitet.[204]

> Anwendungsfälle für eine Datenschutz-Folgenabschätzung nach WP 248 der Artikel 29 Arbeitsgruppe (grundsätzlich mindestens zwei Szenarien müssen gegeben sein):
>
> 1) Bewerten oder Einstufen (*evaluation or scoring*)
> 2) Automatisierte Entscheidungsfindung mit Rechtswirkung oder ähnlich bedeutsamer Wirkung
> 3) Systematische Überwachung
> 4) Vertrauliche Daten oder höchstpersönliche Daten
> 5) Datenverarbeitung in großem Umfang
> 6) Abgleichen oder Zusammenführen von Datensätzen
> 7) Daten zu schutzbedürftigen Betroffenen
> 8) Innovative Nutzung oder Anwendung neuer technologischer oder organisatorischer Lösungen
> 9) Hinderung der betroffenen Person an der Ausübung eines Rechts oder der Nutzung einer Dienstleistung bzw. Durchführung eines Vertrags.

---

Daten sollte nicht als umfangreich gelten, wenn die Verarbeitung personenbezogene Daten von Patienten oder von Mandanten betrifft und durch einen einzelnen Arzt, sonstigen Angehörigen eines Gesundheitsberufes oder Rechtsanwalt erfolgt. In diesen Fällen sollte eine Datenschutz-Folgenabschätzung nicht zwingend vorgeschrieben sein.

203 Eine Datenschutz-Folgenabschätzung gemäß Absatz 1 ist insbesondere in folgenden Fällen erforderlich:
a) systematische und umfassende Bewertung persönlicher Aspekte natürlicher Personen, die sich auf automatisierte Verarbeitung einschließlich Profiling gründet und die ihrerseits als Grundlage für Entscheidungen dient, die Rechtswirkung gegenüber natürlichen Personen entfalten oder diese in ähnlich erheblicher Weise beeinträchtigen;
b) umfangreiche Verarbeitung besonderer Kategorien von personenbezogenen Daten gemäß Artikel 9 Absatz 1 oder von personenbezogenen Daten über strafrechtliche Verurteilungen und Straftaten gemäß Artikel 10 oder
c) systematische umfangreiche Überwachung öffentlich zugänglicher Bereiche.

204 Leitlinien zur Datenschutz-Folgenabschätzung (DSFA) und Beantwortung der Frage, ob eine Verarbeitung im Sinne der Verordnung 2016/679 „wahrscheinlich ein hohes Risiko mit sich bringt", angenommen am 4. April 2017 und zuletzt überarbeitet und angenommen am 4. Oktober 2017. Abrufbar in der ZIP-Datei „available language versions" unter http://ec.europa.eu/newsroom/just/document.cfm?doc_id=48464 bzw. http://ec.europa.eu/newsroom/article29/item-detail.cfm?item_id=611236. Im Folgenden zitiert als „A29WP Leitlinien 248 Rev. 01".

Teile dieser Leitlinien lesen sich wie für das Internet of Things geschrieben; So sieht die Artikel 29 Arbeitsgruppe eine Datenschutz-Folgenabschätzung als nützlich an, „... wenn die Auswirkungen eines Technologieprodukts auf den Datenschutz untersucht werden sollen, was z. B. der Fall sein kann, wenn ein Hardware- oder Softwareprodukt aller Wahrscheinlichkeit nach von mehreren für die Datenverarbeitung Verantwortlichen für verschiedene Verarbeitungsvorgänge eingesetzt wird. Natürlich ist derjenige für die Datenverarbeitung Verantwortliche, der das Produkt einsetzt, weiterhin zur Durchführung seiner eigenen DSFA unter Berücksichtigung seiner konkreten Umsetzung verpflichtet; dafür können jedoch ggf. Angaben aus einer vom Produktlieferanten erarbeiteten DSFA verwendet werden. Dieses Szenario wäre beispielsweise bei der Geschäftsbeziehung zwischen einem Hersteller von intelligenten Zählern und Versorgungsunternehmen denkbar. Jeder Produktlieferant und jeder Auftragsverarbeiter sollte den anderen Beteiligten hilfreiche Informationen bereitstellen, ohne Geheimnisse preiszugeben oder durch die Offenlegung von Schwachstellen Sicherheitsrisiken zu verursachen."[205] Das in diesem Absatz zitierte Beispiel der Smart Meter ist nur ein Anwendungsfall unter vielen Internet of Things Applikationen. Die Artikel 29 Arbeitsgruppe spricht dabei insbesondere die oben angerissene Herausforderung der verschiedenen Beteiligten und der Abgrenzung ihrer Rollen zueinander an.

Die Artikel 29 Arbeitsgruppe sieht die innovative Nutzung oder Anwendung neuer technologischer oder organisatorischer Lösungen als einen klassischen Verarbeitungsvorgang, der wahrscheinlich ein hohes Risiko mit sich bringt. Unter Nr. 8 der Leitlinien führt sie die Kombination aus Fingerabdruck- und Gesichtserkennung zum Zwecke einer verbesserten Zugangskontrolle als konkretes Beispiel an. Der Einsatz einer neuen Technologie, die „entsprechend dem jeweils aktuellen Stand der Technik" (Erwägungsgrund 91) als solche einzuordnen ist, als Grund für die Notwendigkeit einer DSFA liegt nach den Leitlinien daran, dass der Einsatz einer solchen Technologie mit neuartigen Formen der Datenerfassung und -nutzung einhergehen kann, was möglicherweise ein hohes Risiko für die Rechte und Freiheiten von Personen mit sich bringt.[206] Die persönlichen und gesellschaftlichen Folgen, die der Einsatz einer neuen Technologie haben könne, sind nach Ansicht der Datenschutzbehörden kaum absehbar.

Die Pflicht zur Datenschutz-Folgenabschätzung unterstützt den Verantwortlichen beim angemessenen Einsatz einer neuen Technologie, da er die damit verbundenen Risiken besser verstehen und bearbeiten könne.

205 A29WP Leitlinien 248 Rev. 01, Seite 8.

206 A29WP Leitlinien 248 Rev. 01, Seite 12.

Beispielsweise könnten sich einige Anwendungen des „Internet der Dinge" erheblich auf den Alltag und das Privatleben von Personen auswirken und somit eine DSFA obligatorisch machen.[207]

Der Verantwortliche hat einen gewissen Spielraum im Hinblick auf den Umfang der Datenschutz-Folgenabschätzung. Erwägungsgrund 92 stellt klar, dass es unter bestimmten Umständen vernünftig und unter ökonomischen Gesichtspunkten zweckmäßig sein kann, eine Datenschutz-Folgenabschätzung nicht lediglich auf ein bestimmtes Projekt zu beziehen, sondern sie thematisch breiter anzulegen – beispielsweise wenn mehrere Verantwortliche eine gemeinsame Anwendung oder Verarbeitungsumgebung für einen gesamten Wirtschaftssektor, für ein bestimmtes Marktsegment oder für eine weitverbreitete horizontale Tätigkeit einführen möchten.[208]

Verantwortliche sollten sich genau überlegen, wie sie ihre Prozesse klassifizieren. So ist es sinnvoll, für das Verzeichnis von Verarbeitungstätigkeiten ein höheres Abstraktionsniveau zu wählen,[209] hingegen kritische Verarbeitungsaktivitäten dort als Unterprozesse aufzuführen. Diese Unterprozesse (und nur sie) werden dann einer Datenschutz-Folgenabschätzung unterzogen. Im Fall, dass diese DSFA ein zu hohes Risiko offenlegt, wäre jedoch nur der Unterprozess betroffen.

Diese Regelung legt nahe, bei groß angelegten Internet of Things-Anwendungen gemeinsam durch die maßgeblichen Beteiligten eine Datenschutz-Folgenabschätzung durchführen zu lassen. Dies dürfte dazu führen, dass die Ermittlung der Verarbeitungsvorgänge, das *Data Mapping*, zu vollständigen Ergebnissen führt. Dies ist bei einem isolierten Vorgehen oftmals nicht der Fall.

Art. 35 Abs. 7 DSGVO enthält die Mindestanforderungen an eine Datenschutz-Folgenabschätzung:

a) eine systematische Beschreibung der geplanten Verarbeitungsvorgänge und der Zwecke der Verarbeitung, ggf. einschließlich der von dem Verantwortlichen verfolgten berechtigten Interessen;

b) eine Bewertung der Notwendigkeit und Verhältnismäßigkeit der Verarbeitungsvorgänge in Bezug auf den Zweck;

207 A29WP Leitlinien 248 Rev. 01, Seite 12.

208 Umgesetzt ist dies in Artikel 35 Abs. 1 Satz 2 DSGVO: Für die Untersuchung mehrerer ähnlicher Verarbeitungsvorgänge mit ähnlich hohen Risiken kann eine einzige Abschätzung vorgenommen werden.

209 Die Bitkom sieht beispielsweise „Vertrieb und Marketing" als einen Prozess in ihrem Musterverzeichnis an; Bitkom, Das Verarbeitungsverzeichnis – Verzeichnis von Verarbeitungstätigkeiten nach Art. 30 EU-Datenschutz-Grundverordnung (DSGVO); abrufbar unter https://www.bitkom.org/NP-Themen/NP-Vertrauen-Sicherheit/Datenschutz/FirstSpirit-1496129138918170529-LF-Verarbeitungsverzeichnis-online.pdf.

c) eine Bewertung der Risiken für die Rechte und Freiheiten der betroffenen Personen gemäß Absatz 1 und

d) die zur Bewältigung der Risiken geplanten Abhilfemaßnahmen, einschließlich Garantien, Sicherheitsvorkehrungen und Verfahren, durch die der Schutz personenbezogener Daten sichergestellt und der Nachweis dafür erbracht wird, dass diese Verordnung eingehalten wird, wobei den Rechten und berechtigten Interessen der betroffenen Personen und sonstiger Betroffener Rechnung getragen wird.

Für die Gestaltung der Methodik der Datenschutz-Folgenabschätzung ist der Verantwortliche grundsätzlich frei. Nach Ansicht der Artikel 29 Arbeitsgruppe sind allerdings zwingend die von ihr aufgestellten Kriterien zu erfüllen.[210] In dieser Absolutheit geht die Aussage der Datenschutzbehörden zu weit. Entscheidend ist, dass der Verantwortliche die gesetzlichen Kriterien erfüllt. Die oftmals weite Ansicht der Artikel 29 Arbeitsgruppe stellt hingegen nichts weiter dar als ihre Interpretation. Dies zeigt sich bereits auch darin, dass die Artikel 29 Arbeitsgruppe sich bemüht, eine rechtliche Grundlage zu finden, aber oftmals auf Erwägungsgründe ausweichen muss bzw. schlicht keine zitierfähige Basis angeben kann.

Anhang 2 der Leitlinien[211] legt die Kriterien für eine zulässige Datenschutz-Folgenabschätzung fest und verwendet in der Einleitung auch eine weniger absolute Sprachwahl, indem sie diese Kriterien „empfiehlt". Im Einzelnen sind dies:

1) eine systematische Beschreibung der Verarbeitungsvorgänge:[212]
   a) die Art, der Umfang, die Umstände und die Zwecke der Verarbeitung sind berücksichtigt;[213]
   b) die personenbezogenen Daten, die Empfänger und die Speicherfrist für die personenbezogenen Daten sind festgehalten;[214]
   c) eine funktionale Beschreibung der Verarbeitungsvorgänge ist enthalten;[215]

210 A29WP Leitlinien 248 Rev. 01, Seite 21.

211 A29WP Leitlinien 248 Rev. 01, Seite 28.

212 Art. 35 Abs. 7 a) DSGVO.

213 Erwägungsgrund 90 DSGVO.

214 In den Leitlinien findet sich keine rechtliche Basis für diese Angaben. Gleichwohl sind sie sinnvoll für das Verständnis einer Datenschutz-Folgenabschätzung und als Bestandteil des nach Artikel 30 DSGVO zu erstellenden Verzeichnisses von Verarbeitungstätigkeiten auch ohnehin zu erheben.

215 Die Artikel 29 Arbeitsgruppe gibt keine Grundlage hierfür an. Ausreichend sollte die allgemeine Beschreibung des fraglichen Verarbeitungstätigkeit sein.

d) die Wirtschaftsgüter, auf die sich die personenbezogenen Daten stützen (Hardware, Software, Netzwerke, Personen, Papiere oder Übertragungsmedien für Papiere), wurden ermittelt;[216]

e) die Einhaltung genehmigter Verhaltensregeln ist berücksichtigt;[217]

2) die Notwendigkeit und Verhältnismäßigkeit wurden bewertet:[218]

Maßnahmen zur Einhaltung der Verordnung wurden bestimmt,[219] wobei Folgendes berücksichtigt wurde:

i) Maßnahmen im Sinne der Verhältnismäßigkeit und Notwendigkeit der Verarbeitung, und zwar auf folgender Grundlage:
   (1) festgelegte, eindeutige und legitime Zwecke;[220]
   (2) Rechtmäßigkeit der Verarbeitung;[221]
   (3) Daten, die dem Zweck angemessen und erheblich sowie auf das notwendige Maß beschränkt sind;[222]
   (4) begrenzte Speicherfrist;[223]

ii) Maßnahmen im Sinne der Rechte der Betroffenen:[224]
   (1) Informationspflicht gegenüber den Betroffenen;[225]
   (2) Auskunftsrecht und Recht auf Datenübertragbarkeit;[226]
   (3) Recht auf Berichtigung und Löschung;[227]
   (4) Widerspruchsrecht und Recht auf Einschränkung der Verarbeitung;[228]
   (5) Verhältnis zu Auftragsverarbeitern;[229]
   (6) Garantien in Bezug auf die internationale Übermittlung von Daten;[230]
   (7) vorherige Konsultation.[231]

---

216 Für diese Angaben gibt es weder im Gesetz noch in den Erwägungsgründen Hinweise. Es liegt daher in der Diskretion des Verantwortlichen, ob und in welchem Maß er hierauf eingeht.

217 Art. 35 Abs. 8 DSGVO.

218 Art. 35 Abs. 7 b) DSGVO.

219 Art. 35 Abs. 7 d) DSGVO und Erwägungsgrund 90 DSGVO.

220 Art. 5 Abs. 1 b) DSGVO.

221 Art. 6 DSGVO.

222 Art. 5 Abs. 1 c) DSGVO.

223 Art. 5 Abs. 1 e) DSGVO.

224 Die in diesem Abschnitt aufgeführten Maßnahmen sind nicht spezifisch für die DSFA, sondern gelten unabhängig davon.

225 Art. 12, 13 und 14 DSGVO.

226 Art. 15 und 20 DSGVO.

227 Art. 16, 17 und 19 DSGVO.

228 Art. 18, 19 und 21 DSGVO.

229 Art. 28 DSGVO.

230 Kapitel V DSGVO.

231 Art. 36 DSGVO.

3) die Risiken für die Rechte und Freiheiten der betroffenen Personen werden kontrolliert:[232]
   a) Ursache, Art, Besonderheit und Schwere der Risiken[233] wurden aus Sicht der Betroffenen bewertet, und zwar genau genommen für jedes einzelne Risiko (unrechtmäßiger Datenzugriff, unerwünschte Änderung und Verschwinden von Daten):
      i) Risikoquellen wurden berücksichtigt;[234]
      ii) potenzielle Auswirkungen auf die Rechte und Freiheiten von Betroffenen wurden ermittelt, die bei Ereignissen wie z. B. einem unrechtmäßigen Datenzugriff, einer unerwünschten Änderung und dem Verschwinden von Daten bestehen könnten;[235]
      iii) Bedrohungen wurden ermittelt, die einen unrechtmäßigen Datenzugriff, eine unerwünschte Änderung und das Verschwinden von Daten nach sich ziehen könnten;[236]
      iv) Eintrittswahrscheinlichkeit und Schwere wurden bewertet;[237]
   b) Maßnahmen zur Bewältigung dieser Risiken wurden ermittelt;[238]
4) betroffene Parteien wurden einbezogen:
   a) der Rat des Datenschutzbeauftragten wurde eingeholt;[239]
   b) ggf. wurde der Standpunkt der betroffenen Personen oder ihrer Vertreter eingeholt.[240]

Wenn es genehmigte Verhaltensregeln nach Art. 40 DSGVO gibt, sind diese durch die zuständigen Verantwortlichen oder die zuständigen Auftragsverarbeiter bei der Beurteilung der Auswirkungen der von diesen durchgeführten Verarbeitungsvorgänge, insbesondere für die Zwecke einer Datenschutz-Folgenabschätzung, gebührend zu berücksichtigen, Art. 35 Abs. 8 DSGVO.

---

232 Art. 35 Abs. 7 c) DSGVO.

233 Vgl. Erwägungsgrund 84 DSGVO.

234 Erwägungsgrund 90 DSGVO.

235 Diese Kategorisierung ist auf den ersten Blick sinnvoll, bleibt aber hauptsächlich theoretischer Natur. So ist das Verschwinden der Daten durch Löschen eine Unterform der Modifikation. Modifikation und Verschwinden erfordern zwangsläufig Zugang zu den Daten. In der Praxis bietet diese granulare Kategorisierung daher wenig Mehrwert. Entscheidend ist vielmehr, dass dieses Kriterium auf die Wirkung (*Impact*) als Risikodimension abstellt.

236 Wie zuvor ist die granulare Kategorisierung nicht sinnvoll.

237 Erwägungsgrund 90 DSGVO.

238 Art. 35 Abs. 7 Buchstabe d und Erwägungsgrund 90 DSGVO.

239 Art. 35 Abs. 2 DSGVO.

240 Art. 35 Abs. 9 DSGVO.

Darüber hinaus sollen weitere Personengruppen in die Datenschutz-Folgenabschätzung eingebunden werden. Nach Artikel 35 Abs. 9 holt der Verantwortliche ggf. den Standpunkt der betroffenen Personen oder ihrer Vertreter zu der beabsichtigten Verarbeitung unbeschadet des Schutzes gewerblicher oder öffentlicher Interessen oder der Sicherheit der Verarbeitungsvorgänge ein. Artikel 35 Abs. 2 DSGVO legt fest, dass der Verantwortliche den Rat des Datenschutzbeauftragten, sofern ein solcher benannt wurde, einholt.

Die Vorgaben zur Risiko-Methodik der Artikel 29 Arbeitsgruppe sind zu weitgehend und enthalten ohnehin erforderliche Angaben und Maßnahmen. Es entsteht dadurch die Gefahr, dass ein Verantwortlicher den Blick für die wesentlichen Risiken und entscheidenden Maßnahmen verliert.

Aufgrund des risikospezifischen Ansatzes sind die jeweiligen Risiken und Gegenmaßnahmen bei der Einführung neuer Technologien wie z. B. im Rahmen des Internet of Things zu beurteilen.

Eine pauschale Risikoanalyse verbietet sich. Allerdings ist es durchaus möglich und vernünftig, wenn Verantwortliche eine grundsätzliche Risikoeinschätzung erstellen. Sie können dies an Hand der klassischen Risikodimensionen Eintrittswahrscheinlichkeit (*likelihood*) und Wirkung (*impact*) machen.[241]

Jede Dimension wird dann auf einer Skala von 0 bis 4 bewertet, wobei 1 für vernachlässigbares, 2 für begrenztes, 3 für wesentliches und 4 für maximales Risiko steht. Diese so erstellte Matrix führt dann entweder als Produkt oder als Summe beider Dimensionen zu einer Risikoeinschätzung. Addiert man die Werte, ergeben sich die folgenden drei Risikobereiche.

Risikobereiche:

1 – 3: geringes Risiko

4 – 6: Risiko

7 – 8: hohes Risiko

Dieser „bayerische" Ansatz ist sinnvoll für die Praxis und stellt eine angemessene Vorgehensweise dar. Er ist erheblich sinnvoller als das rein theoretische Muster, das das Unabhängige Landeszentrum für Datenschutz

241 Das Bayerische Landesamt für Datenschutzaufsicht hat in seinem Kurzpapier XVIII zur Datenschutz-Folgenabschätzung (DSFA) eine solche Klassifizierung gewählt; abzurufen unter https://www.lda.bayern.de/media/baylda_ds-gvo_18_privacy_impact_assessment.pdf.

Schleswig-Holstein eingeführt und in einem Planspiel realitätsfern durchgeführt hat.[242]

> Verantwortliche sind gut beraten, eine eigene Methodik zur Datenschutz-Folgenabschätzung zu entwickeln und zu dokumentieren. Wenn diese konsequent umgesetzt wird und die Anforderungen aus Artikel 35 DSGVO berücksichtigt, wird es Datenschutzbehörden schwerfallen, einen oftmals realitätsfernen und überbordenden Umfang zu verlangen.

In Erwägungsgrund 94 sind die Konsequenzen aufgeführt, wenn die Datenschutz-Folgenabschätzung ein zu hohes überschüssiges Risiko aufdeckt:

> Geht aus einer Datenschutz-Folgenabschätzung hervor, dass die Verarbeitung bei Fehlen von Garantien, Sicherheitsvorkehrungen und Mechanismen zur Minderung des Risikos ein hohes Risiko für die Rechte und Freiheiten natürlicher Personen mit sich bringen würde, und ist der Verantwortliche der Auffassung, dass das Risiko nicht durch in Bezug auf verfügbare Technologien und Implementierungskosten vertretbare Mittel eingedämmt werden kann, so sollte die Aufsichtsbehörde vor Beginn der Verarbeitungstätigkeiten konsultiert werden. Ein solches hohes Risiko ist wahrscheinlich mit bestimmten Arten der Verarbeitung und dem Umfang und der Häufigkeit der Verarbeitung verbunden, die für natürliche Personen auch eine Schädigung oder eine Beeinträchtigung der persönlichen Rechte und Freiheiten mit sich bringen können. Die Aufsichtsbehörde sollte das Beratungsersuchen innerhalb einer bestimmten Frist beantworten. Allerdings kann sie, auch wenn sie nicht innerhalb dieser Frist reagiert hat, entsprechend ihren in dieser Verordnung festgelegten Aufgaben und Befugnissen eingreifen, was die Befugnis einschließt, Verarbeitungsvorgänge zu untersagen. Im Rahmen dieses Konsultationsprozesses kann das Ergebnis einer im Hinblick auf die betreffende Verarbeitung personenbezogener Daten durchgeführte Datenschutz-Folgenabschätzung der Aufsichtsbehörde unterbreitet werden; dies gilt insbesondere für die zur Eindämmung des Risikos für die Rechte und Freiheiten natürlicher Personen geplanten Maßnahmen.

Diese Datenschutz-Folgenabschätzung muss auf dem aktuellen Stand gehalten werden. Nach Art. 35 Abs. 11 DSGVO führt der Verantwortliche erforderlichenfalls eine Überprüfung durch, um zu bewerten, ob die Verarbeitung gemäß der Datenschutz-Folgenabschätzung durchgeführt wird. Dies gilt zumindest, wenn hinsichtlich des mit den Verarbeitungsvorgängen verbundenen Risikos Änderungen eingetreten sind.

Für den Praxisfall des autonomen Fahrens ist eine Datenschutz-Folgenabschätzung erforderlich. Dies ergibt sich nicht unmittelbar aus den in Art. 35 Abs. 3 DSGVO genannten Fällen. Vielmehr liegen einige der in

---

242 *Gonscherowski/Herber/Robrahn/Rost/Weichelt*, Durchführung einer Datenschutz-Folgenabschätzung gem. Art. 35 DSGVO auf der methodischen Grundlage eines standardisierten Prozessablaufes mit Rückgriff auf das SDM am Beispiel eines „Pay as you drive“-Verfahrens (V 0.10), abzurufen unter https://www.datenschutzzentrum.de/uploads/datenschutzfolgen abschaetzung/20171106-Planspiel-Datenschutz-Folgenabschaetzung.pdf.

WP 248 der Artikel 29 Arbeitsgruppe genannten Szenarien vor, nämlich zumindest Bewerten oder Einstufen (evaluation or scoring), Datenverarbeitung in großem Umfang und innovative Nutzung oder Anwendung neuer technologischer oder organisatorischer Lösungen.

Innovative Technologien beinhalten oftmals eine Datenverarbeitung in großem Umfang, sei es hinsichtlich der Datenmenge oder der Anzahl der Betroffenen. Sie dürften daher regelmäßig zu einer Datenschutz-Folgenabschätzung führen.

Im konkreten Fall des autonomen Fahrens lohnt sich ein granularer Blick auf die Verarbeitungstätigkeiten. So ist die automatische Wartung sicherlich einfacher zu rechtfertigen als beispielsweise das Aufspielen von standortverarbeitender Werbung. Auch das automatisierte Öffnen der Schranke dürfte kein großes Risiko im Sinne von Artikel 35 DSGVO darstellen.

Wichtig für eine erfolgreiche Datenschutz-Folgenabschätzung sind viele Kriterien, wie die Datenminimierung oder Einstellungsmöglichkeiten durch den Nutzer (opt-out bei einer interessensbasierten Rechtfertigung). Auch Sicherungsmaßnahmen wie Pseudonymisierung, Verschlüsselung oder (kurze) Speicherdauer lassen die Waage positiv ausschlagen.

Die Vielzahl der Kriterien ist in der Artikel 29 Arbeitsgruppe nur angerissen. Es ist Aufgabe des Verantwortlichen, die Verarbeitungstätigkeit umfassend zu beurteilen. Dies ist auf der anderen Seite auch sein Vorteil.

Ein wichtiger Faktor für eine erfolgreiche Datenschutz-Folgenabschätzung ist schließlich, dass Datenschutz zu Beginn berücksichtigt wurde (*Privacy by Design*) und standardmäßig datenschutzkonforme Einstellungen gewählt werden (*Privacy by Default*).

Wenn im Praxisfall Daten im Gerät bereits pseudonymisiert werden und sie überdies verschlüsselt gespeichert bzw. übertragen werden, dürfte dies zu einer positiven Einschätzung erheblich beitragen.

Internet of things bringt oft mit sich, dass Daten lokal im Gerät gespeichert werden. Da Speichermedien oftmals keinen relevanten Kostenfaktor mehr darstellen, verbleiben die Rohdaten je nach Gerät lange gespeichert. Eine Löschung ist jedoch nach Erreichen des der Verarbeitung zu Grunde liegenden Zwecks erforderlich. Gerade für autonom agierende Systeme ist dies für den Nutzer oftmals nur schwer selbst durchführbar. Das Recht auf Löschung („Recht auf Vergessenwerden") nach Art. 17 Abs. 1 DSGVO muss jedoch vom Verantwortlichen umgesetzt werden. Da bei einer Internet of Things-Anwendung jedoch oftmals mehrere Verantwortliche gegeben sind, wird dies in der Praxis regelmäßig mit einem für den Nutzer nicht zu unterschätzenden Aufwand verbunden sein.

## 8.3 Praxishinweise

Für das autonome Fahren hat die Bundesbeauftragte für den Datenschutz und die Informationsfreiheit am 1. Juni 2017 datenschutzrechtliche Empfehlungen herausgegeben.[243] Diese 13 Empfehlungen bieten über diesen konkreten Anwendungsfall hinaus gute Anhaltspunkte für datenschutzkonforme Internet of Things-Anwendungen, die hier als solche umformuliert dargestellt werden:

1) Nutzer sollen sämtliche Informationen über die Verarbeitung ihrer personenbezogenen Daten einsehen können.
2) Es muss klar erkennbar sein, welche Daten ohne eine ausdrückliche Einwilligung der Nutzer auf Basis eines Vertrags oder zur Wahrung berechtigter Interessen verarbeitet werden dürfen.
3) Die Datenverarbeitung im Gerät und für datenbasierte Dienste darf nur im notwendigen Umfang auf personenbezogene Daten zugreifen. Das betrifft auch die Kommunikation zwischen Geräten in intelligenten Systemen (Device-to-Device Kommunikation).
4) Für den reinen Betrieb ist in der Regel keine Datenspeicherung erforderlich. Die bei der Kommunikation zwischen Geräten ausgetauschten Daten müssen beispielsweise mittels wirksamer Verschlüsselung vor unbefugter Nutzung oder gar Aufzeichnung geschützt werden.
5) Ist für den jeweiligen Zweck kein Personenbezug erforderlich, sollen die Daten anonymisiert werden, zumindest jedoch pseudonymisiert.
6) Wenn für die automatisierte Verarbeitung auch die Umgebung audiovisuell erfasst wird, müssen diese Daten gelöscht werden, sobald sie für den jeweiligen Zweck nicht mehr benötigt werden.
7) Sicherheitsmechanismen, etwa für die Authentisierung bei Kommunikation, dürfen kein datenschutzrechtliches Risiko schaffen.
8) Die Nutzer brauchen technische Möglichkeiten, um den Zugriff auf einzelne Datenkategorien im Gerät selektiv zu gewähren oder zu entziehen, soweit keine rechtliche Bestimmung entgegensteht.
9) In Geräten müssen nach dem Grundsatz „Privacy by default" datenschutzfreundliche Voreinstellungen etabliert werden. Nutzer müssen ihr Gerät so einstellen können, dass sie möglichst wenig über ihr Verhalten preisgeben.
10) Geräte- und Komfortfunktionen sollen so gestaltet werden, dass die Datenverarbeitung innerhalb des Geräts möglich ist. Die Nutzung bestimmter Funktionen darf nicht von eigentlich unnötiger externer Datenverarbeitung abhängen.

---

243 Datenschutzrechtliche Empfehlungen der Bundesbeauftragten für den Datenschutz und die Informationsfreiheit zum automatisierten und vernetzten Fahren vom 1. Juni 2017, abzurufen unter https://www.bfdi.bund.de/SharedDocs/Publikationen/Allgemein/DatenschutzrechtlicheEmpfehlungenVernetztesAuto.pdf?__blob=publicationFile&v=1.

11) Nutzer sollen personenbezogene Daten einfach löschen können. Wie bei Smartphones muss der digitale Status eines Geräts in den Auslieferungszustand zurückgesetzt werden können, soweit rechtliche Regelungen nicht entgegenstehen.
12) Der unbefugte Zugriff auf die Speichereinheiten eines Geräts oder die Manipulation der gespeicherten Daten müssen ausgeschlossen werden.
13) Online-Kommunikationskomponenten müssen so gestaltet sein, dass sie einen wirksamen Schutz vor Cyber-Angriffen bieten.

Wenn dem Nutzer die Möglichkeit zur informierten Interaktion gegeben wird, werden auch innovative Technologien für die Marktteilnehmer (im Praxisfall des autonomen Fahrens beispielsweise Werkstätten, Versicherungen, Zulieferer, Werbetreibende, Wetter, Kartendienste usw.) weiterhin als wertvolles wirtschaftliches Gut zur Verfügung stehen. Die Personalisierung von Dienstleistungen zu verdammen, ist jedenfalls nicht der richtige Weg. Vielmehr sollte der Prozess beim Nutzer beginnen und diesen in den Fokus nehmen. Eine vorausschauende Wartung ist sicherlich genauso sinnvoll wie manch anderes Geschäftsmodell.

Dabei darf die besondere Gefahr der Cyberkriminalität von autonomen Geräten und insbesondere Fahrzeugen nicht aus den Augen verloren werden. Fahrzeug- und damit insbesondere auch die Verkehrssicherheit haben hohe Priorität. Ausreichende Sicherungsmechanismen müssen gewährleisten, dass ein autonomes oder auch nur vernetztes Auto (*connected car*) nicht von außen übernommen werden kann (*Security-by-Design*). Dies kann vor allem eine verschlüsselte Übertragung und Speicherung auf einem Server erforderlich machen. Auch kann somit dem Recht auf Löschung erheblich einfacher Rechnung getragen werden.

## 8.4 Gestalterische Empfehlungen und Compliance

Der Einsatz innovativer Technologien erfordert im ersten Schritt eine genaue Kenntnis der Datenflüsse. Dieses *Data Mapping* ist die Voraussetzung, dass Privacy by Design und by Default (Artikel 25 DSGVO) mit Prinzipien wie Datenminimierung oder Pseudonymisierung ganz selbstverständlich zur Anwendung kommen.

Das *Data Mapping* mündet zum einen in das Verzeichnis von Verarbeitungstätigkeiten. Zum anderen sollte ein Verantwortlicher aber ausreichend Daten zusammentragen, um bereits über eine umfassende Basis für weitere Analysen zu verfügen. Dies ist vor allem für eine adäquate Datenschutz-Folgenabschätzung notwendig.

In diesem Zusammenhang sollten Verarbeiter einheitliche Risiko-Kriterien entwickeln, dokumentieren und anwenden. Dies erleichtert nicht nur die praktische und effiziente Durchführung der Datenschutz-Folgenabschätzung. Es stellt auch sicher, dass die Methodik und Ergebnisse der DSFA den kritischen Blicken der Datenschutzbehörden standhalten.

In diesem Zusammenhang sei auf das stets größer werdende Angebot an Datenschutz-Programmen verwiesen.[244]

244 Beispielsweise stellt die französische Datenschutzbehörde CNIL eine open-source Software zur Datenschutzfolgenabschätzung zur Verfügung, abrufbar unter https://www.cnil.fr/en/open-source-pia-software-helps-carry-out-data-protection-impact-assesment. Auch der Verfasser *Deister* hat die Entwicklung einer PrivacySuite unterstützt, siehe https://privacy-solutions.org.

# 9. Agile Projekte, Scrum, F&E & Datenschutz

*Thomas A. Degen*

**Key-Words:** Agile Projekte, agile Methoden, Srum, Kanban, Spiralmodell, MDA, RUP (Rational Unified Process), XP (eXtreme Programming), Abgrenzung zum klassischen Softwareerstellungsvertrag, Wasserfallmethode, F&E, Softwareentwicklung, Datenschutz, Product Owner, Srum Master, Entwicklungsteam, Sprint Planning, Daily Scrum, Sprint Review, Sprint Retrospektive, Backlog Item, Product Backlog, Product Increment, Sprints, Product Owner, Product Vision, User Story, Open Source, Konzerndatenschutzstandards, Technische Standards zur Informationssicherheit, Urheberrecht, Privacy by Design und Privacy by Default, Risikomatrix, Gewährleistung, Haftung, Datenschutzfolgeabschätzung, Rücktritt vom Vertrag, Schadensersatz, Vertragsstrafe, Eskalation, IT-Konfliktmanagement, CR, Fixtermin, Festpreis, Leistungsbeschreibung, Spezifikation, Abnahme, Test, Erfüllung, Mängel, Fehlerkategorien A – D, IT-Sachverständiger, Dokumentation, Verjährung, Verwendungsrisiko, Application Service Providing (ASP), SaaS, Cloud, Mietvertrag, Dienstvertrag, Kaufvertrag, Werkvertrag, ISO/IEC 18019 und DIN/ISO 9241–13, IT-Sicherheit

## 9.1 Ausgangs-/Praxisfall

### Agile Entwicklung einer App *„Supermagic-Plus-Live-Production"* für die „Digitale Produktion mit E-Kollaboration im Industrie 4.0-Segment"

**Ausgangs-/Praxisfall**

Ein Zuliefererbetrieb der Automobil- und Maschinenindustrie hat als Tochtergesellschaft eine GmbH gegründet, um über diese in einem agil-kreativ-dynamischen Umfeld jenseits der tradierten Firmenmauern bedarfsgerechte Softwareprodukte, Apps und Trends zu entwickeln.
Aus der jungen GmbH soll die junge Geschäftsleitung, die altersmäßig knapp unter 50 ist, der Geschäftsführung des Mutterkonzerns regelmäßig berichten, insbesondere zu F&E-Projekten und zu neuen agilen Standards, die aus Sicht des Mutterkonzerns etabliert werden sollen.

Der jungen GmbH wird ein Kundenprojekt anvertraut mit einem Maschinenbau-Referenzkunden, der einen großen Bedarf an der Prozessoptimierung im Produktionsbereich hat. Das Geheimprojekt mit dem Codenamen *„Supermagic-Plus-*

*Live-Production*" soll eine „Digitale Produktion mit E-Kollaboration im Industrie 4.0-Segment" sein.

Die Geschäftsführung des Mutterkonzerns und der Referenzkunde verlangen von der Tochter-Gesellschaft „valide Strukturen" und ingenieurtechnisch und betriebswirtschaftlich plausible Meilensteine und v. a. ein perfektes und zeitplanmäßiges Gesamtergebnis für die „*Supermagic-Plus-Live-Production Software*".

Der knapp 50-jährige Junggeschäftsführer fragt sein Team aus Development, Legal & Data & Funk (wie er seine Lieblingsabteilung nennt), wie man die „Silberrücken" mit rechtstechnischen, mathematischen, betriebswirtschaftlichen und datenschutzrechtlich „sauberen" Vertragsstrukturen und Dokumentationen befriedigen und gleichzeitig eine maximale Kreativität und besten Output sicherstellen kann.

Als große Hürde und Bremse wird der Datenschutz nach der DSGVO angesehen. Gelingt es, die Bedenken auszuräumen und den Anforderungen gerecht zu werden?

## 9.2 Rechtsrahmen und Zuständigkeiten

### 9.2.1 Grundsätzliche Hinweise zur Projektumsetzungen und Vertragsgestaltungen im IT-Business

Zunächst ist festzuhalten, dass es inzwischen praktisch für jedes Businessmodell eine vertragliche und rechtliche Begründung für einen eigenständigen Individualvertrag oder ein passend zu machendes Vertragsmuster gibt.

Jetzt kommt hier die Schnittstelle von Recht, Technik und Management anschaulich zum Tragen. Der IT-Rechtler hat die Technik gewissermaßen auf dem Schirm zu haben. Im Grunde wird in der Wirtschaftsinformatik bei der Entwicklung von IT-Systemen zwischen zwei Wesensarten von Entwicklungsverfahren unterschieden, nämlich dem „sequenziellen" und dem „iterativen" Verfahren. Übereinstimmend geht es um die qualifizierte Sicherstellung der Entwicklungsprozesse durch eine verbindliche Systematik der Analyse und Spezifizierung und der Realisierung einer IT-Lösung.[245]

Bei den „sequenziellen Verfahren", den wasserfallartigen Modellen, welche die Basis der „*Unterlage für Ausschreibung und Bewertung von IT-Leistun-*

245 *Stahlknecht/Hasenkamp*, Einführung in die Wirtschaftsinformatik, Kap. 6.1.2, S. 209; *Müller-Hengstenberg/Kirn*, CR 2008, 755 ff.

*gen" (UfAB)*[246] ist, werden alle Entwicklungsphasen nacheinander abschließend durchlaufen. Zu nennen sind insofern die Analyse, das Grob-, Feinkonzept, die Implementierung, Test(s) und die Einführung in den Betrieb. Zu beachten ist, dass nach einer Analyse- und Sollkonzeptphase ein detailliertes fachliches und technisches Feinkonzept (Pflichtenheft) erarbeitet ist, das Grundlage der Realisierung ist. Dazu wird nachfolgend weiter ausgeführt.

In der Praxis erweisen sich diese klassischen IT-Modelle insbesondere bei komplexen, sich über einen längeren Zeitraum erstreckenden IT-Projekten überwiegend als zu starr. Denn jede einzelne Phase des Entwicklungsmodells darf erst nach vollständigem Abschluss der Vorphase begonnen werden. Zudem sind Rücksprünge in frühere Phasen nicht erlaubt, außer in Form einer vertraglichen Änderungsvereinbarung.[247] In der Praxis ist ein Grund für eine Änderungsvereinbarung der Umstand, dass alle mit der Erstellung des Pflichtenhefts durchlaufenen Phasen neu geprüft werden müssen. Dies zieht i. d. R. eine Änderung des Pflichtenhefts und der darauf beruhenden vertraglich vereinbarten Leistungen nach sich. Derartige prozessgesteuerte IT-Projekte können nicht oder nur unter Inkaufnahme sehr hoher Kosten auf Veränderungen reagieren.[248] Dies sind regelmäßig „No-Gos". Im Schrifttum wird insofern zutreffend konstatiert: *„In frühen Projektphasen verursachte Ungenauigkeiten, Fehler oder auch nur fehlende Informationen offenbaren sich vielfach erst später, z. B. i.R.d. Systemtests, und wirken sich dann in besonders gravierender Weise negativ (verzögernd und finanziell aufwendig) auf die Durchführung des Projekts bzw. den Projektstatus aus."*[249]

Nachdem die Wasserfallmodelle in der Praxis zunehmend mehr Probleme als Nutzen gebracht haben, haben sich neuartige Alternativmodelle verbreitet, wie z. B. das Spiralmodell („iterative" Vorgehensmodelle) mit ausdrücklich vorgesehenen Rücksprungmöglichkeiten zu früheren Phasen. Kennzeichnend für die neuen Methoden ist ferner die Ersetzung trenn-

---

246 Unterlage für Ausschreibung und Bewertung von IT-Leistungen, https://www.cio.bund.de/Web/DE/IT-Beschaffung/UfAB/ufab_node.html: *„Die unter Federführung der Zentralstelle für IT-Beschaffung (ZIB) des Beschaffungsamts des Bundesministeriums des Innern neu entwickelte UfAB 2018 berücksichtigt die aktuelle Rechtslage nach der letzten großen Reform im Ober- und Unterschwellenbereich des Vergaberechts. Schwerpunkt der Darstellungen sind die Verfahrensarten im Gesetz gegen Wettbewerbsbeschränkungen (GWB), in der Vergabeverordnung (VgV) und in der Unterschwellenvergabeordnung (UVgO). Darüber hinaus sind neue Erkenntnisse und Entwicklungen aus Praxis und Rechtsprechung der IT-Vergabe eingeflossen. Die bisherigen UfAB-Versionen sollten insofern nicht mehr angewandt werden.".*

247 *Müller-Hengstenberg/Kirn*, Öffentliches Vergaberecht und moderne IT-Softwareentwicklung – Anwendung öffentlicher Vergabearten auf Softwareentwicklungsprozesse, MMR 2012, 3, 5.

248 *Müller-Hengstenberg/Kirn*, CR 2008, 755 ff.; *Stahlknecht/Hasenkamp*, Kap. 6.2, S. 217–219; https://www.wirtschaftsinformatik-24.de/category/software-engineering/.

249 *Müller-Hengstenberg/Kirn*, MMR 2012, 3, 5.

scharfer Abgrenzungen zwischen den Phasen durch „weiche" Phasenübergänge, so dass keine vertragliche Änderungsvereinbarung notwendig wird, da wohl *nur Dienstleistungen* ohne konkrete Erfolgszusagen bezüglich eines konkret vereinbarten Leistungsziels vereinbart werden.[250]

Typisch für die iterativen Vorgehensmodelle, wie das **Spiralmodell, SCRUM**[251], **MDA,**[252] **RUP (Rational Unified Process),**[253] **XP (eXtreme Programming),**[254] ist, dass das Softwaresystem im Wesentlichen *„schrittweise in einem kontinuierlichen, fortschreitenden Prozess und in enger Zusammenarbeit mit dem Auftraggeber stufenweise, vielfach in Form von Prototypen entwickelt wird, wobei neue Erkenntnisse oder auch Fehler aus vorgehenden Entwicklungsstufen unproblematisch, d. h. ohne großen Aufwand, berücksichtigt bzw. korrigiert werden können.*"[255]

Es ist natürlich aus den unterschiedlichsten Gründen klar, dass man auch bei Fokussierung auf die neuen iterativen Modelle, wie v. a. Srum, weder den jeweiligen Projektgegenstand, den die ITler über die Spezifikation möglichst authentisch und rechtlich sicher abzubilden wollen, noch die klassi-

---

250 *Müller-Hengstenberg/Kirn*, MMR 2012, 3, 5.

251 Siehe ausführlich die nachfolgenden Abschnitte.

252 MDA steht für *Modellgetriebene Architektur* (model-driven architecture) und „bezeichnet einen modellgetriebenen Softwareentwicklungsansatz, der auf einer klaren Trennung von Funktionalität und Technik beruht." (https://de.wikipedia.org/wiki/Modellgetriebene_Architektur).

253 RUP ist ein „kommerzielles Produkt der Firma Rational Software, die seit 2003 Teil des IBM-Konzerns ist. Es beinhaltet sowohl ein Vorgehensmodell zur Softwareentwicklung als auch die dazugehörigen Softwareentwicklungsprogramme. IBM entwickelt den RUP und die zugehörige Software weiter. Die 9. Version ist die seit 2006 aktuelle Version. Der RUP benutzt die Unified Modeling Language (UML) als Notationssprache. Der RUP wurde von Philippe Kruchten in seiner Urform erstmals 1998 vorgestellt." (https://de.wikipedia.org/wiki/Rational_Unified_Process).

254 XP ist „eine Methode, die das Lösen einer Programmieraufgabe in den Vordergrund der Softwareentwicklung stellt und dabei einem formalisierten Vorgehen geringere Bedeutung zumisst. Diese Vorgehensweise definiert ein Vorgehensmodell der Softwaretechnik, das sich den Anforderungen des Kunden in kleinen Schritten annähert." (https://de.wikipedia.org/wiki/Extreme_Programming).

255 Vgl. *Müller-Hengstenberg/Kirn*, MMR 2012, 3, 5, die auch zu dem zutreffenden Schluss kommen, dass das *„öffentliche Vergaberecht, die UfAB und das V Modell XT (...) kein Vorgehensmodell bei der IT-Beschaffung"* ausschließen. Auch die weitere Empfehlung ist richtig: *„Falls bei komplexen IT-Beschaffungen keine geeignete Lösungsmöglichkeit vom Auftraggeber aufgezeigt werden kann, bieten das Verhandlungsverfahren und der wettbewerbliche Dialog eine Alternative, dass der öffentliche Auftraggeber und die Anbieter unterschiedliche Lösungsmöglichkeiten und Vorgehensverfahren in einem Dialog erörtern bzw. suchen, die die wirtschaftlichste Beschaffung auf der Grundlage von angemessenen Vertragsbedingungen und Vergütungsarten ermöglicht.*" Damit kann der behördliche Auftraggeber hier im Weiteren quasi hinter den privaten, unternehmerischen Auftraggeber gestellt werden, wie im Ausgangs-/Praxisfall verdeutlicht werden soll.

sche Sicht und auch Gesetz und Rechtsprechung nicht komplett ausblenden kann.

Elementar ist es, wenn die Entscheidungsträger, Projektverantwortlichen und Teams frühzeitig ihre Rechtsberater und Datenschützer einbringen, so dass diese eine valide Grundlage des Sachverhalts würdigen und die richtigen Schlüsse ziehen und sachgerechte Rechts- und Vertragsgestaltungsvorschläge entwickeln können. Das mag sich selbstverständlich anhören.

Die Realität sieht aber vielfach anders aus. Gerade im agilen IT-Business sind aber Vorbehalte gegenüber Legal & Data unangebracht und kontraproduktiv, solange man erfahrene IT-Rechtler involviert.

Das Projektteam sollte sich im Klaren sein, wer welche Parameter, Rollen und Punkte im Koordinatensystem festsetzt und wer ggf. Linien verschieben darf. Rechtstechnisch bedeutet dies bei der „kautelarjuristischen Umsetzung", der Vertragsgestaltung, dass die Frage zu klären ist, ob die Software, die App, dauerhaft überlassen werden soll, ggf. mit allen Urheberrechten – wie bei einem Total Buy out – komplett verkauft werden soll, oder ob die Software nur temporär zur Nutzung zur Verfügung gestellt werden soll – wie bei SaaS- und Cloud-Modellen. Warum ist dies so wichtig?

### 9.2.2 Gestaltungsformen bei der Softwareüberlassung auf Dauer

Die Überlassung von Standardsoftware auf Dauer, d. h. die zeitlich unbegrenzte Überlassung von Software auf Datenträger gegen Einmalvergütung, folgt nach zwischenzeitlich herrschender Auffassung grundsätzlich Kaufrecht.[256] Dies gilt auch dann, wenn zwar Software erstellt, deren Lieferung auf Datenträger aber wesentlicher Teil der Vertragsleistung ist.[257] Der BGH sieht Sachkaufrecht als unmittelbar anwendbar an. „Sache" ist der Datenträger mit einem spezifischen Magnetisierungszustand, der das Programm verkörpert. Ob Software in dieser Weise überhaupt als Sache angesehen werden kann, ist bei IT-Juristen nach wie vor ein nahezu unerschöpfliches Sujet. Für die IT-Vertragspraxis ist jedoch die Sacheigenschaft bejahende BGH-Rechtsprechung zu berücksichtigen.

256 Vgl. BGH, Urteil v. 14.07.1993, – VIII ZR 325/88, CR 1990, 24 = NJW 1990, 320; *Redeker*, IT-Recht, Rn. 523; *Schneider*, Handbuch des EDV-Rechts, Rn. J 84.

257 Zu dem aufgehobenen § 651 BGB a. F. vgl. etwa BGH, Urteil v. 23.07.2009, – VII ZR 151/08, CR 2009, 637.

Im Ausgangs-/Praxisfall sind im Rahmen einer genauen Sachverhalts- und Bedarfsanalyse Abgrenzungen vorzunehmen. Sowohl auf Entwicklungs- und Verkaufsseite – wie auch bei Perspektivwechsel aus Sicht des Kunden und „Einkäufers" empfiehlt sich jeweils eine „Risikomatrix" und individuelle Beratung. Es hilft, die Kreativität in Koordinaten und eine Struktur zu bringen und abzuleiten, welche Risiken mit welchen Gestaltungsmitteln minimiert werden.

Es passt zu der Materie, dass es in der dynamischen IT-Businesswelt mannigfaltige Gestaltungsformen gibt. So richtet sich die Herstellung und Überlassung von Individualsoftware auf Dauer grundsätzlich nach werkvertragsrechtlichen Regelungen.[258]

### 9.2.3 Softwareüberlassung und Open Source-Produkte

Die Softwareüberlassung und der Einsatz von Open Source-Produkten stellt sich als ein weiteres – komplexes und risikobehaftetes – Sonderspektrum dar, welches teilweise bei unentgeltlicher Ausgestaltung als Schenkung qualifiziert wird.[259] Wird die Überlassung beispielsweise zeitlich begrenzt, ist Mietrecht anwendbar. Mietrecht ist für den BGH, der die Sacheigenschaft von auf Datenträgern verkörperten Computerprogrammen bejaht, ebenfalls unmittelbar anwendbar. Diese Besonderheiten führen in der Planungsphase zu weiteren Erwägungen auch hinsichtlich Rechtsfolgen. Denn bei mietweiser Überlassung darf der Anbieter seine Gewährleistung nicht auf die Dauer der kaufrechtlichen Gewährleistung beschränken, da er während der gesamten Vertragslaufzeit für die Mängelfreiheit einzustehen hat.

Im Ausgangs-/Praxisfall möchte die junge Geschäftsleitung der Softwareentwicklungs-GmbH mit ihrem Legal-Team freilich der Konzernleitung ein Modell präsentieren, mit dem man einen auskömmlichen Deckungsbeitrag erwirtschaften und dann die geschätzte innerbetrieblichen Ehrung als „Rainmaker" bekommen kann. Um dorthin zu gelangen mit der Produktentwicklung und der passenden vertraglichen „AGB-Konstruktion", wie im Rahmen der Entwicklungsphase kritisch gesagt wird, sollen die Gestaltungsoptionen analysiert und ausgelotet werden, zumal man den „Marktbegleitern" immer eine Nasenlänge voraus sein möchte.

Zu berücksichtigen ist demgemäß auch bei den Rechtsgestaltungsplanungen, dass bei kaufweisem Erwerb der Kunde Eigentümer der Programmkopie

258 Vgl. hierzu und zu der neuen agilen Softwareentwicklung z. B. auch *Redeker*, IT-Recht, Rn. 311a ff.

259 Vgl. etwa *Redeker*, IT-Recht, Rn. 595a ff.

(§ 903 BGB) wird. Das ist heutzutage und v. a. projektbezogen aus der Perspektive der Softwareentwicklung nicht unbedingt gewünscht; aus Kundensicht vordergründig ggf. schon, aber letztlich auch nicht immer, weil man sonst sog. „Mondpreise“, d. h. mitunter Mio.-Beträge für „geniale Software“ bezahlen müsste gegenüber fairen „SaaS-Lizenzkosten“ im Monat oder Jahr.

Die Rechtsdogmatik besagt, dass der Kunde zur Nutzung des vertragsgegenständlichen Programms nach der im Vertrag definierten bestimmungsgemäßen Benutzung berechtigt ist. Aus juristischer, richterlicher, Sicht, hat man sich einen Datenträger vorzustellen, auch wenn ein Richter heutzutage auch ein neues iPhone mit Apps haben mag und jeden Tag tolle Apps nutzt. Man fremdelt doch noch mit der Vorstellung, dass ein Vertragsgegenstand quasi eine – auch noch kaum kontrollierbare – Datenwolke sein sollte. Denn man möchte es im Streitfall (vgl. hierzu das Kapitel 13 zu **IT-Konfliktmanagement**, Eskalation und Streitschlichtung) nicht mit einer „Black Box“ zu tun haben. Daher ist man als Richter dankbar, notfalls den **IT-Vertrag ergänzend** auslegen zu dürfen (gemäß §§ 133, 157 BGB) und der **freien richterlichen Beweiswürdigung** (gemäß § 286 ZPO) zuführen zu dürfen, sofern nicht ein ö.b.u.v. IT-Sachverständiger die eine oder andere Lesart und ggf. betriebsverhindernde und behindernde Mängel der Kategorie A und B aufzeigt, so dass sich das richterliche Entscheidungsermessen in die eine oder andere Richtung „auf Null reduziert“.

**Abbildung 28**

Vor diesen Hintergründen der Risiko-/Folgenbetrachtung schadet es nicht, sich klar zu machen, wie Richter und Sachverständige agieren, wenn sie im Eskalationsfall über das ggf. gescheiterte Projekt oder mangelbehaftete Produkt befinden sollen:

### 9.2.4 Leistungsbeschreibung Teil 1 – „Was kann das Programm?"

Das *Programm* gilt als wertbildende, verkehrswesentliche Eigenschaft des **Datenträgers**, den der Kunde erwirbt. Der Anbieter darf die Eigentümerbefugnis seines Kunden grundsätzlich nicht aufheben, wie es bei etwaigen Weiterveräußerungsverboten der Fall wäre, die deshalb unwirksam sind.[260] An dem Programmexemplar auf Datenträger kann Eigentumsvorbehalt bis zur vollständigen Bezahlung bestehen oder Sicherungsübereignung erfolgen. Der Sicherungsnehmer erhält Sicherungseigentum nur an diesem übereigneten Programmexemplar, nicht aber Vervielfältigungs- oder Vertriebsrechte.

Soll eine **Software online durch Downloading** übertragen werden, gibt es keinen Datenträger, den der Kunde erhält, sondern nur eine Überlassung via „Fernkopieren": Die Programmkopie wird nicht räumlich bewegt, sondern auf dem Zielrechner eine Kopie von der Kopie erstellt. Das Eröffnen der Download-Möglichkeit kann ein öffentliches Zugänglichmachen sein i. S. d. § 69c Nr. 4, § 19a UrhG, soweit der Zugriff aus der Öffentlichkeit möglich ist.

Bei dem Online-Übertragungsvorgang ist das Programmexemplar nicht verkörpert. Die Rechtsprechung urteilt insofern schon seit Jahren, dass hierbei keine Sache übereignet wird, so dass sich Kaufrecht bei zeitlich unbegrenzter Überlassung nur entsprechend anwenden lasse.[261] Bei temporär begrenzter Überlassung online soll dementsprechend auch Mietrecht nur analog anwendbar sein, weil keine „Mietsache" übergeben werden könne.[262] Zwischenzeitlich hat sich die Anwendung von Mietrecht bei temporärer Softwareüberlassung in Geschäftsmodellen wie SaaS und Cloud durchgesetzt. Es ist nicht überraschend, dass die Rechtsprechung der technischen Entwicklung grundsätzlich hinterherhinkt.

260 Vgl. z. B. OLG Frankfurt a.M., Urteil vom 25.06.1996 – 11 U 4/96 = NJW-RR 1997, 494 zur Erschöpfung des Verbreitungsrechts an einem Computerprogramm.

261 Vgl. z. B. BGH, Urteil vom 18.10.1989,- VIII ZR 325/88 = NJW 1990, 320.

262 Vgl. BGH, Urteil vom 05.10.1981 – VIII ZR 259/80 = NJW 1982, 696.

### 9.2.5 ASP und „Web Service“

Der technische Fortschritt ermöglicht es, dass der Softwareentwickler das Programm dem Kunden auf seinem Rechner bereitstellt und dem Kunden den internetbasierten Zugriff auf dieses Programm ermöglicht, wie dies typischerweise beim **Application Service Providing (ASP)** festzustellen ist. Nach der Rechtsprechung ist auf das Businessmodell des ASP das Mietrecht anzuwenden.[263]

ASP steht insofern für die Nutzung von Software via Internet oder über ein Netzwerk. Der Kunde kann die bereitgestellte Software nutzen, typischerweise eine ERP-Software. Mittels ASP wird die komplette Administration, die Datensicherung, das Einspielen von Patches vorgenommen. Damit geht in der Praxis auch ein Service (wie z. B. eine Benutzerbetreuung) einher. Die Software ist jedoch nur über das Netzwerk bzw. im Internet abruf- bzw. nutzbar und kann nicht kopiert werden.

> Im Ausgangs-/Praxisfall kommt aus Sicht der Entwicklungsabteilung eine auf dieser Basis weiter entwickelte Umsetzung in Betracht im Sinne eines **SaaS- oder Cloud-Modells**. Dieses wird wegen der großen Praxisbedeutung auch im nachfolgenden **Kapitel 10** behandelt.[264]

Der Umstand, dass eine hinreichende Analyse der rechtstechnischen Ausgestaltung der Software, d. h. des Vertragsgegenstands, so wichtig ist, zeigt sich insbesondere daran, dass sich die **vertragstypologische Einordnung** nach dem Schwerpunkt richtet; bei der temporären Softwareüberlassung i. d. R. nach Mietvertragsrecht, wobei es auch **typengemischte Vertragskonstruktionen** gibt, die einen werkvertragsrechtlichen Schwerpunkt aufweisen können.

Die Vertragstypologie hat als Rechtsfolge auch Relevanz für die **Darlegungs- und Beweislast**: Soweit der Mieter in der Lage ist, die Software zu nutzen, ist er auch für darin enthaltene Mängel beweispflichtig, wenn er sich auf diese bezieht.

Noch weiter geht die bei der rechtstechnischen **Ausgestaltung die Leistungsvariante**, bei der der Kunde überhaupt keinen Zugriff auf ein Programm erhält, sondern einfach nur die zu verarbeitenden Daten oder Dokumente an den Anbieter online überträgt und die Bearbeitungsergebnisse

263 BGH, Urteil vom 15.11.2006 – XII ZR 120/04 = NJW 2007, 2394.

264 Vgl. zu den rechtlichen Herausforderungen rund um Cloud auch *Borges/Meents*, Cloud Computing, § 2 mwN.

online zurückerhält. Der Anbieter führt diese Bearbeitung vereinbarungsgemäß für den Kunden mit anbieterseits frei gewählter Software durch. In der Praxis wird teilweise von „**Web Services**“ gesprochen. Da für derartige Leistungsvarianten kaum passende Rechtsprechung existiert, müssen die entsprechenden Verträge besonders passgenau sein.

### 9.2.6 Vom Wasserfallmodell zu agilen Verfahrensmodellen wie KANBAN, Scrum, XP, Spiralmodell, MDA, RUP & Co.

> Im Ausgangs-/Praxisfall soll es maximal kreativ, dynamisch, agil und erfolgversprechend zugehen. Das Produkt soll, v. a. wegen der geplanten betrieblichen und produktionstechnischen Verwendungszwecke bei dem industriellen Kunden, zur Kollaboration tauglich sein und nach dem Wunsch des Vertriebsleiters des Mutterkonzerns „mitdenken“ können wie eine KI.
>
> Die Entwicklungsabteilung kommt schnell zu dem Schluss, dass eine herkömmliche Konzeption nach dem Wasserfallmodell nicht tauglich ist. Vielmehr soll es inkrementell und iterativ zur Sache gehen.

Einem aktuellen Trend und der Erkenntnis der Schwergängigkeit der klassischen Modelle folgend, werden branchenübergreifend in Industrie wie Mittelstand Softwaresysteme nachgefragt, die – wie im Ausgangs-/Praxisfall vorgezeichnet – bedarfsgerecht funktionieren sollen und bei denen die Umsetzung nicht so starr ist.

Es erweist sich als geschickt, den Kunden in organisatorischer Hinsicht mit einzubeziehen, so dass dieser vital dabei ist. Das würde ein neues Rollenkonzept und – zur Vermeidung von Konflikten, Risiken und Haftung – **eine neue Ordnung** erfordern. Es ist aber genau der richtige Weg, hier zu dem gewünschten Erfolg zu kommen. Denn **klassische Methoden der Softwareentwicklung nach dem statischen Wasserfallmodell** werden – wie eingangs beispielhaft erläutert – den neuen Anforderungen nicht mehr gerecht. da diese starr, zeitintensiv und teuer sind.

Bei komplexen Software-Neuentwicklungen setzten Entwickler auf eine **Reduzierung von langen Planungsphasen, auf Kreativität und Flexibilität**.

Von sämtlichen der vorerwähnten **agilen Methode** hat sich **Scrum** bislang den größten Namen gemacht. Das soll die Genialität der anderen Methoden nicht schmälern. Es wäre also auch ein schlechter gedanklicher Vergleich, wenn man sagen würde, Scrum ist das Google Analytics der Agilität und KANBAN das Matomo. Die japanische Methode **KANBAN**, die aus dem

**Toyota-Produktionssystem** entlehnt ist und mit der ein gleichmäßiger Fluss in der Fertigung hergestellt und so Lagerbestände reduziert werden sollen, ist auch sehr gut.[265] Für die anderen kann überwiegend auch positiv berichtet werden. Da Scrum aber schlicht die populärste Methode für moderne Softwareentwicklung ist, wird Scrum im Weiteren exemplarisch thematisiert.

Im Bereich des Software-Engineering haben sich insofern neue Methoden etabliert, die anfänglich in der internationalen Software-Entwicklungsszene nur als „Modeerscheinung", dann als Trend wahrgenommen wurden, bei denen es aus Sicht von Vertriebs- und Einkaufsabteilungen auch um neue Verkaufspraktiken, „Buzzwords" und weniger um Fortschritte auf der Einkaufsseite zu gehen schien.

Bei genauer Betrachtung der inhaltlichen Prozessoptimierungen war und ist aber schnell festzustellen, dass die IT-Projekte – trotz der hier im Weiteren noch deutlich werdenden IT- und Datenschutz-Gestaltungslast – flexibler, passgenauer und weniger formalisiert durchzuführen und zu beschleunigen sind und dass insofern eine **Optimierung des anzustrebenden technischen Outputs mittels kreativer Arbeitsschritte** erreicht werden kann. Dies in einem Koordinatensystem, das nicht ein diffuses, unstrukturiertes Losprogrammieren beschreibt, sondern agil zu erarbeitende Punkte, was wichtig ist für eine Feststellung eines Preis-Leistungsverhältnisses. Dies wird gemeinhin als „**agile Programmentwicklung**" bezeichnet.[266]

Soweit sich die Vertragspartner bei den verschiedenen agilen Methoden, die einander teilweise ausschließen, auf Scrum verständigt haben, hat die Umsetzung auch einen klaren Rahmen.

Generell muss der Auftraggeber im Zweifel auf eigenes Risiko klären, welche Methode für sein Entwicklungsprojekt die passende ist. Freilich wird

---

265 Wikipedia definiert KANBAN wie folgt: „Eine Methode in der Softwareentwicklung, bei der die Anzahl paralleler Arbeiten, der Work in Progress (WiP), begrenzt und somit kürzere Durchlaufzeiten erreicht und Probleme – insbesondere Engpässe – schnell sichtbar gemacht werden sollen.", https://de.wikipedia.org/wiki/Kanban_(Softwareentwicklung). Bei der KANBAN geht es auch um ein Vorgehensmodell zur Produktionsprozesssteuerung. So soll der tatsächliche Verbrauch von Materialien am Bereitstell- und Verbrauchsort entscheidend sein. Dies gewährleistet eine Reduktion der lokalen Bestände von Vorprodukten in und nahe der Produktion, welche dort in Produkten der nächsten Integrationsstufe verbaut werden. Sinn und Zweck ist es, die Wertschöpfungskette auf jeder Produktionsstufe einer mehrstufigen Integrationskette kostenoptimal zu steuern. Dabei erfolgen die Entnahmen aus den jeweiligen Pufferlagern und das Nachliefern in dieselben Pufferlager asynchron. Durch das Verteilen der Pufferlager in der Produktion entlang der Integrationskette wird mit einfachen Mitteln der Information und mit kurzen Wegen des Transports eine einfache Lösung erreicht.

266 *Marly*, Praxishandbuch Softwarerecht, Rn. 1378; *Auer-Reinsdorff/Conrad*, Handbuch IT- und Datenschutzrecht, § 10, Rn. 28 ff.

der Softwareentwickler/Anbieter hier hinweis-, aufklärungs- und beratungspflichtig sein.[267]

Als Methode, die das Lösen einer Programmieraufgabe in den Vordergrund der Softwareentwicklung rückt und einem formalisierten Vorgehen geringere Bedeutung zuweist, ist neben Scrum – aber abhängig vom Projektgegenstand – insbesondere eines der vorerwähnten Vorgehensmodelle der Softwaretechnik zu empfehlen, nämlich XP (eXtreme Programming), das nicht mit dem alten Betriebssystem von Microsoft zu verwechseln ist.

Es ist elementar, dass man sich mit dem Sujet offen und kritisch auseinandersetzt.

Die Anforderungen werden in der Form von **User Stories** (möglichst vom Auftraggeber selbst) auf **Story Cards** beschrieben,[268] die aber nur Anforderungen enthalten, nicht jedoch die Dokumentation implementierter Programmteile. **Die Entwicklung erfolgt *testgetrieben***: Aus zu erarbeitenden Testfällen wird der Code erstellt.[269] Projektplanung erfolgt **von Iteration zu Iteration**, was die Abschätzung einer Zielerreichung und des **Kostenaufwandes** erschweren kann.

**Beim XP-Ansatz wird der** Auftraggeber **nur den Quellcode und die Tests als Dokumentation** erwarten können, was eine für viele Anwendungen unzureichende Basis darstellen dürfte. Qualitätssicherung wird als Leistungsmerkmal nivelliert. Allerdings lässt sich bei testgetriebener Entwicklung eine in die Entwicklung integrierte Qualitätssicherung generieren; jedoch bedarf dies grundsätzlich besonderer vertraglicher Vereinbarung.

Mehr Kontrollen ermöglicht die **Methode „Feature Driven Development"**, weil sie zuvörderst auf Festpreiskonstellationen mit fixiertem Umfang abstellt und formale Inspektionen möglich sind.[270]

Zur Startvorbereitung ist mit dem Kunden/Auftraggeber ein Gesamtmodell der gewünschten Anwendung zu entwickeln und auf dessen Basis dann eine **Feature-Liste**, die anschließend planend, entwerfend und entwickelnd abzuarbeiten ist. Die Entwicklung ist durch ihre übersichtliche Granularität des iterativen und inkrementellen Entwickelns leichter kontrollierbar und

---

267 Beispielhafte Darstellungen sind z. B. erhältlich bei https://holger.koschek.eu/tag/scrum/ (auch mit weitergehenden Hinweisen zur Literatur, wie z. B. Management-Literatur: Management Y – Agile, Scrum, Design Thinking & Co: So gelingt der Wandel zur attraktiven und zukunftsfähigen Organisation, http://management-y.de/www).

268 Vgl. *Scott W. Ambler, Ronald E. Jeffries, Agile Modeling*: Effective Practices for eXtreme Programming and the Unified Process. Wiley, John & Sons; *Bleek/Wolf*, Agile Softwareentwicklung, S. 142.

269 *Hruschka/Rupp/Starke*, Agility kompakt, S. 86.

270 www.featuredrivendevelopment.com.

dokumentierbar; jedoch muss der Auftraggeber spätestens mit Abschluss des Gesamtmodells genau wissen, was er will, denn **an keiner Stelle im Entwicklungsprozess ist ein vollständiger Entwurf vorgesehen.**[271] Dies erschwert das Erreichen eines einheitlichen Designs erheblich, zumal sich Features nach Fertigstellen als unsinnig herausstellen oder Inkonsistenzen auftreten können.

### 9.2.7 Rechtsrahmen bei agiler Softwareentwicklung nach Scrum

Von den diversen agilen Methoden und Vorgehensmodellen des Projekt- und Produktmanagements zur agilen Softwareentwicklung spricht aus Sicht der IT- und Datenschutz-Compliance viel für **Scrum**. Diese agile Methode geht auf *Jeff Sutherland* und *Ken Schwaber* zurück. Scrum, vielfach vereinbart, um eine **ideale Prozessmethode und bestmöglichen Output** zu realisieren.

Aus Sicht der IT-Rechtspraxis und zur Vermeidung von Streitfragen wird hier ein auf das jeweilige Projekt zugeschnittenes, eigenständiges Vertragsmuster empfohlen.

> Im Ausgangs-/Praxisfall könnte zur Lösung der rechtstechnischen Herausforderungen ein **IT-Projektvertrag „Supermagic-Plus-Live-Production-Software" zur Softwareerstellung durch agiles Programmieren** aufgesetzt werden.

Ein solches Vertragsmuster folgt ganz besonderen technischen Eigenheiten, die eine individuellen Analyse und Beratung erforderlich machen und hier nicht im Einzelnen abgebildet, sondern nachfolgend nur beispielhaft grob skizziert, sein können.

Das Vertragsmuster fasst die wichtigsten Elemente zur vertraglichen Regelung solcher Softwareentwicklungsprojekte zusammen. Ausgangspunkt ist der jeweilige Zweck der Programmerstellung. Er legt den Umfang fest, in dem der Auftragnehmer dem Auftraggeber Nutzungsrechte an der Software einzuräumen hat (§ 31 Abs. 5 UrhG, Zweckübertragungsgrundsatz).

Aufgrund der tiefgreifenden rechtlichen Pflichten und Rechtsfolgen ist es unerlässlich, die **Rollen bei Scrum** festzuhalten:

Es gibt bei einem Scrum-Team **drei Rollen, den Product Owner, den Scrum Master und das Entwicklungsteam**.

---

271 Vgl. *Balzert*, Lehrbuch der Softwaretechnik, S. 667; *Bleek/Wolf*, Agile Softwarentwickling, S. 153.

Die **Scrum-Ergebnisse** werden in **vier Kernaktivitäten** abgebildet:

- **Sprint Planning**
- **Daily Scrum**
- **Sprint Review**
- **Sprint Retrospektive.**

Diese Spezifika machen es unerlässlich, sich näher mit der vertragstypologischen Qualifizierung zu befassen. Gleiches gilt für **arbeitsrechtliche und datenschutzrechtliche Anforderungen**, zu denen nachfolgend Hinweise gegeben werden.

Im Ausgangs-/Praxisfall bieten sich folgende **Strukturen für eine Vertragsgestaltung** an. Es ist dringend empfehlenswert, in dem Vertrag zu definieren, was die Grundlagen sein sollen und wer was machen soll.

Im Rahmen der Regelung über die ***Leistungsverpflichtung*** sollten die Vertragsparteien daher Farbe bekennen und z. B. formulieren:

*Die Parteien verpflichten sich, zur Erstellung der in der Produktvision (Anlage A1) in groben Zügen umrissenen „Supermagic-Plus-Live-Production-Software" das agile Scrum-Projektmanagement nach Ken Schwaber/Jeff Sutherland zu beachten, insbesondere mit den in diesem Vertrag spezifizierten Merkmalen.*

Ferner sollten in einer Ziffer des Softwareentwicklungsvertrags die Grundlagen und die relevanten Begrifflichkeiten definiert werden, wie beispielsweise:

***Grundlagen:***

*Die Auftragnehmerin wird folgende Anforderungen bei der Erstellung der Software beachten:*

1.1 *Produktvision gemäß Angebot (Anlage A1)*

1.2 *Konzerndatenschutzstandards nach DSGVO*

1.3 *Technische Standards zur Informationssicherheit*

***Definitionen:***

2.1 *Das **Backlog Item** ist ein Teileintrag in das Product Backlog.*

2.2 ***Entwicklungsteam** ist die Gesamtheit der an dem Projekt auf Auftragnehmerseite zur Erstellung eines Product Increments beteiligten Personen.*

2.3 *Der **Product Backlog** enthält die Liste der Anforderungen an das zu implementierende Produkt.*

2.4 *Ein **Product Increment** ist das im Wesentlichen vertragsgemäße Ergebnis eines Sprints. Es soll einen funktionierenden Stand der Supermagic-Plus-Live-Production-Software enthalten.*

2.5 ***Product Owner*** *ist die von der Auftraggeberin benannte Person, die die Interessen der Auftraggeberin im Projekt wahrnimmt und für diese bindende Erklärungen abgeben und entgegennehmen darf.*

2.6 ***Product*** *ist die Software einschließlich der Backlog-Einträge, der Benutzerdokumentation sowie der Installationsanweisung.*

2.7 ***Product Vision*** *ist die Umschreibung des Ziels, das mit dem Projekt beachtet werden soll und dem Scrum-Team als weite Orientierung bei seiner Tätigkeit helfen kann.*

2.8 ***Scrum Master*** *ist die für den Scrum-Prozess verantwortliche Person, die es dem Entwicklungs-Team durch Schaffung entsprechender Rahmenbedingungen ermöglicht, selbstorganisiert zu arbeiten. Der Scrum Master wird von der Auftragnehmerin gestellt.*

2.9 *Das* ***Scrum-Team*** *besteht aus dem Entwicklungsteam, dem Scrum Master und dem Product Owner.*

2.10 ***Sprint*** *ist ein Zyklus, in dem die Software weiterentwickelt wird und an dessen Ende regelmäßig ein lauffähiger Softwarestand steht.*

2.11 *Der* ***Sprint Backlog*** *beinhaltet die Aufgaben, die in einem Sprint zu erfüllen sind. Ein Sprint Backlog ist ein Teil des Product Backlogs.*

2.12 *Die* ***User Story*** *beschreibt aus der Nutzersicht die Funktionalität der Software in modularen Bezügen und spezifiziert den Sprint Backlog.*

Es geht bei Scrum bildlich gesprochen, um folgende Umsetzung:

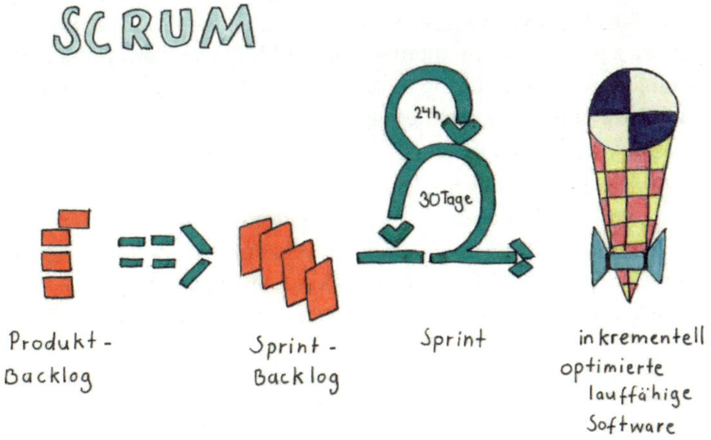


**Abbildung 29**

### 9.2.8 Vertragsrechtliche Leistung (Teil 2) und Qualifizierung von agilen Projekten nach Scrum

Bei einem Softwareerstellungsvertrag ist für die praxisrelevante **vertragstypologische Einordnung** der objektive Gehalt des jeweiligen gesamten Vertragsverhältnisses maßgebend, wobei maßgeblich auf den zwischen den Parteien vereinbarten Vertragszweck abzustellen ist, wie er sich aus der **Leistungsbeschreibung** und dem hieran anknüpfenden Parteiwillen, insbesondere auch aus der objektiven Auftraggeber-/Kundenerwartung ersehen lässt.[272]

> Im Ausgangs-/Praxisfall könnte das Entwicklungsteam auf die Argumentation kommen, dass es für die Softwareentwicklungsfirma als Startup das Günstigste wäre, wenn man einen „Dienstvertrag" i. S. v. § 611 BGB vereinbaren bzw. Scrum danach „aufziehen" würde. Das würde zu den Aussagen und dem agilen Scrum-Grundverständnis am Anfang passen. Dann hätte man auch keine Abnahmepflicht, keine Gewährleistung, eine laxe Haftung, und das Beste wäre, dass man alles in die Länge ziehen und abrechnen könnte, wie man wollte. Schließlich würde das redliche Bemühen für eine Leistungserbringung vollauf genügen.
>
> Dass die Kollegen von der Rechtsabteilung Bedenken anmelden, sei typisch. Wenn es andere Aspekte gäbe, wolle man schon überzeugt werden. Welche Argumente helfen weiter?

Unter Berücksichtigung der vorzitierten wegweisenden *Internet-System-Vertrags-Entscheidung* des BGH ist für sämtliche Leistungen bei agilen IT-Entwicklungsverträgen prinzipiell nicht Dienstvertragsrecht oder Kaufrecht, sondern **Werkvertragsrecht** anwendbar, soweit eine individualisierte Software sowie deren Implementierung und Support vertraglich vereinbart sind. Selbst eine Bezeichnung einzelner Leistungen als Kauf- oder Dienstvertrag würde dem auch nicht entgegenstehen.[273]

Das Kreative im IT-Recht ist, dass hier ein gestalterischer Umgang mit dem Recht möglich ist. Es gibt nicht nur schwarz und weiß, sondern auch Zwischentöne und Schattierungen, Farbmuster und Mischungen. So kommt es nach heutiger Sicht und der Akzeptanz auch **typengemischter Verträge** und von **Verträgen eigener Art („sui generis")** nicht darauf an, ob (semi-)agile Softwareverträge ausschließlich dem Werkvertragsrecht

---

272 Vgl. BGH, Urteil vom 04.03.2010 – III ZR 79/09 Rn. 16, „Internet-System-Vertrag" = MMR 2010, 398; *Auer-Reinsdorff/Conrad*, Handbuch IT- und Datenschutzrecht, § 10 Rn. 17.

273 Vgl. BGH, Urteil vom 25.03.2010 – VII ZR 224/08 Rn. 14; OLG Hamm, Urteil v. 26.02.2014; I-12 U 112/13; zur Thematik ebenfalls *Auer-Reinsdorff/Conrad*, Handbuch IT- und Datenschutzrecht, § 10 Rn. 50, 52, 55, Rn. 67 Punkt 3.3.3.

unterstellt werden können oder nicht. Dies ist abhängig von den im Einzelfall konkret getroffenen Regelungen und im Einzelnen zwar umstritten. Allein die Bezeichnung ist dabei jedenfalls nicht unbedingt maßgebend, sondern der im Vertrag zum Ausdruck kommende Wille der Vertragsparteien.[274]

> Die Sorge, dass die IT-Kreativität bei Einordnung des Vertrages in einen Werkvertrag, bei dem ein Erfolg geschuldet wird, unpassend und unverhältnismäßig sein könnte, erweist sich als unbegründet.

IT-rechtlich kommt man zu dem richtigen **Subsumtionsergebnis**, wenn man eine transparente Auslegung vornimmt i. S. v. §§ 133, 157 BGB: Man muss den Sachverhalt, die Vertragstypologie, die gesetzlichen Leitbilder erfassen. Dann kann man konstatieren, dass für das Vorliegen eines Werkvertrages insbesondere die *Darlegung des Vertragsgegenstandes* sprechen, wie etwa in Lasten- bzw. Pflichtenheften, wobei bei agilen Projektmethoden eine spätere Konkretisierung dem Vorliegen eines Werkvertrags nicht entgegensteht, die *Vereinbarung eines Leistungserfolges (fertige App/Softwaresystem/Portal).* Auch ein *hoher Anteil planerischer Leistungen und/oder von Entwicklungs- und Individualisierungsleistungen* spricht in aller Regel für einen Werkvertrag. Wichtigstes Abgrenzungskriterium ist die Frage, ob ein konkreter Erfolg, also z. B. die Herstellung und Lieferung eines Produkts (hier „*Supermagic-Plus-Live-Production-Software*") vereinbart wurde. Dies ist hier und in vielen Praxisfällen ähnlicher Bauart der Fall.

Die grundsätzliche Einordnung bei agilen IT-Verträgen als Werkvertrag deckt sich auch mit der herrschenden Meinung in der Literatur. Mangels besonderer Vereinbarungen wird häufig die Einordnung als Werkvertrag befürwortet.[275]

Sofern bei einem IT-Projekt unwesentliche Teile der Arbeiten für die Individualisierung und Customizierung des Softwaresystems aufzuwenden sind, kann es sich auch nicht „höchstens" um einen **Kauf- respektive Werklieferungsvertrag** handeln.

Richtigerweise werden **auch Erweiterungen an Standardsystemen** ebenfalls dem Werkvertragsrecht vertragstypologisch zugewiesen, zumal Standardsoftware die Bedürfnisse der Anwender nur in sehr begrenztem

---

274 Vgl. *Fuchs/Meierhöfer/Morsbach/Pahlow*, MMR 2012, 427; *Redeker*, IT-Recht, B. II. 2. b) agile Softwareentwicklung Rn. 311e.; OLG Frankfurt a. M., Urteil vom 17.08.2017 – 5 U 152/16 Rn. 11.

275 Vgl. *Fuchs/Meierhöfer/Morsbach/Pahlow*, MMR 2012, 427 mwN; *Redeker*, IT-Recht, B. II. 2. b) agile Softwareentwicklung Rn. 311e mwN.

Umfang befriedigen kann und dieses Defizit nur durch eine individuelle Anpassung der Software im Wege der Änderungs- und Ergänzungsprogrammierung überhaupt beseitigt werden kann. Diese IT-rechtliche Würdigung und Feststellung liegt ebenfalls auf der Linie der Rechtsprechung.[276]

Generell kann festgehalten werden, dass die **Erstellung von Individualsoftware** nach ebenfalls herrschender Auffassung dem Werkvertragsrecht zugewiesen ist. Dies ist auch im Ergebnis zutreffend.[277]

> Was möchte das Software-Unternehmen versprechen, selbst wenn man agil, inkrementell, iterativ und *„wie in Kopenhagen, Toronto, Zürich oder im Silicon Valley"* vorgehen möchte?
>
> Was erwartet der Kunde?
>
> Ist die Agilität nebulös und wird sie zwanghaft in ein regulatorisches Korsett gezwängt? Was ist fair und richtig?
>
> Geht das alles auch mit den Datenschutzanforderungen auf? Dokumentations- und Rechenschaftspflichten, Verarbeitungsverzeichnisse, Auftragsverarbeitung und Datenschutzfolgenabschätzungen?

Der Anbieter verspricht im Werkvertrag, den **Eintritt eines bestimmten Leistungserfolges durch Werkerstellung** herbeizuführen, hier also die Erstellung eines in seinen Eigenschaften genau definierten Computerprogrammes (oder IT-Systems) i. S. d. §§ 631 ff. BGB.[278] Der Werkunternehmer trägt bei beauftragten (IT-)Projekten grundsätzlich die **Verantwortlichkeit des Projektmanagements.**[279]

**Auch die Projektleitung einer Programmentwicklung kann eine eigenständige Werkleistung sein.** Dies z. B. dann, wenn die Leistungen verschiedener Dienstleister zu koordinieren sind, ebenso das Erstellen einer Machbarkeitsstufe. In diesem Zusammenhang sei auch erwähnt, dass das Werkvertragsrecht ebenso das Anpassen von (Standard-)Software auf Kunden-/Auftraggeberbedürfnisse, das sog. „**Customizing**" erfasst, etwa wenn eine

---

276 Vgl. BGH, Urteil vom 25.03.2010 – VII ZR 224/08 = MMR 2010, 389.

277 So z. B. BGH, Urteil vom 14.07.1993 – VIII ZR 147/92 = NJW 1993, 2436, 2438; BGH, Urteil vom 11.10.1990 – VII ZR 228/89 =CR 1991, 119, 467 – Planungsmängel. Das OLG München, Urteil vom 23.12.2009 – 20 U 3515/09 = NJW-RR 2010, 789 hat ausgeführt: „Bei der Entwicklung von Software handelt es sich um eine „Dienstleistung" i. S. von Art. 5 Nr. 1 lit. b zweiter Spiegelstrich EuGVVO, so dass sich die internationale örtliche Zuständigkeit nach dem Ort richtet, an dem die vertraglichen Leistungen erbracht werden müssen oder erbracht werden. Um den örtlichen Schwerpunkt der vertragscharakteristischen Leistungen festzustellen, bedarf es einer Abwägung von Zeitaufwand und Bedeutung der Tätigkeitsanteile."

278 Vgl. bereits BGH, Urteil vom 11.2.1971, VII ZR 170/69 = WM 1971, 615.

279 Vgl. OLG München, Urteil vom 22.12.1988 – 1 U 5605/87 = CR 1989, 803.

kundenspezifische Software bzw. vertriebs-, kunden- und endkundengerechte App entwickelt oder „customiziert“ werden soll.[280]

> Im Ausgangs-/Praxisfall wird überlegt, ob man nicht einfach die Anwendung von Werkvertragsrecht dadurch umgehen oder ausschalten könnte, wenn man den Softwareentwicklungsvertrag auf Englisch und/oder in einer reinen Scrum-Modelldarstellung fassen würde oder einfach eine Bezeichnung wählen würde wie „Agiler IT-Projektvertrag nach Scrum“ oder „IT-Dienstvertrag“ oder „Kaufvertrag“.
> Wäre dies eine rechtlich relevante und erfolgreiche Begründung eines anderen Vertragstypus und „gesetzlichen Leitbildes“?

Es kommt nicht auf die Verpackung oder den Vertragstitel an. Der Anwendung von Werkvertragsrecht steht nicht entgegen, dass die Vertragsparteien den Vertrag anders bezeichnen. Entscheidend ist vielmehr das tatsächliche **Leistungsbild**.

Schuldet der Softwarehersteller oder Anbieter die Erstellung einer lauffähigen Software mit einer bestimmten Funktionalität, trägt er als Werkunternehmer das Risiko, diese Aufgabe auch tatsächlich bewältigen zu können und haftet unabhängig von einem Vertretenmüssen auf Erfüllung des Vertrags, d. h. auf die Erreichung des versprochenen Leistungsziels. Der Softwarehersteller muss sicherstellen, dass er und sein Team die anerkannten Regeln seines Faches beherrschen. Es obliegt ihm, sich, soweit erforderlich, über technische Neuentwicklungen und neue Arbeitsmethoden (wie z. B. Scrum) in seinem Arbeitsbereich zu informieren. Die Erstellung eines mangelhaften Werks stellt eine Pflichtverletzung dar. Liegt Vertretenmüssen vor, ist der Hersteller schadensersatzpflichtig. Das heißt auch, dass eine Vertragserfüllung erst mit Abnahme eintritt.[281]

---

280 Vgl. hierzu OLG Celle, Urteil vom 22.11.1995, 13 U 111/95 = CR 1996, 539; OLG Stuttgart, Urteil vom 01.10.1986 – 4 U 187/85 = IUR 1987, 153. Ähnlich verhält es sich auch beim Umstellen von Einzelplatz- auf Netzwerkfähigkeit (LG Wiesbaden, Urteil vom 04.04.1989 – 3 O 13/88 = CR 1990, 651). Unschädlich ist, wenn die Entwicklung auf Stundenbasis vergütet wird (LG Köln, Urteil vom 06.08.1986 – 28 O 52/84 = CR 1987, 587).

281 Vgl. OLG Koblenz, Urteil vom 04.10.1991 – 2 U 403/88 = NJW-RR 1992, 688 zur Herausgabe gezogener Nutzungen bei erfolgreichem Rücktritt vom Vertrag über Lieferung von Hard- und Software; OLG Köln, Urteil vom 26.06.1992 – 19 U 261/91 = CR 1992, 544 – Pflegeheimsoftware IMAGE: „Dem Werkvertragsrecht unterfallende Individualsoftware liegt vor, wenn Standard-Software in zahlreichen Punkten auf die Bedürfnisse des Anwenders angepasst werden soll (hier: 28 Funktionen, die teilweise im Programm völlig fehlten). Von der Einheitlichkeit eines Rechtsgeschäfts (Hard- und Software) ist jedenfalls dann auszugehen, wenn dem Besteller schon in der Vertragsurkunde das Recht eingeräumt ist, bei System- oder Softwarefehlern insgesamt vom Vertrag zurückzutreten.“

Unter IT-Rechtlern breit diskutiert und kritisiert wurde seit der Schuldrechtsmodernisierung die Regelung in § 651 BGB a. F., nach der **Kaufrecht statt Werkvertragsrecht** anwendbar ist, wenn die Software zwar erstellt, aber dann an den Auftraggeber geliefert wird. Diese Auslegungsdiskussionen dürften mit dem wohl zwischenzeitlich überwiegend vertretenen Verständnis in der IT-Praxis von Werkvertragsrecht obsolet und nur noch in Einzelfällen akademisch zu vertiefen sein. Sollte etwa bei einem gegenständlichen IT-Vertrag im Schwerpunkt nicht Werkvertrags-, sondern ggf. Kaufrecht Anwendung finden, sei darauf hingewiesen, dass etwaige **Verjährungs- bzw. Untersuchungs- und Rügefristen** zu prüfen sein sollten. Streitpunkte könnten insofern Fragen einer erfolgten Ablieferung im Sinne der §§ 438 Abs. 2 BGB, 377 Abs. 1 HGB sein. Denn eine Ablieferung erfordert generell eine vollständige Lieferung und die Vornahme eines **störungsfreien Probelaufs**. Sofern wichtige Teile einer verkauften Sache fehlen, kann eine **Ablieferung** nicht angenommen werden, da der Käufer dann auch noch nicht alles untersuchen kann. Dies gilt insbesondere bei **Benutzerhandbüchern und Dokumentationen.**

> Im Ausgangs-/Praxisfall fragt die Geschäftsleitung den beratenden Anwalt, ob bei agiler Softwareentwicklung überhaupt und ernstlich eine Dokumentation erfolgen kann und muss?
>
> Dies sei auch schwer vorstellbar hinsichtlich IT- und Datenschutz-Compliance-Vorschriften i. S. v. Art. 5 Abs. 2 DSGVO.
>
> Wie verhält es sich bei agiler Softwareerstellung nach Scrum?

Auch bei agiler Softwareerstellung nach Scrum sind eine Anwenderdokumentation und Datenschutzdokumentationen nicht verzichtbar. Generell kann man sich merken, dass – erst recht bei hochpreisigen und/oder für den betrieblichen Einsatz vorgesehenen – IT-Projekten von der Rechtsprechung eine **Ablieferung und ggf. auch Mangelfreiheit und erfüllungstaugliche Leistung verneint wurde, wenn derartige Dokumentations- und Leistungsbestandteile fehlen**, eben weil diese essentiell sind.[282] Denn Hauptleistungspflicht des Softwarelieferanten ist es immer, die vereinbarte Software so bereitzustellen und auszuliefern, dass der Erwerber in die Lage versetzt wird, den Vertragsgegenstand entsprechend der vertragsgemäßen Bestimmung einzusetzen. Hierzu gehören als Mindestumfang die Überlas-

282 Vgl. zum Sach- und Streitstand z. B. BGH, Urteil vom 22.12.1999 – VIII ZR 299/98 = NJW 2000, 1415, mwN; *Kilian/Heussen*, Computerrechts-Handbuch, 1. Abschnitt Teil 3, III, 4. Benutzerdokumentation Rn. 27 mwN, 1. Abschnitt Teil 3, III, 5. B) cc) Mängelansprüche Rn. 147.

sung der Software und die **Anwenderdokumentation**. Aufgrund der IT- und Datenschutz-Compliance-Bedeutung sei dies im nachfolgenden Abschnitt noch etwas mehr vertieft. Vorab ist anzumerken, dass der EuGH entgegen der früher überwiegend verbreiteten Meinung klargestellt hat, dass es keinen Unterschied macht, ob die Software auf Datenträger oder durch Online-Download bereitgestellt wird.[283] In dem vorgenannten Oracle/UsedSoft-Urteil hat der EuGH zum rechtlichen Schutz von Computerprogrammen, zur Vermarktung gebrauchter Lizenzen für Computerprogramme durch Herunterladen aus dem Internet und der Richtlinie 2009/24/EG – Art. 4 Abs. 2 und Art. 5 Abs. 1 sowie zur Erschöpfung des Verbreitungsrechts Stellung genommen.

## 9.3 IT- und Datenschutz-Compliance- und Gestaltungshinweise wegen erhöhter Projektrisiken bei agilen Methoden wie Scrum

Für alle agilen Entwicklungsmethoden lassen sich – vereinfacht und zusammengefasst – drei zentrale Punkte benennen, die *technisch-organisatorisch und gestaltungstechnisch* zu berücksichtigen und zu lösen sind:

1. Einige Methoden reduzieren die Dokumentationstätigkeiten, andere Methoden sollen ganz **ohne Dokumentation** auskommen.
2. Gleiches soll grundsätzlich für die bisher als unverzichtbar angesehene **Qualitätssicherung** gelten.
3. Ferner lässt sich der tatsächliche Projektfortschritt bei derartigen informellen Projekten, die auf auftraggeber-/kundenseitigem Zuruf beruhen, nur sehr **schwer kontrollieren**. Das Risiko des Scheiterns solcher agilen Projekte steigt hierdurch erheblich an.

Diesem deutlichen Anwachsen der Risiken ist aufgrund der in der EU und in Deutschland geltenden Rechtslage durch passgenaue ergänzende Vertragsregelungen Rechnung zu tragen.

> Im Ausgangs-/Praxisfall sollte die zu beauftragende Rechtsberatung mit den besonderen Problemlagen dieser neuen Entwicklungsverfahren vertraut sein, um sie risikospezifisch erfassen und im Vertrag sachgerecht lösen zu können.

283 EuGH, Urteil vom 03.07.2012 – C-128/11 – *Oracle/UsedSoft.*

Sinnvoll ist es, vor dem Verfassen langer vertragsrechtlicher Formulierungsübungen die **Grundsätze der agilen Software-Entwicklung** zumindest kursorisch zu studieren. Diese wurden im „*Manifesto for Agile Software Development*“ formuliert.[284]

Typische formale Elemente wie vordefinierte Prozesse, Dokumentationen, Vertragsinhalte und Pläne sollen in den Hintergrund treten. Auch sollen sogar noch in späten Entwicklungsphasen Änderungen möglich und gewünscht sein. Freilich können solche Entwicklungsprojekte ohne klare Leistungsvorgaben zu **Kostenfallen** werden oder **komplett scheitern**.

Zudem geraten Kunden und Auftraggeber mitunter in Versuchung, das eigentliche **Entwicklungsziel** aus den Augen zu verlieren und sich in Sammlungen von „nice-to-have“-Merkmalen zu verlieren.

Außerdem kann der Aufwand für das ständige Wiederholen erforderlicher Tests (und das Umschreiben bereits erstellter Dokumentationsteile) exponentiell ansteigen, da mit fortschreitendem Entwicklungsstand auch die Möglichkeiten von unvorhergesehenen Nebenwirkungen durchgeführter Änderungen auf bereits vorhandene Teile des Entwicklungsprodukts entsprechend ansteigen.

So wie das Steuerrecht dem materiellen Recht folgt, folgt das IT-Recht bei agilen Methoden wie Scrum der entwicklungs- und softwaretechnischen Umsetzung.

Man kann sich gut merken, dass **bei der agilen Methode Software in kleinen Teilen schrittweise (iterativ) erstellt und sodann an den Auftraggeber ausgeliefert werden** soll.

Die nahe liegende Frage, wie dabei eine angemessene IT- und Datenschutzorganisation zu gewährleisten ist, wird nachfolgend beantwortet.

Mit dem Kunden und Auftraggeber sollte nach dem Scrum-Idealbild möglichst täglich und in persönlicher Kommunikation zusammengearbeitet werden, was allerdings für den Auftraggeber zu mitunter erheblichem auch personellen Aufwand führen kann.

Hat dies zur Konsequenz für agile Software-Projekte, dass tatsächlich typische Vertragsdokumentation eingespart werden kann und es keines Lastenheftes und IT-Pflichtenheftes, keiner Spezifikation, bedarf?

284 https://agilemanifesto.org.

Bei agiler Software-Entwicklung wird vorab grundsätzlich **keine Spezifikation** bzw. **kein Lastenheft**[285] **oder Pflichtenheft**[286] erstellt.

Die Festlegung der auftraggeber-/kundenseitig gewünschten Leistungsmerkmale erfolgt vielmehr in direkter mündlicher Kommunikation. Dies soll automatisch den Entwicklungsprozess beschleunigen.

Allerdings wird für beide Vertragsparteien wesentlich schwerer steuerbar und dokumentierbar, was letztlich die Leistung sein soll. Die Mitarbeiter des Auftraggebers/Kunden geraten in Versuchung, immer neue Sonderwünsche einzuführen. Umgekehrt kann der Anbieter ggf. nur erschwert nachweisen, dass er die geschuldete Leistung erbracht hat. Deswegen muss man hier aufpassen, um nicht vermeidbare teure Folgeprobleme zu generieren.

In der Praxis gab es viele Unternehmen, die hier ins Straucheln geraten sind oder heute noch an schwierigen Projekten herumlaborieren. Es hat sich auch lange das Vorurteil gehalten, agiles Programmieren sei besonders für den unschlüssigen Kunden gedacht. Tatsächlich wird eine agile Vorgehensweise wie Scrum bewusst und nicht als „Notlösung" für einen Kunden eingesetzt, der anspruchsvoll ist und bestmögliche Ergebnisse erwartet.

Im Ausgangs-/Praxisfall regt der hinzugezogene Rechtsanwalt an, auch die Fälle eines Stockens und der Änderungswünsche und Konfliktsituationen zu regeln und ebenso die Thematik der Lauffähigkeit der Software und der Benutzerdokumentation unter Berücksichtigung der IT-Rechtsprechung praxisgerecht aufzugreifen.

Wichtig bei der Projekt- und Vertragsplanung ist, so viel wie möglich zu antizipieren. Im IT-Business kommt es selbst unter befreundeten Firmen immer wieder vor, dass der Auftraggeber kurz vor Abnahmetest erklärt hat, die Testversion tauge nichts, sei mangelhaft und er trete jetzt angesichts der diversen Unzulänglichkeiten und Verzögerungen vom Vertrag zurück und verlange zudem Schadensersatz. Das ist in vielen Fällen, in denen die rechtlichen Voraussetzungen dafür vorliegen, auch sein gutes Recht. Im nachfolgenden Abschnitt wird auch dazu ein Hinweis gegeben,

---

285 Das *Lastenheft* wird teilweise auch Anforderungsspezifikation, Anforderungskatalog, Produktskizze, Kundenspezifikation oder Anwenderspezifikation genannt. Es umschreibt die Gesamtheit der Anforderungen des Auftraggebers an die (IT-)Leistungen eines Auftragnehmers.

286 Das *Pflichtenheft* stellt in konkretisierter Form dar, wie der Auftragnehmer die Anforderungen des Auftraggebers lösen will, „wie und womit". In der Praxis umschreibt der Auftraggeber zuvor im Lastenheft möglichst genau die Forderungen bzw. *Spezifikationen*, also was er entwickelt oder produziert haben möchte. Das Vorliegen einer Spezifikation spricht für einen Werkvertrag.

unter welchen Voraussetzungen IT-Sachverständige insofern von **Mängeln** und von einer **Erfüllungsuntauglichkeit** ausgehen, so dass der Auftraggeber/Kunde auch einen agilen Projektvertrag rückabwickeln kann, z. B. wenn die Software an erheblichen Mängeln leidet und nicht DSGVO-konform ist.

Generell ist das sog. **Verwendungsrisiko**, nämlich etwa anderes vereinbart zu haben als der Auftraggeber benötigt, typischerweise dem Auftraggeber zugeordnet. Gegenüber einem solchen Auftraggeber würde beim klassischen Vorgehen nur die Option bleiben, Schritt für Schritt herauszufinden, was der Auftraggeber denn nun tatsächlich benötigt, und sukzessive entsprechende **Change Requests („CR“)** abzuarbeiten. Am Beginn dieses Klärungsprozesses wissen beide Seiten noch nicht, wohin sie die Klärung führen wird. Dieser Klärungsprozess nach Vertragsschluss und Erstellung des Produkts wird bei Einsatz agiler Erstellungsmethoden in den Erstellungsprozess selbst vorverlagert. Die Unsicherheit über das Entwicklungsziel bleibt aber die gleiche. Der Softwareentwickler/Auftragnehmer kann insoweit nicht das Erreichen eines bestimmten Leistungsziels versprechen und infolgedessen auch keinen Leistungserfolg schulden, weil das erst gemeinsam im laufenden Vertrag festgelegt wird. Der Auftraggeber kann seinerseits nicht vorab feststellen, mit wie vielen kostenauslösenden Iterationen er rechnen muss. Teilt man ein Projekt in viele Einzelschritte ohne übergeordnetes Gesamt-Design auf, entsteht außerdem leicht das Risiko, sich im Kreis zu bewegen und dem benötigten Programm zu langsam näher zu kommen.

> Im Ausgangs-/Praxisfall regt der hinzugezogene Rechtsanwalt an, über Gestaltungswege einer Beschreibung von „lauffähiger Software anstatt Dokumentation“ nachzudenken.

Besonders problematisch erscheint der – je nach verwendeter Methode – rein prozesstechnisch-organisatorisch hergeleitete Ansatz des teilweisen oder gar vollständigen **Verzichts auf eine Dokumentation**.

Denn aus Auftraggeber-/Kundensicht ist es empfehlenswert, die Erstellung einer **Benutzerdokumentation** und erst recht einer Entwicklungsdokumentation ausdrücklich zu vereinbaren. Der Kunde wird diese auch immer dann benötigen, wenn er etwa Drittfirmen später mit **Software-Pflegeleistungen** beauftragen will. Auch dem agilen Anbieter muss an der Klärung gelegen sein, ob und ggf. welche Dokumentation geschuldet ist. Immerhin hat der BGH die Nichtlieferung einer Dokumentation als (teilweise) Nichterfüllung des Vertrags angesehen. Das gilt jedenfalls für die Benutzerdokumentation oder zumindest die Benutzeranleitung.

Zu beachten ist, dass das Fehlen des Benutzerhandbuchs (Dokumentation) bei Lieferung von Software nach der Rechtsprechung eine **erhebliche Pflichtverletzung** begründen kann.[287] Allein zu dem schwerwiegenden Mangel der fehlenden Dokumentation ist auszuführen, dass die taugliche Anwender-Dokumentation (Bedienungsanleitung, Handbuch) – in Wort oder graphischer Darstellung – eine Beschreibung des technischen Aufbaus der Software enthält, ihrer Funktionen, der Möglichkeiten der Kombination mit anderen Geräten und ihrer Veränderung oder Ergänzung. Sie vermittelt die Summe aller Kenntnisse, die erforderlich sind, um die Anlage bedienungsfehlerfrei und zur Verwirklichung des mit ihrer Anschaffung vertraglich vorgesehenen Zwecks nutzen zu können; sie ergänzt und konserviert vorhandenes Wissen des Benutzers über den Gebrauch der Software. Eine adäquate Dokumentation muss nach Rechtsprechung ohne Vereinbarung geliefert werden; d. h. auch ohne dass etwas Besonders vereinbart ist, gehört zur Software eine Bedienungsanleitung und zwar mit o. g. Perpetuierungsfunktion. Denn durch die Dokumentation soll bereits vorhandenes Wissen des Benutzers erhalten bleiben und ergänzt werden und zudem das Nutzungswissen von der Lieferantenbeziehung soweit unabhängig machen, dass damit neue Benutzer in das System eingewiesen werden können. Nach herrschender Meinung steht fest, dass das Fehlen der Dokumentation (im Sinne der Anwenderdokumentation, ggf. entsprechend den Richtlinien einer ordnungsgemäßen Dokumentation nach ISO/IEC 18019 und DIN/ISO 9241–13) Nichterfüllung darstellt.

Die Vertragsparteien werden gerade bei agilen IT-Projekten diese Thematik zu besprechen haben und vertraglich einen Verzicht auf die Dokumentation vereinbaren können. Jedoch sollten sie **im Vertrag genau festlegen, auf welchen Dokumentationstyp sich dieser Verzicht beziehen soll**, nur auf die Entwicklungsdokumentation oder auch auf die Benutzerdokumentation oder sogar eine Benutzeranleitung (was zweifellos meist kaum zu empfehlen ist). Der Anbieter sollte diesen Verzicht tunlichst **individualvertraglich** vereinbaren, denn im Formularvertrag könnte der Dokumentationsverzicht eine unangemessene Benachteiligung des Auftraggeber im Sinne von § 307 Abs. 2 Nr. 2 BGB durch die Einschränkung eines wesentlichen Rechts, nämlich eines Nichterfüllungsanspruchs, darstellen. Nicht ausreichend für die Annahme eines wirksamen Verzichts ist wohl die bloße Bezugnahme auf die Anwendung agiler Entwicklungsverfahren im Vertrag, da einerseits nicht klar ist, auf welchen Dokumentationstyp verzichtet werden soll und andererseits durch das *Agile Manifesto* eine Dokumentation nicht generell

287 Vgl. *Palandt/Grüneberg*, BGB, 77. Aufl. 2018, § 323 Rn. 32 mwN; BGH, Urteil vom 04.11.1992 – VIII ZR 165/9 = NJW 1993, 461.

ausgeschlossen, sondern nur in der Gewichtung nachrangig behandelt wird.

> Im Ausgangs-/Praxisfall regt der hinzugezogene Rechtsanwalt an, bei grundsätzlichen Erwägungen auch die **Qualitätssicherung** vertraglich und gestalterisch abzudecken und auch im agilen Verfahren ein kreatives rechtstechnisches Statement zu setzen, mit dem Farbe bekannt wird. Er zitiert insofern die neuen Vorgaben zur Softwaregestaltung, wie sie auch in der DSGVO Niederschlag finden mit *Datenschutz durch Technikgestaltung (Privacy by Design) und durch datenschutzfreundliche Voreinstellungen (Privacy by Default)* gemäß Art. 25 DSGVO.[288] Insofern würden belastbare, geeignete, technische und organisatorische Maßnahmen für Qualität und Erfolg stehen. Dies wäre für Marketing und Vertrieb auch förderlich.

Besagen das *Agile Manifesto* und/oder die reine Lehre abschließend und apodiktisch, dass es bei Scrum-Projekten keine Qualitätssicherung gibt?

Nach hiesigem Verständnis ist das nicht der Fall. Bemerkenswert ist jedoch, dass in den Darstellungen zur agilen Software-Entwicklung das Thema Qualitätssicherung eine völlig untergeordnete Rolle spielt. Agilität scheint sich sogar umgekehrt proportional zur Qualität zu verhalten: *Mit steigender Agilität sinkt die Qualität.* Ob eine solche Erkenntnis haltbar oder eher Ausdruck der Ambivalenz von dynamischen Prozessmethoden ist, mag hier dahinstehen. Nicht allein aus Sicht des IT-Einkaufs sollten möglichst auch messbare Outputs entstehen, auch wenn das nicht einfach ist.[289]

---

288 Zitiert werden kann z. B. *Hackenberg in* Hoeren/Sieber/Holznagel, Multimedia-Recht, Werkstand: 54. EL Oktober 2020, Rn. 44 f., wonach die TOMs *„für den Schutz des Rechts auf informationelle Selbstbestimmung förderlich und rechtlich geboten sind*“ und organisatorische Regelungen im Kontext von Privacy by Design und Privacy by Default einschließen. Ferner sei von dort zitiert: *„Welche konkreten Maßnahmen hier gemeint sind, lässt die DS-GVO offen. Klar ist nur, dass eine Maßnahme alleine nicht ausreichend ist. Erwägungsgrund 78 nennt lediglich die Pseudonymisierung als technisches Mittel, ohne dass damit andere technische Maßnahmen ausgeschlossen sind. Im Übrigen bietet Art. 32 DS-GVO, der auch die Verschlüsselung als geeignete Maßnahme nennt, nützliche Hilfestellungen für den Praktiker. Die durch Big-Data-Technologien geschaffenen Möglichkeiten, unvorstellbar große Datenmengen schnell zu analysieren, lässt es verlockend erscheinen, möglichst viele Daten zu erheben und sie zu speichern, um sie dann später einer Auswertung zuzuführen. Dabei besteht allerdings die Gefahr, dass durch die Zusammenführung personenbezogener Daten und solcher Daten, die bei der Erhebung keinerlei Personenbezüge aufgewiesen haben, eine Reidentifizierung möglich ist. Zwar ist in § 13 Abs. 4 TMG ein Trennungsgebot bezüglich der personenbezogenen Daten über die Nutzung verschiedener Telemedien desselben Nutzers verankert. Die Norm findet aber lediglich im unmittelbaren Verhältnis zwischen Nutzer und Telemediendienstanbieter Anwendung. Das Ziel der Nicht-Verkettbarkeit steht folglich dem Grundanliegen von Big Data diametral entgegen.*“

289 Exemplarisch sei auf Diskussionen und Fachberichte hingewiesen wie z. B. von *Krypczyk* „Softwarequalität – so misst und verbessert man Software“ (https://entwickler.de/online/agile/softwarequalitaet-so-misst-und-verbessert-man-software-114867.html).

In der Praxis legen Softwareentwickler im Grunde Wert auf einen möglichst „genialen", aber auch einfachen Entwurf, nicht auf die Qualität der Erstellungsprodukte. Damit wird er aber nicht aus der vertraglichen Erfüllungs- oder gar Produkthaftung entlassen. Was bedeutet dies IT-rechtlich? **Der Anbieter haftet deshalb grundsätzlich auch bei Einsatz agiler Software-Entwicklungsmethoden aus Fehlern dieser Software und allgemein für die Organisation und Überwachung auch der Qualitätssicherung**. Insbesondere gegenüber geschädigten Dritten kann es nicht entlastend wirken, wenn der Anbieter besonders schnelle, damit aber in erhöhtem Maße fehlergeneigte Verfahren anwendet. Ihn trifft die **Darlegungs- und Beweislast** dafür, dass der Fehler nicht in seinem Verantwortungsbereich entstanden ist.[290]

Schließlich gehört das **Rückverfolgbarmachen der einzelnen Entwicklungsschritte zwecks Fehlerverfolgung** zur Anbieterpflicht, um etwa sicherzustellen, dass Software gar nicht erst an Auftraggeber ausgeliefert wird, für die andere Auftraggeber bereits (gar sicherheitsgefährdende) Mängel gerügt haben.

> Im Ausgangs-/Praxisfall kommt auch der Bedarf auf, die gerade bei agilen Projekten natürliche **intensive und ständige Kundenmitwirkung** realistisch organisatorisch und rechtstechnisch zu regeln, so dass man nachher nicht in eine „Sackgasse" läuft und ggf. die eigene Rechtsabteilung und Betriebshaftpflichtversicherung um Unterstützung bitten muss, wenn man als Softwarelieferant folgende Post bekommt, bei der das Mildeste die Umstellung vom bisherigen partnerschaftlichen „Du" auf das „Sie" ist:
>
> *„Der **agile Festpreis** konnte **zum Fixtermin** am 30.04. nicht gehalten werden. Daher ist das Projekt gescheitert. Wir haben 380.000,- € netto bezahlt. Diese Vorkasse und den Vertrauensverlust und Folgeschaden werden Sie jetzt umgehend ersetzen müssen. Zum Glück haben wir das Desaster vor Go-Live gemerkt und nicht erst unsere Kunden oder die Aufsichtsbehörde. Sie hören in Kürze von unserem Anwalt."*

Auftraggeber und Kunden erkennen mitunter erst im laufenden Projekt, wie personell und zeitbezogen aufwändig ihre Mitwirkung in agilen Entwicklungsprojekten wird. Sie müssen möglichst ständig als Ansprechpartner vor Ort sein. Man denke an die Fallkonstellation, bei der ein „befragbarer" Kunde Teile der Spezifikation ersetzen soll, was weniger exotisch ist, als es sich anhören mag.

290 Vgl. BGH, Urteil v. 9.5.1995, VI ZR 5/91, ZIP 1995, 1094, 1097, Mehrweg-Mineralwasserflaschen.

Mitarbeiter-Kapazitäten werden gebunden. Die Frage ist, wie diese IT- und datenschutztechnisch wirksam in das Projekt und dessen Umsetzung eingebunden sind.

Zu berücksichtigen ist auch, dass die Vertragsparteien angesichts häufiger Entwicklungszyklen laufend Programmfassungen überprüfen und akzeptieren oder ablehnen und hierzu entscheidungsberechtigt sein müssen. Schließlich sollten die beteiligten Mitarbeiter des Auftraggebers Fachexperten der gewünschten Anwendung sein, wie dies die agile Lehre fordert.[291]

Häufig stellt sich hier die Frage, ob dieser Aufwand nicht besser in eine Lastenhefterarbeitung und Anforderungsspezifikation vor Beginn der Software-Erstellung investiert werden sollte. Dann müsste der Auftraggeber auch weniger mit Problemen durch seine innerbetriebliche Revision und das Controlling rechnen, die bei Programmentwicklung ohne konkrete und in den Leistungsmerkmalen überprüfbare Zielvorgaben schnell in Schwierigkeiten geraten, weil sie bei solchen Entwicklungsprozessen unter Unsicherheit mit deutlich erhöhten Risiken von Kostenexplosionen oder des Scheitern des Projekts rechnen müssen.

Im Ausgangs-/Praxisfall ist auch zu klären, ob und wie eine **Projektkontrolle sinnvoll organisatorisch und vertraglich implementiert** und vollzogen werden sollte.

Mit anderen Worten: Wann sollte agiles Entwickeln nicht eingesetzt werden?

Betrachtet man die Praxis der agilen Softwareentwicklung näher, so lassen sich einige Kriterien für Fälle formulieren, in denen agile Verfahren eher nicht gewählt werden sollten:[292]

- bestimmte IT-Prozessabläufe und Vorgaben für die Qualität und insbesondere für die **IT-Sicherheit** müssen dokumentiert erfüllt sein (z. B. zum IT-Grundschutz des BSI);[293]
- budgetmäßig, terminlich, qualitätsbezogen und vom Umfang her klar fixierte Projekte („Fixpreis und Fix-Termin“);
- langwierige Change Request-Verfahren und lange oder formalisierte Entscheidungswege beim Auftraggeber;
- kein oder nur unregelmäßiger Kontakt zum oder bei dem Auftraggeber, der an Lastenhefterstellung gewöhnt ist;

291 Vgl. *Bleek/Wolf*, Agile Softwareentwicklung, S. 148.

292 Teilweise nach *Bleek/Wolf*, Agile Softwareentwicklung, S. 160–165.

293 https://www.bsi.bund.de.

- keine Arbeit vor Ort beim Auftraggeber möglich;
- lange Entwicklungs-(Build)-Zeiten.

Diese Beispiele verdeutlichen auch, wie wichtig die Eröffnung von IT- und Datenschutz-Compliance-Prüfungen in jedem geschäftlichen und/oder behördlichen Einzelfall ist.

> Im Ausgangs-/Praxisfall wird kontrovers auf Leitungsebene diskutiert, wie man mit der sonst vertrauten Leistungsbeschreibung umgehen sollte.
>
> Schließlich habe man den Codenamen „Supermagic-Plus-Live-Production" auch zur Wort- und Wort-/Bildmarke beim DPMA anmelden lassen, um das geistige Eigentum der „Digitale Produktion mit E-Kollaboration im Industrie 4.0-Segment" zumindest auch markenrechtlich abzusichern. Da könnte man doch auf die Idee kommen, die Fachbegriffe der Waren und Dienstleistungen im Registerverzeichnis (Nizzaklassen) hier als Buzzwords vertraglich und auf der Unternehmens-Webseite beliebig zu verwenden und mit Zusicherungen auszuschmücken.
>
> Auch diesbezüglich wird eine ebenso kreative wie rechtssichere Lösung gefunden.

Im Grunde ist für den vertraglichen Leistungsumfang allein die fachspezifische Programmbeschreibung im Erstellungsschein ausschlaggebend. Sie hat alle für die Anwendung wesentlichen inhaltlichen und technischen Leistungsmerkmale aufzulisten.

Bei einem zu erstellenden Finanz- und Buchhaltungsprogramm ist beispielsweise festzulegen, welche Buchungen, Abschlüsse, Auswertungen etc. möglich sind, aber auch, auf welchen Wegen Daten in andere Programme übernommen oder auf welchen Medien sie gespeichert werden können.

Diese Leistungsbeschreibung muss so spezifisch erfolgen, dass eine Kontrolle möglich ist, ob der Softwareentwickler als Werkunternehmer seine Leistung vollständig, zeitgerecht und mängelfrei erbracht hat. Nur auf dieser Grundlage ist eine Testung und **Funktionsprüfung** möglich, mit deren Durchführung die Verjährungsfrist für Mängel zu laufen beginnt. Es handelt sich hier um die „**Abnahme**" i. S. d. Werkvertragsrechts.

Im Werkvertragsrecht genügt demzufolge eine bloße Ablieferung nicht. Vielmehr muss der Auftraggeber das erstellte Werk abnehmen, womit sodann die Gewährleistungsfrist zu laufen beginnt.

Unter „Abnahme" wird folglich auch bei IT-Projekten die Billigung des Werks durch den Auftraggeber als im Wesentlichen vertragsgerecht verstanden. Es sei auf die gesetzliche Regelung verwiesen gemäß § 640 Abs.1 BGB.

Eine solche Billigungserklärung setzt voraus, dass das System lauffähig ist und geprüft werden kann. Es muss getestet werden können und den Test oder die Tests bestanden haben. Es muss ebenso eine ausreichende Dokumentation übergeben worden sein.[294]

> Im Ausgangs-/Praxisfall stellt sich die Frage, ob eine **Werkvollendung anstatt der Abnahme** möglich ist nach dem Motto, der Kunde wisse, wann die App fertig (customiziert) sei. Dies reiche, nachdem man sein Logo auf den geheimen Systemstand aufgesetzt und seine Daten eingespielt habe.

An die Stelle der Abnahme tritt die sogenannte **Werkvollendung**, sofern die jeweilige Leistung nicht abgenommen werden kann, z. B. die eigenständige Fehlersuche eines beauftragten Beraters anlässlich einer Funktionsprüfung. Diese Leistung ist mit erfolgreichem Abschluss der Suche, damit also mit Werkvollendung, erbracht.

Meist lassen sich Leistungen wie Änderungen oder -erweiterungen aber getrennt prüfen und abnehmen. Auch bei Überlassung von Software können Teile der Anbieterleistung Werkvertragsrecht folgen, etwa individuelle Programmanpassungen im Quellcode oder Einrichten des Programmes für die spezifischen Kunden-/Auftraggebererfordernisse (Stichwort **Customizing**).

Die Abnahme muss nicht ausdrücklich erklärt werden. Es genügt, wenn der Auftraggeber

- das jeweilige Programm bzw. den Programmteil über einen nicht unerheblichen Zeitraum produktiv nutzt,
- eine Teilwerklohnzahlung leistet und den Anbieter mit Programmänderungen beauftragt,[295]
- in einer „Übernahmebestätigung" die gelieferte Anlage als funktionsfähig und vertragsgemäß bezeichnet[296]; hierbei wird allerdings zu beachten sein, dass eine entsprechende Erklärung regelmäßig unwirksam ist, wenn sie vom Anbieter gleich von vornherein im Vertrag oder in einem Lieferschein vorformuliert wird (Verstoß gegen § 307 BGB).

Ob der Auftraggeber zur Erklärung der Abnahme verpflichtet ist, ist vor allem dann Streitpunkt, wenn erst mit der Abnahme Zahlungen fällig werden sollen. Voraussetzung für das Entstehen einer solchen Verpflichtung ist aber in jedem Fall, dass die jeweilige Vertragsleistung tatsächlich **abnahmereif** ist. Lässt sich dies bejahen, kann der Auftraggeber nicht durch eine unbe-

294 Vgl. die vorstehenden Rechtsprechungsnachweise und bspw. OLG Hamm, Urteil vom 08.03.1989 – 31 U 12/88.

295 Vgl. BGH, Urteil vom 04.06.1973 – VII ZR 112/71; OLG Hamm, Urteil vom 06.02.1991 – 31 U 129/90.

296 OLG Hamburg, CR 1986, 83.

rechtigte Abnahmeverweigerung das Entstehen seiner Zahlungsverpflichtung beliebig hinauszögern, indem er sich auf die Notwendigkeit einer förmlichen Abnahmeerklärung beruft. Umgekehrt kann der Auftraggeber bei fehlender Abnahmereife nicht zur Abgabe der förmlichen Abnahmeerklärung verpflichtet bzw. verurteilt werden. Wegen unwesentlicher Mängel darf der Auftraggeber die Abnahme nicht verweigern (§ 640 Abs. 1 Satz 2 BGB).

Soweit im Rahmen des Werkvertragsrechts Mängel beseitigt wurden, sollte eine erneute Abnahme durchgeführt werden; diese bedarf aber besonderer vertraglicher Vereinbarung (meist eine individuelle vertragliche Ergänzung zum Formularvertrag). Mit Abschluss dieser weiteren Abnahme bzw. Funktionsprüfung der Mängelbeseitigungsleistung sollte dann nach entsprechender ausdrücklich zu treffender Regelung für den jeweiligen Mangel die Gewährleistungsfrist neu zu laufen beginnen.

Problematisch sind vor allem **Teilabnahmen**, die Softwareentwickler und Anbieter gerne mit Vergütungsteilzahlungen verbinden, wobei vielfach aber erst in der Gesamtprüfung wichtige Funktionen des abzunehmenden Leistungsteils feststellbar sind. Ein entsprechender **Abnahmevorbehalt** sollte im Vertrag unbedingt vereinbart werden. Bei komplexeren Systemen empfiehlt es sich außerdem, genau zu bezeichnen, welche Funktionen zu welchem Zeitpunkt für welchen Leistungsteil mit welchem Ergebnis getestet wurden. Versäumnisse können sich hier schnell rächen, wenn aus einer fehlenden oder nicht dokumentierten Prüfung die Billigung des Auftraggebers abgeleitet wird.

Der Auftragnehmer muss beachten, dass die Verweigerung der Abnahme des Werks wegen **unwesentlicher Mängel** ausgeschlossen ist, § 640 Abs. 1 BGB.

Im Ausgangs-/Praxisfall wären weitere Gestaltungsaspekte, insbesondere hinsichtlich der **„Softwarelizenzen" und der urheberrechtlichen Nutzungseinräumung** zu prüfen. Diesbezüglich wird eine individuelle Rechtsprüfung empfohlen.

Der IT-Vertrag enthält hier typischerweise zwei Komponenten, nämlich die Erstellung der Software und die (urheberrechtliche) Nutzungseinräumung auf Dauer oder Zeit.[297]

Im Einzelfall sind im Rahmen einer genauen Sachverhalts- und Bedarfsanalyse Abgrenzungen vorzunehmen. Sowohl auf Einkaufs- wie Verkaufsseite empfiehlt sich eine individuelle Beratung.

297 Vgl. weiterführend z. B. *Marly*, Praxishandbuch Softwarerecht, Rn. 325 ff.

## 9.4 Datenschutzrechtliche Besonderheiten bei Scrum

Es wird empfohlen, die technischen Hintergründe aufzuklären und die Schnittstelle des IT- und Datenschutzrechts im Rahmen der Vertragsgestaltung und -verhandlung zu erörtern.

Dazu dürfte in jedem Fall auch die Frage eines IT-Sicherheits- und Datenschutzkonzepts und von „technischen und organisatorischen Maßnahmen" (TOMs) gehören. Trotz der großen Praxisrelevanz gibt es erst eine verhältnismäßig überschaubare Anzahl von Abhandlungen, die sich mit der Thematik befassen.[298] Zu prüfen ist insbesondere, ob mit dem Kunden ein Vertrag zur Auftragsverarbeitung gemäß Art 28 DSGVO abzuschließen ist.

Ist ein Zugriff auf personenbezogene Daten im Rahmen der Leistungserbringung möglich, liegt nach Ansicht der deutschen Datenschutzbehörden eine Verarbeitung nach Art. 4 Nr. 2 DSGVO vor und die Anforderungen des Art. 28 DSGVO sind umzusetzen.[299]

> Es ist demgemäß im Einzelfall zu prüfen, ob die Aufnahme von Regelungen zur Auftragsverarbeitung nach Art. 28 Abs. 3 DSGVO erforderlich ist.

Man kann sich merken, dass sich bei der agilen Softwareentwicklung, nicht nur nach Scrum, aber insbesondere, spezifische Datenschutzherausforderungen stellen. Im Wesentlichen treten diese auf im Rahmen von zwei Verfahrensstadien: Einerseits im Rahmen der eigentlichen Softwareentwicklung und andererseits während der Datenverarbeitung durch das spätere Produkt (App/Softwaresystem).

Aus Sicht der Datenschutzaufsichtsbehörden und Datenschutzbeauftragten geht es um die Frage, ob bei der Softwareentwicklung datenschutzkonform nach DSGVO und BDSG gearbeitet werden kann bzw. worden ist, soweit personenbezogene Daten z. B. als Testdaten (legitim i. S. e. Rechtsgrundlage nach Art. 6 Abs. 1 DSGVO) verarbeitet worden sind. Ferner geht es um die

---

298 Vgl. zur Verarbeitung von Kundendaten z. B. *Schläger/Thode*, Handbuch Datenschutz und IT-Sicherheit, S. 277 ff.; zum Risikomanagement *Kranig/Sachs/Gierschmann*, Datenschutz-Compliance nach der DSGVO, S. 94 ff.; zur Komplexität bei Cloud Computing *Härting*, Datenschutz-Grundverordnung, S. 137 ff. Freilich gibt es weitere Fachveröffentlichungen. Diese können aber nahe liegender Weise nicht alle zitiert werden.

299 Vgl. DSK Kurzpapier Nr. 13, S. 3, abrufbar unter: https://www.lda.bayern.de/media/dsk_kpnr_13_auftragsverarbeitung.pdf, vgl. zu Wartung und Fernzugriffen, ebenso *Schmidt/Freund*, Perspektiven der Auftragsverarbeitung, ZD 2017, 14, (anders wohl *Laue/Kremer*, Das neue Datenschutzrecht in der betrieblichen Praxis, § 5 Auftragsverarbeitung und Verarbeitung im Drittland, Rn. 10 beck-online, die eine zufällige Kenntnisnahme von personenbezogenen Daten bei Gelegenheit der Leistungserbringung nicht ausreichen lassen wollen, sondern ein zielgerichtetes und willentliches Handeln des Dienstleisters fordern).

Frage, ob das Produkt an sich mit den Datenschutzregelungen im Einklang steht.

Nicht nur bei Scrum, sondern bei allen agilen Projekten, stellt es eine große Herausforderung dar, die Vorgaben des Datenschutzes nach DSGVO und BDSG korrekt einzuhalten, weil in Abgrenzung zur Softwareentwicklung nach dem klassischen, behäbigen und starren Wasserfallmodell eine vollständige datenschutzrechtliche Bewertung der Softwareentwicklung und des Produktes in den Projekt- und Frühstadien nur schwierig möglich und erst am Ende des Entwicklungsprozesses erfolgen kann. Dieses softwareentwicklungs- und datenschutzrechtliche Dilemma kann überspitzt zu der Fragestellung führen, ob die DSGVO agile Projekte sperren könnte.[300] Nach diesseitigem Verständnis ist dies aber nicht der Fall. Denn es gibt Möglichkeiten, die agilen Projekte wie Scrum und deren Ergebnisse und Produkte datenschutzrechtlich konform umzusetzen.

Sofern man die datenschutzrechtliche Bewertung erst an das Ende des Entwicklungsprozesses schieben würde, bestünde das Risiko, das aus datenschutzrechtlicher Perspektive derart umfangreiche Produktveränderungen geboten wären, die zur Folge haben könnten, dass der Entwicklungsprozess neu aufgerollt werden müsste. Insofern bietet es sich an, datenschutzrechtliche Regelungsvorgaben im Zuge der agilen Scrum-Vorgehensmethode möglichst frühzeitig zu berücksichtigen und beispielsweise in der Planungsphase zu implementieren und sodann im Laufe des iterativen Verfahrens kontinuierlich zu vervollständigen.[301]

In dem Ausgangs-/Praxisfall wäre beispielsweise zu regeln, dass die **Implementierung der datenschutzrechtlichen Anforderungen über das Product Backlog sowie die Sprint Reviews** zu erfolgen hat.

Im Hinblick auf die in jedem Projektfall individuell zu prüfenden IT- und datenschutzrechtliche Notwendigkeiten kann als Grundaussage formuliert werden, dass bei Erstellung des **Product Backlogs** die potentiellen datenschutzrechtlichen Anforderungen an die Software identifiziert und in den bereits vorgenannten **User Stories / Epics** zusammengefasst werden sollten. Diese datenschutzrechtliche Dokumentationsbasis kann sodann im Laufe der Software-/Produktentwicklung nachgeschärft und anhand der zu programmierenden Software angepasst und optimiert werden.

300 Vgl. auch *Kühn/Weaver*, DSGVO vs. AGILE? S. 2485, 2487.
301 Vgl. hierzu auch *Kühn/Weaver*, ebda.

Die agile Projektmethode kann durch die Besonderheit der **Sprint Reviews** sogar Handling-Vorteile im Hinblick auf den PDCA-Zyklus der datenschutzrechtlichen Verpflichtungen bieten. Denn die Sprint Reviews bezwecken, die Einhaltung der datenschutzrechtlich relevanten Anforderungen im Rahmen der Produktinkremente zu kontrollieren.

## 9.5 Zum Ausgangs-/Praxisfall

Im Ausgangs-/Praxisfall, aber im Grunde bei jedem Praxisfall, ist es sachdienlich, dass die Abteilungen – intern wie extern – hinreichend kommunizieren, miteinander, nicht übereinander.

In dem Ausgangs-/Praxisfall und generell bei dem agilen Vorgehensmodell könnten insofern folgende Kontrollfragen gestellt werden:

- Liegt eine Verarbeitung personenbezogener Daten durch das Inkrement vor?
- Ist eine Verknüpfung von Daten mit personenbezogenen Daten durch das Inkrement gegeben?
- Übermittelt das Inkrement personenbezogene Daten in ein Modul, welches vorher keine personenbezogenen Daten enthalten bzw. verarbeitet hat?
- Sind Auswirkungen bzw. Folgen des Inkrements auf die im Product Backlog definierten Daten-Schutzziele zu besorgen?

Die Finalisierung der IT- und datenschutzrechtlich zu formulierenden Vertragstexte kann demgemäß nach vollständiger Erfassung des Sachverhalts und der Beantwortung der softwaretechnischen Fragen erledigt werden.

In dem Ausgangs-/Praxisfall kann der Anwalt der Geschäftsleitung die Vertragsunterlagen in Dateiform bereitstellen.

- Bei dem IT-Projektvertrag zur agilen Softwareentwicklung besteht in der Praxis die Herausforderung, dass gerade bei der Softwareentwicklung zu Projektbeginn kaum klar definiert werden kann, wie die Software am Ende aussehen soll. Die Komplexität der Software und im Projektverlauf verlangte neue Erkenntnisse über sinnvolle Funktionalitäten erschweren eine umfassende Planung. Das klassische Wasserfallmodell, bei dem die Software in einem linearen Verfahren erstellt wird, funktioniert nur unter Idealbedingungen, sodass die im Einzelfall skizzierte agile Projektmethode absolut plausibel und richtig erscheint. Diese setzt allerdings auf einem iterativen, schrittweisen Vorgehen an. Auch wenn es eine einheitliche Vorgehensweise nicht gibt, hat sich als gegenwärtig am weitesten verbreitet die Vorgehensweise nach Scrum durchgesetzt.

- Zu berücksichtigen ist, dass die vertragstypologische Einordnung agiler Projekte noch im Fluss ist. Kontrovers diskutiert wird insbesondere, ob die Regelung dem Werk- oder Dienstvertragsrecht unterfällt. Für das Dienstvertragsrecht könnte sprechen, dass bei Vertragsschluss ein herbeizuführender Erfolg noch nicht genau definiert ist. Für das Werkvertragsrecht spricht, dass am Ende des Projekts eine lauffähige Software stehen soll, für deren Mangelhaftigkeit der Auftraggeber die entsprechenden Nacherfüllungsansprüche erwarten darf. Da man – mit der sich herauskristallisierten herrschenden Meinung – auf die Beherrschbarkeit des Risikos wird abstellen müssen nach der Wertung des BGH, wonach am Ende des Projektes eine lauffähige Software stehen muss, sprechen die überwiegenden Kriterien und Auslegungsmaßstäbe für die Geltung des Werkvertragsrechts. Soweit bei einem Vertrag zur Erstellung von Software eine Absprache über die Beschaffenheit der Software fehlen sollte, würde dies der Annahme eines Werkvertrags auch nicht entgegenstehen. Auch die Rolle des Product Owners, der typischerweise die Interessen des Auftraggebers vertritt, führt nicht zum Dienstvertrag. Dem Kunden fehlt überwiegend das Know-how für die Softwareerstellung; die Verantwortung für das Gelingen des Projekts liegt in der Regel beim Auftragnehmer. Dies führt zur Anwendung des Werkvertragsrechts. Damit hier die rechtlichen Interessen hinreichend transparent und vollständig abgebildet sind, sollte der Vertragsentwurf die im Einzelnen zu definierenden technischen und rechtlichen Regelungsbestandteile aufweisen. Diese folgen etablierten Abläufe nach Scrum. Da die Leistungen demgemäß grundsätzlich dem Werkvertragsrecht unterliegen, sollte gemäß der Regelung eine (schriftliche, d. h. beweisbare) Abnahme der Leistungen nach Fertigstellung erfolgen. Auf eine Abnahme muss hingewirkt werden, da an diese vielfältige Rechtsfolgen anknüpfen, z. B. die Fälligkeit der Vergütung, Beginn der Verjährungsfrist sowie der Ausschluss von Rechten bei bekannten Mängeln gemäß § 640 Abs. 3 BGB.
- Die Frage, ob Punkte wie die Quellcodeüberlassung, die Anwender-/Entwicklungsdokumentation noch vertieft werden sollten, ist eine Einzelfallfrage. Bei der Dokumentation ist der generelle Hinweis zu beachten, dass diese grundsätzlich als Hauptleistungspflicht geschuldet ist, zumindest soweit kein ausdrücklicher Ausschluss im Vertrag erfolgt.

Empfehlenswert kann dazu – einzelfallabhängig – die „homöopathisch dosierte" Beigabe von Rechtstipps sein, insbesondere, wenn auch noch allgemeine oder konkrete Fragen zu IT-AGB aufkommen. Folgende Stichworte könnten insofern verarbeitet werden:

- Vertragsentwürfe sind AGB und allesamt auf den unternehmerischen Geschäftsverkehr zugeschnitten. Gegenüber Privatpersonen würden noch strengere Anforderungen im AGB-Recht gelten. Die Verwendung einzelner Klauseln gegenüber Privatpersonen wäre daher unzulässig.

- Bei IT-Verträgen handelt es sich um komplexe Regelungswerke mit umfangreichen rechtstechnischen Inhalten. Diese müssen der Überprüfung der Rechtsprechung standhalten können. Unternehmer als Verwender von AGB gehen in der Praxis vielfach einen „Mittelweg", weil man sich einer zunehmend strengen und „sperrigen" Rechtsprechung konfrontiert sieht, aber schon gewisse vorteilhafte Regelungsmodelle riskieren möchte.
- Folge der Verwendung unwirksamer AGB wäre, dass an die Stelle der unwirksamen Bestimmung die entsprechende gesetzliche Regelung träte. Diesbezüglich entstünde durch eine etwaige Verwendung unwirksamer AGB kein Rechtsnachteil im Vergleich zur gesetzlichen Regelung.
- Weiterhin birgt die Verwendung unwirksamer AGB allerdings das Risiko wettbewerbsrechtlicher Abmahnungen (§ 4 Nr. 11 UWG, §§ 305 ff BGB). Diesbezüglich ist jedoch darauf hinzuweisen, dass dieses Risiko sich praktisch nur im oben angesprochenen „Verbraucherbereich" realisiert. Abmahnungen von AGB im unternehmerischen Verkehr, z. B. durch einen Wettbewerber, sind eher selten und unwahrscheinlich. Auch das diesbezügliche Risiko hält sich vorliegend in Grenzen.
- Zu beachten ist, dass individualvertragliche Abreden wie „Einzel-/Spezialverträge" – gleich ob mündlich oder schriftlich – AGB in jedem Falle vorgehen. Dieser „Vorrang der Individualabrede" gilt auch, soweit in AGB ein Schriftformerfordernis vorgesehen ist, weil ein solches nach deutschem AGB-Recht aus Richtersicht fast immer unwirksam ist.
- Aufgrund der strengen AGB-rechtlichen Rechtsprechung empfiehlt es sich, wichtige vertragliche Regelungspunkte grundsätzlich individualvertraglich mit dem Kunden zu vereinbaren. So unterliegen unter anderem Haftungsbeschränkungen sehr strengen AGB-rechtlichen Anforderungen, so dass es diesbezüglich durchaus Sinn machen kann, eine individualvertragliche Vereinbarung zu treffen, z. B. in Form einer summenmäßigen Haftungsbeschränkung.

## 9.6 Annex: Agile Fehlervermeidung bei F&E- und Scrum-Projekten – Perspektivwechsel zu IT-Sachverständigen und Richtern

Zum IT- und Datenschutz-Compliance gehört es, Fehler zu vermeiden. Diese können natürlich immer passieren, wenn Softwareentwickler als Menschen auf erfolgshungrige Auftraggeber und Kunden sowie ein Projektumfeld aus Menschen und künstlichen Intelligenzen treffen. Entwicklungstechnisch wie datenschutzrechtlich wird man aber einen fehlervermeidenden, risikoreflektierenden, vorausschauenden Ansatz bei der Softwareentwicklung und Projektgestaltung über alle Phasen, auch der nachgelieferten Pflege und Wartung, in Ansatz bringen.

Man könnte meinen, dass bei der Verwendung agiler Methoden weniger Fehler passieren bei der Projektumsetzung und Softwareentwicklung. Dem ist auch so – erfreulicherweise. Es ereignen sich aber dennoch in der Praxis viele Fehler, die man zumindest bei objektiver Betrachtung vermeiden könnte.

Insofern sei an dieser Stelle zur Orientierung ein Verweis auf Kategorien von Mängeln untergebracht, die von ö.b.u.v. Sachverständigen bei IT- und Hardware- wie Softwaretechnischen Komponenten nach diesseitigem Verständnis auch in der agilen Welt der Softwareprodukte und digitalen Transformationen zu berücksichtigen sind. Dies, um eine Annäherung an eine technische und rechtliche Relevanz ermessen zu können.

Wenn – wie bei agilen Projekten – kein Lasten- und Pflichtenheft vereinbart ist, mögen Auslegungsmaßstäbe und ggf. ein Vergleich mit anerkannten Branchenstandards und der Verkehrssitte in Betracht kommen für die Frage, ob und ab welchem Grad eine „Abweichung einer Ist- von der Sollbeschaffenheit" objektiv als „Mangel" angenommen werden dürfte.

Zunächst dürften etwaige funktionale Mängel mit dem betriebstechnisch erheblichen Fehlen dezidiert geforderter Eigenschaften bzw. Funktionalitäten gleichzusetzen sein, welche auf Verstöße gegen eines (oder mehrerer) nachfolgender Qualitätsmerkmale zurückführen wären wie

- Angemessenheit (Eignung von Funktionen für spezifizierte Leistungen, z. B. aufgabenorientierte Zusammensetzung von Funktionen aus Teilfunktionen),
- Richtigkeit (Lieferung der richtigen oder vereinbarten Ergebnisse oder Wirkungen),
- Sicherheit (Fähigkeit, unberechtigten Zugriff, sowohl versehentlich als auch vorsätzlich, auf Programme und Daten zu verhindern),
- Interoperabilität (Fähigkeit, mit vorgegebenen Systemen zusammenzuwirken),
- Ordnungsmäßigkeit (Merkmale von Software, die bewirken, dass die Software anwendungsspezifische Normen oder Vereinbarungen oder gesetzliche Bestimmungen und ähnliche Vorschriften erfüllt).

Im Krisenfall außergerichtlich oder gerichtlich ist zu prüfen, wen die Darlegungs- und Beweislast trifft: Vor Abnahme in der Regel immer den Softwareentwickler/Anbieter.

Weiter wäre bei Praxisprojekten zu beachten, dass von IT-Sachverständigen „**Mängel**“ bei technischen Maschinenlieferkomponenten (wie bei Hardware und Software) regelmäßig abgrenzbar klassifiziert werden, mit dem Effekt, dass die Vertragsparteien wissen, ob überhaupt nach objektivem Maßstab von einem – erheblichen – Mangel gesprochen werden kann oder ob es sich bei einem vermeintlichen Mangel um etwaig subjektiv enttäuschte Motiverwartungen handelt. Letztere sind aber bekanntlich juristisch unbeachtlich.

Nach dem Schweregrad des Mangels wird insofern vielfach folgende technische Mangelbeschreibung herangezogen gemäß den nachfolgend beschriebenen **Kategorien von A bis D:**

| Schweregrad des Mangels | Beschreibung des Mangels |
|---|---|
| A | Mängel der **Kategorie A** führen dazu, dass das System, ein wesentlicher Teil oder eine wesentliche Funktionalität, nicht nutzbar ist oder der Betrieb in wesentlichen zeitkritischen Geschäftsprozessen unzumutbar behindert ist. Eine Umgehung ist nicht möglich. Mängel dieser Kategorie wären ggf. abnahme- bzw. produktionsverhindernd. |
| B | Mängel der **Kategorie B** führen dazu, dass eine wesentliche Funktion oder ein wesentlicher Geschäftsprozess nicht ausgeführt werden kann, aber keine direkten Folgefehler auftreten. Es kommt nicht zum Versagen des Systems insgesamt, ein Arbeiten mit dem System ist mit Einschränkung in der Bedienung möglich, es sind zeitkritische Funktionen und Geschäftsprozesse betroffen. Eine Umgehung ist grundsätzlich möglich. Die Umgehung ist jedoch am System mit hohem Aufwand bzw. mit extremem manuellem Zusatzaufwand verbunden, der dem Anwender nur kurzfristig zugemutet werden kann. Mängel dieser Kategorie wären ggf. abnahme- bzw. produktionsverhindernd. |
| C | Mängel der **Kategorie C** führen dazu, dass Funktionalitäten innerhalb eines Geschäftsprozesses gestört sind. Funktion oder Geschäftsprozess können jedoch trotz des Fehlers mit kleinen Einschränkungen genutzt werden oder sind nicht so fehlerhaft, dass der Ablauf unzumutbar beeinträchtigt ist. Eine Umgehung ist möglich, sofern der sich dadurch ergebende Aufwand für den Anwender zumutbar ist. Zumutbarkeit ist in diesem Fall gegeben, wenn die Nutzung verschoben werden kann bzw. eine Umgehung auch bei häufiger Nutzung nur geringen Mehraufwand verursacht und keine wesentlichen Nacharbeiten am System erforderlich werden. Mängel dieser Kategorie sind nicht abnahme- bzw. produktionsverhindernd, müssen allerdings in für den Auftraggeber bzw. Anwender zumutbarer Zeit behoben sein. |
| D | Mängel der **Kategorie D** führen dazu, dass die Nutzung des Systems kaum beeinflusst ist. Die Abläufe von Funktionen und Geschäftsprozessen werden nicht merklich gestört. Eine Umgehung ist möglich, sofern der sich dadurch ergebende Aufwand für den Anwender zumutbar ist. Mängel dieser Kategorie sind nicht abnahme- bzw. produktionsverhindernd. |

Diese Klassifizierung führt dazu, schon bei der Projektsondierung – oder im Falle eines Startups bei der Konzeptionierung, agile Softwareprojekte künftig anzubieten – frühzeitig eine interne Prüfung, Strukturierung und Risikomatrix anzulegen.

In der Praxis sind gescheiterte IT-Projekte leider keine Ausnahme. Es gibt uralte Studien von *Unternehmensberatungsgesellschaften, Institutionen und Hochschulen wie der Universität Oxfort*, deren brachiale Aussagen auch heute noch gerne zitiert werden als abschreckende Beispiele, „*Chaos Reports*." Hier sei der Hinweis nur positivistisch verstanden und als Ansporn zu sehen, auch noch so komplexe Umsetzungen optimistisch anzugehen und nicht zu verzagen, auch wenn es knifflig wird.[302]

> Es ist immer gut, selbst wenn einem Entwickler Fehler vorgeworfen werden, wenn man nach Überprüfung mit dem Brustton der Überzeugung sagen kann:
>
> „Losgelöst von der zeitlichen Komponente einer wirksamen Mängelrüge der Projektpartnerin fehlt es für einen etwaigen Rücktritt vom IT-Vertrag schon an dem Erfordernis des Bestehens wesentlicher Mängel jedweder Kategorie."

---

302 Auf der österreichischen Webseite https://dieprojektmanager.com/scheitern-von-it-projekten/ heißt es unter der Rubrik „Zahlen, Fakten, Daten, Studien":

- *„46 % der IT-Vorhaben haben zumindest teilweise nicht die Wünsche und Anforderungen der Auftraggeber erfüllt. Jedes fünfte Projekt ist ein Totalausfall. („Chaos Report" der Standish Group 2006)*
- *Nur knapp die Hälfte aller IT-Vorhaben der vergangenen drei Jahre war erfolgreich. Sie dauerten entweder länger als geplant, kosteten wesentlich mehr, oder es kam am Ende ein anderes Ergebnis heraus. Andere Projekte mussten sogar abgebrochen werden, wobei in der Regel viel Geld in den Sand gesetzt wird. (Studie der Technischen Universität München)*
- *Die meisten IT-Projekte scheitern an unklaren Zielen, unrealistischen Zeitvorgaben und fehlender Abstimmung aller am Projekt Beteiligter. (Assure Consulting, 2007)*
- *20 % aller IT-Projekte werden abgebrochen; jedes zweite dauert länger oder wird teurer als geplant. Die Wahrscheinlichkeit des Scheiterns steigt mit der Dauer und Komplexität von Projekten. (Studie „Projekte mit Launch Management auf Kurs halten. Warum IT-Großprojekte häufig kentern und Projekterfolg kein Glücksspiel ist", Roland Berger Strategy Consultants, 2008)*
- *Die Erfolgsrate bei Projekten in den USA wird auf 34 % geschätzt. Die Fehlschläge werden für die USA mit Kosten in der Höhe von 150 Milliarden Dollar pro Jahr beziffert. In der EU wird der Schaden mit 140 Milliarden jährlich in etwa gleichen Größenordnungen angenommen. (Standish Group)*
- *Nur 16 % der untersuchten IT-Projekte können als erfolgreich eingestuft werden. (Studie der Universität Oxford 2003)"*

Eine valide Überprüfung und Kommentierung derartiger Verlautbarungen ist schwierig. Es gibt Dunkelziffern und ein Großteil der plakativen Unternehmensberateraussagen ist auch eher mit Vorsicht zu genießen. Abschreckende Veröffentlichungen machen aber v. a. im Internet munter die Runde, wie z. B.: „*Die Beratungsfirma IAG Consulting hat festgestellt, dass trotz aller Warnungen und technischer Hilfen immer noch 68 Prozent aller IT-Projekte als gescheitert betrachtet werden müssen. Diese beachtliche Anzahl hat aber ganz verschiedene Ursachen. Und so ist auch die Lösung dieses Problems so diffizil wie das Problem selbst". (https://www.silicon.de/39200412/68-prozent-aller-it-projekte-scheitern).* Man könnte unzählige Veröffentlichungen durchgehen. Als Fazit kann man sagen, dass man Vorsorge treffen sollte, dass das eigene Projekt nicht scheitert.

# 10. Cloud- und SaaS-Verträge

*Ulrich Emmert / Thomas A. Degen*

**Key-Words:** Cloud-Infrastruktur, Infrastructure as a Service (IaaS), Platform as a Service (PaaS), Software as a Service (SaaS), Cloudverträge, Gewährleistungsrechte, Datensicherheit, Kündigungsfristen, internationaler Datenschutz bei Cloudsystemen.

## 10.1 Ausgangs-/Praxisfall

Ein mittelständisches Unternehmen möchte seinen IT-Betrieb komplett outsourcen und von einem Dienstleister in der Cloud betreiben lassen. Der Dienstleister hat seinen Sitz in Deutschland, er möchte jedoch eine Cloud-Plattform eines Anbieters aus den USA verwenden.

Was ist alles zu regeln und auf welche Punkte sollte der Kunde bestehen?

## 10.2 Vorteile und Aufbau einer Cloud-Infrastruktur

Die Vorteile der Nutzung einer Cloud-Infrastruktur liegen auf der Hand: Die Kosten sinken erheblich durch bessere Auslastung der Kapazitäten durch Verwaltung von IT-Services für viele Unternehmen durch einen Anbieter, die Menge der genutzten IT-Services lässt sich kurzfristig skalieren, sowohl bei Mehr- als auch bei Minderbedarf an Rechen- und Speicherkapazität. Gleichzeitig sind die Daten von überall aus in gleicher Weise erreichbar, ohne dass Firewalls und VPN-Zugänge selbst verwaltet werden müssen.

Weitere Leistungen können in einer Serverfarm einfach hinzugebucht werden, je nach Wunsch als dedizierte Plattform für den Kunden oder in einer Mischnutzung mit anderen Kunden.

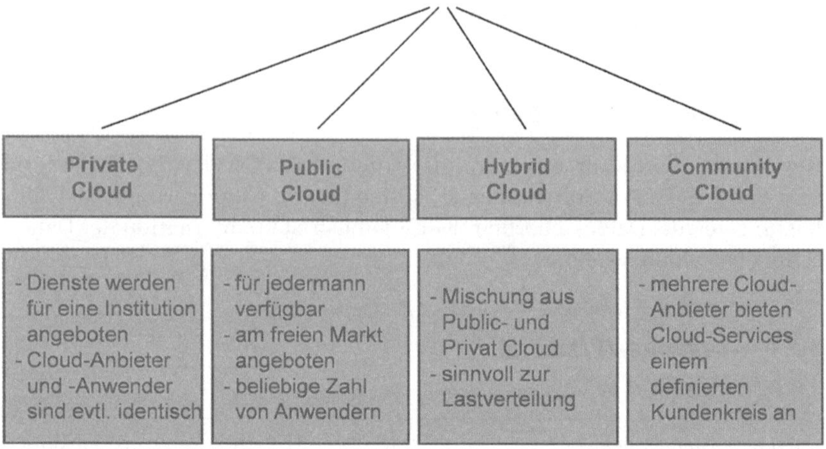


**Abbildung 30**

Das Bundesamt für Sicherheit in der Informationstechnik definiert die verschiedenen Cloud-Modelle[303] basierend auf der Cloud-Definition des National Institute of Standards and Technology (NIST)[304] folgendermaßen:

Dabei können verschiedene Servicemodelle angeboten werden[305]:

a. Infrastructure as a Service (IaaS)

   Bei **IaaS** werden IT-Ressourcen wie z. B. Rechenleistung, Datenspeicher oder Netze als Dienst angeboten. Ein Cloud-Kunde kauft diese virtualisierten und in hohem Maß standardisierten Services und baut darauf eigene Services zum internen oder externen Gebrauch auf. So kann ein Cloud-Kunde z. B. Rechenleistung, Arbeitsspeicher und Datenspeicher anmieten und darauf ein Betriebssystem mit Anwendungen seiner Wahl laufen lassen.

b. Platform as a Service (PaaS)

   Ein **PaaS**-Provider stellt eine komplette Infrastruktur bereit und bietet dem Kunden auf der Plattform standardisierte Schnittstellen an, die von

303 BSI, https://www.bsi.bund.de/DE/Themen/Unternehmen-und-Organisationen/Informationen-und-Empfehlungen/Empfehlungen-nach-Angriffszielen/Cloud-Computing/Grundlagen/grundlagen.html.

304 NIST, The NIST Definition of Cloud Computing, http://csrc.nist.gov/publications/nistpubs/800–145/SP800–145.pdf.

305 BSI, https://www.bsi.bund.de/DE/Themen/Unternehmen-und-Organisationen/Informationen-und-Empfehlungen/Empfehlungen-nach-Angriffszielen/Cloud-Computing/Grundlagen/grundlagen.html.

Diensten des Kunden genutzt werden. So kann die Plattform z. B. Mandantenfähigkeit, Skalierbarkeit, Zugriffskontrolle, Datenbankzugriffe, etc. als Service zur Verfügung stellen. Der Kunde hat keinen Zugriff auf die darunterliegenden Schichten (Betriebssystem, Hardware), er kann aber auf der Plattform eigene Anwendungen laufen lassen, für deren Entwicklung der CSP in der Regel eigene Werkzeuge anbietet.

c. Software as a Service (SaaS)

Sämtliche Angebote von Anwendungen, die den Kriterien des Cloud Computing entsprechen, fallen in diese Kategorie. Dem Angebotsspektrum sind hierbei keine Grenzen gesetzt. Als Beispiele seien Kontaktdatenmanagement, Finanzbuchhaltung, Textverarbeitung oder Kollaborationsanwendungen genannt.

Je nach Servicemodell nimmt die Kontrollmöglichkeit des Nutzers über die Erbringung und Verwaltung seiner IT-Services von der eigenen IT on premise bis zu **SaaS**-Diensten ab:[306]

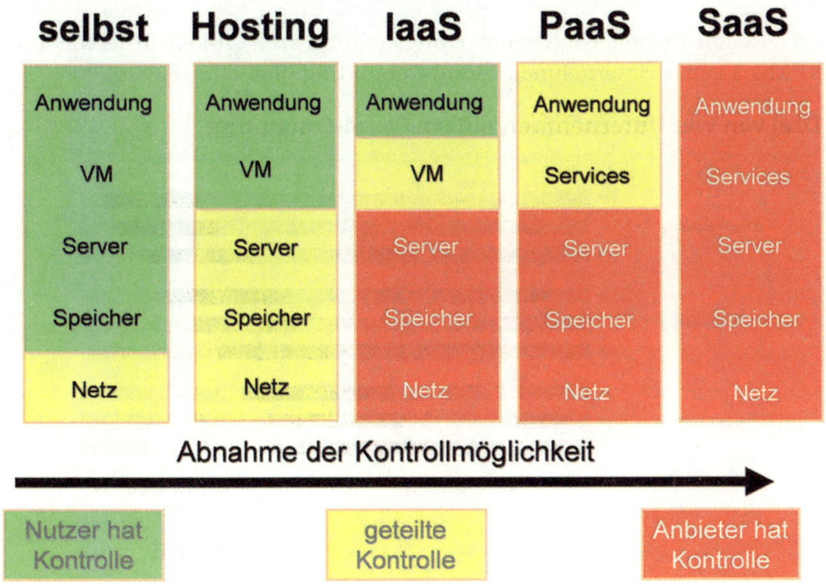


**Abbildung 31**

306 Angelehnt an *Tim Mather* „Cloud Security and Privacy“, https://csit.ust.edu.sd/files/2018/09/security3.pdf.

Neben den eigentlichen Cloud-Services erbringt der Cloud-Anbieter weitere Leistungen im Bereich Zuteilung von Ressourcen, Berichtswesen sowie die Absicherung im Bereich Datenschutz und Informationssicherheit:[307]

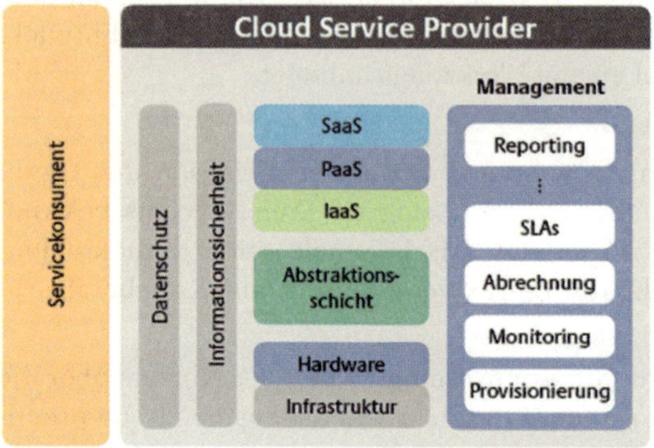


**Abbildung 32**

Inzwischen nutzen nach einer Untersuchung von Bitkom Research und KPMG 3 von 4 Unternehmen Cloud Computing (Stand Juni 2020)[308].

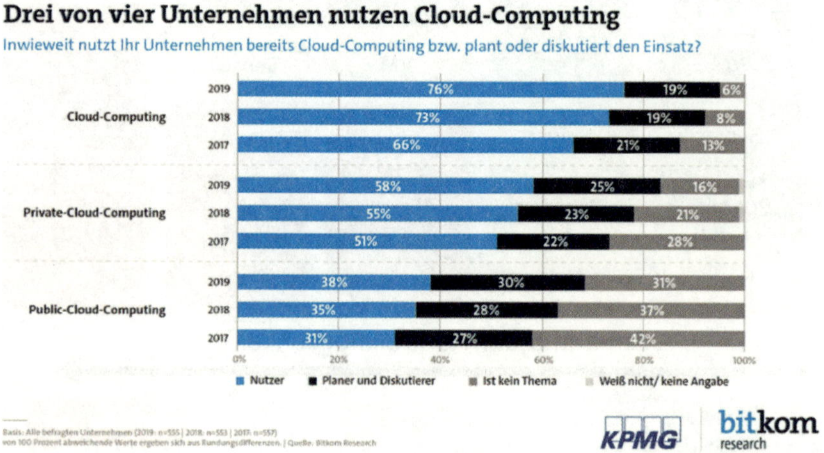


**Abbildung 33**

307 Quelle: Bundesamt für Sicherheit in der Informationstechnik.

308 https://www.bitkom.org/Presse/Presseinformation/Drei-von-vier-Unternehmen-nutzen-Cloud-Computing.

Der Cloud-Markt ist nach wie vor durch starke Wachstumsraten zulasten der IT on premise geprägt, wie folgende Untersuchung der Synergy Research Group aus 2019 zeigt:

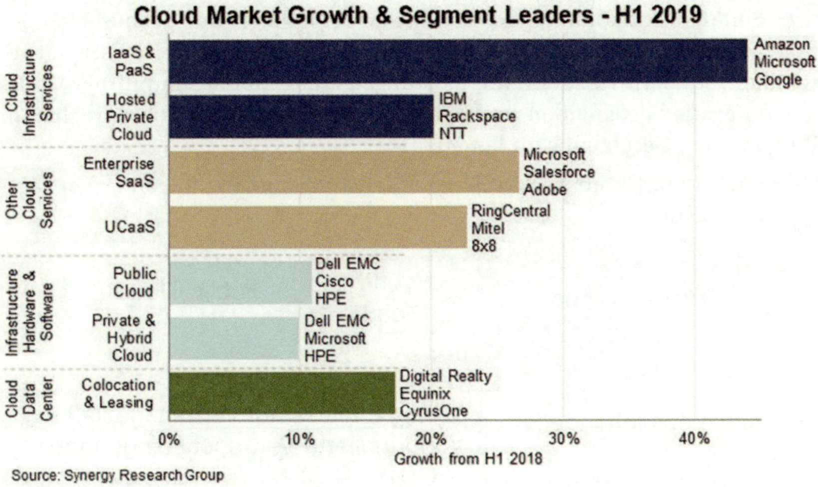


**Abbildung 34**

Hier sind gleichzeitig die führenden Marktteilnehmer in den USA angegeben, die in ähnlicher Weise auch den Markt in Deutschland und Europa dominieren. Zu welchen datenschutzrechtlichen Problemen dies führt, wird weiter unten besprochen.

## 10.3 Vertragliche Situation bei Cloudverträgen

### 10.3.1 Einflussmöglichkeiten der Vertragsgestaltung

Bei Cloudverträgen kommt es für den Nutzer für die Möglichkeiten der Vertragsgestaltung vor allem darauf an, ob er einen sogenannten „**Shared Service**" für viele Cloud-Nutzer in Anspruch nimmt oder ein speziell auf ihn zugeschnittenes Leistungspaket. Für den Nutzer ist daher in vielen Fällen ratsam, Verträge mit einem Dienstleister abzuschließen, der die Leistungen einzeln zusammenstellt, statt direkt mit einem großen Konzern Verträge über nicht mehr verhandelbare Standardservices zu schließen.

### 10.3.2 Vertragstypen des Bürgerlichen Gesetzbuches

Bei der Konzipierung des Bürgerlichen Gesetzbuchs, das am 1. Januar des Jahres 1900 in Kraft getreten ist, gab es natürlich noch kein Cloud Computing. Seit dem Aufkommen der Begriffe „Outsourcing“ und „Cloud-Computing“ wurden, anders als z. B. im Bankrecht, keine neuen Vertragstypen geschaffen, sondern versucht, die Leistungen eines Cloud-Computing-Anbieters unter die bestehenden Vertragstypen des Besonderen Schuldrechts im Bürgerlichen Gesetzbuch zu fassen.

Dabei kann ein Cloud-Vertrag je nach Leistungsumfang folgende Vertragstypen umfassen:

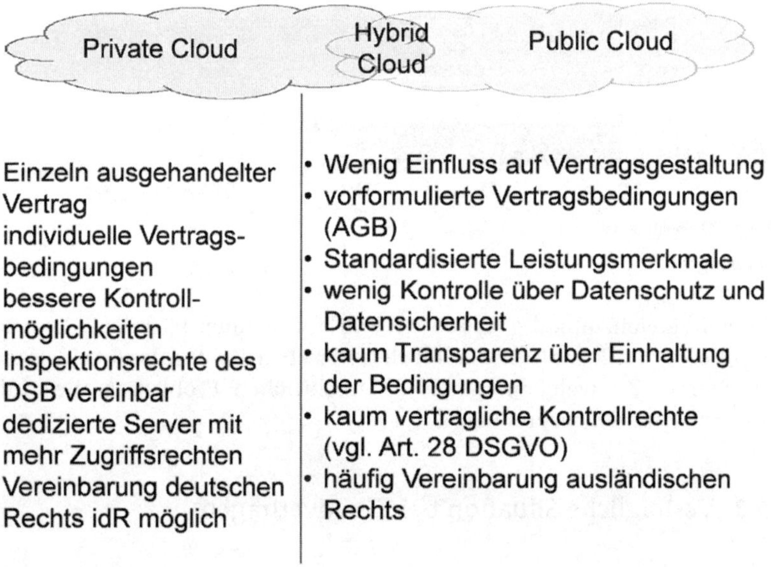


**Abbildung 35**

Der Erbringer der vertragstypischen Leistung hat folgende Verpflichtung:

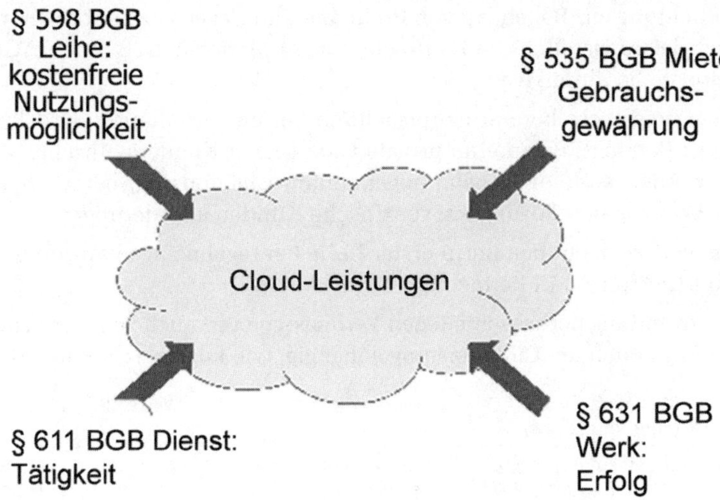


**Abbildung 36**

Dabei steht bei Cloud-Leistungen der Mietvertrag, also die entgeltliche Verpflichtung, dem Nutzer den Gebrauch einer Sache zu gewähren, im Vordergrund, bei kostenlosen Leistungen entsprechend der Leihvertrag.

Vorteil für den Vermieter beim Mietvertrag ist die wiederkehrende Berechnung von Leistungen und die Möglichkeit, die Weitergewährung an Dritte dauerhaft vertraglich ausschließen zu können. Dagegen ist es beim Softwarekaufvertrag möglich, erworbene Lizenzen weiterzuverkaufen, da der Erschöpfungsgrundsatz des europäischen Urheberrechts auch bei online ohne Übermittlung eines körperlichen Werkstücks gilt. Dies hat der Europäische Gerichtshof bereits in dem Grundsatzurteil vom 3.7.2012 entschieden[309] und der Bundesgerichtshof in seinen als Usedsoft II bis III bekannten Urteilen bestätigt und präzisiert. In der BGH-Entscheidung Usedsoft II[310] wurde die Anwendbarkeit des Erschöpfungsgrundsatzes auf Online-Softwarelizenzen durch den EuGH bestätigt und mit der Entscheidung Usedsoft III[311] im Hinblick auf die zulässige Spaltung von Volumen-Lizenzen erheblich erweitert.

309 Verfahren C-128/11 Usedsoft GmbH gegen Oracle International Incorporation, Presse und Information (europa.eu).

310 BGH v. 17.7.2013 – I ZR 129/08 – *UsedSoft II*, CR 2014, 168.

311 BGH v. 11.12.2014 – I ZR 8/13 – *UsedSoft III*, CR 7/2015.

Nachteil für den Vermieter ist die für den gesamten Vertragszeitraum bestehende Verpflichtung zur Gebrauchsgewährung, also seine dauerhafte Verpflichtung zur Behebung von Problemen im Gegensatz zur beschränkten Gewährleistungspflicht im Kaufrecht von 24 Monaten, B2B durch AGB auf 12 Monate beschränkbar.

Werkvertragsrecht kommt hauptsächlich bei der Installation der Cloudlösung in Betracht, wenn eine private Cloud nach Kundenwünschen aufgebaut werden soll sowie beim sogenannten Customizing, beim Anpassen einer bestehenden Lösung auf spezifische Kundenanforderungen.

Dienstvertragsrecht kommt in erster Linie bei regelmäßigen Wartungs- und Supportleistungen in Betracht.

Die Anwendung der verschiedenen Vertragstypen ist auch vom verwendeten Geschäftsmodell der Cloudleistung abhängig, wie folgendes Schaubild zeigt:

<table>
<tr><th></th><th>Mietvertrag<br>(ohne Entg. Leihe)</th><th>Dienstvertrag</th><th>Werkvertrag</th></tr>
<tr><td>SaaS</td><td>Zugriff auf Application Service Providing (ASP)</td><td>Überwachungs- und Betriebsleistungen</td><td>–</td></tr>
<tr><td>PaaS</td><td rowspan="2">Bereitstellung von Zugriff und Speicherplatz</td><td rowspan="2">Überwachungs- und Betriebsleistungen</td><td rowspan="2">BGH:<br>Abrufbarkeit bei Webhosting</td></tr>
<tr><td>IaaS</td></tr>
</table>

**Abbildung 37**

## 10.4 Gesetzliche Gewährleistung bei Cloud-Verträgen

Die Bestimmung des jeweils anwendbaren Vertragstypus auf die einzelne Cloud-Leistung wird deutlich, wenn sich das gesetzliche Gewährleistungsrecht für die verschiedenen Cloud-Leistungen näher beleuchtet:

Mietrecht gilt für die Nutzung von verteilten Servern, typischerweise virtuelle Maschinen, die jederzeit umgezogen werden können oder mit mehr Ressourcen bereitgestellt werden können.

Aber zugleich gilt für die Nutzung diverser, weltweit verteilter dienstvertragstypischer Leistungen generell eine eingeschränkte Verfügbarkeitszusage. Nach Mietrecht würde der Cloud-Anbieter eine 100 %-ige Verfügbarkeit garantieren müssen.

Dies lässt sich jedoch technisch nicht abbilden. Daher kann nur eine detaillierte Leistungsbeschreibung die Gesetzeslage an die faktischen Gegebenheiten anpassen.

Daher sind die einzelnen Leistungen des Vertragsverhältnisses sehr genau im Lastenheft zu spezifizieren und sowohl die Hauptleistungspflicht als auch die zu erbringenden Nebenleistungen sowie die darauf entfallenden Regeln zur Vertragsänderung (so genannter „**Change Request**") als auch zur Gewährleistung sehr genau festzulegen.

Da die Nutzungsgewährung Hauptleistungspflicht ist und in Allgemeinen Geschäftsbedingungen die Haftung für Hauptleistungspflichten nicht eingeschränkt werden darf, ist hier schon in der Leistungsbeschreibung darauf zu achten, dass nur eingeschränkte Leistungsversprechen gemacht werden. Dies geschieht entweder im Hauptvertrag oder in einem sogenannten „**Service Level Agreement**", das außer der mietvertraglichen Verfügbarkeit meist auch noch die Erbringung von dienst- oder werkvertraglichen Zusatzleistungen regelt.

## 10.5 Übersicht über die verschiedenen Gewährleistungsrechte

Die Übersicht über die verschiedenen Gewährleistungsrechte zu den vorher beschriebenen Vertragstypen des Cloudvertrags aus dem Besonderen Schuldrecht des BGB fasst die wesentlichen Besonderheiten zusammen:

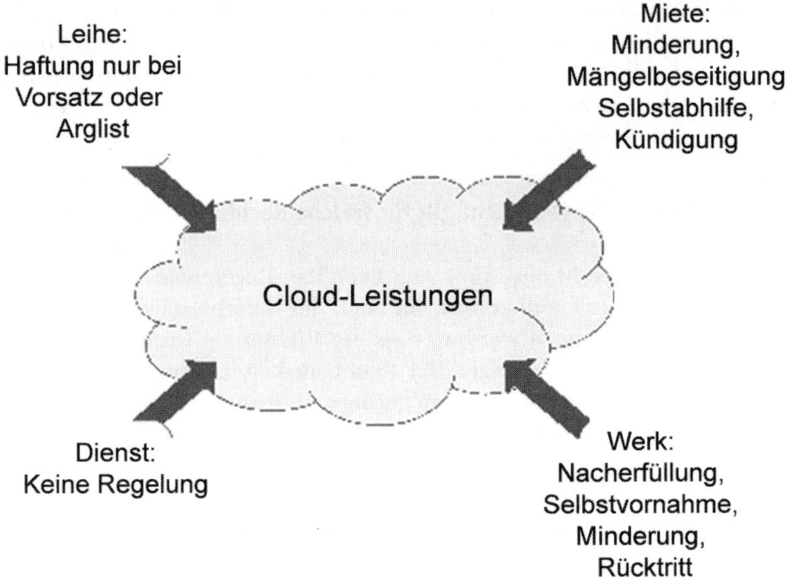


**Abbildung 38**

## 10.6 Vertragliche Regelungsbereiche

Bei der Abfassung von Cloudverträgen in der Praxis stellen sich unter anderem folgende Fragen:

### 10.6.1 Wie viele Vertragsparteien gibt es und welche Leistungen übernehmen sie?

Bei Cloudservices ist typisch, dass der Kunde eine ganze Vielfalt von Cloudleistungen in Anspruch nehmen möchte, die nicht komplett von einem Anbieter geliefert werden können. Dem Kunden ist daher dringend anzuraten, die Verträge mit den verschiedenen Anbietern nicht selbst abzuschließen, um bei der Geltendmachung von Gewährleistungsrechten auch keine Schuldzuweisung der unterschiedlichen Anbieter untereinander zu erleben.

Wenn mehrere Anbieter zusammenwirken sollen, müssen in allen Verträgen mit den Anbietern die Leistungsbereiche genau definiert sein und insbesondere die Schnittstellen und die Übergabeleistungen mit Verantwortlichkeiten und Datenformaten genau geregelt sein.

Es gibt inzwischen auch das Modell, dass der Kunde sogenannte Cloud Service Broker einsetzt, die für die Auswahl der Vertragspartner zu einem Mindestniveau an Leistungen selbst verantwortlich sind und zur Kostenoptimierung selbständig den jeweils günstigsten Anbieter wählen sollen. Davon ist jedoch abzuraten, da damit eine jeweilige Kontrolle der genauen Vertragssituation erheblich erschwert wird.

### 10.6.2 Welches nationale Recht gilt für welche Rechte und Pflichten?

Das anwendbare Recht bestimmt sich nach den Regeln des Vertrages, dort sollte neben dem anwendbaren Recht auch der Gerichtsstand geregelt sein und Sorge dafür getragen werden, dass der Richter am Gerichtsstand sich auch mit dem zugrunde liegenden Recht auskennt. Die Kosten für die Rechtsverfolgung sind natürlich am geringsten, wenn deutsches Recht und ein deutscher Gerichtsstand vereinbart werden.

Gibt es keine Vereinbarung im Vertrag, so richten sich das **anwendbare Recht** sowie der Gerichtsstand nach internationalem Privatrecht (vgl. Art. 4 Abs. 1 u. 2 ROM I-VO). Zu prüfen ist zunächst, ob es multilaterale oder bilaterale Sondervereinbarungen der beteiligten Staaten gibt, wie z. B. in der EU mit den römischen Verträgen, oder ob dies nicht der Fall ist. Dann entscheidet in aller Regel der Sitz des Erbringers der vertragstypischen Leistung über anwendbares Recht und Gerichtsstand.

Im Hinblick vor allem auf das Datenschutzrecht sollte ein Vertrag mit einem Anbieter aus der EU nach EU-Recht und mit Gerichtsstand in der EU geschlossen werden. Dort sollte geregelt sein, dass die Daten in einem europäischen Rechenzentrum liegen und der Zugriff aus Nicht-EU-Staaten unterbunden wird. In der Praxis ist das häufig nicht möglich, weil derzeit vor der Bereitstellung von **GAIA-X** als europäische **Cloud-Alternative**[312] der Markt von US-amerikanischen Unternehmen beherrscht wird und auch im Bereich der IT-Sicherheit Cloudservices zu Viren- und Malwareschutz, Intrusion Detection und Prevention kaum Alternativen zu US-Anbietern bestehen.

Wenn es keine Alternativen zu US-Anbietern gibt, sollte man nach Möglichkeit sich bestätigen lassen, dass die Daten nur in Europa liegen und nicht an Nicht-EU-Konzernteile weitergegeben werden bzw. vor einer Anordnung der ausländischen Behörden den Kunden informiert und ihm Gelegenheit gibt, die Daten zu migrieren.

Zum Verfahren bei Streitigkeiten gibt es die Möglichkeit, eine **Schiedsgerichtsvereinbarung** zu treffen, die dann den Ablauf vor einem von den Parteien bestimmten Schiedsgericht unter Ausschluss des ordentlichen Rechtswegs bestimmt. Dies hat vor allem für die Verfahrensdauer erhebliche Vorteile, da in der Regel nur eine Instanz verbindlich über den Rechtsstreit entscheidet.

### 10.6.3 Wer hat Zugriff auf welche Leistungen und welche Daten?

In einem Cloud-Vertrag sollte genau beschrieben sein, wie das **Berechtigungskonzept** aussieht und wie die Berechtigungen vom Kunden verwaltet werden können. Zudem muss geklärt sein, unter welchen Voraussetzungen und mit welchen Berechtigungen es möglich ist, dass Anbieter z. B. in Supportfällen direkten Datenzugriff bekommen. Hier ist bei Nicht-EU-Anbietern nach dem Schrems II-Urteil des Europäischen Gerichtshofs vom 16.7.2020 in aller Regel auf die Standardvertragsklauseln der EU zurückzugreifen, die zur Zeit noch aus dem Jahr 2010 stammen und am 4.6.2021 in einer Neufassung veröffentlicht wurden.

Bei sensiblen personenbezogenen Daten und/oder der Gefahr der Totalüberwachung am Arbeitsplatz durch Überwachungssoftware wie SIEM- oder Antimalware-Software ist zum Schutz der Beschäftigten nach Art. 32 Abs. 1

312 BMWi – GAIA-X, https://www.bmwi.de/Redaktion/DE/Dossier/gaia-x.html.

lit a eine Pseudonymisierung vorzusehen, sinnvollerweise in Deutschland unter Einbeziehung des Betriebs- bzw. Personalrats (soweit vorhanden).

### 10.6.4 In welchem Land werden Leistungen erbracht und die Daten gespeichert?

Es ist darauf zu achten, dass die Daten innerhalb der EU (bzw. dem europäischen Wirtschaftsraum EWR) gespeichert werden, um die Einhaltung des Datenschutzrechts besser gewährleisten zu können. Fast alle amerikanischen Anbieter bieten für den europäischen Markt Zusicherungen an, dass die Daten ausschließlich in der EU gespeichert und verarbeitet werden.

Microsoft bietet z. B. eine EU-Cloud mit Speicherung der Daten in Amsterdam und Dublin an sowie für Altkunden eine Speicherung in Deutschland in Frankfurt und Magdeburg. Inzwischen wird eine Variante angeboten, bei der der Kunde vor Weitergabe an Dritte benachrichtigt wird, leider ist dies nur bei sehr teuren Preismodellen wie Microsoft 365 Version E5 verfügbar.

### 10.6.5 Wie werden Änderungen im Bedarf umgesetzt und was geschieht bei Abweichungen in der Vertragserfüllung?

Für Änderungsverlangen, so genannte Change Requests, ist ein ausgefeiltes Regelwerk erforderlich. Häufig begibt sich der Cloud-Nutzer in völlige Abhängigkeit vom Cloud-Anbieter, da er seine gesamte IT an den Cloud-Anbieter auslagert. Bei betrieblichen Erfordernissen, die Cloud-Services für den Nutzer zu ändern, sollte daher eine Verpflichtung des Cloud-Anbieters festgeschrieben werden, dem Wunsch nachzukommen, es sei denn die Änderung ist technisch nicht machbar oder vom Aufwand her völlig unzumutbar. Es muss auch geregelt werden, wie zusätzliche Kosten ermittelt und auch die Kosten der Kostenermittlung verteilt werden. Hierzu wird normalerweise ein mehrstufiges Verfahren mit Angebot und Annahme und Regelung für die Zwischenzeit bis zur Umsetzung der Änderung vereinbart.

Leistungsstörungen des Vertrages werden je nach dem für die Leistung einschlägigen Vertragstyp aus dem BGB betrachtet. Selbst bei werkvertraglichen Leistungen ist dem Anbieter oft nicht zuzumuten, in Vorleistung zu treten oder das Risiko eines Rücktritts zu tragen, daher ist es dringend erforderlich, hier Korrekturen an der gesetzlichen Risikoverteilung vorzunehmen. Gleiches gilt für die Höhe der Haftung bei leichter Fahrlässigkeit, hier ist es anerkannt, dass dabei Haftungshöchstgrenzen vereinbart werden, die häufig mit einer Versicherung in dieser Höhe hinterlegt werden.

### 10.6.6 Wie wird die Vergütung für welche Leistungen berechnet?

Für mietvertragliche Leistungen wie die Bereitstellung von Rechenkapazität und Speicherplatz wird wie im Mietrecht üblich normalerweise eine rein **zeitabhängige Grundvergütung** gewählt, die bei Buchung von Zusatz- oder Minderleistungen dann entsprechend erhöht bzw. reduziert wird. Bei dienst- oder werkvertraglichen Leistungen wird in der Regel „**Time and Material**“ vereinbart, also eine Abrechnung nach Zeit und Aufwand der entsprechenden Leistung, zuweilen wird vor allem im Public Cloud Bereich auch hier mit pauschalen Abrechnungen gearbeitet.

### 10.6.7 Wie werden spezifische rechtliche Anforderungen und interne Vorgaben des Kunden umgesetzt?

Bei individuellen Cloudprojekten werden die Vorgaben vor Vertragsschluss in einem Pflichtenheft zusammengestellt und müssen sodann vom Anbieter auf technische und organisatorische Machbarkeit untersucht werden.

Um Zweifel bei der Auslegung des Leistungsumfangs auszuschließen, empfiehlt es sich, die Leistungen sehr genau zu beschreiben und auch die Beseitigung etwaiger Fehler oder sonstiger Leistungsstörungen in die Überlegungen mit einzubeziehen.

Der Kunde und nicht der Anbieter ist für die Einhaltung aller rechtlichen und gesetzlichen Regelungen („Compliance“) bei der Datenverarbeitung verantwortlich, daher hat dieser vor der Produkt- und Leistungsauswahl eines Cloudservices selbständig auf die Einhaltung der Gesetze zu achten. In Deutschland ist bei einer Beschaffung von IT-Leistungen, sofern jeweils vorhanden, zwingend der Betriebs- bzw. Personalrat und der Datenschutzbeauftragte von Anfang an einzubeziehen. Der Betriebsrat kann wegen der zwingenden Mitbestimmung in diesem Bereich die Beschaffung verhindern, sofern nicht die Einigungsstelle abweichend entscheidet, der Datenschutzbeauftragte kann bei Gesetzesverstößen die Datenschutz-Aufsichtsbehörde informieren, die seit Geltung der DSGVO erweiterte Aufsichtsbefugnisse bis hin zur faktischen Betriebsschließung hat. Ein Übergehen dieser Institutionen kann daher eine monate- oder jahrelange Blockade von Projekten nach sich ziehen.

Es ist sinnvoll, dem Anbieter des Cloudservices die Pflicht aufzuerlegen, den Service bei Gesetzesänderungen oder Änderungen der Rechtsprechung entsprechend der neuen Rechtslage im Rahmen der Kosten eines Wartungsvertrages zu ändern. Bei wesentlichen Gesetzesänderungen, die einen Aufwand von mehr als 10–20 % des Ursprungspreises ausmachen, sollte über eine Beteiligung des Kunden an den Zusatzkosten nachgedacht werden.

### 10.6.8 Wie werden Störungen der Leistung rechtlich bewertet?

Für die Bewertung, ob Leistungsstörungen vorhanden sind, ist zunächst erforderlich, die Verantwortungsbereiche von Cloudanbieter und Cloudnutzer genau zu definieren. In den meisten Fällen erlangt der Cloudanbieter nicht die Hoheit über die Datenübertragungsstrecke zwischen Cloudanbieter und -nutzer, so dass hierfür bei Störungen aufseiten des Nutzers dieser selbst verantwortlich ist.

Störungen können bei Cloudleistungen in Form von Verzug mit der Bereitstellung von Leistungen oder Änderungen, im Bereich Einschränkung der Verfügbarkeit durch Ausfall von Zugriff auf die Cloudleistungen, durch Verstoß gegen Vertraulichkeitsregelungen, durch Hackerangriffe oder im schlimmsten Fall in Form von Datenverlust auftreten.

Die Rechtsfolgen bestimmen sich dann nach den Bestimmungen des Vertrags, ergänzend aus den AGB, soweit verwendet, sowie den gesetzlichen Regelungen zum betreffenden Vertragstyp.

Diese Regelungen finden sich bei den meisten Verträgen nicht im Hauptvertrag, sondern in den ergänzenden so genannten Service Level Agreements, deren Regelungen nachfolgend unter 10.7 beschrieben werden.

## 10.7 Regelungen in zugehörigen Service Level Agreements

### 10.7.1 Verfügbarkeit des Systems oder Dienstes in einem bestimmten Messzeitraum

Die Verfügbarkeit von Clouddiensten wird üblicherweise wie folgt berechnet:

$$\frac{\text{Gesamtzeit in Minuten} - \text{Gesamtausfallzeit in Minuten} * 100\,\%}{\text{Gesamtzeit in Minuten} - \text{geplante Wartungszeiten}}$$

Die geplanten Wartungszeiten werden üblicherweise nicht in die Verfügbarkeitszeit eingerechnet, je nach Vertrag sind auch Fälle höherer Gewalt, bei einer private Cloud auch Fälle fehlender Mitwirkung der Nutzerseite ggf. herauszurechnen. Bei der Angabe von Durchschnittsangaben zur Verfügbarkeit sind für den Cloudanbieter/Vermieter lange Durchschnittszeiten vorteilhaft, während der Nutzer darauf achten sollte, möglichst kurze Durchschnittszeiten zu vereinbaren.

### 10.7.2 Wartungszeiträume

Wartungszeiträume werden üblicherweise außerhalb der üblichen Betriebszeiten des Kunden vereinbart und werden normalerweise mit einer angemessenen Vorfrist durch den Cloudbetreiber angekündigt. Im Notfall kann es sein, dass aus Sicherheitsgründen ein sofortiges Wartungsfenster benötigt wird, z. B. wie im Fall des Angriffs auf Microsoft Exchange im Februar / März 2021. Beide zählen nicht zur Verfügbarkeit, da diese auch im Interesse des Cloudnutzers erforderlich sind.

### 10.7.3 Reaktionszeiten auf Mängelmitteilung

Fast immer werden Zeiten vereinbart, innerhalb derer der Cloudanbieter beginnen muss, Störungsmeldungen zu bearbeiten. Üblicherweise werden dafür Ticketsysteme genutzt, ein häufig genutztes Tool ist Jira Service Management von der australischen Softwarefirma Atlassian.

Es werden meistens unterschiedliche Reaktionszeiten nach Schwere des Fehlers vereinbart, eine typische Matrix dafür könnte folgendermaßen aussehen:

| Service | Level | | |
|---|---|---|---|
| Erreichbarkeit (SLA) | Während der betreuten Betriebszeit ist das Service Desk erreichbar. | | |
| | Level | Rückmeldung innerhalb | Qualifizierte Analyse Produktivsysteme |
| | 1 | 1 Stunde | 4 Stunden |
| | 2 | 2 Stunden | 8 Stunden |
| | 3 | 4 Stunden | 1 Werktag |
| | 4 | 1 Werktag | 4 Werktagen |

**Abbildung 39**

Damit ist noch keine Behebung des Mangels zugesagt.

### 10.7.4 Umgehungs- oder Beseitigungszeiten bei Mängeln

Zuweilen werden auch Umgehungs- oder Beseitigungszeiten bei Mängeln vereinbart. Eine Mängelbeseitigungszeit sollte eigentlich nur im Fall der Bereitstellung von identischer Standby-Hard- und Software garantiert werden, ansonsten ist eine Fehlerbeseitigungszeit im IT-Bereich ziemlich unkalkulierbar.

### 10.7.5 Mindestleistungsdaten

Bei Performancegarantien ist darauf zu achten, auf Basis welchen Hard- und Softwarevoraussetzungen sowie Datenmengen diese gegeben werden soll, evtl. muss im Gegenzug dafür die Bereitschaft des Nutzers zur Bezahlung weiterer Cloud-Ressourcen eingefordert werden, wenn die Datenmengen zugenommen haben. Zudem müssen vom Anbieter in der Regel nicht beherrschbare Parameter wie die Anbindung des Cloud-Nutzers ans Internet bzw. MPLS-Netze (Multiprotocol, Label Switching) sowie die Leistungsfähigkeit von Routern aus der Performancegarantie ausgeschlossen werden, d. h. es wird die Leistungsfähigkeit am Übergabepunkt im Netz des Anbieters gemessen, nicht die Bandbreite, die im Netz des Kunden ankommt.

### 10.7.6 Change Management und Bearbeitungszeiten

Um Änderungen nach Bedarf des Nutzers schnell umsetzen zu können, werden häufig zeitliche Grenzen für Anderungsbearbeitungen vereinbart. Dies sollte zum einen für die Bearbeitung der Vertragsänderung als solches gelten. Die Zeit zur Umsetzung der Vertragsänderung sollte im Angebot des Anbieters zur Umsetzung der Vertragsänderung enthalten sein, wenn diese Dienstleistungen beinhaltet, eine weitere Zuteilung von Ressourcen sollte bei großen Cloudanbietern jederzeit on-the-fly möglich sein.

### 10.7.7 Datensicherheit

Der Nutzer muss sicherstellen, dass bei der Verarbeitung seiner Daten in der Cloud Datenschutz und Datensicherheit gewährleistet werden. Datenschutzrechtlich wird es sich in der Regel um eine Auftragsverarbeitung handeln, für die eine **Auftragsverarbeitungsvereinbarung nach Art. 28 DSGVO** geschlossen werden muss, bei Verträgen mit Unternehmen außerhalb der EU und dem EWR ist zusätzlich noch die Einbeziehung der Standardvertragsklauseln der EU erforderlich, da das vereinfachte Verfahren des „EU/US Privacy Shield“ wegen der Massenüberwachung durch die NSA (siehe oben) vom Europäischen Gerichtshof kassiert wurde.

In technischer Hinsicht müssen zur Einhaltung der DSGVO die Vorschriften insbesondere von Art. 32 DSGVO (bei sensiblen Daten in Deutschland auch von § 22 BDSG) eingehalten werden. Dazu werden als Anhang zur Auftragsverarbeitungsvereinbarung sogenannte „Technische und Organisatorische Maßnahmen“ vereinbart. Zum Nachweis der Einhaltung von technischen Sicherheitsmaßnahmen ist es hilfreich, wenn der Cloudanbieter Zertifizierungen nach nationalen oder internationalen Normen vorweisen kann, wie z. B. ISO 27001 ff, SOC2, BSI-Grundschutz oder eine Datenschutzzertifizierung. Für einzelne Bereiche gibt es weitere Zertifizierungsstandards, z. B. für die Automobilindustrie VDS 10000,für Dokumentenmanagementsysteme den Standard PKDML von TÜV IT und VOI oder im Bereich des ersetzenden Scannens die TR-RESISCAN des Bundesamts für Sicherheit in der Informationstechnik.

### 10.7.8 Migrationsleistungen bei Wechsel des Providers

Der Cloudanbieter sollte verpflichtet sein, beim Wechsel des Cloud Providers oder sonstiger beteiligter Dienstleister Unterstützung beim Umzug zu einem neuen Anbieter zu leisten. Die Verpflichtung dazu ergibt sich bezüglich personenbezogener Daten aus dem neuen Art. 20 DSGVO, sollte aber zusätzlich vertraglich gesichert werden. Insbesondere sollten die Bereitstellung der Daten in wiederverwendbaren Formaten, das Verfahren zum Umzug von verschlüsselten Daten und die Bandbreite für den Umzug von Anfang an vertraglich geregelt sein. Zusätzlich kann vor dem Wechsel bei umfangreichen Cloudleistungen eine Transitionsvereinbarung zur Unterstützung geschlossen werden.

### 10.7.9 Kündigungsfristen

Die Kündigungsfristen sollten zum Schutz beider Parteien bei Private Cloud Lösungen länger bemessen sein, bei Standardleistungen können für beide Seiten auch kürzere Kündigungsfristen akzeptabel sein. Reicht die Kündigungsfrist nicht aus, sollte für beide Seiten ein Optionsrecht vereinbart werden, mit dem die Laufzeit des Vertrages noch einmal einseitig für die benötigte Zeit verlängert werden kann.

### 10.7.10 Leistungen am Vertragsende

Zum Vertragsende können Herausgabepflichten für Daten und Unterlagen vereinbart werden, es müssen jedoch auch gesetzliche Aufbewahrungsfristen und Gewährleistungsfristen bzw. Verjährungsfristen für Ansprüche berücksichtigt werden. Häufig kann daher zum Vertragsende nur eine Teillöschung der Daten erfolgen, der Rest muss dann gelöscht werden, wenn der Zweck der weiteren Aufbewahrung entfallen ist.

Weitere Leistungen können zum Vertragsende vereinbart werden, wie z. B. der Umgang mit bzw. die Herausgabe von Archiv- und Backupdaten.

Gegebenenfalls kann auch ein Gewährleistungsverzicht erklärt werden, um die sofortige Herausgabe von Daten und Unterlagen zu ermöglichen.

### 10.7.11 Konfliktregelungen

Staatliche Gerichtsentscheidungen haben den Ruf, teuer und langwierig zu sein. Durch die Möglichkeit mehrerer Instanzen können sich Verfahren über Jahre hinziehen, und es herrscht weitgehend Anwaltszwang, so dass auch erhebliche Kosten anfallen.

Bei IT-Sachverhalten geht es häufig um Anliegen, die sofort entschieden werden müssen, da eine Entscheidung schon nach 2 oder 3 Monaten aus technischen Gründen überholt sein kann. Daher gibt es die Möglichkeit, sich auf ein anderes Verfahren zur Konfliktregelung zu einigen, indem beide Parteien sich einem Schiedsgericht unterwerfen. Dabei wird sowohl ein Schiedsgericht bestimmt als auch eine Schiedsordnung, falls letztere fehlt, gilt in Deutschland das zehnte Buch der Zivilprozessordnung. Hier kann es durch eine schlanke Schiedsordnung und durch Ausschluss weiterer Instanzen zu sehr schnellen Entscheidungen kommen. Bekannte Schiedsordnungen sind national, z. B. die Schiedsordnung der Deutschen Gesellschaft für Recht und Informatik, oder international die Schiedsordnung der Internationalen Handelskammer in Paris.

Schiedsgerichtsentscheidungen können staatlich über die Oberlandesgerichte in Deutschland anerkannt werden und dann auch nach den Regeln des Zwangsvollstreckungsrechts verfolgt werden.

## 10.8 Internationaler Datenschutz bei Cloudsystemen

Viele Nutzer misstrauen der Herausgabe ihrer Daten und fürchten, dass die eigenen Daten in falsche Hände geraten könnten, wenn sie diese bei externen Anbietern in der Cloud speichern. Da in der Praxis die meisten Anbieter aus den USA stammen und der amerikanische Geheimdienst National Security Agency (NSA) nach amerikanischem Recht alle amerikanischen Unternehmen zur Überlassung von Daten zwingen kann, ist in der Tat eine Gefährdung der Daten vorhanden, insbesondere weil eine Weitergabe an US-amerikanische Unternehmen nicht ausgeschlossen werden kann.

Das US-amerikanische Recht sieht auch die Weitergabe von Daten amerikanischer Konzerne an US-Behörden vor, wenn die Speicherung nicht in den USA erfolgt. Das Gesetz namens CLOUD Act (Clarifying Lawful Overseas Use of Data Act)[313] wurde 2018 verabschiedet, weil einige Berufungsgerichte zulasten der US-Behörden entschieden hatten.

Nach der Safe Harbour-Vereinbarung hat wegen dieser Befugnisse der amerikanischen Geheimdienste und der von diesen betriebenen Massenüberwachung, die 2013 durch die Veröffentlichungen von Edward Snowden ins Licht der Öffentlichkeit gerieten, hat der Europäische Gerichtshof am 16.7.2020 auch das EU/US Privacy Shield für nichtig erklärt[314].

Nach dem Europäischen Gerichtshof muss auch bei der Verwendung von Standardvertragsklauseln der EU genau geprüft werden, ob die Datenschutzrechte von europäischen Betroffenen ausreichend gewahrt sind.

Zum Konfliktmanagement s. auch Kap. 13.

## 10.9 Empfehlungen zur Auswahl von Cloudsystemen

### Zum Ausgangs-/Praxisfall

> Es sollte dem mittelständischen Unternehmen Folgendes empfohlen werden:
>
> Anzuraten ist die Auswahl eines EU-Cloud-Dienstleisters, der den Anforderungen der DSGVO direkt unterworfen ist. Falls mehrere Cloudservices verwendet werden sollen, ist zu erwägen, ob das Management nicht einem Dienstleister überantwortet werden sollte, der sich mit Cloud Management auskennt; damit kann verhindert werden, dass jeder Dienstleister den anderen die Schuld zuschiebt, was bei einem Generalunternehmer, der für alles verantwortlich ist, dem Kunden nicht passieren kann.

In der Praxis sind die meisten Dienstanbieter jedoch aus den USA (Google, Microsoft, Amazon Web Services etc.); hier gilt es zu verhindern, dass Daten unbegrenzt an US-Behörden und US-Konkurrenten weitergegeben werden können.

Der Standort der Daten sollte auf keinen Fall in den USA, sondern in der EU, dem EWR oder der Schweiz liegen, die ähnliche Datenschutzregelungen wie die EU haben.

313 https://www.congress.gov/bill/115th-congress/house-bill/4943.

314 EuGH, Rechtssache C-311/18, https://curia.europa.eu/juris/liste.jsf?language=de&num=C-311/18.

Personenbezogene Daten sind durch Vereinbarungen mit Konzernteilen in der EU optimal zu schützen. Idealerweise sagt das amerikanische Unternehmen zu, vor einer Weitergabe an US-Behörden den Verantwortlichen zu informieren.

Firmenintern ist durch Vereinbarungen mit dem Betriebsrat und in Zusammenarbeit mit dem Datenschutzbeauftragten sicherzustellen, dass die Persönlichkeitsrechte der Mitarbeiter bei Cloud- und Überwachungstools nicht in Mitleidenschaft gezogen werden können. Hier stehen z. B. Power-BI Elemente von Microsoft 365, aber auch Anti-Malware und SIEM-Lösungen mit Funktionen bis hin zur Live-Überwachung im Focus. Hier ist jedenfalls ein fachkundiger Anwalt hinzuzuziehen.

Mittelfristig versucht die EU, durch das GAIA-X-Projekt eine ernstzunehmende Cloud-Alternative zu den großen amerikanischen Konzernen zu schaffen.

Bis dahin ist die technisch allerbeste Lösung, die Daten vor dem Upload in die Cloud mit starker **Verschlüsselung** zu sichern. Dies ist z. B. mit der Open Source Software Panbox[315] von Fraunhofer, mit der Software Boxcryptor[316] oder mit der Software und dem Dienst der Tresorit AG[317] in der Schweiz möglich.

Daneben sind natürlich auch im Cloudbereich die Anforderungen der DSGVO zur Information der Betroffenen nach Art. 13/14 DSGVO, den Ansprüchen auf Auskunft, Benachrichtigung, Löschung, Einschränkung der Verarbeitung etc. nach den Art. 15–22 DSGVO, nach Art. 26 oder 28 DSGVO zur Gemeinsamen Verantwortung oder Auftragsdatenverarbeitung, Art. 30 zur Führung des Verfahrensverzeichnisses und Art. 32 zur Beachtung der technischen und organisatorischen Maßnahmen erforderlich.

Zur Meldung von Vorfällen nach Art. 33 und 34 ist nur der Verantwortliche verpflichtet, also bei Auftragsverarbeitung nur der Verantwortliche, bei Gemeinschaftlicher Verantwortung nach Art. 26 beide Vertragspartner.

315 https%3A%2F%2Fwww.sit.fraunhofer.de%2Ffileadmin%2Fdokumente%2FProjektblaetter%2FPanBox_DE_FraunhoferSIT.pdf&usg=AOvVaw2UBKyJbxQUACEu1CCuEwex.

316 www.boxcryptor.com.

317 www.tresorit.ch.

# 11. Aspekte des Urheberrechts bei Medien-Projektumsetzungen mit fremden Texten, Bilder, Vorlagen, Kartenmaterial

*Ulrich Emmert / Thomas A. Degen*

**Key-Words:** Urheberrecht bei Nutzung von Vorlagen, Medien, Kartenmaterial, Nutzung, Verwertung fremder Vorlagen, Leistungen, Openstreetmap, Google Maps, Geodatenviewer BW, Abbildung von Personen, Nutzung von audiovisuellen Medien, Nutzung von Social Media, Verletzung fremder Markenrechte, Verletzung des Wettbewerbsrechts

## 11.1 Ausgangs-/Praxisfall

Ein Startup aus dem Dienstleistungssektor (Unternehmensberatung) möchte eine Landingpage erstellen. Die Überlegung ist, möglichst mit dem Prinzip „cut, copy & paste" vorzugehen und Inhalte aus dem Internet zu entnehmen, um Zeit und Geld zu sparen.

Die Kreativabteilung fragt nach der unkomplizierten Nutzung von Vorlagen, Medien und Kartenmaterial.

Was ist von dieser und der Geschäftsführung zu beachten? Die Fachabteilung möchte von der Rechtsabteilung möglichst einen verständlichen, pragmatischen und gangbaren Weg hören, frei von „§§-Zeichen und Verbotsschildern".

## 11.2 Hinweise zum Urheberrecht bei Nutzung von Vorlagen, Medien und Kartenmaterial

Bei der Verwendung von möglicherweise urheberrechtsgeschützten Inhalten ist darauf zu achten, dass keine fremden **Urheberrechte** verletzt werden.

Die Rechtsabteilung gibt folgenden grundlegenden Überblick, um sodann an Hand weiterer Praxisbeispiele zumindest maßvoll in die Tiefe zu gehen:

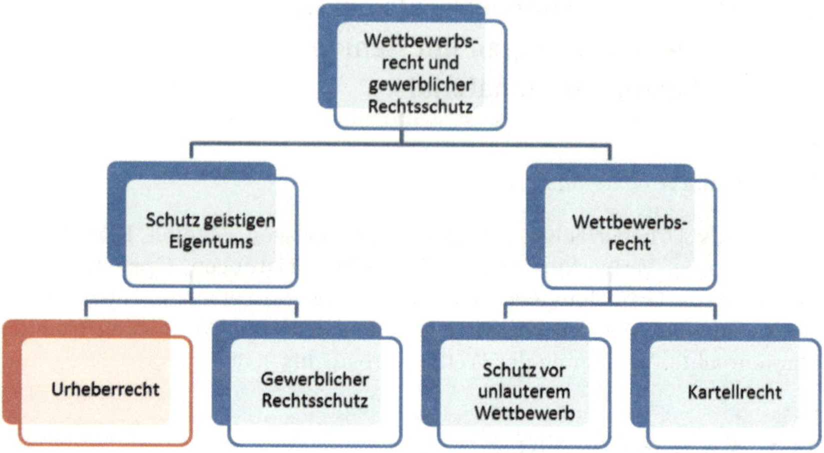


**Abbildung 40**

Eine Verletzung des Urheberrechts kann selbst dann abgemahnt werden, wenn den Verletzer keinerlei Verschulden trifft, und es können auch in diesem Fall die fiktiven Lizenzgebühren verlangt werden. Bei einem Verschulden ist es zulässig, den Schadensersatzbetrag zu verdoppeln. § 97 des Urhebergesetzes setzt eine intensive Prüfung voraus, um auszuschließen, dass fremde Rechte beeinträchtigt werden. Urheberrechtsvergütungen können selbst bei der Kopie einfacher Lichtbilder relativ hoch ausfallen, weil für die Bewertung des Schadens von Gerichten häufig auf (von Fotografenverbänden zusammengestellte hochpreisige) Referenzlisten verwiesen wird, die in der Praxis sonst kaum Anwendung finden.

## 11.3 Nutzung und Verwertung fremder Vorlagen und Leistungen

Bei der Gestaltung eigener Unterlagen dürfen vor allem keine Leistungen fremder Firmen verwendet werden, da in diesem Fällen sowohl das Urheberrecht als auch das Wettbewerbsrecht betroffen sein können, das mit noch wesentlich höheren Streitwerten als im Urheberrecht ganz erhebliche Kosten verursachen kann. Man landet beim Surfen schnell auf Webseiten, die über abschreckende Beispiele berichten und solchen, die Hilfestellung bieten sollen.

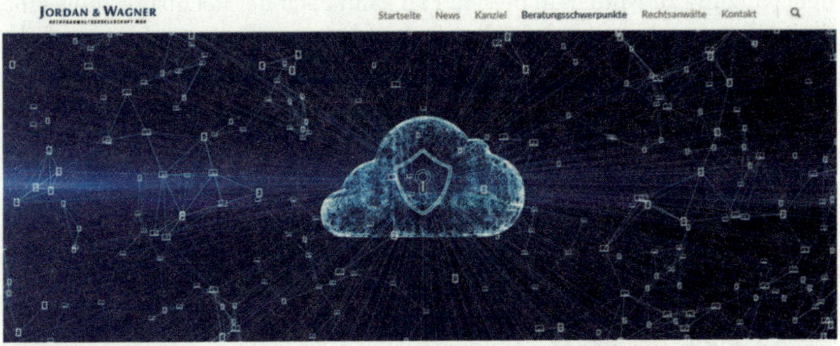


**Abbildung 41**

Generell gilt: Fremde Leistungen dürfen auch in Bereichen nicht einfach übernommen werden, in denen inhaltlich keine großen Gestaltungsmöglichkeiten vorhanden sind. Es ist darauf zu achten, dass eine Wortgleichheit bei ganzen Sätzen oder Fragen vermieden wird und auch bei Umformulierungen keine weiteren identischen Inhalte aus Reihenfolge oder Gestaltung hervorgehen.

Bei der **Übernahme fremder Texte** ist vor allem deshalb Vorsicht geboten, weil intelligente Software mittlerweile darauf spezialisiert ist, auch in großen Datenmengen Dubletten zu identifizieren und nachzuverfolgen. Für Texte ist jedoch eine gewisse „**Schöpfungshöhe**" erforderlich, d. h. ein Mindestmaß an geistiger Neugestaltung erkennbar sein.

Dies ist im Bereich des Datenbankschutzes jedoch explizit nicht für die einzelnen Datenbankinhalte erforderlich, sondern hier ergibt sich die Intelligenz aus Auswahl und Anordnung der einzelnen Elemente. Auch Antwortmöglichkeiten bei Quizsendungen oder Fragebögen können damit zum urheberrechtlichen Schutzgut werden, genauso wie Listen von Personen, Grundstücken, Wohngebieten oder Städten. Dies gilt unabhängig davon, ob die Elemente in einer Datenbank gespeichert sind oder lediglich auf Papier in bestimmter Reihenfolge angeordnet werden.

Fremde Layouts sind nur unter erschwerten Bedingungen schutzfähig, dennoch sollten fremde Layouts unter keinen Umständen übernommen werden, weil dadurch eine Nutzung fremder Leistung auf den ersten Blick offensichtlich wird.

Gegen Lizenzgebühren ist die Nutzung fremder Werke erlaubt, soweit aus dem fremden Werk durch eigene Leistung ein neues eigenständiges Werk entsteht (§ 23 UrhG, freie Benutzung). Wird jedoch nicht vor der Verbreitung des neuen Werks der Lizenzgeber benachrichtigt und ein Lizenzvertrag abgeschlossen, so ist dies als strafbare Urheberrechtsverletzung und unberechtigte Nutzung zu werten. In diesem Fall kann nach der Rechtsprechung eine fiktive Lizenzgebühr in doppelter Höhe (der angemessenen Lizenzgebühr bei vorherigem Abschluss eines Lizenzvertrages) verlangt werden.

Bei Übernahme von Inhalten vom Auftraggeber oder dessen Angestellten ist jeweils eine Freistellungserklärung erforderlich.

## 11.4 Nutzung von Bildern

**Abbildung 42**

Bei der Verwendung der Google Bildersuche sollten auf jeden Fall die Urheberrechte geprüft werden. Am einfachsten ist im ersten Schritt die Verwendung des Suchfilters „Zur Wiederverwendung gekennzeichnet" oder „Zur Wiederverwendung und Veränderung gekennzeichnet" unter Suchoptionen nach Anklicken der Bildersuche.

**Abbildung 43**

Ansonsten sollten Medien, insbesondere Fotos und Kartenmaterial nur dann genutzt werden, wenn sichergestellt ist, dass die entsprechenden Rechte vorliegen. Dazu ist erforderlich, dass entweder selbst erstellte Inhalte veröffentlicht werden oder die Zustimmung des Urhebers vorliegt. Bei der Verwendung von Bildern und Karten, die ein Kunde zur Verfügung gestellt hat, ist eine Vereinbarung erforderlich, dass dieser die entsprechenden Nutzungsrechte besitzt und einen bei Geltendmachung von Rechten durch Dritte von jeglichen Schadensersatzansprüchen freistellt.

**Abbildung 44**

**Annexbeispielsfall: Andere kupfern doch auch ab, oder?**

Die Kreativabteilung des Start-ups hat bei Recherchen festgestellt, dass ein Grafiker eine coole Karikatur samt Slogan entworfen hat. Der Verein Bayern München hat das Motiv nachzeichnen lassen und es gemeinsam mit dem Slogan für Merchandising-Artikel verwendet. Es wurde darüber gestritten, ob dies zulässig ist. Handelt es sich um eine widerrechtliche Nachzeichnungen und Urheberrechtsverletzung oder um eigenständige Werke, die von der Karikatur des Grafikers abweichen?

**Abbildung 45**

Der Zeichner hatte riesige Karikaturen der Fußballstars Ribéry und Robben als Varianten von Batman und Robin entworfen, die beim DFB-Pokal-Halbfinale Bayern vs. Dortmund 2015 in der Allianz Arena gezeigt wurden mit dem Slogan „The Real Badman & Robben". Der FC Bayern hat daraus neu gezeichnete, ähnliche Motiven auf Merchandising-Artikel gedruckt. Argumentiert wurde, es bestünden keine Ansprüche, da die Zeichnung ein eigenständiges Werk darstelle; zumindest sei diese eine freie Benutzung (§ 24 UrhG). Laut Gericht (Landgericht München I, Urteil v. 09.09.2020 – 21 O 15821/19) hat der FC Bayern dieses Spiel verloren (noch nicht rechtskräftig), da es „widerrechtliche Nachzeichnungen" seien; zudem sei die Zusammenstellung (Zeichnung mit Spruch) ein urheberrechtlich schutzfähiges (Gesamt-)Werk.

Die meisten Inhalte unter Wikimedia Commons unterliegen einer Creative Commons Lizenz, wobei nicht alle Creative Commons Lizenzvarianten eine kommerzielle Nutzung erlauben.

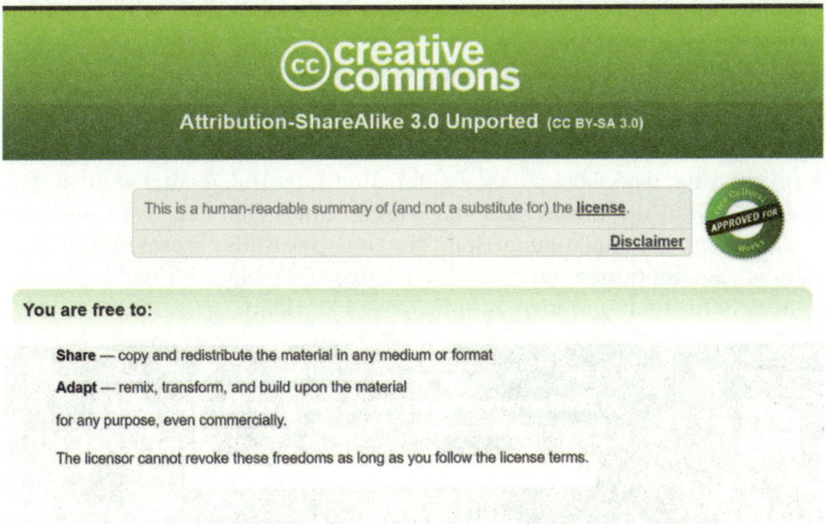


**Abbildung 46**

Für hochwertige Präsentationen können lizenzfreie Bilder aus Bilddatenbanken kostenpflichtig bezogen werden. Diese werden in der Regel über Credits abgerechnet, die man vorab als Abonnement pro Monat oder im Einzelbezug erwerben kann. Beispiele dafür sind Adobe Stock (vormals fotolia.de) oder shutterstock.com.

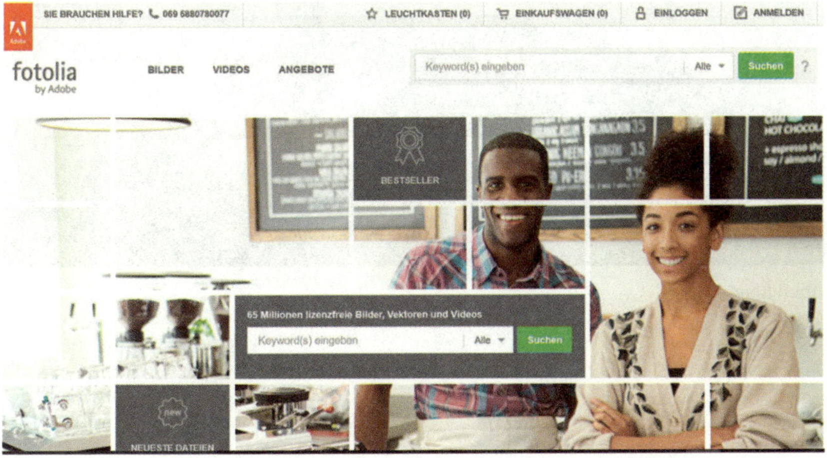


**Abbildung 47**

Darüber hinaus gibt es Portale, aus denen in der Regel mit schlichtem Urheberrechtshinweis Bilder weiterverwendet werden dürfen. Die Lizenzpolicy ist dabei bei jedem Bild gesondert ausgewiesen und muss jeweils eingehalten werden. Ein Beispiel dafür ist piqs.de.

Freie Bilder finden sich in sehr großer Zahl bei

- pixabay.de, wobei bei pixabay nicht alle Bilder frei genutzt werden dürfen und auf die Lizenz geachtet werden muss (ggf. Creative Commons Lizenzen), die die kommerzielle Nutzung der Bilder einschränken können. Suchoptionen werden unter https://pixabay.com/de/blog/posts/erweiterte-such-optionen-auf-pixabay-155/ erklärt.

**Abbildung 48**

- unsplash.com

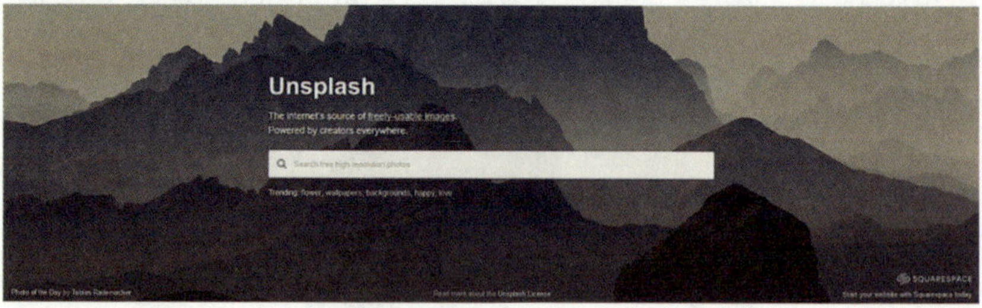


**Abbildung 49**

## License

Unsplash photos are made to be used freely. Our license reflects that.

- All photos can be **downloaded** and used for **free**
- **Commercial** and **non-commercial** purposes
- **No permission needed** (though attribution is appreciated!)

**What is not permitted**

- Photos cannot be **sold** without significant modification.
- Compiling photos from Unsplash to replicate a similar or competing service.

**Abbildung 50**

## 11.5 Kartenmaterial

### a. Openstreetmap

**Abbildung 51**

Für die Verwendung von Kartenmaterial bietet sich die Nutzung des freien Kartenmaterials von openstreetmap.de an, das unter der freien Lizenz unter http://opendatacommons.org/licenses/odbl/ erhältlich ist. Für die Nutzung ist nur die dort gewünschte Quellenangabe erforderlich.

## b. Google Maps

**Abbildung 52**

Die Verwendung von Karten aus Google Maps wird immer weiter durch die Nutzungsbedingungen von Google unter https://www.google.com/intl/de_ALL/help/terms_maps.html eingeschränkt. Hier ist unter Umständen bei häufigem Seitenabruf und gewerblicher Nutzung ein Google Premium Account erforderlich (derzeit ab 25.000 Seitenabrufen am Tag). Statische Kartenausschnitte dürfen in aller Regel gar nicht genutzt werden, sondern wenn, dann nur unter Verwendung der API nach Anmeldung und Bezug eines Google API Keys als dynamische Karten mit Scrollmöglichkeiten.

In Printmedien dürfen Google Maps und Google Earth nur nach folgender Tabelle verwendet werden:

**VERWENDUNG IN PRINTMEDIEN**

Google Maps und Google Earth haben eine integrierte Druckfunktion. Sie können Inhalte für nicht kommerzielle Zwecke ausdrucken und vergrößern, zum Beispiel eine Karte mit einer Wegbeschreibung. Wenn Sie Printmedien mit unseren Inhalten vertreiben, lesen Sie zuvor immer die allgemeinen Richtlinien oben, insbesondere im Hinblick auf "Fair Use" (angemessene Verwendung) und die Namensnennung.

| Vorgeschlagene Verwendung | Verwendung zulässig? | Weitere Informationen |
|---|---|---|
| **Bücher** | Ja | Sie dürfen eine gewisse Anzahl an Bildern verwenden, sofern Sie nicht mehr als 5.000 Exemplare vertreiben und es sich nicht um Reiseführer handelt. |
| **Zeitschriften** | Ja | Dazu gehören Zeitungen, Zeitschriften und Fachzeitschriften. |
| **Berichte und Präsentationen** | Ja | Hierzu gehören Forschungsarbeiten, interne Berichte, Präsentationen, Angebote und ähnliche Fachdokumente. |
| **Reiseführer** | Nein | Sie dürfen unsere Inhalte nicht als wesentlichen Bestandteil gedruckter Navigationshilfen, zum Beispiel von Tourenbeschreibungen, verwenden. |
| **Konsumgüter** | Nein | Hierzu zählen Einzelhandelsprodukte oder deren Verpackungen, zum Beispiel T-Shirts, Strandtücher, Duschvorhänge, Tassen, Poster oder Schreibwaren. |
| **Werbung in Printmedien** | Nein | Weitere Informationen zur Verwendung in digitalen Medien und im Fernsehen finden Sie im Abschnitt zu Werbung. |

**Abbildung 53**

Medien aus Google Earth, Maps oder Street View dürfen nur nach den Nutzungsbedingungen oder mit expliziter Zustimmung von Google Inc. weiterverwendet werden.

## c. Geodatenviewer BW

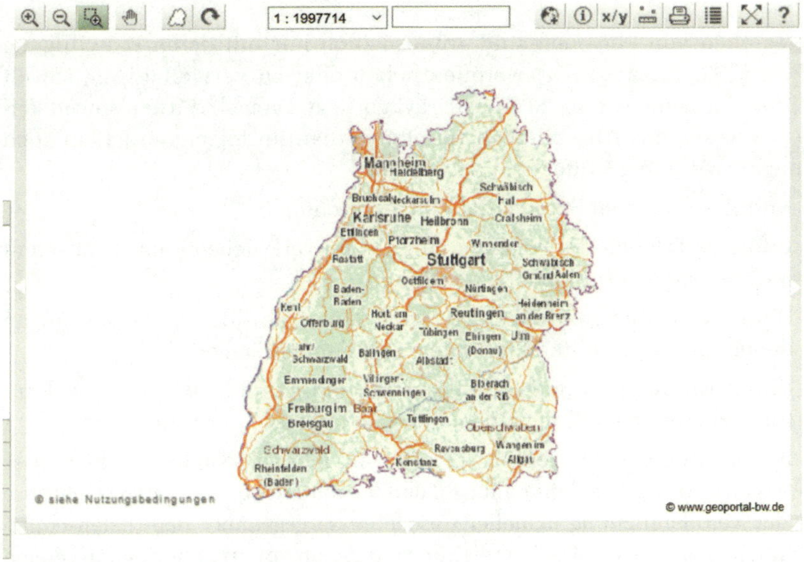


**Abbildung 54**

Die Verwendung von Kartendaten des Geodatenviewers des Landesamts für Geographie und Landentwicklung ist nur unter den Nutzungsbedingungen des Geodatenviewers unter https://www.geoportal-bw.de/geoportal/opencms/de/geodatenviewer/Geodatenviewer_Nutzungsbedingungen.html erlaubt. Hier ist zu beachten, dass die kommerzielle Nutzung nur eingeschränkt (z. B. mit Quellenangabe etc. unter der CC BY 3.0 Lizenz) und auf folgenden Gemarkungen im Maßstab von 1:500 bis 1:2500 gar nicht erlaubt ist: Aalen, Baden-Baden, Bruchsal, Esslingen, Freiburg, Göppingen, Heidelberg, Heidenheim, Heilbronn, Karlsruhe, Konstanz, Lörrach, Ludwigsburg, Mannheim, Pforzheim, Reutlingen, Schwäbisch Gmünd, Sindelfingen, Singen, Stuttgart, Tübingen, Ulm, Villingen-Schwenningen und Weinheim. Eine Bearbeitung der Geobasisdaten ist ohne Zustimmung des Landesamtes generell nicht erlaubt.

Für Kommunen gibt es jedoch ggf. durch gesonderte Vereinbarung mit dem Landesamt Sonderregelungen, hier ist es ggf. möglich, durch Erlaubnis eines Kunden im Auftrag eine kommunale Lizenz zu verwenden, dann darf allerdings eine Nutzung nur für diesen Kunden erfolgen.

## 11.6 Abbildungen von Personen

Fotografien von Personen sind grundsätzlich nur mit deren Einwilligung i. S. d. § 22 KunstUrhG zu veröffentlichen oder zu vervielfältigen, soweit keine Ausnahme nach § 23 KunstUrhG vorliegt. Danach dürfen, soweit keine Interessen des Abgebildeten verletzt werden, in folgenden Fällen auch ohne Einwilligung Bilder genutzt werden:

1. Bildnisse aus dem Bereich der Zeitgeschichte;
2. Bilder, auf denen die Personen nur als Beiwerk neben einer Landschaft oder sonstigen Örtlichkeit erscheinen;
3. Bilder von Versammlungen, Aufzügen und ähnlichen Vorgängen, an denen die dargestellten Personen teilgenommen haben;
4. Bildnisse, die nicht auf Bestellung angefertigt sind, sofern die Verbreitung oder Schaustellung einem höheren Interesse der Kunst dient.

Es ist bei Veröffentlichungen, insbesondere im Internet, darauf zu achten, dass die Voraussetzungen sich hier im Lauf der Zeit ändern können und das Interesse an der Veröffentlichung aktueller Geschehnisse gegenüber dem datenschutzrechtlichen Interesse auf Geheimhaltung mit Zeitablauf ins Hintertreffen geraten kann. Dies gilt insbesondere nach dem Inkrafttreten der DSGVO seit 25.05.2018 mit dem dort normierten „Recht auf Vergessen". Daher ist die Rechtfertigung einer Veröffentlichung abgebildeter Personen regelmäßig zu überprüfen.

## 11.7 Nutzung von audiovisuellen Medien

Das Verlinken von Internet-Inhalten ist legal, soweit die Inhalte nicht zu eigen gemacht werden oder ein bestimmter nicht zu billigender Zweck damit verfolgt wird, z. B. Linksammlungen mit ausschließlich negativen oder beleidigenden Inhalten über eine Person.

Herunterladen oder Streaming für private Zwecke ist legal, soweit es sich nicht um offensichtlich rechtswidrige Inhalte handelt. Für kommerzielle Zwecke muss immer vor Verwendung geprüft werden, ob eine Zustimmung des Rechteinhabers vorliegt oder unter bestimmten Bedingungen eine allgemeine Nutzungslizenz gewährt wird und diese Bedingungen auch im Einzelfall eingehalten werden.

**Abbildung 55**

Digitalradios dürfen für private Zwecke lizenzfrei mitgeschnitten werden.

**Abbildung 56**

Bei Online-TV-Recordern ist dies für private Zwecke wohl ebenfalls zulässig.[318]

318 BGH, Urt. v. 11.04.2013, Az. I ZR 152/11.

Bei Online-Medien kann ebenfalls durch Nutzung von Inhalten, die in der Google-Suche als „Zur Wiederverwendung gekennzeichnet“ sind, nach zusätzlicher eigener Prüfung auf die Lizenz einer illegalen Verwendung vorgebeugt werden.

Inhalte aus Mediatheken von frei empfangbaren Fernsehsendern dürfen für private Zwecke für begrenzte Zeit heruntergeladen werden, bei beabsichtigter Weiterverbreitung und/oder kommerzieller Nutzung müssen die Nutzungsbedingungen der Mediathek konsultiert werden.

Ein Beispiel für solche Nutzungsbedingungen findet sich unter https://www.ardmediathek.de/ard/nutzungsbedingungen/.

Kostenpflichtige und verschlüsselte Sender dürfen weder entschlüsselt noch weiterverbreitet werden, beides ist wegen der Umgehung der Kostenpflicht strafbar.

Inhalte auf YouTube dürfen dann bei YouTube oder in sozialen Netzwerken geteilt werden, wenn es schon vorher im Internet frei verfügbar war und sich nicht um offensichtlich rechtswidrige Inhalte handelt.

Die meisten Inhalte unter Wikimedia Commons unterliegen einer Creative Commons Lizenz, wobei nicht alle eine kommerzielle Nutzung erlauben.

Auch Screenshots aus Videos unterliegen gewerblichen Schutzrechten und dem Urheberrecht. Der Bundesgerichtshof hat am 22. Januar 2014 (AZ I ZR 86/12) entschieden, dass an den „einzelnen Filmbildern“ auch ein Schutzrecht nach § 72 UrhG besteht.

YouTube ist nur zur Herausgabe von Postadressen verpflichtet, wenn diese gegen das Urheberrecht verstoßen haben, nicht von E-Mail- oder IP-Adressen.[319]

## 11.8 Nutzung von Social Media

Beim Einstellen eigener Inhalte ist zu beachten, dass das jeweilige soziale Netzwerk eine Lizenz zur Nutzung des Inhalts bekommt und zusätzlich den eigenen Nutzern des Netzwerkes auch Unterlizenzen einräumen darf.

Nutzer, die fremde Inhalte auf sozialen Medien teilen oder einbinden wollen, sollten sich vorher die Nutzungsbedingungen des Sozialen Netzwerkes durchlesen, ob dies überhaupt zulässig ist.

319 BGH AZ I ZR 153/17 nach Vorlage an den EuGH Az. C-264/19 = NJW 2021, 779.

In aller Regel gilt:

Das Teilen oder Embedding von Inhalten ist nur innerhalb der Funktionen einer Social-Media-Plattform zulässig, ein Herunterladen oder Crossposting fremder Inhalte durch Teilen oder Embedding kann zu urheberrechtlichen Problemen führen.

**Abbildung 57**

Vorsicht: Die meisten Sozialen Netzwerke (z. B. Facebook, Instagram) lassen sich auch die Rechte für eine kommerzielle Verwertung der Fotos einräumen, so dass diese ohne Beteiligung des Nutzers kommerzielle Lizenzen einräumen können.

## 11.9 Verletzung fremder Markenrechte

Die Verwendung von fremden Firmenlogos ist nur mit Zustimmung des Markeninhabers gestattet. Ebenso ist die markenmäßige Verwendung geschützter Bezeichnungen nur mit Zustimmung des Markeninhabers erlaubt, z. B. die Nennung von Unternehmensnamen in Referenzlisten.

## 11.10 Verletzung des Wettbewerbsrechts

Am teuersten ist wegen der in diesem Fall von Gerichten festgesetzten Streitwerte erfahrungsgemäß die Verletzung des Gesetzes gegen den unlauteren Wettbewerb, da hier direkt Erwerbschancen von Unternehmen gleicher Branche geschädigt werden.

Zu wettbewerbswidrigen Handlungen gehören unlauterer Kundenfang, Behinderung von Mitbewerbern, Ausbeutung fremder Leistung (wie z. B. Urheberrechtsverletzungen oder sonstige Übernahmen fremder Leistungen), Vorteile durch Rechtsbruch (z. B. Verstoß gegen Berufsordnungen oder Verträge) oder illegale Preiskampfmethoden. Es gibt eine ganze Reihe von weiteren Verhaltensweisen gegenüber Verbrauchern, die als wettbewerbswidrig anzusehen sind.

Falschbehauptungen über Wettbewerber und Verrat von eigenen oder fremden Geschäftsgeheimnissen, z. B. auch beim Wechsel von Arbeitnehmern zu anderen Arbeitgebern, können sogar eine Strafbarkeit auslösen.

## 11.11 Zum Ausgangs-/Praxisfall

Die Rechtsabteilung (oder externe Rechtsanwaltskanzlei) erklärt die obigen – kursorisch zusammengefassten rechtlichen Aspekte – und regt an, dass die weitere Projektumsetzung kreativ und konstruktiv im Zeitplan realisiert wird und zudem das Team frühzeitig bei Fragen zum Medien- und Urheberrecht, Wettbewerbsrecht und Datenschutz mit der (internen oder externen) Rechtsabteilung spricht und gleichfalls den (externen) Datenschutzbeauftragten ins Boot holt. Dies auch, um einen laufenden Informationsaustausch zu begründen bei digitalen Marketing- und Vertriebsfragen, und damit nicht „überraschende Folgeprojekte" ungeprüft freigeschaltet werden, die ggf. unlauter oder rechtswidrig wären.

# 12. IT-Beschaffung, Hardware- und Software-Einkauf

*Thomas A. Degen / Ulrich Emmert*

**Key-Words:** Betriebserwerb von IT- und TK-Komponenten am Beispiel einer VoIP-TK-Anlage, Privacy by Default, Privacy by Design; ERP-Software nebst Web- und Mobile App-Schnittstelle; Building Information Modeling, BIM

## 12.1 Ausgangs-/Praxisfall

In der Unternehmenspraxis dreht sich schon lange viel um Effizienz, Prozessoptimierung, Umsatz- und Gewinnsteigerung und Kostenminimierung. Das erscheint in der kapitalistisch geprägten sozialen Marktwirtschaft natürlich plausibel.

Aus der Perspektive der Softwareentwickler, -hersteller, der Erfinder und Kreativen ist es freilich ebenso nachvollziehbar, wenn diese ihr Credo „Qualität definiert sich über den Preis“ hochhalten und ausführen, nicht nur proprietäre Individualsoftware für einen industriellen Anwender kostet gutes Geld, sondern auch eine x-beliebige Standardsoftware oder eindimensionale Hardware, da die IT funktionieren muss und gepflegt, gewartet sein will.

Kurzum: Heute ist es eine vertriebs-, marketing-, aber auch technische Herausforderung, überhaupt auf eine „Einkaufsliste“ zu kommen. Es gehört aber auch Engagement dazu bei der Kunden- und Auftraggeber-Pflege dazu, auf der Liste zu bleiben. So entledigen sich diverse Industrieunternehmen aus Compliance-Gründen insbesondere solcher IT-Beratungs- und Software-Lieferanten, die aus Sicht des Industrieunternehmens zu klein sind, etwa, weil die IT-Beratungs- und Software-Firma keine Kapitalgesellschaft (GmbH) ist, sondern ein Einzelunternehmen.

Im Bereich des IT-Einkaufs kommt es aber nicht nur auf betriebswirtschaftliche, sondern auch auf rechtlich-organisatorische Kriterien an. Dass es – insbesondere im Bereich der Hardware-Wartung und Software-Pflege – abgesehen von der fachlichen Seite auf atmosphärische Aspekte ankommen mag, schadet nicht.

Aus Sicht der IT- und Datenschutz-Compliance geht es darum zu prüfen, zu hinterfragen und sodann technisch und rechtlich richtig zu organisieren, z. B., was die Software alles machen kann – und der Mensch, der diese nutzt.

**Abbildung 58**

In diesem Kapitel führen wir aufgrund der mannigfaltigen Differenzierungsgrade und unterschiedlichen Branchen- und Spezialhintergründe exemplarisch drei Praxisfallkonstellationen an.

**Ausgangs-/Praxisfall 1:**

Ein Dienstleistungsunternehmen möchte die alte ISDN-Telefonanlage durch eine moderne VoIP-Telefonanlage ersetzen.

Das Unternehmen möchte IT-Optimierungen erwägen, zumal die Telekom keine ISDN-Unterstützung mehr anbietet. Dabei steht die Entscheidung an, ob eine Hardware-Telefonanlage im herkömmlichen Sinn (z. B. elmeg hybrid, Siemens HiPath), eine PC-gestützte Telefonanlage (z. B. Cisco UCM, Asterisk) oder eine Cloud-gestützte Telefonanlage verwendet werden soll.

Auf diese Entscheidung sollten nicht nur kaufmännische Aspekte, sondern vor allem auch rechtlich-organisatorische Kriterien wie Einhaltung von Datenschutz, IT-Sicherheit und Mitbestimmung Einfluss nehmen.

Welche Kriterien können dem Unternehmen diesbezüglich und im Hinblick auf eine Entscheidung über Kauf, Miete oder Leasing dienlich sein?

Nachfolgend soll am Praxisbeispiel der Einführung einer VoIP-Telefonanlage aufgezeigt werden, wie bisherige und neue rechtliche Rahmenbedingungen Auswahl und Inbetriebnahme von Hardware beeinflussen.

## 12.2 Rechtsrahmen und Zuständigkeiten

Bei der Einführung von VoiP nehmen die Konfigurationsmöglichkeiten gegenüber normalen TK-Anlagen sprunghaft zu. Ebenso nehmen jedoch auch die Gefahren für den Datenschutz der Mitarbeiter zu, die zu einer Rundumüberwachung führen können, die sich *George Orwell* in seinem Buch 1984 noch kaum vorstellen konnte.

Besonders bei der Einführung von CTI-Funktionen (Computer Telephony Integration) sind die **Möglichkeiten des Administrators** kaum durch die technischen Möglichkeiten beschränkt.

Daher sollte der Betriebsrat jeder Firma darauf achten, nicht nur bei der Nutzung des Internets, sondern auch bei der Einführung neuer TK-Anlagen, CTI Software oder von VoIP darauf zu achten, dass die Kontroll- und Überwachungsfunktionen sowie die datenschutzrelevanten Leistungsmerkmale in beiderseitigem Einvernehmen von Unternehmen und Betriebsrat geregelt werden.

Der Betriebsrat kann dies auch einseitig verlangen, da es sich in diesem Fall um zwingende Mitbestimmung sowohl nach dem Betriebsverfassungsgesetz[320] als auch im öffentlichen Dienst nach den Personalvertretungsgesetzen des Bundes und der Länder handelt. Auch beim Erbringen von VoIP-Dienstleistungen ausschließlich innerhalb der eigenen Firma sind die Vorschriften des § 109 I TKG zu beachten.

Danach sind Vorkehrungen zum **Schutz des Fernmeldegeheimnisses und personenbezogener Daten sowie Schutzmaßnahmen gegen unerlaubte Zugriffe** zu treffen. Sowohl das Fernmeldegeheimnis als auch der Schutz personenbezogener Daten beschränken sich nicht auf den Schutz gegen Angriffe von außen, sondern die Gesprächsverbindungen und die dabei anfallenden personenbezogenen Daten sind auch gegen unbefugte Kenntnisnahme innerhalb des eigenen Unternehmens oder der eigenen Behörde zu schützen.

Dazu sollte daran gedacht werden, die Gesprächsverbindungen vor Zugriffen aus dem Datennetz ausreichend zu sichern. Geeignete Maßnahmen dafür sind die Trennung des Sprach- und des Datennetzes durch komplette Netz-

320 § 87 Abs. 1 Nr. 6 BetrVerfG.

trennung, VLAN-Technologie und/oder die komplette Verschlüsselung der Signalisierungs- und/oder Gesprächsdaten[321]. Bei der gemeinsamen Verwendung von Bandbreite mit Datennetzen ist auf ausreichende Priorisierung der Sprachdatenpakete zu achten, um Gesprächsabbrüche zu verhindern[322].

Welche **Sicherungsmaßnahmen** zum ausreichenden Schutz vor unbefugten Mithörern oder Mitlesern getroffen werden müssen, ist abhängig von der Schutzbedürftigkeit der Daten, da das Telekommunikationsgesetz ähnlich wie die Datenschutzgesetze nur einen Schutz in angemessenem Umfang verlangt.

Werden Telekommunikationsdienstleistungen für einen nicht von vornherein abgrenzbaren Kreis von Nutzern, also öffentlich zugängliche Telekommunikationsdienstleistungen erbracht, dann sind zusätzlich weitere Sicherheitsmaßnahmen erforderlich. In diesem Fall ist ein Sicherheitsbeauftragter zu bestellen und ein TK-Sicherheitskonzept vorzulegen, das von der Bundesnetzagentur geprüft wird. Diese Sicherheitsmaßnahmen sind aber auch jedem anderen Betreiber eines VoIP-Netzes zu empfehlen.

Bei computergestützter Telefonie sind die zentralen TK-Netzbestandteile gegen Einsichtnahme und gegen Beeinträchtigung zu schützen. Das heißt, dass die Vermittlungsrechner der VoIP-TK-Anlage besonders durch Zutrittsbeschränkungen zu Räumen mit Vermittlungsservern bzw. VoiP-TK-Anlagen geschützt werden müssen.[323]

Zusätzlich müssen für die Verfügbarkeitskontrolle nach Datenschutzrecht Maßnahmen gegen die unbefugte Störung der Anlage getroffen werden. Dazu gehören neben dem Schutz des Netzwerks selbst durch Firewalls auch der Schutz gegen Umwelteinflüsse und der Schutz vor Entzug von Versorgungseinrichtungen wie Strom- oder Klimaversorgung. Um den kompletten Ausfall des Netzes bei Stromausfall zu verhindern, sollten sowohl die zentralen Einrichtungen mit einer unterbrechungsfreien Stromversorgung ausgestattet sein als auch einzelne Telefone der Vermittlung mit einer von der TK-Anlage unabhängigen Stromversorgung und einem von der VoIP-Anlage unabhängigen PSTN-Anschluss versehen sein, um die telefonische Erreichbarkeit des Unternehmens bzw. der Behörde zu gewährleisten.

Bei hohen Verfügbarkeitsanforderungen müssen weitere Sicherheitsmaßnahmen bis hin zur redundanten Bereitstellung einer zweiten VoIP-Anlage in einem weiteren Rechenzentrum vorgenommen werden.

---

321 Vgl. Baustein 4.7. des BSI Grundschutz, www.bsi.bund.de/DE/Themen/ITGrundschutz/IT-GrundschutzKataloge/Inhalt/_content/baust/b04/b04007.html?nn=6604950.

322 Empfehlungen der Internationalen Telekommunikationsunion, vgl. z. B. www.itu.int/rec/T-REC-E.800–200809-I.

323 Vgl. Art. 32 EU-DSGVO, § 109 TKG.

Für den Fall eines Absturzes müssen wie bei herkömmlichen TK-Anlagen auch Backups der Konfiguration erstellt werden, die im Notfall schnell eingespielt werden können. Bei höherer Verfügbarkeitsanforderung sollte entsprechende Hardware für Notfälle bereitgehalten werden, um ausfallende Bauteile schnell ersetzen zu können.

Administratoren, die eine VoIP-TK-Anlage betreuen sollen, sind besonders mit den Bestimmungen des Datenschutzrechts vertraut zu machen, um die erweiterten Anforderungen von Datenschutz und Fernmeldegeheimnis durch die erweiterten Leistungsmerkmale eines VoIP-Netzes richtig behandeln zu können.

Darüber hinaus ist auf Datenschutzanforderungen bei bestimmten Diensten und Leistungsmerkmalen zu achten. Telefonanrufe bei sozialen Beratungsdiensten, die anonym in Anspruch genommen werden können, sollen nicht durch Einträge in Einzelverbindungsnachweisen nachweisbar sein, daher sind von Anbietern öffentlich zugänglicher TK-Dienste die Nummern, die in einer Liste eingetragen sind, die bei der Bundesnetzagentur geführt wird, in Einzelverbindungsnachweisen komplett zu streichen[324].

Die Verarbeitung von Verbindungsdaten ist nur zulässig, wenn diese zur Abrechnung von zulässigen Privatverbindungen erforderlich ist. Ansonsten ist die Verarbeitung von Verbindungsdaten im Unternehmen nur zulässig, wenn die Zustimmung des Betriebsrates oder des Personalrates im öffentlichen Dienst vorliegt. Zur Beantragung eines Einzelverbindungsnachweises für einen Betrieb ist nach dem Telekommunikationsgesetz erforderlich, dass die Zustimmung der Mitarbeiter bzw. der Mitarbeitervertretung vorliegt[325].

Es gibt jedoch auch zahlreiche Funktionen von Endgeräten oder von zugehörigen CTI-Programmen am PC, die datenschutzrelevant sind.

Die Anruflisten im Telefon können bei VoIP-Geräten oder CTI-gestützten PC-Programmen sehr lange Zeiträume umfassen. Da es sich hier um Möglichkeiten der Leistungsüberwachung handelt, muss dies auch mit der Mitarbeitervertretung besprochen werden.

Gegen Kenntnisnahme Dritter sollte der Abruf der Daten sowohl von den Endgeräten als auch von der zentralen Servern bzw. TK-Anlagen besonders gesichert sein.

Gleiches gilt für das teamweise Signalisieren von Anrufen bei einzeln zugewiesenen Durchwahlen oder der Anzeige in CTI-Programmen anderer Mitarbeiter. Anrufbeantworterfunktionen sollten beim Abrufen bzw. Administrieren von Nachrichten durch eine PIN gesichert werden.

324 § 99 Abs. 2 TKG.

325 § 99 Abs. 1 TKG.

Es sollte sichergestellt werden, dass es nur nach Absprache mit den Mitarbeitern und mit Zustimmung des Betriebsrates Möglichkeiten gibt, Gespräche aufzuzeichnen, und dies nur, wenn es aus überwiegenden betrieblichen Gründen erforderlich ist (z. B. Callcenter). Dabei muss jeweils der Gesprächspartner zu Beginn des Gespräches informiert werden und der eigene Mitarbeiter sollte diese Funktion auf Hinweis des Gesprächspartners deaktivieren können[326]. Es darf keinerlei heimliche Aufzeichnung von Telefonaten geben, da auch das Mithören von dienstlichen Telefonaten durch den Arbeitgeber laut einer Entscheidung des Bundesverfassungsgerichtes ohne Einwilligung nicht zulässig ist.

Persönliche Adressbücher sollten auch nur mit expliziter Genehmigung des Mitarbeiters von anderen einsehbar gemacht werden.

Eine Durchsagefunktion, die ohne Annahme des Empfängers funktioniert, kann auch dazu verwendet werden, unbemerkt den Raum des Telefons zu überwachen, in dem die Durchsage freigeschaltet ist.

Bei der Nutzung von CTI-Funktionen ist darauf zu achten, dass nicht über eine TAPI-Schnittstelle oder ähnliche Schnittstellen Informationen ähnlich zu den genannten Leistungsmerkmalen von den Mitarbeitern unbemerkt durch das Unternehmen gespeichert werden können.

Mitarbeiter können freiwillig solche Funktionen aktivieren, ansonsten sollten solche Funktionen durch eine Betriebs- oder Dienstvereinbarung abgesichert werden.

Freiwilligkeit sollte hier nicht durch Gruppendruck ausgehebelt werden können. Die Dienstvereinbarung sollte beim Ausbau der Funktionalität einer TK-Anlage regelmäßig angepasst werden, da es sich um zwingende Mitbestimmung handelt.

Der Betriebsrat wird in der Regel darauf bestehen, dass die Funktionen der TK-Anlage nicht zur Leistungs- und Verhaltenskontrolle genutzt werden.

Sofern Softphones zur Verwendung an VoIP-TK-Anlagen zugelassen werden, sind erheblich erweiterte Datenschutzgefahren vorhanden. Durch jeden PC als Endgerät können selbst verschlüsselte Telefonate quasi unbemerkt mitgeschnitten werden, ohne dass der andere Gesprächspartner davon etwas mitbekommt. Eine solche Vorgehensweise ist jedoch nach § 201 StGB strafbar. Beweismittel, die durch unerlaubtes Mithören gewonnen wurden, unterliegen demzufolge auch einem Beweisverwertungsverbot. Zudem besteht die Gefahr, dass durch Aktivierung von Videofunktionen

326 vgl. § 201 StGB.

der Webcam oder unbemerktes Aktivieren des Mikrophons **Raumüberwachungsfunktionen** unbemerkt genutzt werden.

Auf der anderen Seite muss der Betreiber von Telekommunikationsanlagen auch darauf achten, dass er alle Auflagen von staatlichen Behörden in Richtung Inhaltskontrolle bzw. Datenspeicherung für Zwecke der Gefahrenabwehr oder der strafrechtlichen oder geheimdienstlichen Ermittlungen erfüllt bzw. argumentieren können, warum die jeweiligen Überwachungsvorschriften im konkreten Fall nicht anwendbar sind.

Bestands- und Gesprächsdaten müssen nach §§ 110–115 TKG von Betreibern von öffentlichen Telekommunikationsdiensten für Endnutzer auf Anforderung von Sicherheitsbehörden erfasst werden, bei Vorliegen von schweren Straftaten oder Straftaten, die mittels Telekommunikation begangen wurden, ist auch eine Inhaltskontrolle zulässig. Dabei müssen nach der Telekommunikationsüberwachungsverordnung Kopien sämtlicher Telefonate eines bestimmten Anschlusses mitgeschnitten werden. Diese Vorschriften sind jedoch nicht anwendbar, wenn kein öffentliches TK-Netz für eine geschlossene Anzahl von Benutzern betrieben wird. Das bedeutet, dass interne Gespräche oder deren Logdaten nicht aufgezeichnet werden müssen. Schwieriger wird es bei Privatgesprächen, hier stellt sich die Frage, ob hier Telefondienste für Dritte erbracht werden und damit diese Privilegierung wieder aufgehoben wird. Daher sollten mit den Mitarbeitern bei eigenem Betrieb eines VoIP-Netzes und vor allem beim Betrieb eines VoIP-Netzes gemeinsam mit oder für andere Firmen oder Organisationen auch Vereinbarungen geschlossen werden, wie mit der Protokollierung umzugehen ist und ggf. Betriebs- oder Dienstvereinbarungen geschlossen werden.

Schwierig ist für größere VoIP-Netze die **Notruffunktionalität** zu realisieren. Nach der vom Bundeswirtschaftsministerium erlassenen Notrufverordnung muss jeder, der an Telefondiensten mitwirkt, dem Netzbetreiber den Standort des Notrufs auf technischem Weg mitzuteilen. Dies kann sich bei verteilten Standorten eines VoIP-Netzes als schwierig erweisen. Noch schwieriger wird es, wenn das VoIP-Netz über verschiedene Übergänge in das leitungsgebundene Telefonnetz verfügt.

Es ist angesichts der Fülle von Datenschutzthemen im Zusammenhang mit VoIP-TK-Anlagen dringend anzuraten, vor der Migration zu einer VoIP-Telefonanlage auch die datenschutzrechtlichen Aspekte zu prüfen und mit dem Datenschutzbeauftragten, dem Betriebsrat und ggf. einem externen Berater zu diskutieren.

## 12.3 Praxishinweise, technische, organisatorische Maßnahmen

Vor der Einführung neuer Hard- und Softwaresysteme sollten frühzeitig der Betriebsrat und der/die Datenschutzbeauftragte konsultiert werden.

Es muss geprüft werden, ob neue technisch-organisatorische Maßnahmen nach Art. 32 DSGVO bzw. bei sensiblen Daten auch nach § 22 BDSG erforderlich sind, und ob das Verzeichnis der Tätigkeiten nach Art. 30 DSGVO angepasst werden muss.

Im Ausgangs-/Praxisfall wird empfohlen, genau die vorstehenden Prüf- und Umsetzungsschritte hinsichtlich der technischen und organisatorischen Maßnahmen nach Art. 32 DSGVO bzw. bei sensiblen Daten auch nach § 22 BDSG und bezüglich des Verzeichnisses der Tätigkeiten nach Art. 30 DSGVO vorzunehmen.

## 12.4 Gestalterische Empfehlungen und Compliance

Bei der Abfassung von Betriebsvereinbarungen zur Einführung neuer Hardware im Allgemeinen und von VoIP-TK-Anlagen im Besonderen sollte man sich nicht darauf beschränken, die Leistungs- und Verhaltenskontrolle auszuschließen. Um unnötige Streitereien für den Fall auszuschließen, dass erst nach einiger Zeit zusätzliche Funktionen einer Hard- oder Software benutzt werden, sollte in einer Betriebsvereinbarung zunächst der komplette Funktionsumfang beschrieben werden, um danach die im eigenen Unternehmen genutzten Funktionen gemeinsam mit dem Betriebsrat mit oder ohne teilweise Einschränkungen festzulegen.

Dementsprechend soll im Ausgangs-/Praxisfall verfahren werden.

## 12.5 Lizenzrechtliche Besonderheiten bei der IT-Beschaffung

In der Praxis gibt es diverse Fallkonstellationen, die sich für den IT-Einkäufer ergeben können aufgrund von urheber- und lizenzrechtlichen Besonderheiten.

Dies soll exemplarisch am Beispiel der ERP-Software angemerkt werden.

### 12.5.1 ERP-Software nebst Web- und Mobile App-Schnittstelle

**Ausgangs-/Praxisfall 2:**

Ein Textilhersteller möchte seine bisherigen Softwaresysteme durch eine neue ERP-Software ersetzen. Dazu möchte er eine Web- und Mobile App-Schnittstelle zu Händlern und Endkunden direkt an die ERP-Software anbinden. Die interne IT-Fachabteilung hat diverse Offerten von Softwareanbietern angefragt und Stichworte eruiert wie MS Enterprise Agreement; SAP; indirekte Nutzung; Netweaver Lizenzierung.

Welche rechtlichen und gestalterischen Anforderungen sollte der Textilhersteller bei der Projektdurchführung beachten?

**Abbildung 59**

### 12.5.2 Lizenzrecht in der Praxis: MS, SAP, Oracle

Die Lizenzbedingungen der großen, internationalen Softwarekonzerne sind nicht immer einfach zu verstehen und für größere Unternehmen und Konzerne noch schwieriger zu optimieren.

Moderne Lizenzbedingungen beinhalten meist für den Urheber umfassende Inspektionsrechte, die auch Probleme im Hinblick auf IT-Sicherheit und Datenschutz aufwerfen können, wenn z. B. Prüfprogramme installiert werden sollen.

Daher sollten solche Lizenzprüfungen immer mit dem Datenschutz- und IT-Sicherheitsbeauftragten vorher besprochen werden.

Daraus resultierende Lizenznachforderungen sollten auch nicht klaglos erfüllt werden, sondern vorher durch eigene Spezialisten oder darauf spezialisierte Anwälte vorher geprüft werden. Einige weitere Praxisbeispiele mögen dies verdeutlichen:

Microsoft hat verschiedene Lizenzmodelle und unterschiedliche Vertragsformen im Angebot. Bei genauerer Betrachtung lohnt es sich nicht immer, die bestehenden Lizenzen innerhalb des gleichen Lizenzierungsmodells zu ergänzen, denn es können erhebliche Beträge innerhalb einer Firmengruppe z. B. durch Abschluss eines Enterprise Agreements oder durch Wechsel von Kaufsoftware auf Miet- oder Leasingmodelle oder umgekehrt eingespart werden.

SAP versucht derzeit auf zwei verschiedenen Wegen, den bestehenden Kunden eine Unterdeckung ihrer lizenzierten Produkte nachzuweisen. Dabei geht es zum einen um die sogenannte „indirekte Nutzung", zum anderen um eine Erweiterung der Runtime-Lizenz von SAP Netweaver for Third Party auf eine Vollversion.

### 12.5.3 Indirekte Nutzung

Die SAP Produkte nur über dritte Programme verwenden, aber SAP Routinen für den Datenzugriff nutzen, erscheint noch logisch. Leider sind die jährlich wechselnden Produkt- und Konditionenlisten aus unserer Sicht sprachlich und rechtlich nicht immer eindeutig formuliert, so dass es hier zu Auslegungsschwierigkeiten kommen kann, insbesondere wenn es sich um langjährige Lizenzen handelt.

### 12.5.4 Netweaver

Auch die Notwendigkeit von Vollversionen von SAP Netweaver ist nicht immer klar, obwohl es hier schon lange Gespräche der deutschsprachigen SAP-Anwendergruppe DSAG mit der Lizenzabteilung von SAP gibt.

### 12.5.5 Gestalterische Empfehlungen und Compliance

Es ist sorgfältig zu prüfen, welche Auswirkungen diese beiden Streitpunkte auf die Lizenzen des eigenen Unternehmens haben und dazu ggf. qualifizierte Beratung in Anspruch zu nehmen. Lizenzverstöße sind zum einen teuer, weil in der Regel für eine Nachlizenzierung abgesehen vom strafrechtlichen Risiko doppelte Lizenzkosten anfallen und zum anderen nicht gerade imagefördernd. Auf der anderen Seite ist es extrem ärgerlich, wenn durch ungenügende vorherige Prüfung Lizenzkosten anfallen, die bei korrekter Prüfung gar nicht zu bezahlen gewesen wären.

> Im Praxisfall wird der Geschäftsleitung empfohlen, sich auf diese vorstehenden Hintergründe einzustellen.

## 12.6 Besonderheiten im IT-Einkauf im Bauwesen mit Digitalisierung von Geschäftsprozessen und Dokumenten

In der Praxis gibt es technisch und branchenbedingt diverse weitere Spezialfelder, bei denen Besonderheiten zu berücksichtigen sind.

### 12.6.1 Building Information Modeling

So etwa im Bauwesen, im Architekten und Ingenieurssektor im Kontext des Building Information Modeling (kurz: BIM; deutsch: **Bauwerksdatenmodellierung**). Dieses beschreibt eine Arbeitsmethode der **vernetzten Planung, Ausführung und Bewirtschaftung von Gebäuden und anderen Bauwerken mithilfe von Software.**

Es ist naheliegend, den schönen Spruch „Dem Ingenieur ist nichts zu schwör" hier anklingen zu lassen, zumal schon jeder Freizeithandwerker weiß, dass es auch Spaß machen kann, Dinge selbst und auf eigene Kosten zu machen. In der IT- und Datenschutz-Compliance-Praxis erweisen sich selbst gemachte IT-, Datenschutz-, Urheber- und Arbeitsrechtsprüfungen durch Nichtjuristen aber nicht selten als fragile und nicht „tragfähige" Modelle. Man kann sogar sagen, dass es im Grunde immer nachhaltig und aufwandsvermeidend ist, bei allen Beratungshonorarkosten, die Freiberufler in Ansatz bringen, wenn man vor Projektrealisierung entsprechenden fachkundigen Support in Anspruch nimmt.

**Ausgangs-/Praxisfall 3:**

Eine Arbeitsgemeinschaft von Bauunternehmen möchte die Planung und Realisierung sowie die Dokumentenverwaltung zu einem großen Bauprojekt gemeinsam durchführen. Ein leitender Ingenieur möchte die Messlatte hierfür hoch legen und in einem zweiten Schritt wie bei „BIM" und im Sinne von IoT erreichen, dass die Maschinen miteinander kommunizieren. Wie können die beteiligten Bauunternehmen mittels der Arbeitsgemeinschaft eine hinreichend sichere, aber auch möglichst aufwandsvermeidende Umsetzung durchführen?

Welche rechtlichen und gestalterischen Anforderungen sollten bei der Projektdurchführung beachten werden?

**Abbildung 60**

## 12.6.2 Rechtsrahmen und Zuständigkeiten

Bei der gemeinsamen Bearbeitung von großen Datenmengen ist zunächst die Verantwortlichkeit für die jeweiligen Tätigkeiten zu klären. Gesellschaftsrechtlich werden solche Projekte in Form einer Gesellschaft bürgerlichen Rechts umgesetzt, die aber abhängig von der Projektgröße nicht zwingend organisatorisch verselbständigt agieren kann. Datenschutzrechtlich gibt es seit Mai 2018 wenigstens im Unterschied zum bisherigen ausschließlichen Modell der Auftragsverarbeitung auch das Modell mehrerer gemeinsam Verantwortlicher, sind zunächst die Daten zu klassifizieren, die gesonderten rechtlichen Bestimmungen unterliegen, wie z. B. personenbezogene Daten oder Geschäftsgeheimnisse. Für personenbezogene Daten sieht die EU-Datenschutzgrundverordnung ein so genanntes **Information Lifecycle Management** vor, d. h. die Rechtmäßigkeit der Daten ist von der Entstehung der Daten über eine ggf. vorzunehmende Einschränkung der Verarbeitung bis zu ihrer Löschung zu überprüfen.

Es ist nach über 1.000 verschiedenen **Aufbewahrungsvorschriften** im deutschen Recht sicherzustellen, dass Daten nach der Entstehung nicht mehr geändert werden können, um die Beweissicherheit gewährleisten zu können. Dies gilt vor allem für Buchhaltungsunterlagen und Geschäftsbriefe unabhängig von deren Form (Brief, E-Mail, SMS, Instant Messaging).

> Unternehmen sind in Deutschland schon seit Jahren sowohl nach Handels- als auch nach Steuerrecht zu einer langjährigen Archivierung von Buchhaltungsdaten und Handelsbriefen, zu denen auch insbesondere E-Mails zählen, verpflichtet.

Alle Unternehmen archivieren zwar die steuerlich relevanten Daten, im Bereich E-Mails findet aber häufig keine systematische Archivierung statt. Das Problem in diesem Bereich ist vor allem, dass manche Unternehmen nicht einmal wissen, dass fast alle E-Mails archiviert werden müssen.

Die wichtigsten Archivierungsregeln bestehen für sogenannte Handelsbriefe. Das sind alle externen auftragsbezogenen Briefe und Mails, sogar auftragsbezogene SMS und MMS werden von dieser Vorschrift erfasst. Diese müssen für die Dauer von 6 Jahren ab dem Ende des Kalenderjahrs archiviert werden.[327]

**Zusätzlich sind alle Buchhaltungsdaten 10 Jahre ab Jahresende und alle steuerrelevanten Briefe und E-Mails 6 Jahre nach der Abgabenordnung aufzubewahren**[328]. Dabei gelten für die Form der Archivierung nach dem Steuerrecht wesentlich strengere Regeln als für solche Unterlagen, die lediglich nach dem Handelsrecht archiviert werden müssen. Es müssen in vielen Fällen auch solche Inhalte elektronisch archiviert werden, die bereits auf Papier vorhanden sind.

Daneben gibt es zahlreiche weitere Gesetze, die **Archivierungspflichten** beinhalten.

327 § 257 HGB.
328 § 147 AO.

Bei einer Verletzung von Archivierungspflichten riskiert ein Unternehmen sogar strafrechtliche Konsequenzen, da dies nach § 283b StGB Als Verletzung von Buchführungspflichten und damit im gleichen Paragrafen und mit der gleichen Strafdrohung wie Bilanzfälschung bestraft wird.

Steuerprüfer haben die Möglichkeit, die ganze EDV vor Ort zu prüfen oder sogar Kopien für die Prüfung mitzunehmen. Wenn hier offensichtlich Unterlagen fehlen, kann der Steuerprüfer strafrechtliche Ermittlungen einleiten oder Schätzungen über die Höhe der Steuerschuld vornehmen.

Über die gesetzlichen Archivierungspflichten hinaus empfiehlt es sich auch für das Unternehmen selbst, E-Mails **revisionssicher** zu archivieren, da diese Jahre später in zivilrechtlichen Streitigkeiten zu wichtigen Beweismitteln werden können. Viele Gerichtsverfahren werden verloren, weil entsprechende Beweismittel nicht mehr zur Verfügung stehen, mit denen der Prozess hätte gewonnen werden können.

Ohne ein indexiertes lückenloses Archiv, bei dem spätere Veränderungen entdeckt werden können, ist der Beweiswert von E-Mails auch sehr gering, da diese jederzeit gefälscht werden können. Wer aber nachweisen kann, dass die Mail in einem gegen Veränderungen geschützten Archivsystem enthalten ist, dem kann dieser Fälschungseinwand nicht mehr entgegengehalten werden. Ein Anscheinsbeweis ist von der technischen Sicherheit des eingesetzten Verfahrens abhängig.[329]

Die Deutsche Bank AG hat beispielsweise von der amerikanischen Börsenaufsicht SEC ein Bußgeld von 7,5 Mio. Dollar erhalten, weil sie der **Archivierungspflicht von E-Mails** nicht in vollem Umfang nachgekommen war.

Die meisten Schäden entstehen aber dadurch, dass in zivilrechtlichen Auseinandersetzungen Beweismittel fehlen. In einem Fall konnte die Gegenseite eine Projektdokumentation und zugehörige E-Mails nicht mehr vorlegen, was mit zu einem Vergleich mit einer Schadensersatzzahlung der Gegenseite von mehreren Millionen Euro geführt hat.

### 12.6.3 Archivierungspflichten und Praxishinweise, technische, organisatorische Maßnahmen

**Archivierungspflichten stehen häufig im Konflikt mit Datenschutzregelungen.** Treffen datenschutzrechtliche Löschungspflichten bei personenbezogenen Daten auf gesetzliche Archivierungspflichten, so muss grundsätzlich archiviert werden, es ist jedoch der Zugriff auf diese Daten sorgfältig zu

329 Vgl. BGH, Urteil vom 26.01.2016 – XI ZR 91/14.

sperren. In diesem Fall sind besondere Anforderungen an die Datensicherheit einer Archivlösung erforderlich.

Mindestens genauso wichtig wie die rechtssichere Archivierung von Daten ist die Möglichkeit, Daten zuverlässig löschen zu können, um für das Unternehmen nachteilige Beweismittel nicht länger als rechtlich notwendig vorhalten zu müssen. Fehlt eine zentrale Archivierungslösung, ist durch die verteilte Speicherung alter Daten nie gewährleistet, dass nicht doch noch nachteilige Beweismittel auftauchen. Wir haben leider schon öfter erlebt, dass Mandanten erst dann mit der Bitte um Unterstützung bei der Formulierung einer E-Mail-Policy und bei der Einführung einer Archivierungslösung zu uns gekommen sind, als ein großer – teils sieben- oder 8-stelliger Euro Betrag – an Schaden schon entstanden war.

Die **Einführung einer Archivierungslösung** setzt voraus, dass der Umgang der Mitarbeiter mit IT, Internet und vor allem E-Mail vorher in unternehmensinterne Regeln gefasst wird. Zentraler Punkt ist dabei der Umgang mit privaten Inhalten, da hier aus Gründen des Datenschutzes und des Fernmeldegeheimnisses Zugriffsbeschränkungen und aus Gründen des Betriebsverfassungsrechts Kontrollbeschränkungen existieren. Es ist daher wichtig, zuvor die rechtlichen Aspekte in Zusammenarbeit mit einem rechtlichen Berater und unter frühzeitiger Beteiligung des Betriebsrats zu klären.

Eine **zentrale Archivierungslösung** verhindert zuverlässig strafrechtliche Haftungsrisiken wegen mangelhafter Archivierung und vermindert die Risiken, wegen Mangel an Beweisen zivilrechtliche Ansprüche nicht durchsetzen zu können.

Schließlich spart eine zentrale Archivierungslösung trotz anfänglicher Einführungs- und Lizenzkosten langfristig erheblich Geld, da notwendige Arbeitszeit und Hardwareressourcen gegenüber händischem Archivieren durch jeden Mitarbeiter erheblich vermindert werden und vor allem der Erfolg von Recherchearbeiten in alten Daten nicht mehr vom Zufall abhängig ist.

# 13 IT-Konfliktmanagement

*Thomas Lapp*

**Key-Words:** Change Request, Exit, Eskalation, Mediation, Schiedsvereinbarung, Gerichtsprozess

## 13.1 Ausgangs-/Praxisfall

> Ein Automobilkonzern möchte für seine Produktionssteuerung eine neue Software einführen.
>
> Die Software soll eine bislang nicht vorstellbare Individualisierung der Fahrzeuge ermöglichen. Mit dieser innovativen Entwicklung soll ein bedeutender Marktvorteil gegenüber der Konkurrenz erreicht werden.
>
> Wie kann das Unternehmen Projektverträge so gestalten, dass im Konfliktfall eine Verzögerung begrenzt und eine außergerichtliche und kostengünstige Streitbeilegung herbeigeführt werden kann?

## 13.2 Rechtsrahmen und Zuständigkeiten

### 13.2.1 Rechtsrahmen: Kaufvertrag oder Werkvertrag

Die Parteien können in diesem Fall eine Individualsoftware erstellen oder eine bestehende Standardsoftware nach den Anforderungen der Auftraggeberin anpassen. Lieferung einer **Standardsoftware** ist als **Kaufvertrag** einzustufen. Herstellung einer **Individualsoftware** oder Anpassung einer Standardsoftware sind dagegen als **Werkvertrag** zu beurteilen. Dabei ist die Abgrenzung nach § 650 BGB[330] zu beachten, wonach die Erstellung einer zu liefernden Sache ebenfalls dem Kaufvertragsrecht unterfällt. Die Regelung soll jedoch nur die Einstufung als Kaufvertrag oder Werkvertrag vom konkreten Produktionsdatum einer Ware unabhängig machen. Sofern die Verpflichtung vor allem in der Auslieferung einer bestimmten Sache besteht, soll dieser Vertrag unabhängig vom Produktionsdatum als Kaufvertrag ein-

330 Früher: § 651 BGB.

zustufen seien. Bei Standardsoftware beschränkt sich die Produktion auf die Übertragung des Quellcodes in den Objektcode und die Anfertigung eines Datenträgers (DVD) oder die Bereitstellung einer Kopie zum Download. Herstellung einer Individualsoftware bedeutet demgegenüber zunächst Entwicklung. Dabei ist in aller Regel eine Einbeziehung des Kunden erforderlich. Der Kunde muss nicht nur die Anforderungen definieren, sondern im Verlauf des Projekts immer wieder Informationen beisteuern und Entscheidungen treffen. Da auch bei Herstellung einer Individualsoftware heute in großem Umfang auf bestehende Bibliotheken, Programmteile und Tools zurückgegriffen wird, werden die Unterschiede zur Anpassung von Standardsoftware immer geringer. Anpassung von Standardsoftware und Erstellung von Individualsoftware sind daher als Werkvertrag einzustufen.[331]

**Abbildung 61**

## 13.2.2 Change Request

Klassische Projektmethoden beginnen mit einer sorgfältigen ingenieurmäßigen Planung, die dann anschließend umzusetzen ist. Regelmäßig stellt sich im Rahmen der Umsetzung heraus, dass bestimmte Planungsschritte sich nicht realisieren lassen, während es für andere Teile der ursprünglichen Planung vielleicht bessere oder jedenfalls andere Lösungen gibt. Oft stellt sich

331 *Lapp* in: Herberger/Martinek/Rüßmann u. a., jurisPK-BGB,§ 650 1. Überarbeitung, Rn. 42.

heraus, dass die Parteien bei der Planung etwas übersehen oder vergessen haben. Manchmal entwickelt der Kunde angesichts der technischen Möglichkeiten, die ihm im Laufe des Projekts bewusst werden, neue bzw. andere Bedürfnisse. In allen diesen Fällen besteht der Wunsch nach einer Anpassung der Leistungsbeschreibung. Solange die Parteien sich nicht auf eine Änderung des Vertrages verständigen, bleibt der Vertrag, insbesondere die Leistungsbeschreibung, unverändert. Ohne vertragliche Grundlage hat eine Partei nur ausnahmsweise, insbesondere bei Störung der Geschäftsgrundlage nach § 313 BGB, Anspruch auf Vertragsänderungen. Regelmäßig werden in Projektverträgen Verfahren zum Change Request ausführlich beschrieben. Abzugrenzen ist der Change Request einerseits von der bloßen Konkretisierung der Leistungsbeschreibung und andererseits von Fehlermeldungen.

### 13.2.3 Exit

§ 648 S. 1 BGB gibt dem Automobilhersteller während des geplanten Projektes zur Erstellung der neuen Software das Recht, jederzeit den Vertrag zu kündigen. Das Kündigungsrecht ist nicht an einen Grund geknüpft, aber durch § 648 S. 2 BGB mit der abschreckenden Konsequenz der Vergütungspflicht verbunden. Lediglich 5 % bzw. die vom Automobilhersteller nachzuweisenden Einsparungen des Auftragnehmers können abgezogen werden.

Häufiger wird ein Rücktritt gemäß §§ 634 Nr. 3, 636, 323 und 326 Abs. 5 BGB wegen Verzuges des Auftragnehmers erwogen. Auch ein Rücktritt wegen Störung der Geschäftsgrundlage kann nach § 313 Abs. 3 S. 1 BGB in Betracht kommen. Denkbar ist schließlich auch eine Kündigung aus wichtigem Grund analog § 314 BGB, sofern wichtige Gründe vorliegen, die eine ordentliche Kündigung unzumutbar erscheinen lassen.

### 13.2.4 Eskalation

Abhängig von den Struktur der beteiligten Unternehmen wird bei Auseinandersetzungen früher oder später der Vorstand beteiligt. Gegebenenfalls sind vorher Rechtsabteilung und Einkauf eingeschaltet. Rechtlich ist zur Vertretung stets der Vorstand berufen, soweit vorhanden aber auch Prokuristen oder Handlungsbevollmächtigte.

Mit dieser Eskalation wird der Konflikt von den handelnden Personen zu den Vorständen oder allgemeiner zu den Organen des Unternehmens delegiert.

## 13.3 Praxishinweise

### 13.3.1 Change Request (CR)

Kleinere Änderungen sind häufig noch vom vereinbarten Leistungsumfang umfasst und können in der Regel ohne Einfluss auf die Vergütung und die vereinbarten Termine umgesetzt werden. Umfangreiche Anpassungen machen eine Veränderung, eine Anpassung des Zeitplans und regelmäßig auch der Vergütung erforderlich. Die Änderungen können so gravierend sein, insbesondere auch im Hinblick auf die Folgewirkungen in anderen Bereichen das Projekts, dass zunächst erneut in die Planungsphase eingetreten werden muss. Change Requests sind mit Aufwand verbunden und bringen erhebliches Konfliktpotential mit sich. Oft ist im Nachhinein schwer nachvollziehbar, was nach mehreren Änderungen letztlich Gegenstand Leistungsbeschreibung und damit der Abnahmeprüfung ist.

Zu bedenken ist schließlich, dass in der Zeit bis zur endgültigen Annahme oder Ablehnung der Vertragsänderungen auf Basis der alten Leistungsbeschreibung weitergearbeitet werden muss. Um unnötige Kosten zu vermeiden, sollten dann keine Entwicklungen vorgenommen werden, die bei Annahme der Leistungsänderung obsolet werden könnten. Der Auftragnehmer ist verpflichtet, darauf zu achten und den Auftraggeber ggf. darauf hinzuweisen. Ohne Vereinbarung einer Leistungsänderung bleibt es bei dem ursprünglich vereinbarten Leistungsumfang.

Die Bedeutung der CR ist abhängig von der Größe des einzelnen Projekts. Bei kleineren Projekten spielen sie kaum eine Rolle, ab einer bestimmten Größe sind CR die Regel. Das gilt jedenfalls für das klassische Projektmanagement, bei dem am Anfang eine detaillierte ingenieurmäßige Planung erfolgt und anschließend die Pläne umgesetzt werden. Klassiker sind Wasserfallmodell und das V-Modell XT, das insbesondere die öffentliche Hand bevorzugt. CR haben durchaus Potenzial, ein Projekt zum Scheitern zu bringen. Aus dem Baubereich, der in vielen Fragen der IT um Jahrhunderte an Erfahrung voraus ist, kennt man die Nachträge als Retter für Bauunternehmen, die sich finanziell oder in zeitlicher Hinsicht verkalkuliert haben. Auch IT-Unternehmen greifen manchmal auf dieses Mittel zurück. Streitig ist häufig, ob es sich tatsächlich um eine Änderung des ursprünglichen Plans handelt. Auch die Fragen des Umfangs der Änderung sowie der Auswirkungen auf Preis und Termine bergen Streitstoff.

In der Regel haben beide Parteien das Recht, CR zu initiieren. Meist geht die Initiative aber vom Auftraggeber aus. In diesem Fall muss der Auftraggeber die geänderten Wünsche in Form eines Lastenhefts vorlegen. Denkbar ist auch, dass der Auftraggeber zunächst nur die grundlegenden Anforderungen skizziert und dann im zweiten Schritt, ggf. mit Unterstützung des Auftragnehmers, diese konkretisiert.

Im nächsten Schritt muss der Auftragnehmer dann die (neuen bzw. geänderten) Anforderungen prüfen und bewerten, ob diese im Rahmen des vereinbarten Zeitplans und Budgets verwirklicht werden können oder neue Termine und neue Vergütung bestimmt werden müssen. Schließlich müssen sich die Parteien einigen, ob der neue Plan umgesetzt wird oder ob alles beim Alten bleibt.

Neben einer genauen Festlegung des Prozedere ist insbesondere eine sorgfältige Dokumentation der CR von entscheidender Bedeutung. Andernfalls kann im Nachhinein kaum noch ermittelt werden, was eigentlich die vertraglich geschuldete Sollbeschaffenheit ist.

### 13.3.2 Exit

Lediglich 25 % aller Projekte zur Erstellung bzw. Anpassung von Software sind erfolgreich und erreichen die vereinbarten Leistungen im vereinbarten Zeitraum zu der vereinbarten Vergütung. Weitere 25 % der Projekte scheitern ohne Ergebnis. Auch ein Warnschuss, wie die verweigerte Abnahme der Feinkonzeption bzw. der ersten Teilleistung, kann zur Verbesserung der Zusammenarbeit beitragen. Wenn das Projekt in Schieflage ist, sollten beide Seiten ernsthaft auch über einen Ausstieg nachdenken. 2018 hat beispielsweise Lidl das begonnene SAP-Projekt trotz Kosten von 500 Millionen € für die Vorbereitung letztlich gestoppt.[332] Der Vorstand des Auftraggebers war letztlich der Auffassung, dass die angepeilten Ziele nicht mehr mit vertretbarem Aufwand erreicht werden können und hat entschieden, mit der alten Software weiterzuarbeiten. Gerade im Hinblick auf die sehr hohen Kosten ist dies sicherlich ein Sonderfall. Dennoch ist es durchaus nicht ungewöhnlich, dass eine bewährte Standardsoftware im Einzelfall abgelehnt wird. Nicht selten werden innerbetriebliche Beharrungskräfte bei der Einführung scheinbar besserer oder neuerer Lösungen unterschätzt und Anwenderwünsche übergangen.

---

332 Vgl. https://www.heise.de/newsticker/meldung/So-starb-Elwis-Hintergruende-zu-Lidls-SAP-Rueckzug-4113285.html – abgerufen am 04.08.2018.

### 13.3.3 Eskalation

Von Goethe stammt die Erkenntnis: „Nichts ist bedeutender in jedem Zustande, als die Dazwischenkunft eines Dritten. Ich habe Freunde gesehen, Geschwister, Liebende, Gatten, deren Verhältnis durch den zufälligen oder gewählten Hinzutritt einer neuen Person ganz und gar verändert, deren Lage völlig umgekehrt wurde.“[333] Bei Auseinandersetzungen zwischen den unmittelbar am Projekt beteiligten Personen bewährt sich oft die Einschaltung weiterer, bislang nicht involvierter Menschen. Als Gremium wird oft ein Lenkungsausschuss gebildet. Dieser kann aufkommende Konflikte bearbeiten, wenn die Mitglieder ausreichend Sachkunde besitzen, um das Projekt und die Probleme zu verstehen, darf aber nicht beteiligt sein, um ausreichende Unabhängigkeit zu besitzen. Bei großen Projekten wird oft noch eine Eskalation auf Vorstandsebene sinnvoll sein. In Konzernen kann bei Konflikten zwischen Konzerngesellschaften entweder eine andere Gesellschaft auf gleicher Ordnungsebene oder – häufiger in der Praxis – die übergeordnete Gesellschaft oder eine noch höher angesiedelte Gesellschaft bis hin zur Holding als Mittler tätig werden. Problematisch dabei ist häufig die fehlende Unabhängigkeit und Neutralität. Projekte haben oft Auswirkungen auf andere Konzerngesellschaften, und die übergeordneten Gesellschaften werden zumindest finanziell betroffen sein, wenn die Auseinandersetzung mit Kosten verbunden ist. Andererseits können solche konzerninternen Vermittlungen gut funktionieren, da die Vermittler die Strukturen des Unternehmens selbst sehr gut kennen und in der Regel auf beiden Seiten gut vernetzt sind und Ansehen genießen. Das gilt jedenfalls dann, wenn keine persönlichen Interessen, Verbindungen oder Seilschaften eine Rolle spielen.

Erst nach Ausschöpfung der internen Möglichkeiten sollten Dritte beteiligt werden. In einer viel beachteten Studie zu Konfliktbearbeitung wurde festgestellt, dass die direkte Verhandlung zwischen den Parteien die am besten eingestufte und am häufigsten genutzte Methode zur Konfliktlösung ist.[334] Vor allem bei Konflikten zwischen Unternehmen wird in Verhandlungen häufig die Rechtsabteilung einbezogen. Darüber hinaus wird aufseiten der Auftraggeber häufig die Einkaufsabteilung, aufseiten der Auftragnehmer häufig der Vertrieb und das Projektmanagement einbezogen. Diese sind zwar nicht neutral, nehmen aber einen unabhängigeren Standpunkt ein. Nicht selten führt diese Einbeziehung zusätzlicher Personen aus den Unternehmen dazu, dass Konflikte im Verhandlungsweg ausgeräumt werden können.

---

333 *Goethe*, Wahlverwandtschaften (1809), 1. Kapitel (Charlotte).

334 *Nestler/Hammes/Breidenbach/Gläßer/Kirchhof*, Commercial Dispute Resolution – Konfliktbearbeitungsverfahren im Vergleich – PwC-Studie in Zusammenarbeit mit der Europa-Universität Viadrina Frankfurt (Oder) 2005, S. 4.

#### 13.3.3.1 Typische Konflikte

IT-Projekte wie das im Ausgangsfall beschriebene Softwareprojekt des Autohauses sind durch typische, immer wieder in vergleichbaren Fällen zu beobachtende Konflikte gekennzeichnet. Auftraggeber wie das Autohaus betrachten die Software meist allein aus Sicht eines Anwenders. Größeres Verständnis für die Möglichkeiten und Grenzen der Produkte besteht nicht. Es wird auch wenig Zeit aufgewendet, die eigenen Anforderungen zu definieren und zu beschreiben. Gerade in kleinen und mittleren Unternehmen haben die entscheidenden Mitarbeiter auch aufgrund der ohnehin bestehenden Überlastung kaum Zeit, sich ausreichend Gedanken zu machen. Demgegenüber besteht aufseiten des Softwarehauses meist eine Arbeitsteilung zwischen Vertrieb und Entwicklung. Dem Vertrieb ist in erster Linie daran gelegen, den Auftrag zu erhalten. Wünschen der Kunden wird daher in der Regel entsprochen. Die Umsetzung der Wünsche ist dann Sache der Entwicklungsabteilung, die nicht selten ihre liebe Not mit diesen Versprechungen hat. Schnell einigen sich die Vertragspartner auf einen Liefertermin und einen Budgetrahmen, während die fachlichen Details nur unzureichend geklärt sind. Nach Beginn der Arbeiten setzen sich die Probleme fort. Mitarbeiter des Bestellers haben zu wenig Zeit, die notwendigen Mitwirkungsleistungen im Projekt zu erbringen und stehen insbesondere nicht in ausreichendem Umfang für Fragen zur Verfügung. Die Entwickler stellen dagegen oft fest, dass die Wünsche der Kunden nicht oder jedenfalls nicht so oder nur mit großem Aufwand erfüllbar sind. Ein wichtiger Streitpunkt ist damit der Umfang der vertraglich vereinbarten Leistungen. Kunden wünschen oft mindestens die Leistungen der zuvor genutzten Software, die für den Anbieter aber oft schwer nachvollziehbar sind. Denkbar wäre, dass unser Autohaus in einer Filiale bereits eine neue Software im Einsatz hat. Nun möchte es in allen Häusern die gleiche Software einsetzen, allerdings noch um einige wesentliche Funktionen erweitert. In Workshops und viel Eigenarbeit definieren die Mitarbeiter des Autohauses die gewünschten zusätzlichen Funktionen und formulieren eine fachliche Feinspezifikation. Die Entwicklungsabteilung des Softwarehauses programmiert diese Funktionen. Als Basis wird jedoch nicht die im Autohaus bereits genutzte Version, sondern eine Neuentwicklung genommen, der einige Funktionen fehlen, die für das Autohaus wesentlich, für die anderen Kunden aber überflüssig sind. Bei Übergabe der Software streiten die Parteien darüber, ob diese Funktionen fest vereinbart waren.

Manchmal wird die ohnehin enge Ressourcenplanung auch durch dringende andere Projekte weiter verschärft. Verzögerungen sind daher die Regel. Eine menschliche Schwäche aller Besteller besteht darin, mit zunehmender

Projektdauer und weiteren Informationen über die technischen Möglichkeiten zusätzliche Wünsche zu entwickeln. Diese werden dann in Change Request eingebracht. Auftragnehmer nutzen dieses Instrument häufig, um eine höhere Vergütung oder eine Verlängerung der Projektlaufzeit zu rechtfertigen. Ohne gründliche Definition der Abläufe beim Change Request ist das Schadenspotenzial hoch. Oft kann man im Nachhinein nur schwer feststellen, welche Leistungsänderungen vereinbart wurden und welchen Einfluss diese Vereinbarungen auf Preis und Zeitplanung haben. Dadurch wird die Abnahme deutlich erschwert und ein Konflikt über die Rechte und Pflichten der Parteien ist vorbereitet. Im Ergebnis wird der Kunde oft eine Frist zur Erfüllung setzen, um den Weg zur Rückabwicklung zu eröffnen.

Auftragnehmer geraten häufig unter Zeitdruck, weil Entwicklungen falsch eingeschätzt wurden, zu optimistisch geplant wurde, zu viele Aufträge angenommen wurden oder unvorhergesehene Probleme auftreten. Ein möglicher Ausweg aus der Zeitfalle besteht darin, den Auftraggeber zu Mitwirkungsleistungen aufzufordern und bei Verzögerung oder anderen Problemen die eigenen Fristen zu verlängern. Eine andere Möglichkeit besteht darin, Change Request anzustoßen und dadurch Veränderungen an Zeitplan oder Budget herauszuhandeln.

Anlass für Auseinandersetzungen kann auch die Lizenzierung sein. Hersteller von Software fürchten oft, dass die Anwender die Urheberrechte verletzen und insbesondere gar keine oder zu wenig Lizenzen haben. Die Auseinandersetzung beginnt dann mit der Frage, wie viele Lizenzen ein Unternehmen besitzt und wie viele für den tatsächlichen Einsatz im Unternehmen erforderlich wären.

#### 13.3.3.2 Verhandlungen

Ist der Konflikt so weit eskaliert, dass eine oder beide Parteien den Exit wählen, finden häufig keine Verhandlungen statt. Oft haben vorher bereits Verhandlungen stattgefunden, die jedoch nicht zum Konsens geführt haben. Manchmal wurde im Vorfeld ein Konsens erzielt, die Vereinbarung dann aber nicht eingehalten, vereinbarte Termine überschritten oder sonstige Zusagen nicht eingehalten. Zu diesem Zeitpunkt wird die Konsensbereitschaft der Parteien auf einem Tiefpunkt angekommen sein. Kommt es zu Verhandlungen, werden diese stark von gegenseitigen Vorwürfen und Forderungen geprägt sein. Der Automobilkonzern wird entweder noch die Lieferung der bestellten Funktionen zum vereinbarten Preis innerhalb der zuletzt vereinbarten Fristen oder mit mehr oder weniger angemessenen Zusatzfristen fordern. Alternativ könnte der Automobilkonzern auch bereits zur Rückabwicklung des Vertrages mit Rückforderung der geleisteten Zahlungen, sowie Schadensersatzforderungen übergehen. Das Softwarehaus wird die empfangenen Zahlungen behalten wollen und die restlichen Forderungen geltend machen. Typischerweise wird jetzt mit harten Bandagen und wenig Kompromissbereitschaft verhandelt.

Schwierig umzusetzen sind in dieser Phase die Prinzipien des Arbeitskonzepts. Dies gilt jedenfalls dann, wenn keine dritte (neutrale) Partei unterstützend tätig ist.

Erster Grundsatz dieses Verhandlungsmodells ist die **Trennung von Menschen und Problemen**. Bei zunehmender Eskalation von Verhandlungen sind die Beteiligten immer häufiger damit überfordert, sachgerecht und respektvoll miteinander umzugehen. Schwierigkeiten und Probleme, auch in einem Projekt wie dem Vorliegenden, können nicht einfach so entstehen. Vielmehr müssen diese konkrete Ursachen haben, und Personen müssen dafür verantwortlich sein. Schnell werden damit Sachprobleme auf Personen projiziert, die sich dadurch einem Angriff ausgesetzt sehen und sich entsprechend verteidigen. Leicht lässt sich die Forderung formulieren, „hart in der Sache, aber freundlich zu den Personen" zu verhandeln oder die jeweiligen Verhandlungspartner nicht als Feinde anzusehen. Die Anwendung im konkreten Einzelfall ist jedoch anspruchsvoll und schwierig, wenn auch überraschend erfolgreich umzusetzen.

Zweiter Grundsatz der erfolgreichen Verhandlung nach diesem Prinzip ist es, nicht auf Positionen zu beharren, sondern die Interessen beider Seiten ins Zentrum der Verhandlungen zu stellen. Dies bedingt einerseits Klarheit über die eigenen Interessen und andererseits die Bereitschaft, die Interessen der Gegenseite zu ermitteln und zu respektieren. Überraschend für die Berater der Parteien in diesem Stadium ist häufig die Tatsache, dass die eigenen Interessen wesentlich weniger klar artikuliert werden können als die Positionen. Hier zeigt sich die starke Prägung auf die klassische Verhandlung nach Positionen. Typischerweise wird die jeweilige Gegenseite nur in ihren vorgetragenen Positionen statt ihren Interessen wahrgenommen. Dabei lässt sich unabhängig vom jeweiligen Projekt generell als gemeinsames Interesse beider Parteien der Wunsch nach einem professionellen, zügigen und erfolgreichen Verlauf des Projekts ohne Überschreiten von Budget und Termin und ohne Unterschreiten des versprochenen Funktionsumfangs konstatieren. Regelmäßig äußern Parteien bis zum Projektabbruch dies als zentrales Anliegen. Es handelt sich dabei um ein **gemeinsames Anliegen** der Parteien. Mit dem Abbruch des Projekts wandelt sich dieses gemeinsame Interesse in den Wunsch nach einer professionellen und zügigen Rückabwicklung, ggf. konfliktfreien Übergangsphase zum Folgeprojekt. Die Gemeinsamkeit dieser Interessen ist leicht zu erklären. Der Automobilkonzern in unserem Beispiel möchte nicht die IT oder Software als solche, vielmehr möchte er mit der neuen Software seine Marktstellung verbessern, zusätzlichen Umsatz, geringere Kosten und höheren Gewinn erzielen. Auseinandersetzungen und Störungen sind Hindernisse auf diesem Weg. Selbst Vertragsstrafen/Pönalen und Schadenersatzleistungen helfen nicht, Marktanteile zu erobern oder zu halten. Auch für die Software-Unternehmen sind erfolgreich durchgeführte Projekte wichtig. Kapazitäten wichtiger Mitarbeiter werden nicht durch unproduktive Auseinandersetzungen gebunden. Insbesondere aber ist es für den Ruf des Unternehmens und damit die künftige Geschäftsentwicklung wichtig, nicht mit gescheiterten Projekten in Verbindung gebracht zu werden. Nur mit Erfolgsgeschichten können neue Aufträge gewonnen werden. Selbst bei einem gescheiterten Projekt gibt es viele Gründe, mit dem unzufriedenen Auftraggeber zu kooperieren. Viele Menschen wissen, dass Misserfolg auch bei Projekten viele Ursachen haben kann. Wenn die Partner eines gescheiterten Projekts gemeinsam und ohne gegenseitige Vorwürfe den Exit organisieren und die Trümmer aufräumen, werden beide nicht mit einem Makel belegt sein. Darüber hinaus gibt es eine Fülle weiterer gemeinsamer Interessen, die typischerweise in IT-Konflikten festgestellt werden können. Für unseren Automobilkonzern und seinen Vertragspartner lassen sich aber auch aus der Erfahrung bestimmte spezifische Interessen prognostizieren. Im konkreten Einzelfall lassen sich darüber hinaus aber auch weitere gemeinsame und individuelle Interessen ermitteln. Für eine interessenorientierte Verhandlung wäre daher genug Stoff vorhanden. Gemeinsame **Interessen**, selbst der auf den ersten Blick banal erscheinende Wunsch nach professionellem und schnellem Projekterfolg bzw. Rückabwicklung beeinflussen die Haltung der Parteien und können helfen, unvereinbare Positionen auszuräumen.

Der entscheidende dritte Schritt und wesentliche Unterschied zum üblicherweise angewendeten kompetitiven Verhandlungsmodell ist die Entwicklung von Entscheidungsmöglichkeiten bzw. Optionen zum beiderseitigen Vorteil. Grundprinzip der kompetitiven Verhandlung ist das Nullsummenspiel. Jede Seite kann nur gewinnen, was die andere Seite verliert. Dies führt zum Einsatz von Verhandlungsstrategien, die die Beziehung der Parteien belasten und das gegenseitige Vertrauen nachhaltig beschädigen, wie Drohen, Übertreiben, Unterdrucksetzen, Misstrauen, Lügen etc. Dieses dritte Prinzip des Harvard-Konzepts stellt daher einen echten **Paradigmenwechsel** dar, da es von der Verteilung des Vorhandenen zu Wertschöpfung wechselt. Grundlage ist die Erkenntnis, dass in nahezu allen Verhandlungssituationen Elemente gefunden werden können, die entweder beiden Parteien zugutekommen oder die für einen Verhandlungspartner vorteilhaft sind, den anderen aber nur gering belasten. Beispielsweise können Parteien über Vertragsstrafen oder Schadensersatzansprüche aufgrund Verzuges, Schlechtleistung etc. verhandeln. Üblicherweise haben Softwarehäuser, wie in unserem Beispiel, erhebliche Vorbehalte gegenüber solchen finanziellen Forderungen. Sie belasten die Liquidität und die Bilanz und sind meist nicht kalkuliert. Ist unser Automobilkonzern dagegen bereit, die Forderung nicht in Geld, sondern in Sachleistungen (Personentage, zusätzliche Lizenzen oder Funktionen, Schulungen, Unterstützungsleistungen etc.) entgegenzunehmen, eröffnen sich neue Spielräume. Sachleistungen belasten den Softwareunternehmer nur mit dem Einkaufspreis, bei zusätzlicher eigener Software sogar nur mit der fiktiven Aussicht eines möglichen zusätzlichen Umsatzes. Aber auch die Projektleitung des Automobilkonzerns profitiert von einer solchen Lösung, da die Sachleistungen unmittelbar zur Verbesserung der Projektergebnisse eingesetzt werden können, während sie selbst keine Verfügungsmacht über evtl. bezahlte Pönalen und Schadenersatzleistungen haben würden. Beide Seiten profitieren darüber hinaus bei einem gescheiterten Projekt von einer gemeinsamen oder zumindest abgestimmten Information gegenüber Presse und Öffentlichkeit.

Streitige Verhandlungen leiden oft darunter, dass die Parteien auf unterschiedlicher Tatsachenbasis oder zumindest unterschiedlichem Verständnis der Realität verhandeln. Werden Standpunkte dann mit Nachdruck vertreten, entsteht oft das Gefühl von Willkür. Eine nachhaltige Einigung basiert jedoch auf gegenseitigem Verständnis. Wichtiger Baustein dazu ist die Einigung auf beidseits akzeptierte Kriterien, denen eine Lösung gerecht werden soll. Neutrale, dem Einfluss der Parteien entzogene Faktoren können hier sehr hilfreich sein und den Verhandlungsprozess fördern. So könnte man sich zur Messung von Reaktionszeiten oder Bearbeitungsgeschwindigkeiten auf Messprogramme einigen, die allgemein am Markt verfügbar sind. Auch die Beauftragung eines IT-Sachverständigen zur Beurteilung einzelner Fragen kann hierbei hilfreiche Dienste leisten.

Ein gutes Verhandlungsergebnis nicht ist nur daran zu erkennen, dass die eigenen Interessen im Wesentlichen berücksichtigt sind. Wichtig ist vielmehr auch, dass es keine bessere Alternative gegeben hat. Deshalb sollte vor Beginn der Verhandlungen geprüft werden, welches die **beste Alternative** zu einem Verhandlungsergebnis sein könnte (**BATNA** – best alternative to a negotiated agreement). Üblicherweise definiert man lediglich eine **Schmerzgrenze** bzw. ein Limit, meist eher diffus einem gewissen Bauchgefühl folgen. Eine eigene BATNA entwickeln setzt jedoch eine Reflexion der eigenen Bedürfnisse sowie eine Analyse der möglichen Alternativen voraus. Diese systematische Vorgehensweise ist wesentlicher Bestandteil einer sachgerechten Verhandlung und bewahrt den Verhandler davor, vernünftige Verhandlungsergebnisse vorschnell abzulehnen und unvernünftige Vereinbarungen vorschnell zu akzeptieren.

Obwohl das Konzept in alle Sprachen übersetzt ist und an Universitäten, in Lehrgängen und Büchern breit dargestellt wird, ist die konsequente Umsetzung in der Praxis eher die Ausnahme denn die Regel. Die Ursachen dafür sind vielfältig. Verhandlungen auf die konventionelle kompetitive Methode werden früh geübt, sind international verbreitet und akzeptiert. Verhandlungen nach dem kooperativen Modell setzen dagegen nicht nur die gründliche Kenntnis der dargestellten Grundsätze und Techniken, sondern eine grundlegend veränderte Grundhaltung im Verhandlungsprozess voraus. Ein hohes Maß an Verhandlungskompetenz und Selbstsicherheit ist erforderlich, um sich dem in der Regel von der Gegenseite verwendeten kompetitiven Stil zu verweigern und konsequent auf kooperativen Stil zu setzen. Es widerspricht menschlichen Reflexen, kompetitiven Verhandlern, die in der Regel fordernd und selbstbewusst, teilweise mit unfairen Verhandlungspraktiken auftreten, kooperativ und verständnisvoll zu antworten.

Auch wenn also das erforderliche Handwerkszeug für kooperatives Verhandeln allgemein bekannt ist und allen zur Verfügung steht, gelingt eine erfolgreiche Verhandlungslösung oft nicht und so erfolgt eine weitere Eskalation.

#### 13.3.3.3 Ordentliche Gerichte

Es können Dritte in verschiedenen Rollen hinzugezogen werden. In der genannten Studie wurde der Rechtsweg zu den ordentlichen Gerichten als am wenigsten hilfreiche und dennoch am häufigsten genutzte Methode dargestellt. Dabei wird die Bearbeitung des Konflikts weitgehend auf den bzw. die Richter übertragen, die letztlich eine Entscheidung treffen. Die möglichen Entscheidungen sind durch die Prozessordnung einerseits und die im Zivilrecht angelegten Ansprüche andererseits begrenzt. Bei Softwareerstellung kann der Auftragnehmer seine Vergütung, der Auftraggeber bei einem gescheiterten Projekt Rückzahlung der Vergütung und Schadensersatz einklagen. Auch den meist komplexen Fragen bei IT-Streitigkeiten wird man mit dieser eindimensionalen Vorgehensweise meist nicht gerecht. Ähnlich eingeengt ist das Verfahren vor einem Schiedsgericht oder einer Schlichtungsstelle.

Spezialisierte Kammern für IT-Streitigkeiten waren früher bei einigen Landgerichten eingerichtet, sind aber weitgehend wieder verschwunden. Der gesetzliche Richter wird dann meist nach dem Zufallsprinzip oder den Anfangsbuchstaben ausgewählt und nicht nach einer Kenntnis von IT-Streitigkeiten. Spezialkenntnisse in IT können daher nicht erwartet werden. Bei der jüngeren Generation von Richtern kann zumindest auf Grundkenntnisse in der Bedienung von Computern angesetzt werden. Die früher teilweise zu beobachtende Technikphobie ist heute nicht mehr so häufig anzutreffen. Viele Richter nutzen Computer selbst bei ihrer täglichen Arbeit. Dennoch haben sie in der Regel keinerlei Erfahrung mit größeren IT-Projekten oder gar der Einführung, Parametrisierung oder Nutzung komplexer Anwendungen, wie etwa ERP-Software wie SAGE oder SAP. Die Zusammenhänge bei solchen Projekten sind komplex. Nicht selten sind die Dokumente der Parteien mit Buzz-Wörtern aus dem Marketingbereich gespickt, unter denen man sich alles Mögliche vorstellen kann und die nicht eindeutig definiert sind. Richter haben dann regelmäßig Schwierigkeiten, die Konfliktlinien zu verstehen.

#### 13.3.3.4 Schiedsgerichte

Hier sind die außergerichtlichen Verfahren überlegen, da mehr Einfluss auf die Auswahl der Dritten besteht. Vom Ablauf her am nächsten zum staatlichen Gericht ist das Schiedsgericht. Allerdings ist die Entscheidung des Schiedsgerichts nur bei offensichtlicher Unrichtigkeit angreifbar. Die fehlende zweite Instanz wird jedoch durch die schnellere Erledigung des Verfahrens in der Regel ausgeglichen. Die Deutsche Institution für Schiedsgerichtsbarkeit (DIS) hat 2018 ihre neue Schiedsgerichtsordnung verabschiedet, in die viele Erfahrungen aus der Praxis eingeflossen sind. Bei kleineren Auseinandersetzungen wird in der Regel ein Schiedsrichter bestellt, der im Rahmen der Schiedsgerichtsordnung eine Entscheidung herbeiführt. Bei größeren Verfahren ist ein Schiedsgericht aus einem Vorsitzenden und zwei Beisitzern die Regel. Diese Besetzung hat den Vorteil, dass jede Partei einen Beisitzer ihres Vertrauens bestimmen kann. Die Beisitzer einigen sich dann auf den Vorsitzenden als dritten Schiedsrichter. Die Parteien haben damit starken Einfluss auf die Auswahl der Schiedsrichter und können diese nach der Kompetenz als Schiedsrichter und nach der Erfahrung in IT-Streitigkeiten auswählen. Auch die von einer Partei ausgewählten Schiedsrichter müssen von dieser unabhängig sein. Schiedsrichter können wie staatliche Richter abgelehnt werden, wenn Zweifel an ihrer Unabhängigkeit bestehen.

Das schiedsrichterliche Verfahren ist in der Zivilprozessordnung sowie im Übrigen in der Schiedsgerichtsordnung geregelt. Besondere Anforderungen an die Qualifikation als Schiedsrichter legt weder die Zivilprozessordnung noch bspw. die Verfahrensordnung der DIS fest. Auch in schiedsgerichtliche Verfahren gelten wesentlich Verfahrensregeln der Zivilprozessordnung, insbesondere der Anspruch auf rechtliches Gehör. Schiedsrichter versuchen in der Regel, eine gütliche Einigung zwischen den Parteien herzustellen, haben dafür aber keine anderen Mittel zur Verfügung als die staatlichen Gerichte. Verstärkt wird diese Tendenz noch durch die Neigung vieler Vertragsjuristen, die Auswahl der Schiedsrichter einer Institution wie dem Präsidenten des nahe gelegenen Oberlandesgerichts oder Landgerichts anzuvertrauen. Entsprechend wird dann oft ein Berufsrichter des entsprechenden Gerichts ausgewählt. Der Vorteil des außergerichtlichen Verfahrens wird dabei in der Regel aufgegeben. Es verbleibt die Hoffnung, dass die Verfahren schneller abgewickelt werden.

Insbesondere wegen der Kosten und der Verfahrensdauer wird häufig Kritik am schiedsgerichtlichen Verfahren artikuliert. In der Öffentlichkeit wird vor allem Kritik an Schiedsgerichten für Investitionsstreitigkeiten im Zusammenhang mit internationalen Abkommen gerügt. Diese Schiedsgerichte sollen Unternehmen schützen, die im Vertrauen auf Handelsabkommen Investitionen getätigt haben. Kritisiert wird bei diesen Gerichten, dass sie hinter verschlossenen Türen tagen und schwer nachvollziehbare Entscheidungen zulasten von Staaten treffen können. Auch die Sportgerichtsbarkeit ist häufig Gegenstand der Berichterstattung.

#### 13.3.3.5 Schlichtung

Gerade im Bereich der Informationstechnologie spielen Schlichtungsverfahren eine Rolle. Bekannt sind die Schlichtungsstellen der Deutschen Gesellschaft für Recht und Informatik (DGRI) und der Handelskammer Hamburg (HKH). Beide Schlichtungsstellen sehen in ihren Schlichtungsordnungen grundsätzlich ein Schlichtungsteam aus zwei Personen vor.

Nach der Schlichtungsordnung der DGRI soll einer der beiden Schlichter die Befähigung zum Richteramt haben. Die HKH verlangt die Zulassung als Rechtsanwalt, schließt damit insbesondere Unternehmensjuristen ohne solche Zulassung aus. Der Sinn dieser Einschränkung im Hinblick auf erfolgreiche Schlichtungsverfahren erschließt sich nicht ohne Weiteres. Die größere Unabhängigkeit der Rechtsanwälte kann kaum eine Rolle spielen, da alle Schlichter unabhängig und unparteilich agieren müssen und deshalb ein Fall mit Bezug zum Unternehmen die Tätigkeit als Schlichter unmöglich machen würde. Der andere Schlichter soll nach der DGRI ein in der Regel öffentlich bestellter und vereidigter Sachverständiger sein, während die HKH IT-Kompetenzträger einsetzt, welche keine IT-Sachverständige sein müssen. Anstelle der formellen Qualifikation als öffentlich bestellte und vereidigte IT-Sachverständige fordert die HKH von ihren Schlichtern ausdrücklich Managementwissen in Form von Organisationskompetenz,

Konfliktlösungspotenzial und Entscheidungskompetenz sowie Kommunikationsfähigkeit als soziale Kompetenz. Weiterhin wird danach eine fünfjährige Berufspraxis im Bereich der Informationstechnologie erwartet. Eine besondere Ausbildung im Bereich der außergerichtlichen Konfliktbeilegung im allgemeinen oder Schlichtung im Besonderen wird nicht vorausgesetzt, DGRI wünscht „nach Möglichkeit" Erfahrung in der außergerichtlichen Streitbeilegung. Außerdem wird nach deren Schlichtungsordnung Fachkunde und Zuverlässigkeit der Schlichter erwartet.

Darüber hinaus müssen Schlichter neutral unparteilich und unabhängig sein. § 3 Abs. 4 der Schlichtungsordnung der DGRI legt fest, dass ein Schlichter keine der Parteien im Zusammenhang mit dem im Rahmen der Schlichtung zu behandelnden Lebenssachverhalt zuvor beraten oder vertreten haben darf, und dass sie nach Aufnahme der Tätigkeit als Schlichter abgesehen von der in § 6 Abs. 4 vorgesehenen Bestellung zum Schiedsrichter in keinem anderen außergerichtlichen Verfahren mit Bezug zu diesem Lebenssachverhalt tätig werden dürfen.

Haben sich die Beteiligten auf eine Schlichtung geeinigt, wird von der Schlichtungsstelle (DGRI oder HKH) im Hinblick auf die vorgetragenen Informationen zum Streitgegenstand ein Schlichtungsteam vorgeschlagen. Die Parteien können sich auf dieses Schlichtungsteam einigen und die Schlichtung dann beginnen.

Nach § 203 BGB wird die Verjährung von Ansprüchen durch Verhandlungen über den Streitgegenstand gehemmt. Für eine Hemmung der Verjährung genügt aber noch nicht das Angebot von Verhandlungen oder der Antrag an eine Schlichtungsstelle. Erst wenn die Gegenseite zunächst Bereitschaft zeigt, in Verhandlungen einzutreten, tritt die Hemmung der Verjährung ein. Wird der Antrag auf Durchführung einer Schlichtung abgelehnt, ist darin keine Verhandlung zu sehen und die Verjährung wird nicht gehemmt. Sofern die Parteien sich auf die Schlichtungsordnung der DGRI geeinigt haben, genügt allerdings nach deren § 4 Abs. 1 bereits der Antrag an die Schlichtungsstelle, um die Verjährung zu unterbrechen. Selbst wenn die andere Seite dann die Schlichtung ablehnt, ist die Verjährung durch den Antrag zunächst gehemmt.

Die Hemmung der Verjährung ist nur möglich, solange der Anspruch noch nicht verjährt war. Die Aufnahme von Verhandlungen oder der Antrag auf Schlichtung hemmen nur die Verjährung von den Ansprüchen, die ausdrücklich Gegenstand der Verhandlung oder des Schlichtungsverfahrens sind. Daher sollte dokumentiert sein, dass sämtliche in Betracht kommenden Ansprüche, für die die Verjährung gehemmt werden soll, auch Gegenstand der Verhandlung/Schlichtung sind.

Nach Ende der Verhandlung/Schlichtung endet auch die Hemmung der Verjährung. Daher muss genau darauf geachtet werden, wann die Verhandlungen enden. Manchmal „schlafen Verhandlungen ein", und erst im Nachhinein mit bestimmtem Abstand wird erkannt, dass Verhandlungen beendet sind. Sofern man einen Anspruch verfolgt, der zu verjähren droht, sollte man entweder mit der Gegenseite einen Verzicht auf die Einrede der Verjährung vereinbaren oder bei Schreiben an die Gegenseite jeweils eine Frist notieren, innerhalb der eine Reaktion erfolgen muss. Bleibt die Reaktion aus, droht die Verhandlung und damit die Hemmung der Verjährung zu enden. Allerdings bietet § 203 S. 2 BGB einen gewissen Schutz. Die **Verjährung endet frühestens drei Monate nach Ende** der Schlichtung. Damit bleibt in der Regel Zeit, weitere Schritte vorzubereiten und beispielsweise Klage zu erheben.

Das eigentliche **Schlichtungsverfahren** ist weitgehend der Erfahrung und den Kenntnissen der Schlichter überlassen. Nach § 5 Abs. 8 der DGRI-Schlichtungsordnung ist eine mündliche Verhandlung die Regel. Dieser kann ein schriftliches oder mündliches Vorverfahren vorangehen, in dem die Parteien und das Schlichtungsteam die eigentliche mündliche Verhandlung vorbereiten. Die mündliche Verhandlung kann „in Form einer Mediation" durchgeführt werden. Es ist also zulässig, die Verfahrensschritte einer Mediation (vgl. unten) in dieser mündlichen Verhandlung einzuführen. Eine vollständige Mediation ist dies allerdings nicht. Nach der Schlichtungsordnung der HKH werden die Parteien vom Schlichtungsteam aufgefordert, den dem Streit zugrunde liegenden Sachverhalt darzustellen und ggf. Lösungsansätze mitzuteilen. Auf Basis dieser Darstellung können die Schlichter dann weitere Informationen von den Parteien anfordern, einen Lösungsvorschlag vorlegen oder die Parteien zur mündlichen Verhandlung laden. Bei diesem gemeinsamen Termin geht es darum, einen **Lösungsvorschlag** zu erarbeiten. Dies wird insbesondere als Aufgabe des Schlichtungsteams angesehen. Demgegenüber soll das Schlichtungsteam der DGRI lediglich die **Einigungsbereitschaft** der Parteien fördern und Vorschläge für eine gütliche Einigung machen. Hier unterscheiden sich beide Verfahren weniger untereinander als von einer Mediation, bei der die Erarbeitung der Lösung als Aufgabe der Medianden angesehen wird, bei der die Mediatoren nur unterstützen.

Nach der Schlichtungsordnung der DGRI schließen die Parteien idealerweise einen Vergleich, der den Streit in seiner ganzen Breite beendet. Kommt es nicht zu einem solchen Vergleich, erlässt das Schlichtungsteam nach § 6 Abs. 3 einen **Schlichtungsspruch**. Diesen Schlichtungsspruch können die Parteien annehmen und damit das Schlichtungsverfahren beenden. In ähnlicher Weise unterbreitet das Schlichtungsteam der HKH einen **Lösungsvorschlag**. Lehnt eine der Parteien den Lösungsvorschlag ab, wird das Verfahren als beendet angesehen. Soweit die Partei unabhängig von der Ablehnung ihren Einigungswillen zu erkennen gibt, sind die schlichter gehalten, einen neuen Einigungsvorschlag zu machen.

Nach § 5 Abs. 7 der Schlichtungsordnung der DGRI ist das Schlichtungsteam aufgefordert, den Parteien jeweils nach Eingang Ihrer Informationen **Hinweise zu den voraussichtlichen Schwerpunkten der Schlichtung** zu geben und auf Anforderung eine **Kostenschätzung** zu unterbreiten. Sofern dieses Schlichtungsteam einen Schlichtungsspruch erlässt, soll dieser nach § 6 Abs. 3 einem **fairen Ausgleich der Interessen** (insbesondere auch der kaufmännischen Belange), der Wahrung einer weiteren **Kooperationsmöglichkeit** und dem mutmaßlichen Ausgang eines Gerichtsverfahrens zwischen den Parteien Rechnung tragen. Die Schlichter der Hamburger Schlichtungsstelle für IT-Streitigkeiten sollen demgegenüber einen Lösungsvorschlag erarbeiten und vorlegen, bei dem sie sich an den wirtschaftlichen und sonstigen **Interessen der Parteien** orientieren. Im konkreten Einzelfall dürfte der Unterschied zwischen beiden Verfahren kaum feststellbar sein, da Möglichkeiten künftiger Kooperation (soweit vorhanden) und der mutmaßliche Ausgang eines Rechtsstreits für die Annahme eines Vorschlags genauso wesentlich sind wie der nicht erwähnte Aspekt der **Akzeptanz** des Vorschlags für die Parteien.

Die **Kosten** des Verfahrens werden in der Regel **hälftig** zwischen den Parteien geteilt. Gegenüber der Schlichtungsstelle sind die Parteien **Gesamtschuldner**, sodass jede Partei den Gesamtbetrag bezahlen muss, wenn die andere Partei zahlungsunfähig ist und kein ausreichender Vorschuss angefordert wurde. Die Kosten der Schlichter sind Verhandlungssache, wobei die DGRI ein **Stundenhonorar** von 200 € – 400 €, die AKH 145 €, jeweils zuzüglich Mehrwertsteuer, vorschlägt.

Die eigenen Kosten für die Teilnahme am Verfahren trägt jede Partei selbst, Kostenerstattung ist nicht vorgesehen.

Kommt es zu keiner Einigung der Parteien und wird der Schlichtungsspruch bzw. Lösungsvorschlag nicht akzeptiert, sieht das Schlichtungsverfahren der DGRI noch die Möglichkeit vor, das **Schlichtungsteam als Schiedsgericht** einzusetzen. Das weitere Verfahren folgt dann den Regeln der ZPO und der Schiedsgerichtsordnung der deutschen Institution für Schiedsgerichtsbarkeit DIS. Der Vorteil für die Parteien besteht darin, dass sie nicht die Unwägbarkeiten einer gerichtlichen Auseinandersetzung riskieren, sondern der Streit in Händen der fachkundigen und bewährten Schlichter verbleibt. Die autonome Entscheidung über den Streitgegenstand geben die Parteien mit dem Wechsel zum Schiedsverfahren aber auf und begeben sich in die Hände des früheren Schlichtungsteams.

#### 13.3.3.6 Mediation

Mediation ist ein Verfahren der außergerichtlichen Streitbeilegung, das sich in mehrerer Hinsicht von den zuvor genannten außergerichtlichen Verfahren unterscheidet. Ähnlich wie bei der Schiedsgerichtsbarkeit gibt es gesetzliche Regelungen im MediationsG, während Schlichtung nicht gesetzlich geregelt ist.

Wichtigster Punkt ist die Qualifikation der Mediatoren. Nach § 5 Abs. 1 MediationsG muss ein Mediator in eigener Verantwortung für eine geeignete Ausbildung und regelmäßige Fortbildung sorgen. Mediatoren benötigen theoretische Kenntnisse und praktische Erfahrung, um die Parteien sachkundig durch die Mediation führen zu können. Nach § 5 Abs. 1 S. 2 MediationsG muss die Ausbildung insbesondere vermitteln:

1. Kenntnisse über Grundlagen der Mediation sowie deren Ablauf und Rahmenbedingungen,
2. Verhandlungs- und Kommunikationstechniken,
3. Konfliktkompetenz
4. Kenntnisse über das Recht der Mediation sowie über die Rolle des Rechts in der Mediation sowie
5. Praktische Übungen, Rollenspiele und Supervision.

Damit sind zentrale Kompetenzen eines Mediators Gegenstand der geforderten Ausbildung. Demgegenüber sind die Befähigung zum Richteramt, Zulassung als Rechtsanwalt wie auch die öffentliche Bestellung und Vereidigung als IT-Sachverständiger sinnvoll und vielleicht auch notwendige, nicht aber ausreichende Voraussetzung für eine erfolgreiche Schlichtung. In § 5 Abs. 2 MediationsG wird zudem ein zertifizierter Mediator etabliert, der eine Ausbildung nach den Anforderungen der Rechtsverordnung nach § 6 MediationsG absolviert hat. In der Anlage zu dieser Rechtsverordnung werden deutlich detailliertere Anforderungen an die Ausbildung der Mediatoren formuliert. Die Ausbildung hat einen Umfang von mindestens 120 Stunden. Darüber hinaus müssen Mediatoren für die Zertifizierung während der Ausbildung oder im Anschluss daran eine Mediation als Mediator oder Co-Mediator geleitet und dazu an einer Einzelsupervision teilgenommen haben. Der zertifizierte Mediator muss außerdem innerhalb von zwei Jahren nach seiner Ausbildung an mindestens vier Einzelsupervisionen zu von ihm als Mediator oder Co-Mediator geleiteten Mediationen teilgenommen haben. Mediatoren haben dann nicht nur insgesamt fünf Mediationen zumindest als Co-Mediator geleitet, sondern haben diese Fälle zumindest auch im Rahmen einer Supervision reflektiert.

§ 1 Abs. 1 MediationsG legt fest, dass Mediation nicht nur vertraulich, sondern auch als **strukturiertes Verfahren** abzulaufen hat. Auch wenn das Gesetz dieses Verfahren nicht näher schreibt, ist damit doch das typische **Phasenmodell** einer Mediation gemeint. Mit diesen Phasenmodell unterscheidet sich Mediation von allen anderen Streitschlichtungsverfahren. In Anlehnung an das Modell der Zivilprozessordnung wird in den anderen Verfahren in der Regel nur das Recht und die Pflicht der Parteien zum **strukturierten Vortrag** festgelegt. Auf die mit ausführlicher Begründung versehene Klageschrift folgt die Erwiderung des Beklagten. Richter/Schiedsrichter/Schlichtungsteam entscheiden dann, ob zunächst eine erste mündliche Erörterung oder eine weitere vertiefte schriftliche Darstellung erfolgen. Schließlich wird eine mündliche Verhandlung durchgeführt, in der der Sach- und Streitstand bearbeitet wird. Gegebenenfalls erfolgt eine Beweisaufnahme durch Zeugen oder Sachverständige. In der Regel erfolgt die Diskussion der Punkte, die aus Sicht der neutralen Dritten (Richter/Schiedsrichter/Schlichter) noch klärungsbedürftig bzw. diskussionswürdig sind. Über Vergleichsvorschläge wird meist im Hinblick auf Erfolgsaussichten der Parteien bei einer gerichtlichen Entscheidung sowie Kosten und Dauer des weiteren Verfahrens diskutiert. Nachteil dieser Vorgehensweise ist, dass ausschließlich über Rechtspositionen diskutiert wird. Kommt es zu Einigungen, sind diese in der Regel Kompromisse zwischen den Positionen von Kläger und Beklagten. Der Vortrag der Parteien im Verfahren konzentriert sich auf ihre rechtlichen Ansprüche, und diese bilden auch das Maximum des Erreichbaren.

**Mediation** macht sich Erkenntnisse der **Psychologie, Neurologie und Verhandlungslehre** zunutze und wählt einen komplett anderen Ansatz. **Komplexe** Sachverhalte, um die es in der Regel bei streitigen Auseinandersetzungen geht, überfordern menschliche Verhandler. Gerade bei hitzigen Auseinandersetzungen verengt sich zudem noch der Blick der Beteiligten, und sie sind vorrangig mit ihren einmal eingenommenen Positionen und der Abwehr der Ansprüche der Gegenseite beschäftigt. Gerichtliche Auseinandersetzungen bedeuten für die Parteien eine weitere Erhöhung des **Stressfaktors**, was eine sachgerechte Auseinandersetzung weiter erschwert.

In der Mediation wird durch das Phasenmodell die Komplexität reduziert und eine sachgerechte Auseinandersetzung mit dem Konflikt ermöglicht. Verschiedene Phasenmodelle mit unterschiedlich vielen Phasen[335] werden dabei angeboten und praktiziert. Alle Modelle gehen jedoch davon aus, dass grundsätzlich Phase für Phase abgearbeitet wird, erst nach Abschluss

335 Es werden zwischen fünf und mehr als zehn Phasen angeboten.

einer Phase die nächste Phase beginnt und nur ausnahmsweise in eine frühere Phase zurückgekehrt wird. Außerdem unterscheiden alle **Phasenmodelle** zumindest die folgenden **drei Phasen**:

1. Worüber streiten die Parteien? (Themen)
2. Warum streiten die Parteien? (Interessen)
3. Welche Lösungen sind möglich? (Einigung)

In der ersten genannten Phase werden alle **Konfliktthemen** ermittelt, die den Streit zwischen den Parteien ausmachen. Typischerweise handelt es sich beim Konflikt um ein komplexes Gefüge mit einer Fülle von menschlichen und persönlichen Aspekten. Mit zunehmender Eskalation eines Konflikts verlagert sich der Schwerpunkt auf Ansprüche und Verpflichtungen, die sich juristisch begründen lassen. Mit atmosphärischen Störungen allein wird man kaum Rechtsabteilung, Rechtsanwälte, Richter, Schiedsrichter oder Schlichter befassen. Vielmehr verlangt die Prozessordnung, aber auch die Schlichtungsordnung eine Aufarbeitung des Sachverhalts und Darstellung der geltend gemachten Ansprüche. Mediation ist darauf nicht festgelegt und erweitert daher den Blick auf alle Streitpunkte, die zwischen den Parteien bearbeitet werden müssen.

Andererseits wird in dieser Bearbeitungsphase die Detailtiefe und damit die Komplexität reduziert. Es werden lediglich die **Themen** gesammelt, um einen umfassenden Überblick über den Konflikt zu erhalten. Die Parteien dürfen durchaus ihren Ärger loswerden, daraus entsteht aber lediglich eine Liste der später zu bearbeitenden Themen in neutraler Formulierung.

In der zweiten, zentralen Phase der Mediation werden diese Themen eines nach dem anderen bearbeitet. Lösungsmöglichkeiten werden dabei ausgeblendet. In dieser Phase wird lediglich besprochen, welche **Interessen, Bedürfnisse und Ziele** für die Parteien bei einem bestimmten **Thema** wichtig sind. Zentrale Aufgabe ist dabei, von den Positionen der Parteien auf die dahinterliegenden Interessen, Bedürfnisse und Ziele zu wechseln. Solange die Parteien auf den Positionen beharren, ist lediglich ein Kompromiss möglich, bei dem jede Partei nur gewinnen kann, was die andere Partei verliert.

Mediation reduziert in diesem Moment die Komplexität in zweierlei Weise. Einerseits werden konsequent die vorher identifizierten Themen eines nach dem anderen abgearbeitet, ohne diese miteinander zu vermischen. Andererseits werden in dieser Phase ausschließlich die **Interessen** herausgearbeitet und keine Diskussionen über mögliche Lösung geführt. Es zeigen sich gemeinsame Interessen, wie etwa ein schneller und effektiver Abschluss des Projektes und die Zufriedenheit der Anwender. Wichtige Interessen des Kunden sind häufig die Verbesserung der Abläufe, Verringerung der Kosten, Verbesserung der Möglichkeiten etc. Erst wenn alle Interessen herausgearbeitet sind, kann gemeinsam auf die Suche nach Lösungen gegangen werden. Diese Frage nach den Interessen ist zentral für jede Mediation. Hier wird der Konflikt gemeinsam bearbeitet. In dieser Phase erfolgt auch die Wende vom **Gegeneinander** zum **Miteinander**.

In der **3. Phase** werden die Interessen betrachtet und die Parteien suchen nach **Lösungen**. Während Positionen nur Kompromisse ermöglichen, kann mit Interessen eine Lösung gefunden werden, die den beiderseitigen Interessen Rechnung trägt. Jetzt zahlt sich die vorangegangene Arbeit in Etappen aus, und die Parteien können sich auf gemeinsame und kreative Lösungen konzentrieren. Während nach Meinung vieler Richter ein guter Vergleich daran erkennbar ist, dass beide Parteien gleich unzufrieden damit sind, sucht ein Mediator eine Lösung, bei der jede Partei glaubt, sie hätte das größte Stück vom Kuchen erhalten. Dies ist nur vor dem Hintergrund der unterschiedlichen Interessen möglich, die es erlauben, einzelne Positionen unterschiedlich zu gewichten und damit zu dem scheinbar paradoxen Ergebnis zu kommen, jeder hätte das größte Stück vom Kuchen erhalten. Die von den Parteien gefundenen Lösungsansätze müssen dann schließlich zu einem Gesamtpaket zusammengefasst werden. Am Ende jeder der Phasen wird jeweils geprüft, ob alle Aufgaben aus der vorangegangenen Phase bearbeitet sind. Es ist also zu kontrollieren, ob alle vorher dargestellten Interessen durch die Lösungen abgedeckt sind. Die Lösungen werden – anders als in den Schlichtungsverfahren – nicht von den Mediatoren vorgeschlagen, sondern von den Parteien erarbeitet. Auch Mediatoren, insbesondere, wenn sie in dem Streitthema Erfahrungen haben, könnten durchaus auch Lösungsvorschläge unterbreiten und haben vielleicht auch Ideen für mögliche Lösungen. Auf Nachfrage würden sich die Parteien sicherlich für diese Vorschläge interessieren. Dennoch bewährt es sich, diese Vorschläge nicht zu nennen und höchstens über vorsichtige indirekte Fragen die Aufmerksamkeit der Parteien auf bestimmte Themen zu denken. Nicht selten zeigt sich dabei, dass die Ideen doch nicht so gut waren. Passen die Lösungen, werden diese allerdings wesentlich besser aufgenommen, wenn sie von den Parteien selbst entwickelt und nicht durch den Mediator vorgegeben sind. Aufmerksame Parteien bemerken durchaus die Unterstützung durch den Mediator und sind dafür dankbar.

Die **Kosten** der Mediation werden regelmäßig zwischen den Parteien zu gleichen Teilen verteilt. Nur ausnahmsweise unter bestimmten Konstellationen übernimmt eine der Parteien die gesamten Kosten. So wird regelmäßig bei innerbetrieblichen Auseinandersetzungen der Arbeitgeber alle Kosten tragen. Ähnlich wird bei öffentlichen Projekten der Planungsträger die Mediationskosten übernehmen. Die eigenen Kosten der Mediaden in der Mediation, wie etwa des hinzugezogenen Rechtsanwalts, trägt jede Partei selbst.

Da die Mediation im Unterschied zum Schiedsverfahren und gerichtlichen Verfahren nicht den geltend gemachten rechtlichen Anspruch, sondern den Lebenssachverhalt und den gesamten Konflikt zum Gegenstand hat, ist auch die **Frage der Beteiligten** anders zu werten. Im gerichtlichen Verfahren kann einem Dritten den **Streit verkündet** werden, wenn – abhängig vom Ausgang des Verfahrens – Ansprüche gegen diesen Dritten auf beispielsweise Schadensersatz bestehen würden. An einer Mediation kann jeder Dritte beteiligt werden, der nach Auffassung der Parteien eine wichtige Rolle einnimmt und an der Lösung mitwirken kann. Beispielsweise kann es bei einem second generation Outsourcing daher sinnvoll sein, den Streit nicht nur zwischen dem Auftraggeber und dem alten Auftragnehmer zu führen, sondern den neuen Auftragnehmer hinzuzuziehen. Andernfalls besteht die Gefahr, dass die Parteien sich auf eine Lösung einigen, mit der dem neuen Auftragnehmer und damit dem Projekt nicht gedient ist. Andererseits erleichtert die Beteiligung einer weiteren Person, die nicht in den Konflikt selbst involviert ist, die Suche nach einer gangbaren Lösung. vergleichbare Freiheiten bieten andere außergerichtliche Verfahren nicht.

## 13.4 Gestalterische Empfehlungen und Compliance

### 13.4.1 Change Request

Um das Konfliktpotenzial zu begrenzen, sollten der Automobilhersteller und die Auftragnehmerin eine ausführliche Regelung zu den Voraussetzungen, zum Verfahren und den Konsequenzen formulieren. Die Initiative zum Change Request sollte sowohl Auftraggeber als auch Auftragnehmer erlaubt sein, aber einen schriftlichen Antrag erfordern. Der Auftraggeber hat dann innerhalb einer vertraglich festgelegten Frist das Änderungsverlangen zu prüfen. Für zumutbare Änderungsverlangen des Auftraggebers kann vereinbart werden, dass diese auch ohne Einigung über Zeitrahmen und Vergütung umzusetzen sind. Alternativ oder ergänzend ist eine Unterbrechung von Tätigkeiten zu vereinbaren, die nach Annahme des Änderungswunsches sinnlos würden. Schließlich ist zu regeln, dass die Änderung auch dokumentiert wird.

Das Automobilunternehmen ist also gut beraten, das Verfahren des Change Request im Detail genau zu beschreiben. Es ist zu regeln, wer die Initiative ergreifen darf, wie eine Entscheidung bzw. eine Vereinbarung herbeigeführt wird, wie diese dokumentiert wird, was in der Übergangszeit zu geschehen hat und wie ggf. bei fehlender Einigung vorzugehen ist.

### 13.4.2 Exit

Neben den gesetzlich geregelten Möglichkeiten können auch vertraglich an entscheidenden Stellen des Projekts Exit-Punkte festgelegt werden. So könnte das Automobilunternehmen sich vorbehalten, nach Abschluss der Planungen auszusteigen und die Umsetzung einem anderen Unternehmen übertragen. Das ist jedenfalls dann möglich, wenn eine auch anderen Unternehmen zur Verfügung stehende Software wie beispielsweise SAP anzupassen ist. Beim Vertragsmodell agiler Festpreis[336] wird häufig zum Ende der Checkpoint-Phase (Testphase) eine Ausstiegsmöglichkeit vereinbart. Die Kostenfolge des § 648 S. 2 BGB wird häufig reduziert und dem Auftraggeber nur die Zahlung der Vergütung für eine Übergangsphase nach der Kündigung auferlegt, da die Mitarbeiter der Auftragnehmerin meist schnell auf andere Projekte dirigiert werden können. Für den Fall der ordentlichen Kündigung sollte vertraglich vereinbart werden, dass der Auftraggeber die vereinbarten Rechte an allen bis dahin geschaffenen Arbeitsergebnissen erhält.

### 13.4.3 Eskalationsklauseln

Bei Softwareprojekten – wie im Praxisfall der Erstellung einer Produktionssteuerung für einen Automobilunternehmen – sind Konflikte vorprogrammiert. Es bewährt sich, vertraglich ein Gremium vorzusehen, welches mit den unmittelbaren Projektleuten die offenen Streitfragen klären kann. Häufig wird dieses Gremium Lenkungsausschuss genannt. Die Kunst besteht darin, diesen Lenkungsausschuss zu besetzen. Die Mitglieder müssen Kenntnisse und Erfahrungen besitzen, um die Vorgänge im Projekt verstehen zu können. Andererseits müssen sie weit genug vom einzelnen Projekt entfernt sein, um bei Streitigkeiten nicht selbst befangen zu sein.

Bei großen Projekten kann es sinnvoll sein, als zweite Eskalationsstufe ein weiteres Gremium, beispielsweise unter Einbeziehung der Vorstände der beiden Unternehmen vorzusehen. Vertraglich ist die Zusammensetzung dieser Gremien sowie die Einleitung des Eskalationsverfahrens zu regeln.

Gelingt eine Einigung mit diesen Gremien nicht, ist eine weitere Eskalation zu regeln. Aus verschiedenen Gründen ist eine außergerichtliche Streitbei-

---

336 Vgl. dazu https://de.wikipedia.org/wiki/Agiler_Festpreis, Version von 21.11.2017.

legung einer gerichtlichen Auseinandersetzung vorzuziehen. Im Rahmen der Vertragsgestaltung kann schwer vorhergesehen werden, welche Konflikte später auftreten und wie sich die Zusammenarbeit der Parteien entwickeln wird. Deshalb muss mit einer gewissen Unkenntnis eine Prognose für künftige Fälle erfolgen. Schiedsverfahren sind aufgrund ihrer Nähe zum gerichtlichen Verfahren insbesondere für Rechtsanwälte die am stärksten vertraute Lösung. Die Mediation ist als Verfahren am weitesten davon entfernt, bietet aber auch die attraktivsten Möglichkeiten. Schlichtungsverfahren sind demgegenüber noch relativ vertraut hat, erlauben es auch, Elemente der Mediation einzubeziehen.

Ohne Regelung über eine außergerichtliche Streitbeilegung im Vertrag muss diese Frage im Konfliktfall geklärt werden. Meist ist der Streit dann bereits so eskaliert, dass auch über diese Frage nicht mehr verhandelt werden kann. Deshalb empfiehlt es sich, im Vertrag sogleich Regelungen für eine mögliche außergerichtliche Streitbeilegung vorzusehen. Gerade gegenüber Mediation herrscht oft das Vorurteil, es gehe um Harmonie und weniger darum, Recht zu behalten oder Ansprüche durchzusetzen.

Zu beachten ist, dass im gerichtlichen Verfahren nur rechtliche Ansprüche durchgesetzt werden können. Auch das gelingt nur, soweit man die Anspruchsgrundlage darlegen und beweisen kann. Schiedsverfahren bieten demgegenüber mehr Freiheiten bei der Gestaltung des Verfahrens und bei der Auswahl der Schiedsrichter. Auch dort geht es aber um die Durchsetzung von rechtlich begründeten Ansprüchen. Schlichtungsverfahren orientieren sich demgegenüber nicht nur am mutmaßlichen Ausgang eines Gerichtsverfahrens, sondern auch am fairen Interessenausgleich und den Möglichkeiten weiterer Kooperation. Umgekehrt stehen in der Mediation die Interessen der Medianten im Vordergrund. Rechtliche Ansprüche der Medianten werden in der Regel angesprochen, beeinflussen die Einigungsbereitschaft und die Sichtweise der Medianten auf bestimmte Lösungsvorschläge. In der Mediation bearbeiten die Medianten den Konflikt und gestalten die zukünftige Zusammenarbeit.

Vertragliche Klauseln müssen an § 309 Nr. 14 BGB gemessen werden, soweit sie in Allgemeinen Geschäftsbedingungen verwendet werden und eine Partei Verbraucher ist. Eine Bestimmung, wonach erst nach einem außergerichtlichen Einigungsversuch Klage gegen den Verwender der AGB erhoben werden darf, ist danach unwirksam. Im Rechtsverkehr zwischen Unternehmen sind Schieds-, Schlichtungs- und Mediationsklauseln weit verbreitet und können daher nicht als unangemessene Benachteiligung angesehen werden. Insbesondere im Hinblick auf das Verbraucherstreitbeilegungsgesetz (VSBG) sind Klauseln verbreitet, die dem Verwender der AGB den Versuch einer außergerichtlichen Einigung vor Klageerhebung auferlegen, dem Verbraucher demgegenüber die Wahl zwischen außergerichtlichem Verfahren und Klageerhebung belassen.

## 13.5 Zum Ausgangs-/Praxisfall

Der Automobilkonzern wird unter Berücksichtigung der vorstehenden Positionen seine Projektverträge so gestalten, dass im Konfliktfall eine Verzögerung begrenzt und eine außergerichtliche und kostengünstige Streitbeilegung herbeigeführt werden kann.

Er wird in Ruhe abwägen, welche Vor- und Nachteile eine etwaige „Eskalation" in die ordentliche Instanzgerichtsbarkeit bringt gegenüber den Vor- und Nachteilen einer Stärkung des außergerichtlichen Ansatzes, der IT-Mediation und Weichenstellung zum privaten Schiedsgericht. Dieses muss in der Praxis nicht günstiger oder schneller sein. Es ist aber branchennäher und verschwiegener, da die Öffentlichkeit, Marktbegleiter und Presse hier nicht in der „ersten Publikumsreihe" sitzen.

# 14 IT-Sicherheitsaspekte bei der elektronischen Kommunikation, Authentizität, Identität und Beweiswerterhaltung mit kryptographischen Verfahren

*Ulrich Emmert / Thomas A. Degen*

**Key-Words:** Verschlüsselung, digitale Signaturen, Beweisfunktion der händischen Unterschrift, Papierurkunde, Beweiswerte über längere Zeit gesichert, Authentizität des Dokumentes, Integrität des Dokumentes, eIDAS-Verordnung, Fingerabdruck, Funktionsweise von 2-Schlüsselverfahren, RSA-Verfahren, digitaler Fingerabdruck, Hashwert, Webserver, asymmetrische Schlüsselverfahren, TLS-Versionen, Anwendung von Verschlüsselung im deutschen Rechtsverkehr, beA-Betreiber im Rahmen des Elektronischen Rechtsverkehrs, Messenger, WhatsApp. Threema, Signal, Ende-zu-Ende-Verschlüsselung, Beweiswerterhaltung mit Verkettung von Hashwerten, digitale Signaturen, Verschlüsselungsverfahren, Bedrohung für Verschlüsselungsverfahren, zertifizierte Festplattensysteme, verknüpfte Dokumente, revisionssicher, unveränderbar zu speichern, Zeitangabe, Zeitstempel, Hash-Baum-Verfahren, Blockchain, Beweiswerterhaltung, Papierdokumente, DE-Mail-Nachrichten, ersetzendes Scannen, Clubhouse-App

## 14.1 Ausgangs-/Praxisfall

> Ein Großgastronom, der eine neue Webseite mit Reservierungs-, Menü-Bestellservice und Kunden-App plant, fragt seinen Steuerberater, wie er die generell mit der Belegschaft vom wilden WhatsApp-Senden wegkommt und zunächst seine Team- und Restaurantleiter sensibilisieren kann. Ziel ist es, die Personal- und Geschäftsdaten seiner deutschlandweit etablierten Restaurantbetriebe sicher und datenschutzkonform von A nach B zu senden. In seiner Brust schlagen zwei Herzen, weil er an sich die Lockerheit und Philosophie seiner – in der Szene engagierten und vernetzten – Filialleiter schätzt, alle Trends mitzumachen und coole Apps a la „Clubhouse"[337] zu nutzen.

337 Es handelt sich bei „Clubhouse" um eine audio-basierte Social-Network-App, die 2020 vom Softwareunternehmen *Alpha Exploration Co.* veröffentlicht wurde. Gegenwärtig ist diese nur für iOS verfügbar. Die App steht wegen mangelnden Datenschutzes, fehlender Moderation und rechtlicher Mängel in der Kritik (https://de.wikipedia.org/wiki/Clubhouse_(App)).

Um mehr über die technischen Hintergründe zu erfahren und für die technischen Ausführungen seines EDV-Beraters gewappnet zu sein, möchte der Gastronom hören, wie die elektrische Kommunikation eigentlich funktioniere, ob es typische Standards gebe oder alles über hochpreisige Spezialsoftware laufe. Einfache E-Mails seien doch „durchlaufende Nullen und Einsen“, so dass er nicht verstehe, warum sein Steuerberater jetzt auch zumindest einen Passwortschutz bei der Übersendung der Abrechnungen für die Minijob-Aushilfen fordere. Es möge beantwortet werden, warum dies wichtig sei und ob dies etwas mit der Frage des Beweiswerts von Textform und Schriftform zu tun habe.

## 14.2 Verschlüsselung und digitale Signaturen

Das allgegenwärtige Thema Digitalisierung hängt unmittelbar mit der Frage zusammen, wie die klassische **Beweisfunktion der händischen Unterschrift und der Papierurkunde** in das digitale Zeitalter hinübergerettet werden kann und wie **Beweiswerte über längere Zeit gesichert** werden können.

Zahlreiche Rechtsnormen schreiben Geheimhaltung vor, wenn Daten sicher über offene Netze übertragen oder gespeichert werden sollen, ist Verschlüsselung das Mittel der Wahl.

So sind viele freie Berufe, Datenschutzbeauftragte und Versicherungen an das Berufsgeheimnis nach § 203 Abs. 1 StGB gebunden, Stellen des öffentlichen Dienstes an das Amtsgeheimnis nach § 203 Abs. 2 StGB, Finanzämter an das Steuergeheimnis nach § 30 AO.

Geheimschutzklassifizierungen im öffentlichen Dienst berufen sich für die Stärke der Verschlüsselung oft auf die Empfehlungen des BSI in der Technischen Richtlinie 2102, die nachfolgend noch näher erläutert wird.

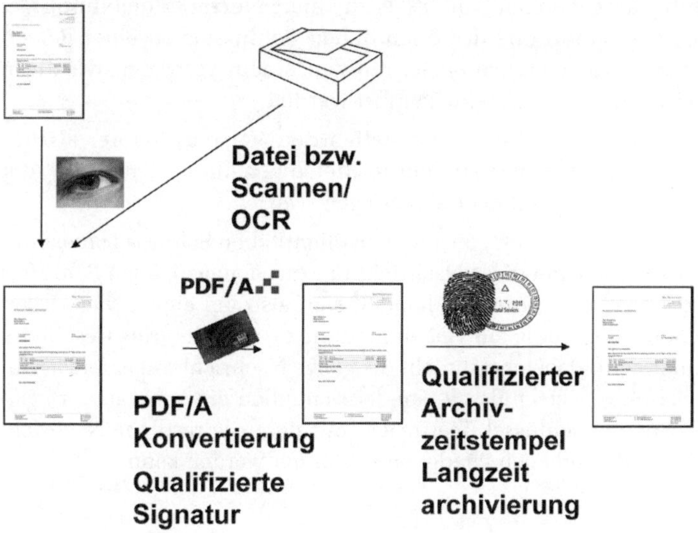


**Abbildung 62**

Um eine nachträgliche Veränderung des Aussehens eines Dokumentes durch andere Softwareversionen zu verhindern, sollte zur Erhaltung des Beweiswertes ein Dokumentformat verwendet werden, dessen Anzeige über die Jahrzehnte unverändert bleibt und daher weder nachzuladende Funktionen oder extern geladene Schriftarten enthalten darf. Dazu wurde von der Internationalen Standardisierungsorganisation ISO mit den Formaten **PDF/A** Versionen 1 bis 4 ein unabhängiges gleichbleibendes Dokumentformat standardisiert und unter ISO 19005–1 bis ISO 19005–4[338] veröffentlicht.

In PDF/A Dokumente kann eine qualifizierte elektronische Signatur eingebettet werden oder eine zusätzliche Datei mit einer qualifizierten elektronischen Signatur erstellt und zugeordnet werden. Ersteres bedeutet wesentlich weniger Verwaltungsaufwand, da nur eine Datei verwaltet werden muss.

Mit einer lokalen qualifizierten Signatur kann die **Authentizität des Dokumentes** ebenso wie die **Integrität des Dokumentes** nachgewiesen werden, weil bei einer Änderung des Autors oder eines sonstigen Dokumentteiles die Signaturprüfung fehlschlägt. Gängige Signaturverfahren basieren auf 2 Faktor-Kryptographie mit 2 Schlüsseln, dem geheimen und dem öffentlichen Schlüssel.

338 Standard ISO 19005–4 aus dem November 2020.

Die Zuordnung des geheimen Schlüssels zu einem Nutzer erfolgt durch Geheimhaltung, die Zuordnung des öffentlichen Schlüssels zu einer Person durch öffentliche Verzeichnisdienste, die von einem vertrauenswürdigen Dritten, einer Zertifizierungsstelle, geführt werden.

In der EU sind solche Zertifizierungsstellen den Vorschriften der **eIDAS-Verordnung** unterworfen und können in die so genannte „Trust List" der EU für Vertrauensdiensteanbieter eingetragen werden.

Wird eine Nachricht verschickt, die mit dem öffentlichen Schlüssel eines Nutzers verschlüsselt ist, kann diese Nachricht nur mit dem geheimen Schlüssel dieses Nutzers geöffnet werden, es handelt sich also um eine sichere Übertragung mit Verschlüsselung zur Geheimhaltung des Inhalts. Aus Geschwindigkeitsgründen wird dabei meist nicht die ganze Nachricht mit einem asymmetrischen Schlüssel verschlüsselt, sondern lediglich ein sogenannter symmetrischer[339] Sitzungsschlüssel übertragen, mit dem die restliche Nachricht verschlüsselt wurde und auch wieder entschlüsselt werden kann.

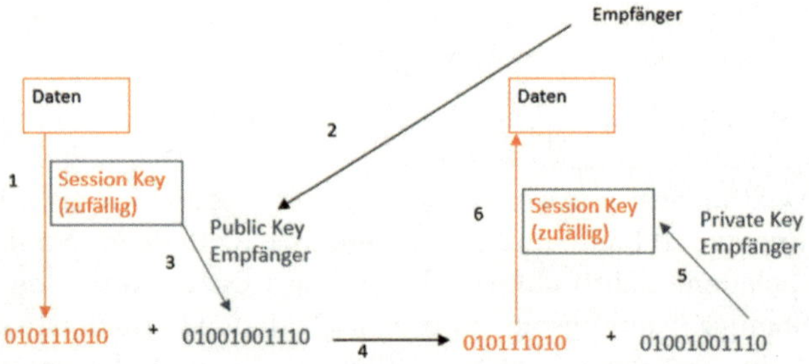


**Abbildung 63**

Dagegen ist die Funktion eine andere, wenn man einen **Fingerabdruck** der Nachricht (so genannter Hash) mit dem geheimen Schlüssel des Absenders verschlüsselt. In diesem Fall kann jeder mithilfe des öffentlichen Verzeichnisdienstes überprüfen, wer die Nachricht verfasst hat, weil man diese Nachricht nur mit dem Gegenstück, dem öffentlichen Schlüssel des Nutzers wieder entschlüsseln kann.

> Üblicherweise werden die 2 Teilnehmer an Verschlüsselungen statt A und B, wie unter Juristen üblich, von den Informatikern *Alice* und *Bob* genannt:

339 Gleicher Schlüssel zur Ver- und Entschlüsselung.

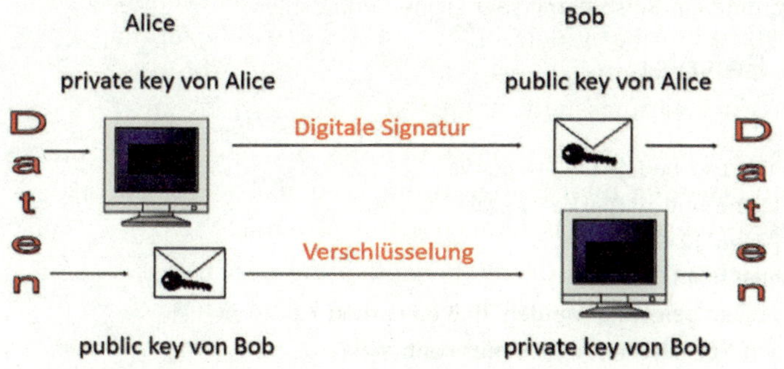


Abbildung 64

## 14.3 Funktionsweise von 2-Schlüsselverfahren

Die Erzeugung der Schlüssel basiert auf *mathematischen Einweg-Verfahren*, die nur sehr schwer umkehrbar sind wie z. B. der Primfaktorzerlegung bei Produkten sehr großer Primzahlen beim **RSA-Verfahren** oder den Schwierigkeiten bei der Errechnung des diskreten Logarithmus u. a. bei elliptischen Kurven beim *Diffie-Hellman-Verfahren*.

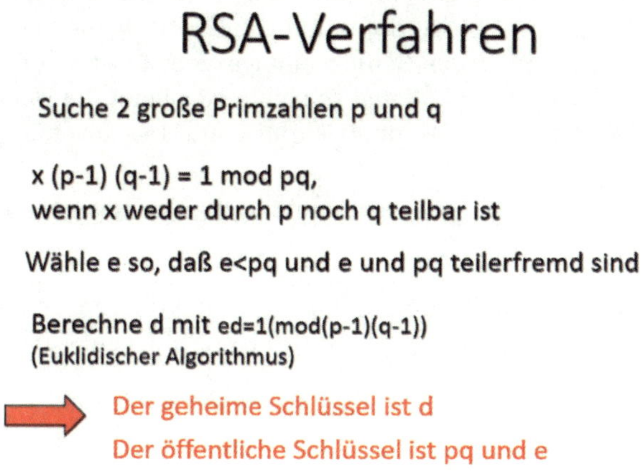


Abbildung 65

Zur Verdeutlichung ein **Beispiel** mit sehr kleinen Primzahlen:

## RSA Beispiel

- Wir wählen p=7 und q=13 ⟶ pq=91.
- e muß teilerfremd zu (p-1)(q-1) sein:
  (p-1)(q-1)=6*12=72
- Wir wählen e=43.
- d muß nun so berechnet werden, daß ed=1 mod 72
- Durch den Euklidischen Algorithmus kann d=67 berechnet werden.

➡ Nun ist pq und e der öffentliche Schlüssel, also (91,43).
Der private Schlüssel ist d, also 67.

**Abbildung 66**

Der **digitale Fingerabdruck oder Hashwert** wird mit einem weiteren nicht umkehrbaren mathematischen Verfahren erzeugt und ist bei guten Algorithmen so sicher, dass das reine Durchprobieren der Möglichkeiten das schnellste Verfahren darstellt, den richtigen Schlüssel zu finden. Derzeit werden nach der neuesten Empfehlung des BSI[340] die SHA-Verfahren SHA-2 und SHA-3 mit Schlüssellängen von 256, 384 oder 512 bit empfohlen. Jede Erhöhung der Schlüssellänge um 1 bit verdoppelt die Suchzeit, so dass eine Schlüssellänge von 512 gegenüber der Schlüssellänge von 256 bit nicht doppelt so sicher ist, sondern 2 hoch 256 mal so sicher, das heißt die Dezimaldarstellung der Möglichkeiten ist doppelt so lang mit 154 gegenüber 77 Dezimalstellen hinter der 1.

> Zum Vergleich: die für Google namensgebende Zahl Googol[341], also 10 hoch 100, hat nur 100 Nullen.

Empfehlungen zu Schlüssellängen von digitalen Signaturverfahren finden sich in der TR 2102, weitere Empfehlungen z. B. zu TLS, IPSEC und SSH in den Richtlinienteilen 2102–2 bis 2102–4[342].

340 BSI-Richtlinie TR 2102–1 vom 24.03.2021.

341 https://de.wikipedia.org/wiki/Googol.

342 BSI-Richtlinie TR 2102–1 vom 24.03.2021, https://www.bsi.bund.de/SharedDocs/Downloads/DE/BSI/Publikationen/TechnischeRichtlinien/TR02102/BSI-TR-02102.pdf;jsessionid=0EB773BD282A99DDB58B8C980110AAD8.internet472?__blob=publicationFile&v=2, derzeitiger Stand der weiteren Teile 2 bis 4 Ende März/Anfang April 2021.

Für **Webserver** werden ebenfalls **asymmetrische Schlüsselverfahren** verwendet, die jedoch jeweils eine Mehrzahl von Algorithmen zulassen.

Das BSI empfiehlt ausdrücklich nur die neuesten **TLS-Versionen** 1.2 und **1.3**; von der Verwendung der älteren Verfahren SSL Version 2 und 3 sowie TLS 1.0 und 1.1 wird ausdrücklich abgeraten. Dies ist auch absolut richtig. Für die älteren Versionen sind zahlreiche Angriffe bekannt, die sicherheitskritisch sind und daher die Sicherheit der übermittelten Daten zwischen Webserver und Nutzer nicht mehr gewährleisten können.

Wer die Sicherheit eines Webservers testen will, kann dies kostenlos auf der Seite https://www.ssllabs.com des Unternehmens *Qualys* tun.

Seit dem Inkrafttreten des Implementing Acts zur EU-Signaturverordnung am 01.07.2016 können Schlüssellängen ggf. auch auf der Basis dieser EU-Durchführungsrechtsakte beschlossen werden. Die entsprechenden Formate fortgeschrittener und qualifizierter Signaturen wurden im Durchführungsbeschluss (EU) 2015/1506 der EU-Kommission vom 8. September 2015[343] zur Festlegung von Spezifikationen für Formate fortgeschrittener elektronischer Signaturen und fortgeschrittener Siegel, die von öffentlichen Stellen gemäß Artikel 27 Absatz 5 und Artikel 37 Absatz 5 der Verordnung (EU) Nr. 910/2014 des Europäischen Parlaments und des Rates über elektronische Identifizierung und Vertrauensdienste für elektronische Transaktionen im Binnenmarkt anerkannt werden, festgelegt.

Zur Prüfung der Sicherheit von Signaturerstellungseinheiten wurde am 25.4.2016 der Durchführungsbeschluss (EU) 2016/650 der EU-Kommission vom 25. April 2016 zur Festlegung von Normen für die Sicherheitsbewertung qualifizierter Signatur- und Siegelerstellungseinheiten gemäß Artikel 30 Absatz 3 und Artikel 39 Absatz 2 der Verordnung (EU) Nr. 910/2014 des Europäischen Parlaments und des Rates über elektronische Identifizierung und Vertrauensdienste für elektronische Transaktionen im Binnenmarkt veröffentlicht[344].

343 http://eur-lex.europa.eu/legal-content/AUTO/?uri=CELEX:32015R1501&qid=1463573616995&rid=6.

344 http://eur-lex.europa.eu/legal-content/DE/TXT/HTML/?uri=CELEX:32016D0650&qid=1463573616995&from=EN.

## 14.4 Anwendung von Verschlüsselung im deutschen Rechtsverkehr

Sehr schade ist es, dass der Bundesgerichtshof in seiner Entscheidung vom 22.03.2021 die Pflicht des **beA[345]-Betreibers im Rahmen des Elektronischen Rechtsverkehrs** verneint hat, für eine durchgängige Verschlüsselung vom Absender zu sorgen und das beA als „sicher im Rechtssinne" bezeichnet hat[346]. Obwohl die Ende-zu-Ende-Verschlüsselung mittlerweile selbst bei kostenlosen oder fast kostenlosen ***Messengern*** für jedermann wie **WhatsApp, Threema und Signal** bereits Standard ist, hält man es offenbar beim Bundesgerichtshof nicht für nötig, für alle wichtigen und sehr geheimhaltungsbedürftigen Dokumenten in allen deutschen Gerichtsverfahren (!) *keine* **Ende-zu-Ende-Verschlüsselung** einzuführen.[347] Dies erschließt sich aus technischen wie rechtlichen Gründen nicht.

Selbst beim bisher wenig genutzten **De-Mail-Verfahren** hat man es nach anhaltender Kritik über das ähnlich beA funktionierende Verfahren bereits 2015 geschafft, eine Ende-zu-Ende-Verschlüsselung nachzurüsten.

Die Diskussion ist hinsichtlich der IT-sicherheits- und datenschutzrechtlichen Erfordernisse, insbesondere bei E-Justiz- und E-Gouvernement-Verfahren wie beA, auch noch nicht als endgültig abgeschlossen anzusehen.

Generell kann man sich merken:

Vertrauliche Dokumente und Dokumente mit personenbezogenen Daten sollten, v. a. von Berufsgeheimnisträgern, nicht unverschlüsselt, sondern mit ausreichender technischer Sicherheit verschlüsselt übertragen werden.

Die Schlüsselstärke sollte sich dabei an den Empfehlungen des BSI bzw. den nach der EU-Signaturverordnung für die Sicherheit der eID- und Signaturverfahren zuständigen Stellen orientieren. Dabei ergibt sich das Verschlüsselungserfordernis insbesondere aus Art. 32 Abs. 1 lit. a DSGVO, zudem aus besonderen gesetzlichen Geheimhaltungsverpflichtungen wie z. B. § 30 AO oder § 203 Abs. 1 bzw. Abs. 2 StGB.[348]

---

345 Besonderes elektronisches Anwaltspostfach.

346 BGH, Urteil vom 22.03.2021 – AnwZ (Brfg) 2/20, mit Anm. *Degen/Emmert*, NJW 2021, 2206, 2218.

347 Vgl. Zur IT-Sicherheit im Kontext von E-Government und Elektronischem Rechtsverkehr z. B. *Degen/Emmert*, Elektronischer Rechtsverkehr, § 8, Rn. 122 ff.

348 *Degen/Emmert*, ebda, § 8, Rn. 122 m. w. N.

## 14.5 Beweiswerterhaltung mit Verkettung von Hashwerten und digitalen Signaturen

**Verschlüsselungsverfahren** werden durch Zeitablauf schwächer, weil durch die fortscheitende Computertechnik die Zeiträume der Knackbarkeit von Schlüsseln immer geringer werden und die Algorithmen und Schlüssellängen laufend angepasst werden müssen, wie das BSI das mit der jährlichen Neuveröffentlichung der TR-2102 tut.

Eine besondere **Bedrohung für Verschlüsselungsverfahren** stellt derzeit die Quantenkryptographie dar, da hier Rechenvorgänge massiv parallelisiert werden können mit so genannten Qu-bits.

Sowohl originär digitale Dokumente als auch eingescannte Dokumente müssen längerfristig gegen Veränderung oder Fälschung geschützt werden. Ohne besondere kryptographische Sicherung ist es nicht möglich, Veränderungen oder Fälschungen zu erkennen, es sei denn, man verwendet nur einmal beschreibbare Datenträger, diese können dann aber am Stück ausgetauscht werden.

> In der Praxis werden häufig *von Wirtschaftsprüfern* **zertifizierte Festplattensysteme** verwendet, die vor Ablauf von Aufbewahrungsfristen durch das Betriebssystem der Festplatte jegliche vorzeitige Veränderung oder Löschung verhindern.

Bereits um die Jahrtausendwende wurde im vom deutschen Bundesministerium für Wirtschaft und Arbeit geförderten *ArchiSig-Projekt* ein Verfahren zur sicheren Langzeitarchivierung einer großen Zahl von Dokumenten entwickelt[349], die zur Veröffentlichung der IETF-Standards 4998 (ASN-1 Format) und 6283 (XML-Format) geführt haben und vom Bundesamt für Sicherheit in der Informationstechnik als Grundlage für die Technischen Richtlinien TR 3125 TR-ESOR[350] zur Beweiswerterhaltung kryptographisch signierter Dokumente und TR 3138 RESISCAN zum Ersetzenden Scannen[351] gedient haben. Dieses Verfahren dient dazu, alle **verknüpften Dokumente** eines Tages **revisionssicher und unveränderbar zu speichern** und **mit Zeitangabe durch den qualifizierten Zeitstempel zu sichern**.

Da Signiervorgänge sehr zeitaufwendig sind, aber die Hashherstellung sehr schnell geht, kann man große Mengen von Dokumenten elegant sichern,

349 Long Term Archiving and Notary Service, https://datatracker.ietf.org/wg/ltans/documents/.

350 https://www.bsi.bund.de/DE/Themen/Oeffentliche-Verwaltung/Moderner-Staat/Beweiserhal tende-Langzeitspeicherung-TR-ESOR/beweiserhaltende-langzeitspeicherung-tr-esor.html.

351 https://www.bsi.bund.de/SharedDocs/Downloads/DE/BSI/Publikationen/TechnischeRicht linien/TR03138/TR-03138.pdf?__blob=publicationFile.

indem man die Hashwerte der Dokumente so verknüpft, dass mit einer einzigen Signatur über das Resultat aller Hashverknüpfungen einen qualifizierten Zeitstempel legt. Dazu verwendet man ein sogenanntes **Hash-Baum-Verfahren**, das bereits 1979 vom US-amerikanischen Informatiker *Ralph Merkle* entwickelt wurde. Basierend auf diesem Verfahren wurde neben Beweiswertsicherungsverfahren auch **Blockchain**-Verfahren entwickelt.

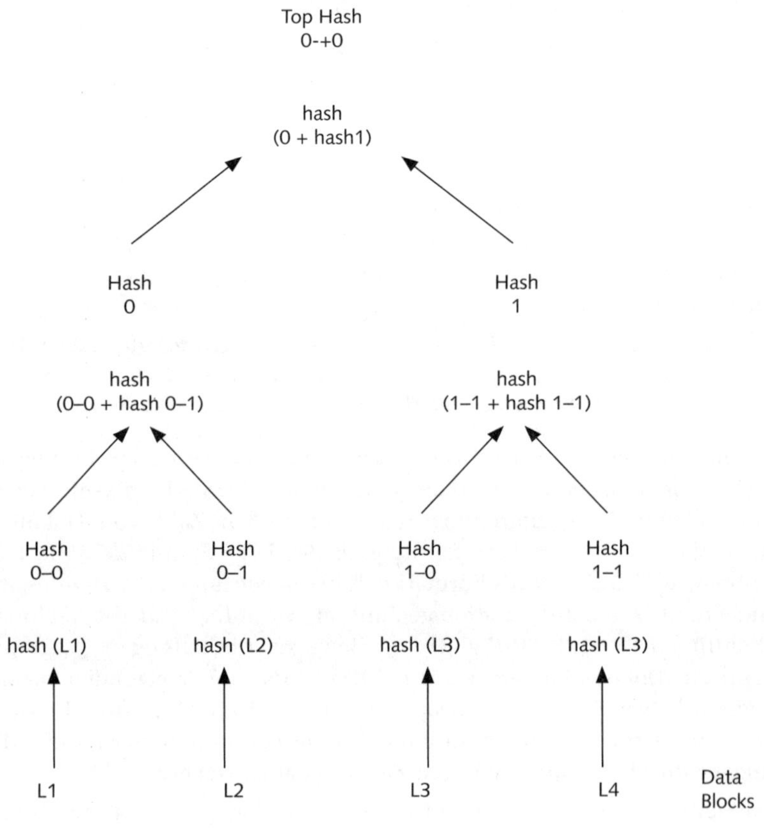


**Abbildung 67**

Dazu werden von allen Dokumenten eines Tages erst einmal Hashwerte erzeugt. Aus diesen Hashwerten wird dann solange jeweils aus 2 Hashwerten einer durch nochmalige Anwendung des gleichen Hashverfahrens gebildet, bis der so genannte Top-Hash übrig bleibt. Dieser Top-Hash wird von einer Zertifizierungsstelle mit einem (ggf. qualifizierten) Zeitstempel signiert, um das Datum und die Unverändertheit der Dokumente zu sichern. Wird eine lokale qualifizierte Signatur z. B. über einen Chipkartenleser und eine Chipkarte erzeugt, richten sich das Datum und die Uhrzeit nach dem Datum der Computeruhr, die beliebig eingestellt werden kann, d. h. diese ist nicht unbedingt richtig.

Durch die Verknüpfung der Hashwerte in dem Hashbaum kann nun für jeden Zweig des Hashbaumes die Zugehörigkeit zum Hashbaum und damit der Zeitpunkt der Einstellung des Dokuments in den Hashbaum zweifelsfrei nachgewiesen werden. Das Hashbaum-Verfahren soll dabei sogar immun gegen quantenkryptographische Angriffe sein.

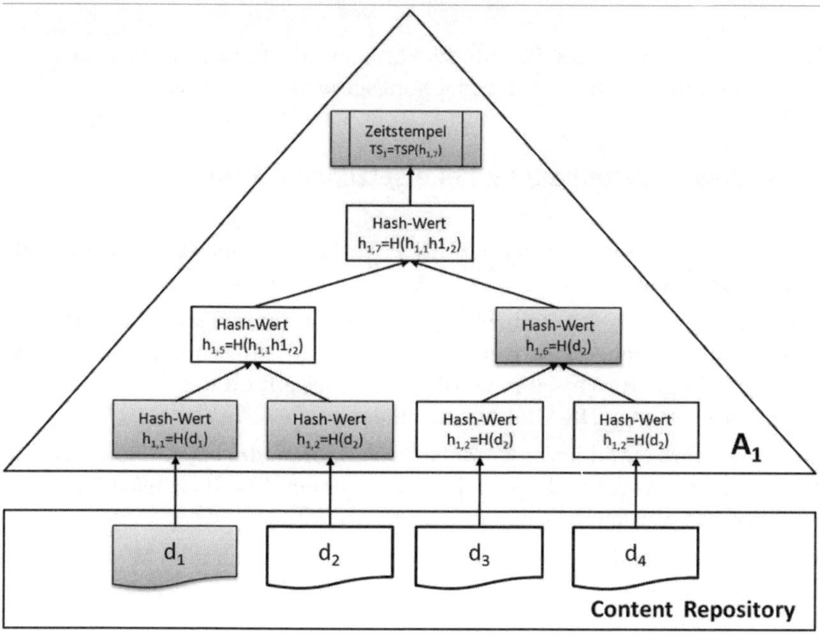


**Abbildung 68**

Für die Berechnung der Richtigkeit der Zugehörigkeit des Dokuments und der Hashwerte ist nicht der gesamte Hashbaum erforderlich, sondern nur jeweils die Starthashes und dann jeweils der benachbarte Hash auf dem Weg zum Tophash. Für das Nachrechnen des Dokuments in der obigen Grafik[352] sind nur die grau hinterlegten Felder notwendig, der Rest kann daraus berechnet werden. Zum Nachweis in der sogenannten Evidenz Record Syntax können diese reduzierten Hashbäume jeweils aus dem Gesamthashbaum extrahiert werden.

Bei Dokumenten, die nach Geheimschutzvorschriften kryptografisch gesichert werden müssen, sieht der ***Minikommentar des Bundesinnenministeriums zum E-Government-Gesetz*** das Hashbaumverfahren als Stand der Technik an.[353] Das Vertrauensdienstegesetz sieht in § 15 vor:

> „Sofern hierfür Bedarf besteht, sind qualifiziert elektronisch signierte, gesiegelte oder zeitgestempelte Daten durch geeignete Maßnahmen neu zu schützen, bevor der Sicherheitswert der vorhandenen Signaturen, Siegel oder Zeitstempel durch Zeitablauf geringer wird. Die neue Sicherung muss nach dem Stand der Technik erfolgen."

Darauf wird z. B. für die Bekanntmachungen im Bundesanzeiger nach § 7 des Verkündungs- und Bekanntmachungsgesetzes verwiesen.

## 14.6 Beweiswerterhaltung bei ersetzendem Scannen

Eine weit größere Bedeutung hat dieses Verfahren jedoch für **eingescannte Papierdokumente**.

Diese können nach § 371a bzw. § 371b ZPO in ihrem Beweiswert **Papierdokumenten gleichgestellt** werden, wenn sie mit einer qualifizierten elektronischen Signatur versehen wurden. Gleiches gilt für die Versendung von absenderbestätigten **DE-Mail-Nachrichten**.

Beide Verfahren sind kryptographische Verfahren, die bei Aufbewahrungspflichten jenseits der Gültigkeit des verwendeten Zertifikats nach § 15 VDG nachsigniert werden müssen.

Dabei ist der Stand der Technik anzuwenden, der nach dem *Minikommentar zum E-Government-Gesetz des Bundes*[354] in der Anwendung der jeweiligen TR-3138 RESISCAN besteht.

Der Autor *Emmert* ist von der VOI Service GmbH zum Auditor für das Zertifikat „TR-RESISCAN-ready" für Produkte rund um das ersetzende Scannen bestellt.

---

352 Grafik von *Dr. Martin Bartonitz*, https://de.wikipedia.org/wiki/Evidence_Record_Syntax#/media/File:Hash-Baum_mit_Archivzeitstempel.jpg.

353 https://www.bmi.bund.de/SharedDocs/downloads/DE/veroeffentlichungen/themen/moderne-verwaltung/e-government-gesetz-minikommentar.html.

354 https://www.bmi.bund.de/SharedDocs/downloads/DE/veroeffentlichungen/themen/moderne-verwaltung/e-government-gesetz-minikommentar.html.

**Auf diese Art lassen sich die angesammelten Papierberge in Unternehmen und Behörden ohne Einbußen bei der Beweiskraft vernichten und erhebliche Kosten für die Papieraufbewahrung und Suchen in Aktenordnern vermeiden.**

Beim **ersetzenden Scannen** ist zu empfehlen, vor der qualifizierten Signatur noch eine Texterkennung auf das PDF/A-Dokument anzuwenden, um die Inhalte schnell und zuverlässig wieder aufzufinden.

> Das freie OCR-Programm „*Tesseract*" eignet sich leider nach wie vor aus Gründen der Zeitdauer nicht für Dokumente über 10 Seiten Umfang, so dass hier auf kommerzielle Programme zurückgegriffen werden muss.

Vom besonderen elektronischen Anwaltspostfach beA wird § 15 VDG elegant dadurch umgangen, dass die Dokumente nur für eine stark begrenzte Speicherdauer beim Betreiber aufbewahrt werden.

## 14.7 Zum Ausgangs-/Praxisfall

> Der Großgastronom kommt zu dem Schluss, dass er nicht nur seine IT-Architektur einer technischen Überprüfung durch seinen EDV-Berater unterziehen möchte, sondern einen Review und Optimierungsprozess aufsetzen möchte, um für interne wie externe Prozesse Musterabläufe und Richtlinien zur Mediennutzung aufzustellen. Er hält fest, dass Personalbewerbungen, Gesundheits-, Schwangerschafts- und sonstige personenbezogene Daten nicht mehr unüberlegt von A nach B gesendet werden. Dem Thema Löschpflichten möchte er sich auch zuwenden. Trend-Apps wie „Clubhouse" möchte er nicht verbieten, aber bei deren Einsatz differenzieren, ob diese von einem dienstlichen oder privaten iPhone genutzt werden.

# Abbildungsverzeichnis

# Stichwortverzeichnis